贵州省社会科学院甲秀文库
GUIZHOUSHENG SHEHUIKEXUEYUAN JIAXIUWENKU

贵州围绕“四新”主攻“四化”年度报告（2022）

主　编：吴大华　张学立
副主编：黄　勇

中央民族大学出版社
China Minzu University Press

图书在版编目（CIP）数据

贵州围绕“四新”主攻“四化”年度报告. 2022 / 吴大华，张学立主编. —北京：中央民族大学出版社，2023. 7

ISBN 978-7-5660-2224-0

Ⅰ. ①贵… Ⅱ. ①吴… ②张… Ⅲ. ①社会主义建设—研究报告—贵州—2022 Ⅳ. ①D677. 3

中国国家版本馆 CIP 数据核字（2023）第 088905 号

贵州围绕“四新”主攻“四化”年度报告（2022）

主　　编	吴大华　张学立
责任编辑	舒　松
封面设计	布拉格
出版发行	中央民族大学出版社
	北京市海淀区中关村南大街27号　邮编：100081
	电话：(010) 68472815（发行部）　传真：(010) 68932751（发行部）
	(010) 68932218（总编室）　(010) 68932447（办公室）
经 销 者	全国各地新华书店
印 刷 厂	北京鑫宇图源印刷科技有限公司
开　　本	787×1092　1/16　印张：26. 25
字　　数	417 千字
版　　次	2023 年 7 月第 1 版　2023 年 7 月第 1 次印刷
书　　号	ISBN 978-7-5660-2224-0
定　　价	98. 00 元

本书受贵州省哲学社会科学创新工程和
贵州省国家治理体系和治理能力现代化
地方实践高端智库资助出版

贵州围绕“四新”主攻“四化”年度报告（2022）

编辑委员会

贵州省社会科学院甲秀文库

出版说明

近年来，贵州省社会科学院坚持“出学术精品、创知名智库”的高质量发展理念，资助出版了一批高质量的学术著作，在院内外产生了良好反响，提高了贵州省社会科学院的知名度和美誉度。经过几年的探索，现着力打造“甲秀文库”和“博士/博士后文库”两大品牌。

甲秀文库，得名于贵州省社会科学院旁边甲秀楼。该文库主要收录院内科研工作者和战略合作单位的高质量成果，以及院举办的高端会议论文集等。每年根据成果质量、数量和经费情况，全额资助若干种著作出版。

在中国共产党成立100周年之际，我们定下这样的目标：再用10年左右的功夫，将甲秀文库打造为在省内外、在全国社科院系统具有较大知名度的学术品牌。

贵州省社会科学院

2021年1月

目　录

总　报　告

上　篇

下　篇

附 录

总报告

2022 年贵州围绕“四新”主攻“四化”观察与展望

吴大华　张学立　黄　勇　许　峰　陈其荣

推动区域经济高质量发展，唯有高瞻远瞩的主战略方能引领发展行稳致远，唯有目光如炬的主定位方能锻造发展硬核实力，唯有革故鼎新的金石之策方能激活赓续发展的动力。2022 年 1 月 26 日，国务院出台《关于支持贵州在新时代西部大开发上闯新路的意见》（国发〔2022〕2 号），这是继 2012 年国务院出台《关于进一步促进贵州经济社会又好又快发展的若干意见》（国发〔2012〕2 号）文件支持以来，贵州再次从国家层面获得全面系统支持发展的又一个综合性政策文件，文件赋予了贵州“四区一高地”的战略定位，为贵州接续创造下一个“黄金十年”、推动经济社会高质量发展、全面建设中国式现代化的贵州篇章注入了强劲动力。

2022 年，贵州在面对多端变化的国际环境、“三重压力”重围（需求收缩、供给冲击、预期转弱）的国内环境，以及高质量发展转型和攻坚时期交织的内生环境等因素影响下，认真贯彻落实习近平总书记“疫情要防住、经济要稳住、发展要安全”以及国发〔2022〕2 号文件的重要精神，紧紧围绕“四新”主攻“四化”的主战略，锚定建设“四区一高地”的主目标，以高质量发展为统揽，稳步推进新型工业化、新型城镇化、农业现代化和旅游产业化等“四化”建设，创新推进数字经济发展，先行探索

作者简介：吴大华：贵州省社会科学院党委书记、二级研究员，国家治理体系和治理能力现代化地方实践高端智库首席专家；张学立：贵州省社会科学院院长、二级教授；黄勇：贵州省社会科学院副院长、研究员；许峰：贵州省社会科学院智库工作处处长、研究员；陈其荣：贵州省社会科学院城市经济研究所助理研究员。

生态文明建设，统筹做好疫情防控、安全生产、严重干旱、能源保供和债务约束，奋力推动全省经济在顶压前行中保持快速健康发展，实现了稳中有进、稳中提质的基本向好发展态势，“四新”发展质量不断提升，“四化”发展成效不断改善，支撑高质量发展的作用不断增强，引领全省人民步稳行健地在新时代西部大开发上闯新路。

一、2022 年贵州围绕“四新”主攻“四化”的举措及成效

2022 年，面对风高浪急的国际环境和艰巨繁重的改革发展稳定任务，有力有效地应对超预期因素的冲击，以超常决心、超常措施攻坚克难，贵州省上下紧紧围绕“四新”主攻“四化”主战略，锚定建设“四区一高地”的主目标，按照“产业为先、项目为王、效益为本”的要求，着力以实施工业倍增行动、高质量推进新型城镇化建设、加快山地农业现代化、加快推动旅游产业化为抓手，奋力实现工业大突破、推动城镇大提升、推动农业高质量发展、实现旅游大提质，各级各部门全方位推动、全过程聚焦和全要素服务，积极向上争取国家部委支持，高位部署做好顶层设计，全面推行改革创新，强化重大项目建设落地见效，推出了一系列创新举措，取得了一系列突出成就，实现了一系列重大突破，精心把贵州高质量发展的“美好蓝图”从“施工图”和“路线图”变为现实，经济高质量发展取得了新成绩。

（一）向上争取国家支持取得突破性进展

1. 国务院印发国发〔2022〕2 号文件支持贵州发展

政策是抢抓机遇的“先手棋”。2022 年 1 月，在习近平总书记视察贵州一周年之际，在国发〔2012〕2 号文件出台十周年之际，国务院印发《关于支持贵州在新时代西部大开发上闯新路的意见》（国发〔2022〕2 号），为贵州省高质量发展提供基本纲领和根本遵循。国发〔2022〕2 号文件从 7 个方面的重点任务、103 项重大政策、139 个重大工程、11 个重要基地、13 个试点、12 个示范点建设内容明确了支持事项，党中央、国务院专门出台综合性政策全面支持贵州发展，这一重大历史机遇为贵州高质量发展创造了重要的先决条件。

2. 积极向上争取政策支持落地落实取得重大突破

政府工作报告数据显示，2022 年共有 61 个国家部委单位出台国发〔2022〕2 号文件配套政策文件、签订落实协议或给予单项支持政策（见表 1），争取到中央各项补助资金 3673.75 亿元，增长 14.9%，规模为历年最高。

表 1　2022 年部分国家部委出台国发〔2022〕2 号文件配套政策获签订协议情况

部委	发文时间	文件名称
国家统计局	2 月 13 日	《支持贵州省在新时代西部大开发上闯新路深化统计改革创新的行动方案》（国统字〔2023〕18 号）
教育部	3 月 31 日	《教育部办公厅关于贯彻落实推动贵州教育高质量发展的实施意见》（教发厅函〔2022〕12 号）
水利部	4 月 24 日	《支持贵州在新时代西部大开发上闯新路　实现水利高质量发展实施方案的通知》（水规计〔2022〕116 号）
农业农村部	4 月 23 日	《推进贵州现代山地特色高效农业发展实施方案》
科技部	6 月 23 日	《〈“科技入黔”推动高质量发展行动方案〉的通知》（国科办区〔2022〕87 号）
生态环境部	7 月 30 日	贵州省与生态环境部签署《打造生态文明建设先行区合作协议》
财政部	8 月 25 日	《〈支持贵州加快提升财政治理能力　奋力闯出高质量发展新路的实施方案〉的通知》（财预〔2022〕114 号）
商务部	8 月 30 日	商务部与贵州省人民政府建立双方合作机制，达成框架协议
交通运输部	10 月 27 日	《支持贵州在新时代西部大开发上闯新路　实现交通运输高质量发展实施方案》
文化和旅游部 国家文物局	11 月 22 日	《支持贵州文化和旅游高质量发展的实施方案》

（数据来源：贵州省人民政府官网、国家部委官网等。）

（二）贵州省围绕“四新”主攻“四化”的主要举措及成效

1. 新型工业化的主要举措及成效

一是强化组织保障，工业经济加快迈入高质量发展轨道。2022 年，坚持把发展工业作为首要任务，通过强化组织保障，实现了转变工作重心、聚力调整产业结构、夯实平台载体建设、加强部门联动协调，各部门和各有关单位建立了常态化跨部门的对话联动机制，持续加强协调、整合资源、聚合力量、联合制定并出台了政策文件及支持措施，为解决突出问题整合了力量、打破了行业壁垒。2022 年全省工业增加值占 GDP 比重为 27.2%，制造业增加值占 GDP 比重为 21%，同比分别提高 0.3、0.5 个百分点，达到近 5 年来最好水平。规模以上工业企业利润总额增长 25.5%，高于全国增速 29.1 个百分点，工业税收增长 37.8%以上，占全省税收比重达 47%，同比提高 10 个百分点以上，创历史新高，工业发展质量、发展效益明显提升，工业发展加快迈入高质量发展轨道。

二是做强重点产业，现代化产业体系加快构建。现代化产业体系是高质量发展的重要基础。贵州重点聚焦十大工业产业，强化十大产业高质量发展的主体、环境、要素、政策和资源保障，奋力推进新能源电池、新型建材、白酒、先进装备制造、大数据电子信息和现代能源等十大工业产业，十大工业产业全部迈上千亿级台阶。现代化产业体系加快建设，持续建强产业集群、延长产业链，强力推进创新平台强链聚链功能，推动产业实现高端化转型，全省农产品加工转化率达 59%，直接吸纳带动就业人数超过百万人，并且发挥了工业带一产、促三产的重要桥梁作用。产业集群发展成效显著，2022 年白酒产业产值增长 36.1%，卷烟产值增长 7%，电力产业产值增长 3.8%，新能源电池及材料产业完成工业总产值 532.8 亿元，增长 115.6%，电子信息制造业增速达 45.9%，煤炭产业结构向规模化、智能化方向的战略性调整步伐加快，累计建成投产 41 处煤矿、释放产能 2185 万吨/年，原煤产量达 1.3 亿吨。

三是强化项目引领，重大项目招商和投资建设取得新突破。围绕“六大工业基地”建设，加快推动重大项目落地实施，切实高质量高标准完成重大项目建设。持续做好省领导领衔推进重大项目，不断优化十大工业产业“一图两库”，编制了年度新型工业化产业大招商推介项目索引，借助

“数博会”“酒博会”等招商主场平台，开展多形式的项目招商，新引进工业项目 2000 余个，以项目建设为引领的产业发展新动能持续释放。同时，围绕重点产业和产业配套基础设施加大投资力度，累计完成“四化”领域及其他产业基金投资 290 亿元，信贷贷款 630 亿元，全省工业投资增长 9.1%，占固定资产投资比重为 25.5%。一批新能源电池及材料产业重大项目落地建设，总产值增长 115.6%，产值实现连续两年倍增。

四是突出改革创新，工业经济增长点培育成效明显。聚焦发展堵点强化改革创新，注重创新协同和生产配套打造创新型企业集群，新能源汽车及电池材料等新兴领域产业集群投资呈现持续扩张。强化企业市场主体梯度培育，推进企业“上规、上榜、上市”，推动组建 2 个集团，成功上市 1 家企业，1 家企业顺利通过上市委审核，新增国家级“小巨人”企业 50 户、省级“专精特新”中小企业 228 户、规模以上工业企业 600 余户。加快各类创新平台建设，69 个开发区成立了单独运营公司，粤黔合作共建园区围绕重点产业和联合企业，建立了“公司+联盟”的模式，创新推进项目服务模式。坚持“资金跟着项目走”和“市场化运作”的原则强化保障要素，打好省级 5 种融资工具“组合拳”，创新政金企联动服务项目建设模式，通过财政资金带动社会资本近 1000 亿元，合计支持约 5500 家企业。

五是强化数字赋能，工业产业市场空间不断拓展。深入实施数字赋能“千企改造”和“万企融合”行动，以重点产业提质增效为目标，推动企业数字化转型、智能化转型。注重推进基础网络、5G、工业互联网、人工智能、云计算、区块链等新兴基础设施建设，支持工业企业上“云”，促进大数据赋能研发设计、生产制造、经营管理等环节，促进数字经济与实体经济深度融合。注重打造大数据赋能应用场景，支持工业领域数字化转型加快推进工业互联网平台建设，加快建设数字孪生城市安全防护系统、5G 应用安全创新示范中心（贵州）项目，获批国家级工业互联网试点示范项目 80 余个，打造“5G+工业互联网”应用项目 65 个，形成“工业云”“能源云”“电梯物联网”等 10 个典型应用平台，获批国家数字化转型领域示范项目 12 个，“智能酿造”典型应用场景加快发展，贵阳大数据科创城引进企业超 400 家，电子信息制造业增长 45.9%，软件和信息技术服务业收入增长超过 90.5%，数字经济增速连续七年位居全国第一，有力地拓展了市场空间。

六是强化科技创新考核，市场主体创新活力持续激发。坚持创新是第一动力，持续实施科技创新“四个新突破”“六大科技战略行动”，支持新型科创平台建设，2022 年培育新增省级企业技术中心 21 个，工业设计中心 15 个，成功组建贵州白酒产业发展促进会。扎实推进开发区提质机制改革，97 个开发区剥离社会事物管理职能，省级以上园区亩均产值达到 238 万元。强化政产学研协同，筹建了新能源电池产业联盟，成立了首家省级制造业创新中心（贵州省新能源材料创新中心），组建“乌江实验室、新能源电池产业联盟”新型创新联合体，贵阳工博会实现常态化产销对接，为积极探索市场化科技成果转化提供了平台。注重企业科技创新工作的考核激励，省国资委针对监管企业科技创新工作出台了考核办法，对不同产业技术项目改造、技术升级、科技创新等开展考核，并给予科创创新以激励，有效激发了各类市场主体的创新创造活力。

2. 新型城镇化的主要举措及成效

一是聚焦优化空间格局，城镇空间功能品质不断提升。优化空间布局是支撑重大区域战略实施和适应经济高质量发展的必然要求。2022 年贵州科学划定了“三区三线”，深入实施“强省会”行动，构建形成了“一群三带”的城镇空间格局，城镇空间结构和格局更加合理，为支撑“3 个 100 万”人口提供了有效的空间载体。坚持城镇空间增量管控与存量更新并重，强化城镇存量空间品质的提升，扎实开展城市“体检”，深入实施城市更新行动，大力推进城镇棚户区、老旧小区、背街小巷、地下管网“四改”工作，编制了省级城市更新行动实施方案、规划方案、建立项目库、明确项目建设时序、开展省级试点，2022 年完成棚户区投资 337 亿元，新开工棚户区改造达 2. 13 万户，完成 18. 4 万户，新开工的老旧小区改造达 16. 67 万户，完成背街小巷改造 2347 条，完成投资 15. 13 亿元，新增和改造城镇地下管网 4988. 64 公里，全省累计公布历史文化名城、名镇、名村和街区 73 处，历史建筑 1560 处。

二是聚焦培育增长极，“强省会”行动落地落实更加深入。培育增长极是实现高质量发展的关键。省委、省政府出台支持实施“强省会”五年行动 35 条政策措施，细化了实施“强省会”五年行动落实措施的任务清单，为贵州高质量发展奠定了坚实基础。“强省会”行动落实落地持续走深走实，编制完成了贵阳—贵安—安顺都市圈发展规划、贵阳“外环高速公路”城市经济圈发展规划、“两城一带”融合发展规划、人口发展专项规划、城乡社会治理专项规划等多个规划，在公共服务、科技创新、农民增收、扩大和升级消费、人力资源等多领域出台工作方案，省会城市的产业发展规模和体量不断做大，2022 年贵阳贵安经济总量超过 5000 亿元，省会城市经济首位度达 24.4%，提高了 0.38%，省会城市产业集聚和人口承载能力持续增强，发展动能更加强劲。

三是聚焦城镇补短板，城镇综合承载力实现全面提升。补短板是锻造高质量发展的重要“潜力板”，强化顶层规划引领，制定了“十四五”新型城镇化规划，全力推动“3 个 100 万”人口落户城市。贵阳贵安扎实推进城市“一圈两场三改”专项行动，加快开通环城快铁，积极推进垃圾分类、交通制度、全国文明城市巩固提升，城市基本公共服务供给不断扩大，中心城市的集聚功能和人口承载能力持续提升。加强其他区域中心城市的基础设施、重点产业和公共服务，在加快补齐城镇污水垃圾燃气等基础设施短板上实现新提升，全年建设改造污水管网 1848 公里，建设和改造燃气管网 822 公里，城镇公共停车场、农贸市场、5G 基站加快建设，城市（县城）共完成城建投资 1541.83 亿元，新增市政道路 415.51 公里，新增城市（县城）污水处理能力 24.85 万吨/日，新增生活垃圾焚烧处理能力 5600 吨/日，新增和改造供水综合生产能力 14.1 万吨/日，有效承接能力持续提升。此外，编制了全省县域城镇化补短板强弱项的总体工作方案，明确了重要支点城市、节点城市、示范小城镇和特色小镇建设的工作要点，顺利完成年度任务。

四是聚焦做强城镇经济，产城融合发展进程稳步推进。城镇经济是高质量发展的强大引擎。贵州始终把做强城镇经济作为首要任务，将城镇作为经济的新方位，坚持以城聚产、以产兴城、产城融合，不断加强基础设施建设、强化要素供给和改善营商环境，为优化城镇空间布局、提升产业发展水平、促进产城融合发展、激发城镇创新活力、培育壮大市场主体、强化品牌建设、创新城镇创业就业、扩大投资和消费提供强有力的空间载体。出台了促消费专项行动、培育壮大市场主体等多个行动方案，城镇经济实现质效双增，年度新增市场主体总数达 48.16 万户，同比上年增长 12.39%，引进优强企业达 1600 家，新增产业到位资金 5000 亿元左右，新建和改造城市商圈 14 个，打造一刻钟便民生活圈 124 个，获批国家级夜间文化和旅游消费集聚区4个，评定8个单位为省级夜间文化和旅游消费集聚区，新建成一批惠民生鲜超市门店（专柜），城市商圈消费活力逐步凸显，城市居民消费便利化、多元化和集成式需求不断增强，城镇经济活力强劲。

五是聚焦推动城乡融合，城乡协调发展取得新进展。坚持推动新型城镇化与乡村振兴同频共振，印发了《完善城乡要素市场化配置体制机制的意见》，出台了《农村产权流转交易管理办法》等政策，城乡基础设施建设布局更加均衡，全省2022年建成乡村通三级及以上公路342公里，成功获批2022年度国家农产品供应链体系建设省份；开展省市县乡村五级公共文化信息网络建设；持续优化城乡学校布局，推进义务教育学校教师“县管校聘”改革，启动学前教育立法工作；创建国家学前教育普及普惠县，组建首批省级示范幼儿园评估专家库，创建和升类省级示范园28所，建设农村幼儿园集团化管理资源中心200个，城乡基础教育实现“从有到优”。完成紧密型县域医共体绩效监测评价，建成省急救中心1个、市级9个、县级70个，基本建成覆盖城乡的省市县三级院前医疗急救体系。

六是聚焦推进农业转移人口市民化，城镇化质量稳步提升。全面推进以人为核心的城镇化，2022年全省新增城区常住人口63万人，常住人口城镇化率上升到54.8%，同比上年末提高了0.48个百分点，城镇新增就业人口超过60万人，其中贵阳贵安城区新增常住人口超过18万人，全年新发放居住证近24万张，累计开展农村劳动力技能培训63.83万人，农业转移人口市民化进程有序推进，全省城镇化水平持续提升，与全国平均水平差距进一步缩小。

3. 农业现代化的主要举措及成效

一是着力稳定粮食安全生产，粮油单产实现稳步提升。强农必稳粮，粮食稳则天下安。贵州坚持把保障粮食安全生产作为头等大事，实施粮油生产、储备、加工能力提升三大行动，制定轮作实施方案和实施粮油生产能力提升行动，聚焦粮食生产的关键作物、关键品种、关键环节和关键区域，完善支持粮食生产的保障机制，稳步提升粮食生产产量，增强了全省粮油的供给能力。2022年圆满完成国家“粮食面积稳定、产量只增不减”的目标任务，全年粮食播种4183.1万亩（1亩≈666.67平方米）、产量1114.6万吨，实现粮食平均亩产266.5公斤，同比增长1.8%，增幅排全国第五、西南第一，粮食单产实现近五年历史最高水平，超额完成国家下达任务。

二是着力发展特色优势产业，特优产业提质增效明显。围绕十二大特色产业，持续落实省领导领衔、专班化推进机制，大力实施特色优势产业巩固提升行动，推进特色优势产业市场化、规模化、标准化水平。大力推广林药、林菌、林花、林苗、林禽、林蜂等种养殖模式，积极搭建国家现代农业产业园、产业集群、农业现代化示范区等发展平台，推动12大农业特色优势产业提质增效，2022年特色优势产业全年种植业总产值比上年增长3.5%，茶叶、水果、中药材产量同比分别增长8.4%、7.9%、6.4%，猪牛羊禽肉产量实现239.05万吨，增长5.9%，林下经济产值达605亿元，特色林业产业基地建设完成142.36万亩，辣椒、刺梨、蓝莓等种植面积保持全国第一，绿色蔬菜标准化种植规模持续增加，猕猴桃、火龙果、刺梨等产业位居全国前列，生猪、食用菌等产业发展迈进全国第一梯队。

三是着力完善现代农业基础设施，农机化率和高标准农田建设取得新成效。坚持整县设计、市场化运作、形成以田养田的模式创新推进高标准农田建设，探索创新“635”机制，推动高标准农田与农田水网同步规划、同步建设，创新多元投入、推进项目规范化管理、健全高标准农田建设规划体系和建立管护机制，出台《高标准农田建设年度建设行动方案》《2022年秋冬建设大会战实施方案》，建成高标准农田266.2万亩，投入中央和省级农田建设补助资金39亿元。制定了宜机化整理整治技术规范，组建了贵州农机研发制造联盟，全省主要农作物耕种收种和机械化率为46%，同比上年提高了2%，全年使用农机购置补贴资金2235.74万元，成立全省农机合作社协会和立市（州）分会，共有500多家农机合作社加入协会，开展农机社会化服务3600多万亩次，贵阳、铜仁涉农乡镇实现农机社会化服务组织全覆盖。大力实施科技赋能，重点推进17个省级现代农业产业体系建设，建成产业示范基地379个，形成新技术、新方法、新模式实验示范252项，科技助农取得新进展。

四是着力健全现代农业经营体系，农业增效取得实效。加快健全现代农业经营体系，大力推行“龙头企业+合作社+农户”组织方式，强化利益联结机制，着力增加农民经营性收入，2022年全省农村常住居民人均可支配收入增长6.5%。农业产业链招商和龙头企业认定取得明显成效，全年新增农业产业化国家重点龙头企业 8 户，规上农业企业 100 户，省级以上农业产业化重点龙头企业达 1200 家。持续培育农民合作社创建国家、省、市三级示范社规范提升发展，全年农民专业合作社达 6.39 万家。不断提高家庭农场经营管理和经营能力，推进规上农业经营户纳入名录管理，省级示范家庭农场累计超过 2000 家，家庭农场达 3.5 万家。

五是着力提高农业“绿色”含金量，质量品牌效率明显提升。坚持做大做强山地特色高效农业的绿色品牌，实施农产品承诺达标合格证制度，持续推进农产品地理标志申报，持续开展质量安全专项执法，创建国家农业绿色发展先行区，推行绿色防控与统防统治融合，探索开展肥料包装废弃物回收处理试点，加大节水农业建设力度，稳步推进农业绿色发展水平持续提升。2022 年省农业农村厅联合省发改委等 9 部门印发了《贵州省 2022 年农产品质量品牌提升行动方案》，“贵”字号农业品牌体系加快建立，全省 9 个特色农产品入选全国名特优新农产品名录，154 个农产品获得农产品地理标志保护等级，数量位列全国第八，新增粤港澳大湾区“菜篮子”生产基地 30 个，贵州茶叶成为第一出口农产品，发布了贵州十强农产品区域公用品牌，3 个品牌成功入选全国农业品牌精品培育计划，贵州农产品质量品牌、市场的影响力和竞争力得到明显提升。

六是着力强化科技人才支撑保障，种业振兴和农产品加工提质增效明显。不断强化科技人才支撑作用，联合制定《贵州省 2022 年激励农业技术人员创新创业行动方案》，发布了农业技术人员服务基层基础性示范服务榜单和“揭榜挂帅”榜单，成功引导 1.9 万余名农技干部走进田间地头，推动专家直接进村、技术直接到田、指导直接到户、责任直接到人。种业振兴取得实质性进展，出台了《种业振兴行动实施方案》《农业种业“十四五”发展规划》，深入开展农作物、畜禽和水产等农业种质资源的普查与征集，全面推进岑巩水稻、新蒲新区辣椒、乌当蔬菜、仁怀高粱等国家农作物品种展示评价基地认定工作，成功推动国家云贵高原特色作物种质资源圃和国家食用菌种质资源库（圃）落户贵州，实现了零的突破。创新建设农产品精深加工集聚区，成功举办了贵州农产品（食品）深加工高成长企业推介活动，成功签约 30 多亿元，全省农产品加工转换率达 59%，农产品加工业已转向“精字号”，生态“黔货”品牌已成功获得市场认可。

七是着力深入推进农村改革，乡村建设与治理实现新变化。深入实施乡村振兴“五大行动”，出台《关于加强农村集体资产经营管理的意见》《农村产权流转交易管理办法（试行）》，农村“三变”改革成果持续扩大。统筹推进50个特色田园乡村·乡村振兴集成示范试点建设，完成新（改）建农户厕所22万户，乡镇生活污水处理设施覆盖率达80%，30户以上自然村寨农村生活垃圾收运处置体系覆盖率超过60%。荔波县、石阡县入选全国传统村落集中连片保护利用示范区。大力推广积分制、清单制等模式，加强农村移风易俗宣传，治理农村陈规陋习，开展好农民歌会、文化下乡、农村文体活动等农村精神文明建设，“村BA”“美丽家乡格凸河”等成为文化新亮点，安顺市关岭县《党群议事小组议出美好乡村》和遵义市湄潭县《“车不过十，礼不过百” 创新红白理事会助推乡村治理》案例入选第四批全国乡村治理典型案例，乡村治理实践取得良好成效。

4. 旅游产业化的主要举措及成效

一是重视规划引领，旅游产业发展实现有效提升。注重规划引领，全面实施《贵州省“十四五”文化和旅游发展规划》，全面落实《贵州省旅游资源管理办法（试行）》，切实做好旅游资源保护和利用，为全省旅游资源实现产业化发展提供了强有力的发展指引和组织领导。2022年全省旅游因疫情影响，市场虽受到严重冲击，但全省旅游及相关产业增加值、游客人均消费实现了“两大提升”。全省旅游收入增速略高于全国平均水平，游客人均花费同比增长3.4%，自驾游和传统观光游游客总量下降，乡村游、近程游、周边游等保持正增长，旅游消费结构发生变化，旅游产业发展实现新提升。

二是重视机制创建，年度考核评价更加科学有力。围绕“资源、客源和服务”三大要素，聚焦“两大提升”，深入实施“四大行动”，着重优化完善旅游统计工作制度和旅游产业考核督导工作机制、建立旅游经济运行监测机制、完善市场监管机制、建立金融扶持政策机制、建立闲置低效旅游项目盘活及督查督办工作机制和建立文化保护工作机制，从旅游资源源头保护、制度建设、业态监管、金融扶持、资源盘活、文物保护等多方面提供了有力支撑，助推产业提质增效。同时，重视年度考核评价，完善《全省旅游产业化综合评价暂行办法》《旅游产业化统计监测报表制度》，扎实开展旅游产业化统计监测相关工作，为分类分级综合评价提供坚实的数据支撑。

三是重视主体培育，有力稳住各类市场主体发展信心。实施“千企引进”和“千企改造”工程，加大力度培育和引进龙头企业，推动9家涉旅企业进入上市挂牌后备库，新增规上涉旅企业132家，成功制定了10家龙头企业、20家规上企业培育方案，50家小升规企业纳入培育库。积极推进体制机制改革，出台《推进涉旅国有企业改革实施方案》，全面推进涉旅企业改革工作，遵义等4个市（州）的国有旅游资产优化重组进程加快，并同步开展了18家国有企业景区“三权分置”试点改革工作。制定省级财政专项贴息支持政策，出台规上涉旅企业的培育方案，加大文旅基金和地方政府专项债券支持力度，全年推介文旅招商项目1042个，共签约462个，累计签约金额576亿元，全年文旅基金支持项目总投资为157.26亿元，地方政府专项债券和乡村旅游e贷合计支持金额达20.34亿元，有力稳住了旅游市场主体发展信心。

四是重视业态升级，强力推进旅游实现跨界融合发展。聚焦旅游五个重点发展领域的业态升级，重点支持传统民俗、餐饮、文化体验、夜经济等业态“活化”，推动交通、康养、酒业、体育等与旅游实现跨界融合，实现区域创建示范旅游带、旅游圈、重点度假区和产业集群发展，同时联合国内头部企业，组建文旅融合，创新共建共享平台，打造一批主题旅游线路，推动旅游业态提质升级。以坝陵河大桥观光、科普、高空蹦极等为代表的交旅融合项目建成并运营，以茅台酒镇为代表的酒旅融合体验区加快发展，建成以森林和体育为代表的康养示范基地10家，体旅融合示范基地16家。推出西江千户苗寨“飞跃天下·飞跃贵州”VR产品，青岩古镇、乡愁贵州等夜游演艺，拓展天河潭高空滑索、探险、烟花光影水秀等业态。都匀毛尖制茶入选非物质文化遗产，14个项目入选2022年“全国非遗与旅游融合发展优选项目名录”，发布了10条非遗主题旅游线路。

五是重视质量提升，旅游服务效能取得新成效。大力实施三大提升工程，重点支持建设一批停车场、充电桩、缆车及观光电梯等旅游硬件设施项目，全年完成新建（改扩建）5个游客服务中心、10个停车场、100座旅游厕所，117对高速公路服务区设置“地方特产”专柜（区），实现88个县（市、区）高速公路服务区充电桩全覆盖，5A级景区的5G信号覆盖率为100%，60%的3A级以上景区通三级以上公路。推动旅游服务质量升级，实现织金洞升级为5A级景区，新增五星级饭店3家。积极实施提标行动，推动7个项目完善温泉度假地标准，黔菜和民宿标准制定工作有序推进。旅游人才培育力度加大，贵州文化旅游职业学院新增9个高职专业，扩大招生1000人。持续开展旅游服务人员技能培训提升，举办星级饭店和导游从业人员职业技能大赛，选树优胜人才90名带动1000余人从业人员技能培训提升，旅游服务质量持续提升。

六是重视项目盘活，激活了闲置低效旅游项目发展活力。坚持市场化、质量效益相结合，建立了盘活任务“两张清单”，制定了《盘活闲置低效旅游项目工作导则》，有效推动闲置资产盘活。2022年全省闲置低效项目有序推进，11个已启动续建，18个“瘦身”止损，23个转变用途，8个推进转让重组，83个实行提升管理。加大企业招商力度，成功引进149家企业推进项目盘活，共计投入资金15.87亿元；持续开展注资帮扶，文旅基金支持11个项目盘活，发行专项债支持8个项目建设；有效激活运营管理，以净心谷、乌江寨等为代表的一批项目有序开展，更加注重推进项目业态升级，98个项目正稳步开展业态升级。

七是注重旅游宣传，旅游刺激消费取得明显成效。强化宣传推广，精心办好年度旅游产业发展大会、国际山地旅游暨户外运动大会，加强涉旅数据资源整合共享，提升“一码游贵州”平台功能，持续旅游品牌影响力。真金白银刺激旅游消费，重视文化产业招商，实行省领导领衔招商做示范，压实招商责任，精准策划丰富招商项目库，组织重点项目招商洽谈，推动招商促进项目建设和落地实施，全年文化产业招商到位资金完成年度任务目标。加大宣传刺激消费拉动经济增长，全年发放文旅消费券共1.6亿元，通过消费券消费带动累计为6.8亿元，综合带动率为23.53%，其中花费在旅游产品市场上的订单金额累计14.43亿元，带动率为11.09%，期间参与平台产生的文旅消费订单1745个，总价累计为135.71亿元，溢出效应明显，文旅消费持续恢复。

5. *数字经济发展的主要举措及成效*

一是强化机制建设，数字经济发展保障更加有力。大力实施“东数西算”工程建设，强化工作机制建设，省级层面成立了全国一体化算力网络国家（贵州）枢纽节点工作领导小组，形成“省统筹、市州落地”的机制。加强高位谋划，推进数字经济“算”“数”双轮齐发力：加强顶层设计，确立了数字产业化、产业数字化、数字设施、数字化治理和要素保障发展架构；加强科学定位，抢抓“三大新机”即抢产业新机（加快培育千亿级产业集群），抢设施新机（推进“东数西算”信息基础提档升级），抢治理新机（力争数字政府建设走在全国前列），抓住数据核心生产要素和算力核心生产力，持续通过种“数”夯实数字经济底座、引“数”提升产业集聚优势、算“数”培育拓宽新赛道，夯实了数字经济发展创新区发展的新动力。

二是强化改革推动，数字经济发展效能持续提升。坚持改革创新，全省“一窗通办‘2+2’模式”改革全面落地实施，创新推动“跨境电商+海外仓”模式发展，深化国际贸易“单一窗口”建设，优化外汇业务办理流程，放宽服务领域贸易市场准入，跨境电商交易额增长180%，实际使用外资增长123%。强力推进数据要素市场化配置，完成贵阳大数据交易所投资重整，发布全国首套数据流通交易规则，贵阳大数据交易所集聚数据商402家，全面交易额达到3.6亿元。加快探索数字融合创新、数字基建创新、数字治理创新和数字生态创新，累计带动万余家企业开展大数据融合改造，上云用云企业达2.5万家，中国电信、中国联通数据中心获批国家新型数据中心典型案例，数字政府建设水平连续多年排名全国前列，省域政府数据开放综合指数排名全国前三，建成“贵商易”“贵人码”“贵字号”便民惠企应用平台，获批国家电子政务外网创新发展试点。

三是强化项目支撑，数字基础设施建设持续夯实。推进重点项目建设，贵阳大数据科创城、新型基础设施建设、数据交易、数字产业化、产业数字化等优质重大项目稳步建设，2022年基金总计投资金额10亿元，涉及20个项目，预计撬动其他社会资本44亿元，平均撬动比例为4.4倍，超过2022年“四化”及生态环保基金的放大倍数。2022年全省新建5G基站3.1万个，累计建成8.43万个，每万人基站数超全国平均水平。互联网出省带宽累计达3.8万Gbps，新增光缆长度23.5万公里，新增接入端口数144.62万个，完成光纤到户数145.25万户（累计约3.3亿户），新装广电云“户户用”25万户（累计达406万户），高清用户数增加16万户（累计达628万户）。贵阳市、遵义市获全国“千兆城市”称号。

四是强化全域投资，大数据领域投资保持强势增长。大数据领域投资增长较快，2022年总投资达205.39亿元，同比增长30.35%，获评国家信息消费优秀示范城市，数字经济增速连续七年排名全国第一。成功举办

2022 年线上数博会，软件和信息技术服务业发展迅猛，贵阳贵安软服业收入连续跨越两个百亿级台阶，增速连续 17 个月排名全国第一。贵阳贵安投资占比达 43.96%，进一步夯实数字基础为强省会注入了强劲动力。贵州移动、贵州电信分别完成投资 61.86 亿元、28.3 亿元，在信息基础设施建设投资方面领跑全省，成为投资的“主力军”。投资结构持续优化，信息基础设施投资占比达 59.85%，产业数字化占比 24.33%；数字产业化占比 15.82%，产业数字化与数字产业化占比正逐渐呈上升趋势。

五是强化数据中心建设，重大项目建设百花齐放。大数据产业重大项目建设百花齐放，贵阳贵安成为大数据投资的新高地，贵阳市的贵州双龙航空港经济区中国文化（出版广电）大数据产业 CCDI 项目全年完成投资 6.87 亿元，贵安华为云数据中心七星湖项目全年完成投资 10 亿元，其余各地的重大项目建设加快，基建投资强度提升，义龙新区大数据产业园绿色大数据南方基地二期工程项目、铜仁市“找我时代”新供销服务平台项目、黔南州的数字经济运营中台项目、黔东南州的智慧物流项目全年分别完成投资 1.21 亿元、1 亿元、0.92 亿元、0.91 亿元；习酒 5G 智慧仓储项目、发耳国家智能化示范煤矿建设项目、贵州南智云数据中心绿色节能融合创新服务示范项目、纳雍县城区管网提质改造智慧水务建设项目分别完成投资 0.77 亿元、0.7 亿元、0.71 亿元、0.52 亿元，有效投资持续扩大。

6. 生态文明建设的主要举措及成效

一是深入贯彻落实国发〔2022〕2 号文件，强力推进生态环境保护。以“三个深四个强”强力推进生态文明建设，深入贯彻落实省第十三次党代会和国发〔2022〕2 号文件精神，用好用足涉及生态文明建设和生态环境保护的 4 个方面 24 项具体措施，重点围绕污染防治攻坚重点领域和关键环节、生态文明制度改革、生态环境问题排查整改、推动绿色低碳高质量发展、推进山水林田湖草系统治理、生态环境保护铁军建设等内容推进生态文明建设取得实效，奋力在生态“优等生”中创新加速，全省优良生态环境优势持续巩固提升，长江、珠江上游生态安全屏障更加牢固。

二是强化执法监督，生态文明领域监管力度持续加大。持续推进生态文明建设先行区在制度供给、机制创新、模式探索上大胆改深入试，深化从严排查整治专项行动，全面推行“三三制”现场检查工作法，推进省域内长江流域工业污染、生活污染、面源污染、水域生态破坏等突出问题排查。大力开展低碳试点示范建设，2022年贵州省国家级循环经济示范试点数量累计达30个，全省绿色经济占比较过去五年提高了6.3个百分点。严把“高能耗、高排放”项目准入关口，全面推行清单管理、事前介入服务、全程跟踪服务、台账管理、“三线一单”“预评估”等措施，重大项目绿色发展切实为经济社会高质量绿色发展赋能增效。

三是强化示范创建，山水林田湖草系统治理成效明显。深入推进生态示范创建，余庆和务川分别成功创成国家级、省级生态文明建设示范区，花溪区创成国家级“绿水青山就是金山银山”实践创新基地，播州区花茂村、百里杜鹃管理区等12个创建单元创成省级“绿水青山就是金山银山”实践创新基地。出台《促进贵州特色自然保护地体系高质量发展的实施意见》，持续开展“绿地”自然保护地强化监督，完成203个有矢量边界的自然保护地人类活动变化卫星遥感监测解译。研究制定《加强生物多样性保护的实施意见》，启动《贵州省生物多样性保护战略行动计划》编制，农业、林业、中草药种质资源库（场、区、圃）等各级各类抢救性迁地保护设施数量不断增多，刺梨、香禾糯入选全国50个生物多样性保护优秀案例，生物多样性保护的可持续发展能力不断增强。

四是强化制度改革，生态价值转化路径取得新实效。制度体系建设持续完善，实施环境治理政务失信记录机制，健全环保信用评价制度，完善环境污染强制责任保险措施，探索推进生态产品价值实现机制、生态补偿制度、绿色金融等课题研究，生态价值市场化实现机制突破多个“首次”，价值转化路径取得新实效。全省首个森林碳汇管理局在赤水设立，首张森林遥感碳汇指数保险试点落地龙里林场，首个林业碳票保险落地毕节市，首张草原保单落地关岭县，首个“生态账户”——“梵净生态账户”落地铜仁市江口县，生态存量资源实现了有效盘活，产品溢价实现有效提升。环境治理支撑保障不断加强，大力推进《贵州省赤水河流域酱香型白酒生产环境保护条例》等环境立法工作。加快构建以排污许可为核心的固定污染源监管制度，贵阳和六盘水开展排污许可与环境影响评价制度衔接、排污许可与入河排污口设置衔接制度改革，绿色发展“底色”更足。

（三）各市（州）围绕“四新”主攻“四化”的成效及特点

自国务院出台国发〔2022〕2号文件以来，全省各级各部门全面落实省第十三次党代会和国发 2 号文战略部署，坚持以高质量发展统揽全局，全力围绕“四新”主攻“四化”，各市（州）立足发展基础、结合发展实际、整合要素资源、发挥产业优势，进一步明晰了推进“四新”“四化”的发展思路、主要抓手和推进路径，科学谋划、积极作为、主动担当，奋力为建设“四区一高地”战略目标贡献力量。

2022 年全省“四化”发展取得新成效，“四新”建设取得新进展，受疫情、干旱等多因素影响，经济增速有所回落，但各地经济活力持续释放，经济高质量发展成效均有了明显提升，经济保持稳中向好、稳中提质的态势。全省完成地区生产总值 2.02 万亿元，增长 1.2%，其中，贵阳贵安和遵义齐头并进，分别为 4921.17 亿元、4401.26 亿元，比上年增长 2.0%、3.01%，黔东南增长 3.03%，六盘水增长 2.03%，毕节增长 1.15%，黔南增长 1.42%，安顺、铜仁和黔西南等市州经济增长均在 1%以下，各市（州）经济总量及增长情况见表 2：

表 2　2022 年全省及各市州地区生产总值及增长情况

地区	2022 年（亿元）	2021 年（亿元）	增量（亿元）	比上年增长（%）
贵阳贵安	4921.17	4711.04	210.13	4.46
遵义市	4401.26	4169.90	231.36	5.55
六盘水市	1503.58	1473.65	29.93	2.03
安顺市	1080.92	1078.91	2.01	0.19
毕节市	2206.52	2181.48	25.04	1.15
铜仁市	1477.19	1462.65	14.54	0.99
黔东南州	1293.08	1255.03	38.05	3.03
黔南州	1772.18	1747.41	24.77	1.42
黔西南州	1508.69	1506.37	2.32	0.15
贵州省	20164.59	19586.44	578.15	2.95

注：数据来自各级政府工作报告和省统计局官网。

1. 贵阳贵安

一是经济保持稳中向好的发展态势。贵阳贵安在面对疫情散发多发、极端高温干旱等多重超预期的因素影响下，贵阳市完成地区生产总值

4921.17亿元，同比增长4.46%，比全省高151个百分点，城镇、农村居民人均可支配收入分别为46242元、21925元，城乡收入比为2.11∶1，在“强省会”行动的大力推动下，省会城市经济首位度达24.4%，提升了0.38个百分点。贵阳贵安经济总量迈入5000亿元新台阶，一体化发展进程取得新进展，经济发展保持稳定增长态势。

二是工业经济保持高位平稳运行。工业经济增长势头强劲，第二产业增加值达1739.57亿元，同比增长3.7%，占GDP比重达21.2%，对GDP贡献率达29.3%，规上工业增加值同比增长4.4%，新兴产业增长较强，新能源电池及材料产业增加值增长近1.5倍，软件信息技术服务业营收增长103.3%。工业市场主体培育成效突出，工业企业达2.13万户，规上企业903户，新增国家级专精特新“小巨人”企业11户，省级“专精特新”中小企业88户，总产值10亿元以上企业52户，上市企业16家，名列全省首位。工业投资拉动效应高，全市工业投资完成649.6亿元，同比增长50%，拉动投资增长7.8%，其中制造业和高技术产业投资增长较快，分别为69.7%、127.2%，工业投资提质增效显著，投资有效性更突出，投资结构更优化。工业企业创新能力强劲，全年新增省级以上技术创新平台26家，新增贵阳贵安企业技术中心30家。工业互联网融合进程加快，全年共培育融合标杆项目42个、融合示范项目348个，全市两化融合发展水平指数达到62.5，全省排名第一，高出全省平均水平9.8。

三是“强省会”行动为建强贵阳贵安注入了强劲动能。贵阳贵安城市空间规划与建设实现“统规统建”，城镇开发边界扩张系数达1.35，城镇综合承载力稳步提升，常住人口达631.23万人，城镇化率超过80%。城市精细化治理水平持续提升，全面开展城市治堵、治垃圾、治违建城市治理三大攻坚战，持续完善城市交通路网，打通城市断头路，开展城市拥堵路段整治，百城拥堵指数退出全国前15位，推进垃圾分类和城市公共空间整治，有效提升城市精细化治理水平。城乡建设品质持续提升，大力实施“一圈两场三改”行动，城市持续推进15分钟生活圈建设，让城市居民共享便捷的品质生活更有力，农村全面推开“五治”建设，农村人居环境和风貌得到明显改善。

四是农业产业和农业服务业稳步发展。农林牧渔业加快发展，产业结构持续优化，2022年农林牧渔业总产值达344.87亿元，增长4.5%。农业服务业进一步提升，农产品加工业持续稳步增长，农产品加工业总产值达700亿元，加工转化率达60%，高于全省1%。新型农业经营主体经营面超过40%，农民增收和农业增效不断提升。

五是避暑旅游城市“IP效应”显著。持续擦亮“爽爽贵阳”城市名片，避暑旅游成为贵阳全域旅游“新标签”，贵阳避暑热门目的地排名全国第一。新增规上（限上）涉旅企业46家，规上（限上）相关企业累计达1042家。全市接待过夜游客1894.43万人次，同比增长6.4%，居全省首位。完成3条城市夜间经济示范街区升级改造，省级夜间消费集区、夜商圈等持续丰富，旅游业态品质加快提质升级，服务质量明显提升。

2. 遵义市

一是经济发展保持总体稳定的良好态势。全市实现地区生产总值4401.26亿元，比上年增长5.55%，增速居全省第一，高于全国平均水平，连续2年、6个季度领跑全省。城乡居民人均可支配收入分别增长5.2%、6.9%，工业经济持续保持良好势头，经济发展呈现稳中有进、稳中提质的良好态势。

二是规模以上工业增加值快速增长。持续推进工业突破，规模以上工业增速达10.3%，持续领跑全省工业经济，基础材料、航空航天及装备制造、生态食品三大主导产业实现提质发展，“十大工业”总产值突破1750亿元，白酒产业增加值增长35.3%，占比为75.6%，首位度更加突出。大数据电子信息、新能源汽车及电池材料产业增长迅猛，产值分别增长88.5%、35.4%，开发区亩均产值提高到290元/亩。

三是遵义都市圈“强核”行动持续提升城镇化建设。围绕建成辐射带动作用更强的省域副中心目标，都市圈范围内新增城镇空间规模68.72平方公里，占全市新增空间规模的67%，常住人口城镇化率提高到59%，比全省高4.19个百分点。大力推进城镇460个重大项目工程建设，完成投资618.9亿元，深入推进城镇“四改”工程，完成棚户区改造安置3万户，改造背街小巷260条，新开工老旧小区2.4万户，建设改造城镇地下管网1514公里。创新实施“房票”政策，建成“遵义市房票安置房源超市”网上系统，已有34个项目2645套房源入房源超市，有效打通棚户区改造安置和商品房去库存通道。

四是农业现代化呈现稳中有升和稳中提效。全力保障粮食安全，粮食种植面积达918万亩，占全省的21.9%，产量达235万亩，建成高标准农田54.5万亩。“一县一业”农业产业发展持续扩面提效，辣椒、茶叶种植面积分别位居全国地级市第1位、第2位，红高粱、石斛、金银花、猪、麻羊等特色优势产业初步形成。分别新增省级和市级龙头企业5家、48家，累计培育龙头企业846家，实现农产品加工产值600亿元，遵义朝天椒纳入2022年国家农业品牌精品培养计划，湄潭翠芽、遵义红、遵义朝天椒入选2022年品牌机制100强区域品牌，分别位居第28位、第36位、第48位。政策性农业保险参保农户共计167.97万户次，保费达3.28亿元，全市6家承保机构受理理赔金额2.4亿元，受益农户26万余户。

五是旅游产业化发展基础持续夯实。围绕提升综合实力和经济效益，成功举办市第十五届旅发大会暨精品线路推介会，追寻“红色记忆·重温娄山关之旅”入选全国乡村旅游精品线路，重点打造精品旅游线路4条，全年接待游客8000万人次，旅游收入达850亿元，游客人均花费1069.9元、同比增长2.2%。市场主体培育步伐加快，新增3A和4A级景区5个，新增限上（规上）涉旅企业140家，创建五星级旅游饭店2家。旅游业态升级加速推进，创建首批省级十大研学旅行基地2个，8个景区入选贵州首批10大酒旅融合景区，乌江寨、海龙屯土司小镇等重点旅游项目盘活取得阶段性成效。

3. 安顺市

一是经济发展持续保持稳步向好。完成地区生产总值1080.92亿元，增长0.19%，增速居全省第八，经济发展不断夯实稳中向好的基础，不断增多稳中前进的因素，不断凸显稳中提质的发展趋势。城镇、农村居民人均可支配收入分别增长6%、7.5%，城乡收入差距进一步缩小，不断夯实经济稳步提质的基础。

二是聚焦航空产业城建设，助推新型工业化加快发展。大力推进贵州航空产业城建设，谋划重大项目418个，签约项目28个，投资48.9亿元，开工项目8个，总投资11亿元。十大重点工业产业完成规上工业总产值579.6亿元，装备制造、特色轻工、现代能源等三大产业产值占工业比重达66%，新增规模以上工业企业76家，健康医药增长30.6%。加快盘活用好开发区存量资源，开发区完成工业固定资产投资58亿元，标准化厂房利用率为90%。

三是海绵城市建设助力新型城镇化发展。成功获批国家、省级海绵城市建设示范城市，预计 3 年将获 13 亿上级财政补助资金，为系统化全域推进海绵城市建设提供了强有力的保障。全年新型城镇化建设项目完成投资 393.51 亿元，获省级新型城镇化建设补助资金 9184 万元，获省级新型城镇化基金放款 3.92 亿元，占全省新型城镇化基金总额度的 13.06%，位居全省第二。积极推进融入“强省会”，争取交通率先与贵阳贵安实现互联互通，新增城市道路 60.66 公里。大力推进农业转移人口市民化，中心城区建成区面积达 105 平方公里，新增城镇就业 4.3 万人，农村劳动力转移就业 7.3 万人，城区常住人口达 49.7 万人，超额完成任务。

四是农业经济保持稳定较快增长。全面落实粮食安全，粮食产量达 98.9 万吨，超额完成任务。稳步推进“一县一业”农业主导产业发展，建成全国最大的韭黄标准化绿色生产基地和蜂糖李种植基地，大力发展林业产业和林下经济，林下经济面积达 130 万亩，产值达 48 亿元，农林牧渔业总产值预计增长 6.5%。持续夯实现代农业生产体系，建成高标准农田 14.5 万亩，现代种业实现稳步提升，获批实施贵州省大豆良种攻关和蜂糖李种质资源保护，“高脚鸡遗传资源抢救性收集和保护”列入 2022 年度省级种业发展项目。农产品质量品牌持续提升，大肥牛、南山婆、金尘茶等企业快速成长，新增规模以上农产品加工企业 20 家，农产品加工转化率达 55%。

五是国家文化和旅游消费试点城市建设稳步推进。抢抓国家文化和旅游消费试点城市建设，全面促进旅游+多产业融合发展，推进龙宫等 6 个景区提质增效。率先在全省编制《民宿产业示范区总体规划》，培育黄果树瀑布村、渊府·霞渡、牛蹄关·索居等一批精品民宿，尧珈·望瀑入选全国甲级民宿，召开全省民宿产业发展现场观摩推进会，全省民宿产业示范区建设初具影响和规模。加大闲置低效旅游项目盘活力度，成功盘活普定普屯坝、关岭木城河等 4 个旅游项目，黄果树风景名胜区入选世界自然保护联盟绿色名录。

4. 六盘水市

一是经济保持高质高效的强劲增长趋势。全年完成地区生产总值 1503.58 亿元，同比增长 2.03%，增速居全省第四，城镇、农村居民人均可支配收入分别增长 5.3%、7.1%，增速位居全省前列。产业投资占比达

48.4%，高于全省平均水平，争取省级“四化”等产业基金总额位列全省第三，占全省的12%，较上年提高了4个百分点。全员劳动生产率达10.2万元/人，较上年提高500元/人，经济保持稳中提质提效的良好势头。

二是产业转型升级成为新型工业化发展主线。工业经济发展动能加快转化，完成12个煤矿“两化”改造，15个煤矿技改建设新增产能810万吨/年，原煤产量达7409万吨，创历史新高。优先获批330万千瓦火电装机指标，改造升级煤电机组装机342万千瓦，新开工风电光伏项目7个、装机95万千瓦，水城、盘州煤炭储配中心开工建设。工业发展成效显著，工业经济占GDP比重达39.4%，投资占比为35.4%，提高了3.8个百分点。规上工业增加值同比下降2.1%，企业利润总额增长19.3%，产销率达97.2%。规上科学研究和技术服务业营收增速居全省第二，数字经济占比提高1.3个百分点，大数据与实体经济深度融合发展水平指数连续四年位列全省第三，数字经济占比达33%。产业集群发展逐步增强，首位集聚相关企业354户完成产值734.93亿元，占总产值的65.48%。

三是智慧城市建设促进新型城镇化高质量发展。推进以人为核心的新型城镇化政策体系持续完善，大力推进城镇“四改”，完成棚户区改造11472户，老旧小区改造开展16674户，完成背街小巷改造131条，有序推进农业转移人口市民化，中心城区、六枝特区和盘州市新增常住人口5.61万人。智慧城市转型升级示范项目获批列入亚投行2022—2024年备选项目规划，是全省第一个获得亚投行优惠贷款的项目，建设智慧安防小区256个，全市城市社区共划分网格3409个，专职网格员配备率为90.47%，入选公共供水管网漏损治理重点城市（县城）名单，城市集中供热覆盖面积超过560万平方米，城市品质提升稳步推进，城市治理更加智慧、治理效能更加突出。

四是农业现代化发展实现提质增效。超额完成粮食生产任务，完成粮食种植面积278.12万亩、产量64.79万吨，实现双增长；夏收油菜种植面积30.64万亩、产量3.24万吨，同比分别增长23.79%、27.51%。山地农业特色产业实现增产增效，累计建成猕猴桃“吨产园”3万亩、刺梨“千斤园”18万亩、茶叶“万元田”2万亩，产业分别增产59.02%、28.9%、20.77%。农业主体市场活力不断释放，新增省级农业龙头企业9家，省级示范社60个，省级示范家庭农场65个。农业品牌化影响力持续扩大，全年获得绿色食品 47 个，农产品地理标志登记保护产品 33 个，生态原产地保护产品 6 个，盘县火腿、水城猕猴桃被纳入中欧地理标志保护产品互认名单，刺力王刺梨原液在全省率先进入特质农品目录。全年农业项目争取中央、省级财政资金 7.102 亿元，获投基金项目 8 个合计 6.68 亿元，名列全省第三；招商引资到位资金 20.9 亿元，农业农村领域重大工程或项目完成投资 46.87 亿元。

五是旅游收入和旅游人次实现“双增长”。围绕建设一流的避暑康养度假和山地户外运动目的地，大力实施盘活闲置低效项目攻坚行动，盘活闲置低效旅游项目 6 个。加快推动旅游品质提升，新增国家级乡村旅游重点村镇 1 个、省级 8 个，新增中国美丽休闲乡村 1 个，接待游客人次、旅游总收入均增长 10%左右。加大宣传推广力度，推出“四季全时”旅游主题，“我是凉都推介官”全民抖音大赛话题播放量突破 1.9 亿，入选中国十大宜居城市。接待过夜游客 450.41 万人次，位列全省第八，同比增速 5.17%，居全省第四。统筹 6000 万元发放餐饮、零售及文旅消费券，线上消费品零售额增长 4.1%，增速居全省第一。

5. 铜仁市

一是经济发展保持稳健运行。全市完成地区生产总值 1477.19 亿元，同比增长 0.99%，居全省第七。产业发展稳进提质，外贸进出口总额增长 116.4%，位居全省第一。城镇、农村居民人均可支配收入分别增长 4.9%、6.7%，脱贫人口人均纯收入达 13511 元，增速排全省第三，超过全省平均水平。

二是新型工业化发展根基更加坚实。全力推动企业扩能投产、引进落地，新增规上工业企业 72 家，11 户企业纳入省级“专精特新”名录，新型功能材料产业产值达 280.9 亿元，增长 11%。深入推进东西部协作，强化莞铜协作，共建产业园区 16 个，引进落地企业 67 家，召开广东·贵州东西部协作粤企入黔共建产业园区“双百”行动现场推进会。强力推进园区提质增效，产业园区基础设施类专项债发行项目 4 个，金额 3.3 亿元。产业大招商力度加大，新引进优强企业 120 家，新增到位资金 353 亿元，新兴产业招商引资金额占比为 28%，较上年提高了 5%。

三是新型城镇化发展基础更加稳固。深入实施“强中心城区”行动，“碧江—万山—铜仁高新区”深度融合加快发展，中心城区完成地区生产总值达265.77亿元。强力推进城镇“四改”，改造完成棚户区1.63万户、老旧小区1.92万户、背街小巷339条，地下管网375公里，城镇基础设施持续完善，黔北（德江）机场、德余高速等项目加快建设，新增城市道路里程37.12公里，新增城市公共停车位4366个、充电站24个、376台(枪)。持续提升城市服务品质，新增公办义务教育学位19560个，大班额化解率为47%。持续提高城镇治理能力，推进“一网统管”，市县政务服务“零跑腿”事项达643项，贵州政务服务网铜仁站点标准事项“全程网办”占比达80.2%。

四是农业现代化发展支撑更加牢固。全力保障粮食安全，克服60年不遇大旱，推进撂荒耕地专项整治和高标准农田建设，建成高标准农田51.54万亩，位居全省第二，完成粮食播种面积388.22万亩、产量110.03万吨，实现面积产量“双增”。大力发展优势特色农业，建成蔬果百亿级产业集群，主要农作物耕种收综合机械化率达50%，排全省第一，万山成为全国休闲农业重点县，玉屏油茶园区获批国家林业产业示范园区。持续抓好农业绿色发展，加大农产品质量安全监管，全市认证绿色食品45个、有机农产品109个、农产品地理标志保护产品12个。

五是旅游产业化发展生态优势更加突出。大力推进旅游产业恢复加快，接待国内游客人次、过夜游客、旅游总收入等均恢复到去年同期的80%，全市游客人均花费为952.06元，同比增长8.36%。持续提高旅游IP场景力，中南门历史文化旅游区被评为国家级夜间文化和旅游消费集聚区、入围2022年“全国非遗与旅游融合发展优选项目名单”，万山朱砂古镇被评为国家工业旅游示范基地，成为贵州省唯一入选的景区；铜仁马拉松智慧赛道入选全国6个典型智慧健身步道项目，被授予五星级健身步道；松桃花鼓入选中华体育文化优秀民族项目。加大旅游扶持力度，提高旅游产业发展活力，争取省文旅基金投放4亿元，各类中央及省级文旅资金共计1.91亿元，旅游及相关产业增加值达100亿元，增长20%。

6. 毕节市

一是经济发展保持稳中有进的总基调。2022年获得国务院批复同意《推动毕节高质量发展规划》，积极协调争取中央、省级各部门的支持政策，统筹处置疫情和经济发展，全年实现地区生产总值2206.52亿元，同比增长1.15%，实体经济投资增势平稳。城镇、农村居民人均可支配收入分别为 39055 元、13245 元，城乡收入比为 2.95 : 1，城乡融合发展步伐加快。

二是新型工业化实现质量和效益双提升。工业经济坚持巩固特色产业、升级传统产业、培育新兴产业，工业经济实现平稳增长，全年实现规模工业总产值 826 亿元，同比增长 2.8%，增速排名全省第四。八大产业完成规模工业总产值 790 亿元，新上规入统工业企业 70 户，实现工业税收 121 亿元，同比增长 15%。获省认定“专精特新”中小企业 12 户。能源产业快速发展，风力和光伏发电装机总量、发电量居全省第一。信息化与工业化融合进程加快，融合指数达 50.2，位居全省第四，数字经济占比 34%。

三是新型城镇化实现城镇建设扩容提质。围绕提高中心城区首位度，实施城市更新项目 100 个、公共服务项目 151 个，七星关—大方中心城区建成区面积达 108 平方公里，预计常住人口城镇化率提高到 44.46%，增加 1.17%。加快推进城市更新提升城镇功能品质，全年完成棚户区改造 1.5 万户、老旧小区改造 1.6 万户、背街小巷改造 130 条，地下管网改造（新建）535 公里。大力推进城镇治理能力提升，成功申报省级海绵城市建设示范城市和城区燃气管道更新改造，累计建成海绵型道路、公园、小区等项目 63 个，在全省率先出台地灾威胁区群众进城购房支持政策，开工建设商品房 1000 万平方米，销售 520 万平方米，城镇吸引力吸纳力不断提升。

四是农业现代化水平不断加快。加快构建农业产业体系，全力抓好粮油示范点建设，完成粮食种植 1140.9 万亩、大豆 136.9 万亩，全面完成省下达的任务。特色产业持续优化壮大，食用菌、肉牛、家禽、马铃薯等产业规模居全省第一，预计农林牧渔业总产值增长 4%。农产品加工转化率 53.1%，提高 2 个百分点。强化农业生产体系，着力推进高标准农田建设，新建高标准农田 26.22 万亩、机耕道 319 公里，狠抓农技服务，农业机械化率 46%。完善现代农业经营体系，培育省级农业龙头企业 12 家，大力提升农产品质量品牌，申报认定粤港澳大湾区“菜篮子”基地 19 个，数量位居全省第一，销售农产品金额 31.3 亿元。

五是旅游产业发展逐步复苏。坚持“市场换产业、资源换投资”，接待游客 5300 万人次、旅游综合收入 518 亿元，整体较上年均大幅下降，但好于全省平均水平，同比恢复至正常水平的 65%。大力推进旅游品牌创建和业态提质升级，百里杜鹃鹏程社区获评全国乡村旅游重点村，黔西化屋村荣获全国“非遗”旅游村寨，乡村旅游迎来新机遇，“花海毕节·露营管家”成为全国首个露营业态区域公共品牌，大方、织金进入“2022 中国县域旅游综合竞争力百强县市”，织金洞成功创建国家 5A 级旅游景区，迈入“双 5A”时代，旅游品牌数量规模实现全方位扩大。文旅融合进程加快，织金洞和百里杜鹃景区列入贵州省首批十大研学旅行基地，文创产品年综合产值达 400 余万元。

7. 黔东南州

一是经济发展保持强劲的发展势头。面对经济下行压力不断加大，完成地区生产总值 1293.08 亿元，增长 3.03%，增速高于全省平均水平，位居全省第三，连续 3 个季度保持全省前三。城镇、农村居民人均可支配收入分别增长 5.0%、7.0%，城乡居民收入比为 2.99∶1，金融贷款余额首次突破 2000 亿元大关。

二是新型工业化发展支撑逐步夯实。加快建设现代产业体系，加快补齐工业短板，新增镇远青酒等 8 户亿元以上工业企业，新增规上工业企业 80 户，总数达到 400 户，规上工业总产值突破 400 亿元，预计规模以上工业增加值增长 3%，排全省第三。天柱化工园区成功创建省级化工园区，炉碧经开区纳入国家级经开区培育对象，加快园区标准厂房建设，新建标准厂房 26 万平方米，总体利用率 84%，工业增加值占 GDP 比重达 13%。

三是新型城镇化发展动能强劲。城市更新稳步推进，完成棚户区改造 20961 套，开工改造老旧小区 24308 户、背街小巷 346 条，改造城镇地下管网 748 公里、改造城镇燃气管网 92.55 公里，完成目标的 154.25%，持续完善市政路网，凯都一体化成效明显。城市治理现代化水平不断提高，建成城市社区公共服务综合信息平台 117 个，71 个社区使用智慧社区信息系统进行管理，社区网格 4336 个。城镇经济实现新提升，市场主体持续壮大，新设立市场主体 6.18 万户，其中企业 1.18 万户，引进城镇化优强企业 57 家，引进城镇化项目 216 个，到位资金 104.32 亿元，产城融合加快推进，园区新增就业岗位 4088 个，新增就业人数 6273 人。

四是农业现代化发展增效明显。着力抓好粮油生产安全和重要农产品供给，新增粮食种植面积 23 万亩，粮食总产量达到 138 万吨，增长 3.4%。农业特色优势产业持续巩固提升，百香果、蓝莓、太子参等特色食品原料产出和加工稳步增长，农产品加工转化率提升到55%。品牌建设推广初现成效，新增“两品一标”认证22张，黎平县连续五年入选“中国茶叶百强县”，岑巩县被授予“国家农作物品种展示基地”，麻江县成功创建国家现代农业产业园，与佛山共建现代农业产业园15个。从江县入选国家农业现代化示范区创建名单，州农产品质检中心列入大湾区“菜篮子”产品质量安全承检机构名单，“苗侗山珍”品牌入选首批全国知识产权信息服务优秀案例。新型经营主体培育步伐加快，新增省级农业龙头企业14家，林下经济利用林地面积突破700万亩，规模全省第一。

五是旅游产业化发展动能实现新提升。着力推动旅游复苏，加快完善景区软硬件基础设施，建成标准级以上乡村旅游客栈201家，新增4A级景区3个，盘活闲置低效旅游项目6个。持续推进旅游业态升级，开展“佛黔文化旅游周”等主题活动，面向大湾区推出9条旅游精品线路和打卡黔东南“桥头堡专列”。大力开展文旅促消费活动，预计接待游客6100万人次，旅游总收入625亿元，增速均排全省第三。文旅产业多点发力，镇远古城文化步行街入选国家级旅游休闲街区，西江苗寨入选国家级夜间文化和旅游消费集聚区，下司古镇入选省级夜间文化和旅游消费集聚区，剑河温泉被评为金汤级温泉度假地，施秉杉木河夜漂带火“夜经济”，旅游产业发展动能更加强劲。

8. 黔南州

一是经济高质量发展持续稳步向上。完成地区生产总值1772.18亿元，同比增长1.42%，位居全省第五，农林牧渔业总产值497.61亿元，增长5%，总量和增速均位居全省前列，固定资产投资同比增长速度居全省第二，全员劳动生产率达9.35万元/人，居全省第四。城镇和农村居民人均可支配收入分别为41036元、15375元，城乡收入比达2.67∶1，经济持续保持稳中向上。

二是工业产业结构趋优不断增强动能。聚焦做优产业、做强实体，加快推进裕能、磷化、川恒等重点项目建设，新能源材料产业已投产项目6个，实现产值73亿元。现代化工、新型建材、生态特色食品三大主导产业产值达850亿元，占全州规上工业产值的65%，其中现代化工在全州工业占比和全省化工行业占比均超过30%。促进中小微工业企业发展，规下工业增加值增长4.8%，位居全省第一。大力扶持工业主体，培育和认定

“专精特新”企业45户，居全省第三。加快推进工业互联网发展，新增省级工业互联网融合标杆项目11个，居全省第二。完成工业税收80亿元以上，占税收的50%以上，工业增能增效显著。

三是新型城镇化建设稳步推进。围绕“产业聚人、就业留人、政策引人”持续发力，城镇化质量持续提升，新增园区就业0.7万人以上、城镇学位2万个，带动城镇转移就业3万人左右，常住人口城镇化率达54.9%，提升3个百分点，与全省平均差距缩小至0.8个百分点。大力推进城镇基础设施补短板，紧盯群众关切的水、电、停车场等基础设施，完成市政基础设施投资132.79亿元。建立共商共建机制，整合各类资金48.36亿元。大力推进城市综合整治，改造老旧小区116个、背街小巷100条、地下管网466公里，改造棚户区11835套、新开工1600套，22个城市社区达到绿色社区创建标准。

四是农业现代化发展的“基石”作用更加凸显。实施粮食单产提升行动，完成粮食种植面积415.63万亩，总产量130.73万吨，同比分别增长1.5%、3.9%，单产增幅高于全省平均水平。农业产业效能提升突出，成功召开全国大豆玉米复合带状种植现场会，长顺县获批国家第一批区域性良种繁育基地，水稻全程机械化面积排全省第一，农产品加工转化率58%，居全省第一方阵。生猪屠宰加工精深分割产能跃居全省第一。特色主导产业提质发展，新增提质茶园23万亩，茶叶产量5.96万吨，增长14%，综合产值突破100亿元；蔬菜、水果、中药材单产增幅分别为12%、18%、17.4%，均在全省第一方阵；刺梨提质增效面积10.6万亩，产量排全省第一。农业品牌效应持续扩大，都匀市获批创建国家（茶叶）现代农业产业园，都匀毛尖纳入国家精品培育计划；新增省级以上农业龙头企业19家，居全省第二。

五是旅游产业加快纾困复苏发展。大力培育市场主体，新增规上旅游企业51家，旅游产业化综合评价指数居全省第一方阵。旅游产业发展迈向“双千”台阶，过夜游客和人均花费分别突破1000万人次、1000元大关。持续推进业态升级提质，荔波古镇获评国家夜间文化旅游消费集聚区，龙里卢浮宫酒店获评5星级旅游饭店，小七孔景区旅游业态升级及网格化管理经验在全省推广。加大文化保护和宣传推广，平塘水龙节入选2022中华体育文化优秀项目，水书文献入选《世界记忆亚太地区名录》，“都匀毛尖茶制作技艺”入选人类世界级非物质文化遗产名录，填补了贵州茶类世界级“非遗”空白，增添了“旅游+”融合新动力。

9. 黔西南州

一是经济发展保持总体平稳态势。全州完成地区生产总值1508.69亿元，总量位居全省第五，同比增长0.15%，增速排全省末位。城乡居民人均可支配收入分别增长4.5%、6.5%，“四化”项目完成投资1166亿元，基础设施重点项目有序推进，经济发展总体平稳。

二是现代能源和工业集群发展加快提速。充分发挥能矿资源优势，加大煤矿两化改造，提高煤炭供给能力，推动风能、光伏等新能源有序推进，全年新增煤矿产能315万吨/年，完成煤炭过站量1078万吨。登高“煤电铝”一体化项目建成年产25万吨铝液生产线及50万吨配套工程，产能指标达到35.28万吨，电解铝液生产突破30万吨，产值突破50亿元，成为贵州省第一大电解铝生产企业。振华新材料产值突破百万大关，成为黔西南州首家产值超100亿元级企业。

三是新型城镇化发展支撑持续夯实。大力实施“强中心城区”行动，科学划定“三区三线”，城镇承载能力不断提升，常住人口城镇化率达51%，增长3.66个百分点。不断提升城镇品质，实施县城补短板强弱项重点项目80个、新型城镇化专项补助资金项目14个，开工老旧小区改造187个，完成存量棚改7289户，完成背街小巷改造466条，建设改造地下管网558.78公里。加快完善城市功能，新增城市道路45公里、城市人防工程面积13.26万平方米、城市公共停车位3497个，省级“四好农村路”示范县实现全覆盖。

四是农业现代化发展成效稳步提升。实施粮油生产、储备、加工能力提升三大行动，建成高标准农田26.21万亩，完成粮食播种面积354.9万亩，产量109.8万吨，水稻最高亩产达1154.68公斤，连续四年创全省水稻单产最高纪录，农林牧渔业总产值466.96亿元，增速4.3%，增速排全省第三。持续推进十大农业特色产业提质增效，茶产业规模60.1万亩，累计种植精品水果108.7万亩、蔬菜181.3万亩、中药材154万亩、食用菌13.2万亩，发展薏仁米56万亩、油茶50.25万亩、花椒25.82万亩，完成烟叶收购67.31万担。农业生产体系和品牌建设成效初显，兴仁薏仁米荣获“2022年中国农产品百强标志性品牌”，贞丰县入选国家农业绿色发展先行区，安龙县入选国家农业现代化示范区。

五是旅游产业化发展动力逐步增强。大力培育旅游市场主体，加快重点项目建设，新增入库住宿企业 2 家，引进优强企业 13 家，天下布依等 60 个文旅重点建设项目有序推进，义龙栖梦泽温泉酒店等康养旅游项目投入运营。持续推进旅游业态升级，新增 4A 级旅游景区 1 个、3A 级旅游景区 5 个、省级旅游度假区 1 个，完成兴义发哈、望谟卡法全国红色美丽村庄试点建设，兴义市双生村成功创建全国乡村旅游重点村，普安县茶源街道成功创建全省乡村旅游重点镇。

二、2023 年贵州围绕“四新”主攻“四化”面临的形势及挑战

2023 年，是贯彻落实党的二十大精神开局之年，是奋力谱写全面建设社会主义现代化国家贵州篇章的关键起步之年，也是贵州深入贯彻落实国发〔2022〕2 号文件和习近平总书记视察贵州重要讲话精神、全方位推动高质量发展的关键时期。贵州将坚持稳中求进工作总基调，完整、准确、全面贯彻新发展理念，加快融入新发展格局，坚持以高质量发展统揽全局，全力实施围绕“四新”主攻“四化”主战略，实现“四区一高地”主定位，更好统筹发展和安全，实现经济质的有效提升和量的合理增长，推动贵州高质量发展实现新跨越。

（一）2023 年贵州经济高质量发展面临的形势及挑战

2022 年贵州省围绕“四新”主攻“四化”取得显著成效，经济高质量发展取得了良好开局，在产业招商、优化营商环境、科技创新、扩大对外开放、综合交通运输体系、民生保障等多领域构建了较为完善的政策体系。2023 年贵州实施围绕“四新”主攻“四化”战略面临的机遇：一方面，随着全球产业分工格局新变化，贵州拥有主动融入全球产业链中高端发展的新机遇，具有在新技术研发和应用推广方面带来的产业优化升级新机遇。同时，国发〔2022〕2 号文件出台对贵州全力推进高质量发展注入了强大动力带来的新机遇，加上“双循环”战略夯实了内生发展潜能的发展新机遇。此外，国家支持新时代西部大开发形成新格局、西部陆海新通

道建设、粤港澳大湾区建设等区域发展战略带来的发展机遇。

但面临的新挑战也很多，机遇和挑战并存。当前国际经济环境更趋复杂严峻，国内经济发展面临的需求收缩、供给冲击、预期转弱的三重压力仍然较大，贵州整体发展不足、发展质量不高，产业层次低、竞争力弱。一方面，国际环境不稳定性不确定因素增加，国内工业链条面临"挤压"，全省产业链供应链稳定性和竞争力不高，周边区域的竞争压力不断加剧。另一方面，经济下行压力仍然较大，有效需求不足，消费和投资需进一步提振，稳出口难度增大，部分企业特别是小微企业生产经营困难繁多，创新发展动能还不够强。城市治理体系和治理能力现代化水平不高，民生领域难题和短板较多。巩固拓展脱贫攻坚成果任务繁重，城乡发展差距依旧较大。财政收支矛盾突出，基层防范化解债务风险压力大，本质安全水平不高，统筹发展和安全面临困难较多。政府服务管理效能需要进一步提高，城市运行保障和应急管理体系急需加强，城市数字化转型特别是数字化治理有待提高。

（二）2023 年贵州新型工业化面临的形势及挑战

1. 全球布局深度调整，贵州拥有新一轮的战略发展机遇

随着宏观经济持续向好，国际产业链供应链价值链重构不断深化，呈现出本地化、区域化和多元化等新特征新趋势，推动全球产业特别是制造业发展格局深刻调整，新一轮科技革命和产业变革深入发展，发达国家持续推进高端制造业回流，新兴经济体凭借成本优势积极承接国际产业转移。随着国发〔2022〕2 号文件支持贵州高质量发展的政策红利持续释放，贵州在基础原材料、成本优势、承接产业上具有一定的优势，特别是大数据与工业的结合，智能制造正成为贵州传统工业和制造业转型升级的主要方向，现代产业体系加快完善，供给优势和需求优势持续扩大，新型工业化发展将迎来新的突破，必将在强化科技创新、重视优质要素的配置能力、提升关键产业的竞争优势以及数据要素的创新驱动上获得新的发展，推进新型工业化实现大提升。

2. 疫情防控优化调整，工业经济加快复苏

随着国内新冠肺炎疫情防控实行优化调整，市场经济流动性迅速恢

复，产业链供应链加快修复，工业经济加快复苏。一方面，消费需求得到释放，新的消费场景、消费模式、消费产品和消费业态的刺激扩大了市场的需求。另一方面，随着市场回暖就业率反弹，就业增加带来的收入增加，需求增加引起的供给不足，刺激各产业部门加速恢复生产，产业链供应链进一步畅通，商品市场、劳动力市场和要素市场流动加快，市场活力将实现进一步提升，国际国内双循环将加速产业的发展，有利于培育壮大新兴产业，加快工业经济复苏。

3. 扩大内需力度加大，市场发展信心大幅提升

中央经济工作会议提出从“扩大内需”“加快产业体系建设”“加大吸引利用外资”等方面改善社会心理预期，提振市场信心，并持续实施积极的财政政策和稳健的货币政策。宽松的政策环境将有力促进经济的快速恢复和发展，贵州在国发〔2022〕2 号文件政策红利持续释放下，各项政策的支持无疑对贵州经济发展注入了强大的动力，贵州工业经济的发展将迎接历史性发展机遇，助力全省新型工业化发展实现工业倍增。

与此同时，贵州工业化发展面临的挑战较多。一是贵州工业基础薄弱，重点产业链供应链不够完备，产业增长动力不足。二是新兴产业发展规模偏小，关键核心技术的竞争力较弱，传统产业转型升级任重道远。三是市场创新水平不高，人才、企业等创新主体主观能动性不强，高端研发机构、科创平台较少。四是产业层次较低，产业向高附加值端升级难度大，工业企业效率缓慢。五是工业发展的精细化水平低，工业化需加快转向价值链中高端和更精细化的发展水平。

（三）2023 年贵州新型城镇化面临的形势及挑战

1. 城镇化成为拉动经济发展的引擎作用更加凸显

随着国际国内经济形势向好，城镇化建设加快推进，对城镇就业、增加居民收入、提升城镇品质、提高城镇治理能力、推动城乡融合等均发挥着重要的作用。同时，在大力实施城市更新行动下，城市便民生活圈、城市消费集聚区、城市重要商圈等将从基础设施、品牌招商、业态升级、消费刺激等多方面提供更多的优质供给，城镇基础设施补短板工程强力推进，城镇在教育、就业、文化、卫生、体育、养老、育幼、饮食、居住、

出行等多方面实现全方位品质提升，为城市经济发展注入了新的动力，城镇化在带动经济发展上的引擎作用更加凸显。

2. 数字城市建设加快促进城市治理迈向精细化

随着数字时代的到来，数字经济和新型城镇化的融合进程加快，数字城市建设催生了一批新业态、新产业、新模式，为城市治理效能提供了强大的基础。贵州将发挥全国算力一体化数据中心的枢纽节点的作用，深入推进大数据赋能城市规划、建设、管理和运营全过程，形成更加完善的数字城市管理体系，城市治理更加向精细化转型，政务管理和数字政府建设要求更加精细，在提高城市治理能力现代化上将实现新的突破。

3. 对外开放持续推进有利于提高区域协调发展水平

国发〔2022〕2号文件明确提出支持贵州建成内陆开放型经济新高地，贵州始终坚持以开放促改革，不断扩大对外开放的范围，积极谋划融入“北上、南下、东联、西拓”等全方位的开放格局中，充分发挥贵州的资源优势、交通优势和产业优势，促进贵州与国内外城市的协同联动，通过高水平的对外开放倒逼全省各区域的协调发展，凝心聚力、协同合作，更好地参与国内国际的城市竞争。

尽管全国城镇化进入下半场，但贵州城镇化与全国平均水平还有一定差距，城市群和中心城市的承载能力不足，人口经济在城市空间的分布不合理，农业转移人口市民化进程放缓，城镇吸纳就业能力不足，以县城为载体的城镇化短板还较多，区域发展不均衡突出，户籍制度改革及配套政策尚未全面落实，城镇基本公共服务尚未覆盖全部常住人口，大中小城市发展协调性不足，城乡融合发展任重道远，城乡发展差距仍较大。

同时，贵州新型城镇化也面临多方面的挑战。一是更加依赖工业化推动，城市经济中的服务业比重持续提升，工业和服务业呈现此消彼长的态势，而服务业在吸纳劳动力和提供就业机会方面将成为城镇化动力转化的引擎。二是城乡之间依然存在较大发展差距，中心城市的资源集聚明显，而以县城为载体的城镇化发展短板较多，城乡人均可支配收入差距较大，城乡居民的资产变现能力、基本公共服务、福利待遇水平和生活差距明显，城乡二元结构突出。三是人口结构变化削弱城市发展动能，区域人口及劳动年龄人口老龄化面临着就业机会少、劳动人口流出、消费不振、经济增长发力，农业转移人口市民化进程放缓，城镇吸纳就业能力不足。四是区域发展不均衡突出，贵州城镇化与全国平均水平还有一定差距，户籍制度改革及配套政策尚未全面落实，城市流入人口的基本公共服务均衡性不足，城市的包容性和社会活力不足。

（四）2023 年贵州农业现代化面临的形势及挑战

1. 更加聚焦特色和高效

现代山地特色高效农业是贵州农业发展的核心标识，推进农业农村现代化必然离不开现代山地特色高效农业的支撑，贵州依托现代山地高效农业，从农业基础设施、装备设施、农业生产体系、农业经营体系等上着力，聚焦特色和高效，推进贵州农业稳中有进，粮食生产持续攀升，顺利实现稳产保供目标，持续发挥压舱石的重要作用。

2. 更加聚焦绿色和深度融合

农业作为经济发展的根本，推进农业“接二连三”发展是实现农业现代化发展的重要途径。贵州坚持把培育种养殖业作为根基，推动加工业、商贸物流业带动农业发展，持续拓展农业和农村作为休闲旅游目的地的关键窗口期，不断增强高质量农产品供给能力，提高农业生产环境保护成效，加快农产品精深加工，通过服务业带动农业发展，带动乡村发展，切实推进贵州绿色农业与工业、服务业的融合，创新走出农业促进旅游业，工业带动农业的深度融合发展之路。

3. 更加聚焦智慧农业建设

贵州农业机械化水平不高，最主要是山地多，农机装备的适宜性不高，随着贵州推进大规模的高标准农田建设，农村耕地逐步实现“宜机化”，大力推进丘陵山区、百亩大坝等区域提高生产装备的普及程度，持续提升全省农业的机械化和智能化水平，提高农业生产效能，助力农业农村现代化。同时，贵州也将发挥数字经济创新区的联动作用，积极推进农业农村领域与数字化的融合，推动农业发展更加智慧、更加智能化，助力农业现代化实现高质量发展。

但是，贵州农业农村发展中的不平衡不充分问题凸显。一是高质量的农产品与生态需求和农产品供给的矛盾较多，农产品供给还不能满足个性化、多样化和多功能性的消费。二是农产品生产成本高和农业基础竞争力乏力并存。山地农业单位生产成本较高，劳动力和土地成本的隐形成本显性化带来的成本上升，成本降低难度大。三是新型农业经营主体发展所需的配套设施滞后，高素质的农民培养和职业经理人供给不足，农村人口老龄化问题和劳动力短缺情况日趋严重，农业吸引力下降。四是农村水电路气房网建设滞后，农村道路、互联网、乡村旅游等支撑休闲旅游、养生养老、创业创新的需求不足，城乡教育、养老、医疗、社会保障等方面的差距明显，城乡就业收入差异仍然较大。

（五）2023年贵州旅游产业化面临的形势及挑战

1. 旅游产业化乘数效应加速释放

随着国内旅游市场的消费恢复，贵州文旅产业发展将持续发力，文化、旅游和经济、社会、教育、生态、交通、对外开放等功能交融将加快促进多位一体的价值叠加、功能融合，国家文化公园、都市圈文旅联盟、“非遗”精品路线等跨区域联动更加突出，区域合作更加紧密，进一步推动全省旅游资源共享、客源护送、品牌共建、政策互惠，实现合作互惠共赢。

2. “四大行动”助力提升产业竞争力

贵州持续在主体培育、业态升级、质量提升和资源盘活等方面加大夯实产业发展内核力，推进旅游市场客群细分、产品细化、结合资源特色和文化脉络打造核心产品，创造独特卖点，兼顾市民和游客多样化的文旅需求，围绕主客共享、近悦远来的目标，创造更有品质的旅游体验，推动旅游产业从外延式、粗放型向内涵式、精细化发展模式转变，以文化内涵和人文精神锻造产业竞争力。

3. 更开放更多元将加速国际化发展步伐

贵州持续扩大对外开放，加大区域合作，依托国际展览会、博览会等重要平台不断推荐贵州旅游，旅游标识系统、多语种咨询服务体系、多语种导游讲解等服务标准持续走向国际化，积极承办好国际旅游大赛，不断提升游客入黔的运力和便捷度，持续宣传推荐贵州，讲好贵州故事，旅游产业发展将实现更开放、更多元、更美誉的国际化发展趋势。

与此同时，旅游产业化面临的挑战有：一是旅游经济效益复苏需市场牵引，受疫情冲击后旅游市场复苏还需一个过渡阶段。二是旅游市场主体结构不够合理，旅游企业和投资主体韧性不强，从业人员不稳定，形成大规模、高标准和新创意的特色旅游主体缺失，旅游产品尚未形成研发、生产、宣传、销售一体化的经营格局。三是闲置抵消项目盘活难度大，旅游受季节性影响较大，旅游经营企业信心受挫，旅行社、旅游景区等地的人才流失明显，龙头企业带动作用不显著。四是产业化发展水平不高，对文物保护的重视程度还不够，非遗资源普查、挖掘、整理工作还需完善，对传统村落和少数民族特色村寨资源的种类数量现状了解不深，文艺创作数量不多、质量不够高，文艺创作产业化进程缓慢，文化资源、文化资产、旅游资源的产业化水平有待提高。

（六）2023 年数字经济发展面临的形势及挑战

1. 数字基础设施建设迎来新空间

随着贵州加快建设首个国家级大数据综合试验区和数字经济发展创新区，打造面向全国的算力保障基地，数据基础设施加快建设并初具规模，“5G+”将成为建设重点，“政府+核心企业”将成为数字基础设施建设中重要的引领者，资产数据化持续推动产业集群、政务数据开放共享、智慧交通等将推动基础设施建设，将有效拓展发展新空间。

2. 数据要素市场汇集创造新机遇

随着国家数字经济发展进程加快，贵州首个全国大数据交易所将加快开展数据资源开发和利用，持续深挖数据要素市场发展新机遇，汇集数据资源集聚优势，助力全国数据要素聚集开发和数据流通，在数字资产的通证存储，验证、赋能、共享、流通、安全等体系上，不断提供新的增长动力，创造了新的发展机遇。

3. 产业数字化为传统产业转型创造新机遇

贵州在持续推进行业、产业向数字化转型，数据元投入的产出弹性存在较大差距，尤其是在能源、交通、制造业等传统产业上，还有较大的提升空间，随着工业互联网与传统产业的加快融合，基于传统产业的数据要素市场将进一步释放，将创造新的产业机会。

然而，贵州数字经济发展面临的挑战不少。一是数字经济发展存在核心技术和发展动能不足，政策和数据资源优势没有发挥其最大效用，大数据融合赋能有待深化。二是大数据产业创新不足，发展支撑能力亟待提升，主导产业规模不大，数据流通服务业、核心数字技术和产业集聚平台能级有待提升，数字融合创新有待深化，数字产业产业链较短。三是数字经济与实体经济的融合水平不深，超前的数字基础设施建设谋划不足，算力服务水平不高，数字治理创新工作量较大，数字生态创新的法规标准和要素保障亟待持续优化。

（七）2023 年生态文明建设面临的形势及挑战

1. 生态文明建设先行区发展更加坚实

随着国发〔2022〕2 号文对贵州生态文明建设部署的重点任务、试点示范和重大专项工程落地，在政策、资金、项目和技术上的大力支持下，为贵州用好生态优势，发展特色产业、基础设施、资源能源和生物多样性等优势提供了历史新机遇，有助于把政策措施转化为工作任务和具体事项，将不断夯实生态文明建设的根基。

2. 绿色经济占全省经济比重将持续提升

贵州大力推行绿色低碳发展，随着生态环境持续改善，污染防治攻坚战持续推进，生态保护和示范创建加快实施，现代环境治理体系逐步健全，不断厚植高质量发展的生态优势，加快经济新旧动能转换，绿色经济占比份额将持续提高。

3. 生态产业富民惠民效应持续扩大

贵州在加快推进生态产品价值实现机制试点省建设中，自然资源资产产权制度改革不断深化，绿色 GDP 核算和生态产品价值核算标准不断完善，生态产品的价值转化和资本转化步伐加快，实现机制不断打通，生态富民产业将得到大力发展和推广，富民惠民效应持续扩大。

然而，生态文明建设同样面临诸多挑战。一是石漠化、水土流失等综合治理压力仍较大，城乡绿化美化的任务还较重。二是生态环境治理能力短板还比较多，大气、污水、土壤、固废等生态环境风险防控攻坚任重道远。三是环境治理体系现代化水平有待提升，治理体系还不完善，制度改革创新有待深化，生态文明建设的要素保障还不足，产业化突破和成果转化应用空间还较大。

三、2023年贵州围绕“四新”主攻“四化”的对策建议

2023年，贵州持续全力做好围绕“四新”主攻“四化”工作，要坚持以习近平新时代中国特色社会主义思想为指导，全面学习贯彻党的二十大精神，深入贯彻落实习近平总书记视察贵州重要讲话精神，坚持和加强党的全面领导，立足新发展阶段、贯彻新发展理念、加快融入新发展格局，坚持以高质量发展统揽全局，更好统筹发展和安全，持续抓好国发〔2022〕2号文件和其他政策落地落实，接续围绕完善现代产业体系推动新型工业化、围绕以人为核心推动新型城镇化、围绕农业强省战略推动农业现代化、围绕“两大提升”推动旅游产业化、围绕建设数字经济发展创新区推动数字经济发展、围绕绿色低碳发展推进生态文明建设，大力推进“四新”“四化”重点项目建设，强力推进产业招商，深化区域创新能力提升，实现经济质的有效提升和量的合理增长。

（一）持续细化落实国发〔2022〕2号文件和其他政策

一是细化落实国发〔2022〕2号文件精神。持续抓好国发〔2022〕2号文件部署的重大工程项目、重大政策、试点示范创建等支持事项，积极对接国家各个部委，加快推进项目建设、实物支持和政策落实，加强对接有关部门，争取更多支持，更好更精准地将政策红利转化为推动全省经济高质量发展的强大动力。

二是全面贯彻落实其他政策。全面贯彻落实国家重大战略部署，深入落实国家稳经济一揽子政策措施，研究制定我省贯彻落实意见，积极争取上级补助，有效激发市场主体活力。精准发力助力乡村振兴，有效保障巩固脱贫攻坚成果同乡村振兴有效衔接要素保障，全力支持数字经济发展，持续推进生态文明建设。统筹发展和安全，积极防范化解地方政府债务风险，精准谋划项目，严格债券管理，合理保障重大项目融资需求，分类稳妥处置债务风险，努力做大做强综合财力，通过多向发力，推动财政可持续发展，促进经济高质量发展。

（二）2023 年贵州新型工业化的对策建议

一是围绕夯实基础抓工业重点产业。狠抓重点产业，壮大产业规模，完善现代产业体系，做大做强产业基本盘。着力围绕全省十大重点工业产业，发展壮大传统支柱产业，积极推动传统产业升级改造，发挥传统产业的“顶梁柱”功能。着力加快推动战略性新兴产业发展，推动煤炭产业等战略性结构调整，推动产业规模化、智能化、清洁化发展。着力建设新型电力能源系统，推进煤电机组升级改造，优化能源结构。着力推进白酒产业规范化发展。着力推动铝、磷、锰等优势矿产资源精深加工。着力推动现代化工高端化发展。着力推动新能源电池级材料产业壮大发展，围绕产业链延链补链强链，增强工业经济增长动能。

二是围绕投资关键抓工业基础建设。加大工业投资力度，优化投资结构，创新社会投资方式，多措并举筹集资金。进一步加大工业基础设施、配套设施建设，补齐工业发展短板。进一步加大对传统产业升级改造的资金支持，强化对新兴产业项目孵化、平台培育的资金支持。进一步支持企业智能化改造，加强制造业与信息产业融合。加大工业投资向新能源动力电池及材料研发生产基地倾斜，做强做大全国重要的资源精深加工基地。强化关键零部件、关键材料、关键设备等产业备份基地建设，强化全国算力保障基地建设，强化新型综合能源基地建设，通过重大项目培育抓好一批重大工业项目，着力培育产业集群形成经济增长点。

三是围绕绿色转型抓绿色工业产业。全面贯彻新发展理念，坚持走绿色发展的道路是产业发展的必然趋势，加快推动构建绿色经济体系，从招商源头把关项目建设的绿色核心准则，坚决落实绿色贵州拒绝污染。加快推进六大高耗能产业转型升级，加强“两高”企业监测、优化能源结构，加快建设清洁能源体系。持续优化绿色产业指导目录，严格落实碳达峰实施方案，加快绿色技术创新，推动建设绿色生态体系。

四是围绕科技赋能抓工业载体建设。大力鼓励和支持企业创新，加强科技创新平台建设，创新构建科创平台与高校、科研院所开展多形式的合作机制。创新设立国家重点实验室贵州基地，重点打造创新平台，创新产业研发模式。同时，加大企业、高校技术人才的培育机制，重点培养一批高技术领军人才和创新团队，重点支持工业重点领域核心技术、关键技术的攻坚攻关与突破。此外，还需要加强知识产权的保护力度，引导企业积极向开发主体、收益主体、投资主体转化，充分调动各类创新要素的积极性，营造全社会创新的氛围。

五是围绕开放合作抓东西部产业协作。持续扩大对外开放，进一步加强与东西部的协作，积极融入国家“一带一路”战略、“西部陆海新通道”建设和粤港澳大湾区等区域产业协作和产业链建设，推动国家级、省级产业园区创新平台提档升级，积极承接国际产业转移和东部产业，加强与成渝地区双城经济圈合作，主动承接成渝地区产业，持续深化“广东研发+贵州制造”“广东企业+贵州资源”“广东总部+贵州基地”“广东市场+贵州产品”等合作模式，提高贵州工业经济的外向度。

六是围绕亩产效能抓工业园区建设。持续推进开发区产业优化布局，结合各开发区的区位条件、资源优势、产业布局等明确产业定位和发展方向，着力培育壮大一批动力强、潜力大的产业园区提质增效。加快推进产业园区、开发区基础设施建设，做强开发区产业承载综合能力，培育一批重点开发区等级提升。

七是围绕产业效能抓工业基地建设。2023年全省工业将按照“扩总量、提质量、增效益”的思路，着力聚焦稳增长，聚焦发展主导产业，聚焦产业结构调整，聚焦做强做大工业主体，聚焦平台载体建设，聚焦转型升级发展，开展工业企业稳产增产专项行动，编制和实施“六大工业基地”规划，推进“链主”型项目牵引计划，扎实推进开发区基础设施建设，有助于推动工业经济在运行整体向好、构建现代化产业体系、推进重大项目建设、做大做强市场主体、做强工业平台载体、在高端化智能化绿色化转型上实现新的突破。

（三）2023年贵州新型城镇化的对策建议

一是着力在构建“一群三极三带”城镇空间格局上发力。持续优化调整全省城镇空间布局，持续完善合理科学的城镇体系，形成大中小城市和小城镇协同发展的格局。强力推进贵阳—贵安—安顺都市圈在黔中城市群中的核心作用，深入推进“强省会”战略，加快推进遵义副中心建设，培育毕节副中心，推动产业、人口、资源、要素、项目等向三大城镇发展带集聚，积极发挥市场作用，加强城市间的合作交流、产业投资，推动资金、人才项目等在省域内城市之间实现自由流动，促进区域协调发展，提升城镇化发展质量。

二是着力在推进“以城聚产、以产兴城、产城融合”上发力。把产业和城镇的深度融合作为城镇化建设的核心内容，着力完善城镇基础设施，强力推进信息、交通、高铁、高速公路、航运等重大项目建设，加大现代水网、能源保障，推动城市市政公用设施和民生补短板设施建设，持续提升城市的产业承载能力，提升城市的人口吸纳就业能力，实现以城镇建设带动产业发展，以产业发展带动人口集聚，促使产城融合发展效益更多惠及群众，助力贵州新型城镇化发展。

三是着力在实施城镇“四改”上推进城市更新取得新突破。大力实施城镇“四改”项目，继续扎实开展城市年度体检工作，动态更新城镇“四改”项目清单库，强化棚户区、老旧小区、背街小巷、地下管网、停车场、农贸市场等民生工程建设，加大对城镇历史文化街区、名镇、名村的保护力度，科学谋划城市老旧街区、老旧厂区等城市更新项目入库，加快项目建设进度监督，积极引导居民全过程参与城市更新，强化城市更新的共识和长效监管，促进城市更新项目高质量规划、高质量建设和高质量管护。

四是着力在完善城镇治理体系和治理能力现代化水平上发力。城镇治理体系和治理能力现代化水平直接关系国家治理现代化水平，贵州要坚持集聚多元共治合力，加强城乡社区党建引领城市基层治理的基础性作用，完善社会力量参与基层治理的激励政策，积极推进城镇治理转向智慧化、智能化，及时总结推广智慧城市、智慧城管、智慧政务、智慧医疗、智慧旅游等多方面的典型做法，促进城市治理向智慧化转变，持续提升城镇治理效能。

五是着力在推进以县城为载体的新型城镇化建设上发力。注重新型城镇化建设和乡村振兴实现协同发展，加快推动县城基础设施补短板，推动城乡基础设施和公共服务一体化，提高县城作为连接城市和乡村载体的综合承载能力。加快推动县域一、二、三产业融合发展，积极推进县域产业实现“接二连三、带一促三”发展，进一步结合县域资源特色，推动县域主导产业向后端延伸、向下游拓展，丰富产业新业态，提升产业价值，强化县城的重要载体功能。

（四）2023 年贵州农业现代化的对策建议

一是围绕农业强省建设，持续将保障粮食安全生产作为首要任务。持续开展撂荒地整治，摸清底数、建立台账，因地制宜、因地施策，确保全省土地实现应种尽种。大力抓好高标准农田建设，重点抓好粮食生产功能区和重要农产品保护区，实施耕地宜机化改造，优化提升土地资源，增强高标准农田管护意识，坚强管护机制，确保高标准农田产出能力和永续发展能力不缩减。持续做好防灾减灾工作，引导农技干部走进田间地头，加强对农作物的苗情、病虫害等监测预警指导，增强防灾减灾应急能力，提升调度能力，大力改善农业生产用水条件，扩大农业保险范围，保障粮食稳产增收。

二是着力加快宜机化改造，提升农业机械化率。全力提高水稻、油菜耕种收综合机械化率，抓实抓细全过程机械化作业，重点抓好机收减损，着力提升薄弱环境机械化水平。加快补齐丘陵山区农机装备短板，结合山区特征和具体作业场景，加大科技研发生产，推广多功能小型农机装备，细化实化机械化生产短板需求，提高机械化智能作业在实现节种、节水、节肥、节药、节省人工成本上发挥更大作用。鼓励和支持农机社会化服务组织加大专业技术人才培养，提高培训力度，鼓励开展农机社会化服务，提高机械化生产质量和效率。

三是持续紧盯特色优势产业，发展富民乡村产业。结合各地农业资源禀赋，聚焦主导产业、重点产业和特色产业，大力发展“一乡一业、一村一品”特色生态农业，推动特色优势产业实现规模化、标准化、品牌化和市场化，提升产业提档升级。推动农村一、二、三产业深度融合，坚持以产业链推进农业与工业、服务业深度融合，加快与现代信息技术的融合，拓展群众就业增收渠道。大力培育新型农业产业化经营主体、家庭农场、专业大户、专业合作社和龙头企业，推动形成多形式的适度规模的经营体系，引导同类产业和同类企业开展横向合作，形成集团化发展。重点发挥新型农业经营主体的帮扶带动作用，完善利益联接机制，积极探索保底分红、劳务收入、资产收益、二次分配、共享成长等方式，让农民更多参与产业发展，共享产业增值收益。

四是重视科技创新，提升山地特色农业的发展效益。强化产学研合作，充分发挥龙头企业的科技创新主体作用，支持产业化集群建立科技研发平台，联合科研单位、大专院校开展合作，强化科技研发在农业产业集群中的支撑作用。聚焦各地特色优势产业，加大力度推进农产品加工环节技术改造，积极开发新产品和新工艺，加快农产品传统加工技术改造，推动加工产学研用一体化建设，全力提升农产品精深加工能力，提高特色优势产业的价值和附加值。

（五）2023年贵州旅游产业化的对策建议

一是强化推广推进旅游产业化实现“两大提升”。重视旅游产业发展的流量，围绕“山地公园省·多彩贵州风”品牌，着力细化品牌产品、品牌路线，挖掘特色和优势，开展特色主题营销，策划包装产品，开发多形式、广领域、多客群的精品路线和产品，借助重点平台资源，充分利用全国性、国际性会议、论坛、大赛、节庆活动等开展推介活动，增加话题性，提升旅游曝光率，提高旅游转化率。

二是聚焦“特意性”资源，强化四大行动。以“9+2+2”为重点，从景区、住宿、餐饮、商品等方面推进旅游业态升级，实现景区业态向体验式度假式转变，民宿向星级标准提升，餐饮向特色转化，商品向地域特色和民族特色转型，演艺娱乐实现常态化开展，业态创新瞄准影响力的新业态新项目。持续完善服务配套，推进服务质量提档升级，进一步完善星级景区、星级酒店、重点村镇、高速服务区、交通场站的硬件设施，加大旅游从业人员培训，巩固旅游安全和市场秩序监管，推动旅游服务质量全面提升。继续实施市场主体培育行动，聚焦重点企业，助力龙头企业做大做强，发挥其领头羊的作用，加快推进旅游企业资产整合、债务化解、战投引入等，加快推进涉旅企业上市。大力推进闲置低效项目盘活，围绕项目建设，提升政务服务保障力，引导建设项目合法合规、节约集约使用资源，分类推进项目，逐步实现盘活营运，提升盘活效能。

三是强化文化和旅游融合，创建发展示范区。围绕“以文塑旅、以旅彰文”，加快创建国家文化产业和旅游产业融合发展示范区，深入挖掘红色文化、历史文化、民族文化、生态文化，增强文化在旅游产业发展中的灵魂。持续办好非遗周、非遗嘉年华、非遗周末聚等系列活动，提高非遗品牌的影响力和吸引力。不断强化贵州交通、酒业、康养、森林、农业、体育等多领域同旅游产业的合作，推动旅游实现多维度的融合。

四是打造文化精品，丰富业态，推动产业化发展。加强对文物工作、中华文化资源的普查和研究阐释，实施革命博物馆纪念馆提升计划，推出更多的文艺作品，持续办好各类艺术活动。加强文化遗产传承利用，组织开展馆藏文化评估定级工作，实施新时代系列艺术创作工作，突出创作红色文化，持续推进公共文化空间建设，提升城市旅游及乡村旅游的网红效应，借助云平台，展示特色文化服务，打造文化精品品牌，丰富多类型的业态，推动实现产业化发展。

（六）2023年贵州数字经济发展的对策建议

一是集中优势资源，推进数字技术体系实现突破。依托现有核心技术体系的领先优势，推进大数据核心技术攻坚突破，持续在大数据、人工智能、区块链、超算、物联网等前沿领域加大攻坚攻关，加大技术攻坚投入强度。持续深入实施"科技入黔"行动，加强贵州在公共大数据、智能采掘、非常规油气勘探开发、新能源动力电池等关键领域核心技术攻关。推进绿色数据中心、数字金融等数字经济核心技术攻关。

二是夯实数据底座，推进数字基础设施建设实现突破。持续夯实数字基础设施，推进数字技术与经济、政治、文化、社会、生态文明建设"五位一体"深度融合，推动数字基础设施建设适当超前，推动数据资源更加开放流动，为市场提供要素支撑。积极推动更多场景开放，着力在智慧医疗、智慧交通、智慧城市、数字政务等重要领域推出更多数字化项目建设，以需求助推产业向数字化转型，夯实产业数字化发展的基础底座。

三是锻造竞争内核，提升数字产业的核心竞争力。建议以数字产业化为核心，培育壮大数字经济主体产业，牢牢抓住"东数西算""数据交易"两个核心，继续打造数据中心、智能终端、数据应用三个千亿级主导产业集群，实现集中发力、重点突破。着力推进数据中心建设，加快全国一体化算力网络国家（贵州）主算力中心建设，推动数据集聚，加快打造产业集群，持续做大云服务"首位产业"，培育云数据中心，推动行业、产业、企业结合自身特色和资源，选择不同突破方向，运用数字技术提升竞争能力。

四是建设数字政府，提升政府治理效能和治理能力提升。大力推进数字治理创新，提高政府数字化服务能力，着力提升社会治理和民生服务数字化水平，提高政府治理能力。继续深化全省一体化政务大数据体系建设，探索“一网统管”治理模式，提升城市治理科学化、精细化和智能化水平。不断扩大公共数字产品供给，提高教育医疗、文化科技、金融支付、便民出行等民生领域的公共数字产品应用，推动数字产品和服务实现普惠化发展。

（七）2023年贵州生态文明建设的对策建议

一是用足用好政策红利。继续抓好国发〔2022〕2号文件的落地落实，用好用足生态文明建设领域的支持政策红利，全力推进生态文明先行区建设。持续推进生态环境保护，发挥特色产业、基础设施、能源资源、生物多样性等方面的比较优势，持续转化为建设生态文明先行区的发展优势，争取国家更多资金、政策和项目支持，先行先试、大胆创新，推进生态领域首创制度体系不断完善。

二是持续改善生态环境。坚持保护优先，持续推进突出生态环境问题整改，抓好中央督查问题整改，有序开展省级环保督查，以督查倒逼生态环境扩绿提质，筑牢长江珠江上游重要生态安全屏障，持续加强自然保护地和生态保护地红线监管，加强生物多样性保护。统筹山水林田湖草系统治理，以赤水河、乌江流域沿线和“三州”民族地区为重点，科学推进石漠化、水土流失综合治理，深入实施森林质量精准提升工程。深入开展城乡绿化美化，厚植高质量发展的生态优势。

三是创新推进绿色低碳发展。持续深化科技创新，结合省情和产业发展基础，推广应用节约资源的新技术、新工艺、新设备和新材料，构建绿色发展的技术支撑体系，推动传统产业绿色化发展。支持企业加大研发投入力度，畅通科研成果转化渠道，解决一批低碳发展“卡脖子”难题，实现降碳提质并举。大力发展节能环保、清洁生产、清洁能源等绿色产业，加大高耗能领域减污降碳技术的研发，实现绿色技术创新链和产业链的深度融合。健全绿色低碳循环发展的生产体系、流通体系和消费体系，完善绿色低碳生产生活基础设施。

四是深化体制机制和制度改革。深入开展生态文明建设示范创建，推动基层生态制度大胆先行先试，及时总结、归纳、推广创新经验，注重实践成果转化落地，建立健全生态保护补偿、生态环境损害赔偿和生态产品价值实现机制，推动用水权、排污权、碳排放权等市场化交易，加快形成生态优先的利益导向机制和绿色发展模式。大力加快省级绿色金融创新试点县建设。健全完善大数据创新应用机制，推动数字技术赋能环境治理和智慧监管，提升生态治理效能。

综上，2023 年贵州应全力实施围绕“四新”主攻“四化”战略，强力抓好国发〔2022〕2 号文件的政策落地落实，始终把全方位推进高质量发展作为中心任务，坚持稳中求进工作总基调，把稳增长放在更加突出的位置，以更有力的政策举措提振市场信心、稳住基本盘。深入推进改革开放，大力营造良好发展环境，加快建设西部大开发综合改革试验区，打造内陆开放型经济新高地。坚持把发展经济的着力点放在实体经济上，加快构建支撑高质量发展的贵州特色的现代化产业体系，着力扩大内需，着力增强微观主体活力，着力稳定市场信心，保持全省经济运行稳定在合理增长区间。深入推进以人为核心的新型城镇化，推进大中小城市和小城镇协调发展，大力提升以县城为载体的新型城镇化建设。全面推进乡村振兴，加快建设现代山地特色高效农业强省。大力实施旅游产业化发展，加快打造世界级旅游目的地，提供高水平、精准化、智慧化、多元化的旅游服务有效需求。大力实施数字经济创新提质工程，深入推进产业数字赋能。坚定不移推动绿色低碳发展，全力推进贵州生态文明建设迈向新台阶，为新征程中贵州实现高质量发展开好头、起好步、奠好基。

上篇

2022年贵州在新时代西部大开发上闯新路报告

张智勇　钱美君　吴　未　成　玲

2022年1月，《国务院关于支持贵州在新时代西部大开发上闯新路的意见》（国发〔2022〕2号）文件重磅发布，不仅开启了贵州在新时代西部大开发上闯新路的历史机遇和重大使命，而且为贵州开创高质量发展指明了前进方向、提供了根本遵循、注入了强大动力。体现了党中央国务院对将后发追赶、提档升级的“贵州速度”内化为敢想敢试、敢闯敢干“贵州实践”的认可和支持。国发〔2022〕2号文件的出台，坚定了新时代新征程贵州发展路径的行动方向，是推动贵州经济社会从数量追赶型到质量追赶型发展方式转变、从“又好又快”发展阶段向“高质量”发展阶段跨越的强大引擎，凝聚起奋力谱写多彩贵州现代化建设新篇章的强大合力，为推动西部大开发形成新格局再添动力。

一、2022年贵州闯新路的主要政策和举措

2022年，贵州省以国发〔2022〕2号文件为核心指引，围绕“四新”主攻“四化”，铆足“闯”的气力，鼓足“拼”的气势，下足“干”的功夫，加快推动一系列重大政策、重大改革、重大工程、重大项目落地见效，推动“四区一高地”建设。贵州省委、省政府共颁布168份政策，涉

作者简介：张智勇：贵州省社会科学院国家治理体系和治理能力现代化地方实践高端智库助理研究员，重庆工商大学长江上游经济研究中心博士研究生；钱美君：云南大学经济学院博士研究生；吴未：重庆财经学院软件学院本科生；成玲：贵州财经大学工商管理学院讲师。

及产业结构调整、新型城镇化建设、绿色低碳经济发展、公共服务规划、基础设施建设、推动经济发展、节能减排、推进“东数西算”工程建设、水运体系建设、风景名胜区建设、新型工业化建设、新能源发展、推进老龄事业高质量发展、推进交通运输体系发展、促进居民消费、文物保护、污染防治、水生态环境保护、空间生态修复、推进教育事业发展、发展开放型经济，并且将文件政策的“含金量”有力转化为贵州发展的高质量。

通过对照国发〔2022〕2 号文件中提到的相关关键词“西部大开发综合改革示范区”“市场化配置”“国企国资改革”“营商环境”“乡村振兴”“乡村建设”“现代山地特色高效农业”“新型城镇化”“内陆开放”“贸易投资”“开放通道”“开放平台”“区域互动合作”“数字产业”“数字经济”“生态文明”“生态系统”“污染防治”“生态文明试验区”“低碳”，对收集的政策文本进行筛选，共筛选出 68 份相关政策，占全年发布政策数量的 44.15%，按照关键词进行统计，见图 1。从整体看，贵州省 2022 年西部大开发闯新路工作重心主要集中乡村振兴、生态文明建设以及建设西部大开发综合改革示范区上。贵州省 2022 年颁布的相关政策与采取的相关

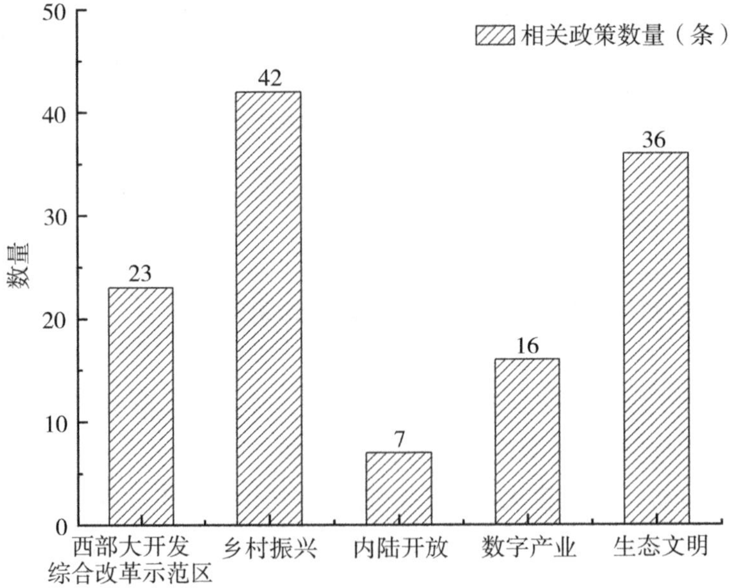

（数据来源：贵州省人民政府官网。）

图 1　2022 年贵州省相关政策数量统计图

举措充分反映了贵州省牢记习近平总书记的殷殷嘱托，认真贯彻落实国发〔2022〕2号文件的精神要求，彰显了贵州省大胆闯、大胆试、自主改的精神，为未来的贵州省发展“黄金十年”和开创百姓富、生态美的多彩贵州新时代带来更大的信心与干劲。

（一）在西部大开发综合改革示范区建设上做出新探索

国发〔2022〕2号文件中明确指出建设西部大开发综合改革示范区是发挥改革的先导作用和突破作用，大胆试、大胆闯、主动改，解决深层次体制机制问题，激发各类市场主体活力，增强高质量发展内生动力，保障和改善民生，为推进西部大开发形成新格局探索路径的一项重要举措。同时文件中提到建设西部大开发综合改革示范区要加强市场化配置改革、深化国企国资改革、全面优化营商环境。2022年，建设西部大开发综合改革示范区贵州省先行先试、探索经验、做出示范，贵州省级层面共发布与综合改革相关的23份政策文件对建设西部大开发综合改革示范区进行相关布

（数据来源：贵州省人民政府官网。）

图2 有关建设西部大开发综合改革示范区的政策词云图

局。23 份政策文件高度响应习近平同志同志为核心的党中央相关精神，利用国发〔2022〕2 号文件为贵州省带来的新而强大的引擎和强大力量，针对市场化配置改革、国企国资改革和营商环境优化等问题，结合贵州省实情提出了适合贵州省的相关举措和重点任务。

（二）在乡村振兴繁荣发展上落笔新画卷

国发〔2022〕2 号文件明确指出巩固拓展脱贫攻坚成果样板区需要同乡村振兴有效衔接，全面推进乡村产业、人才、文化、生态、组织振兴，加快农业农村现代化，走具有贵州特色的乡村之路。2022 年贵州省级层面发布乡村振兴相关的政策 42 份，其中贵州省委、省政府贯彻《中共中央、国务院关于做好 2022 年全面推进乡村振兴重点工作的意见》文件精神，印发了 2022 贵州省委 1 号文件《中共贵州省委　贵州省人民政府关于做好 2022 年全面推进乡村振兴重点工作的实施意见》。在这份文件中对贵州乡村振兴提出了一系列要求：一是扛牢粮食生产政治责任、扛牢巩固拓展脱贫攻坚成果政治责任、扛牢耕地保护建设政治责任，坚决守住发展底线；二是突出“将农民收入作为巩固脱贫攻坚成果、推进乡村振兴”的首要任务；三是加强对持续深化农村改革与加强党对“三农”工作的全面领导两个政策的保障，夯实“三农”基础；四是做好促进乡村产业融合发展、扎实稳妥推进乡村建设、加强和改进乡村治理三项重点工作，有序推进乡村振兴。此外，贵州省人民政府与广东省人民政府首次联合印发了东西部协作推进乡村振兴的文件，即《贵州省人民政府广东省人民政府关于建立粤黔两省更加紧密的结对帮扶关系的实施意见》，文件中指出乡村振兴需要巩固脱贫成果，通过巩固提升“3+1”保障成果、倾斜支持重点帮扶县、深化劳务协作、加强社会事业协作，巩固脱贫成果；通过深化产业合作、共建产业园区、深化消费协作、加强金融合作、加强科技协作、加强社会保障协作来加强区域协作；通过支持乡村基础设施建设、协同打造乡村振兴示范点、开展“万企兴万村”行动来协作推进乡村振兴；通过拓展协作网络、加强互访交流、深化人才交流、广泛构建交流合作平台、加强互联互通来构建紧密协作关系；通过加强组织领导、强化督促落实、强化宣传引导来强化组织实施。贵州省同时指出，全面推进乡村振兴与新型城镇化协同发展成为新时代的一项重要任务，全省上下要以打脱贫攻坚战的劲头，严格落实过渡时期“四不摘”的要求，继续推进脱贫地区发展；围绕“四新”主攻“四化”，大力发展山地农业现代化，推动农业高质量发展，巩固脱贫攻坚成果。该文件有助于持续深化粤黔两省在产业、劳务、消费、人才、社会事业、乡村建设等重点领域的协作，以文件的形式巩固了粤黔两省更加紧密的结对帮扶关系，为贵州建设国发〔2022〕2号文件中提出的全国巩固拓展脱贫攻坚成果样板区奠定了基础。

（数据来源：贵州省人民政府。）

图3　有关乡村振兴的政策词云图

（三）在内陆开放平台拓展上取得新突破

国发〔2022〕2号文件中明确指出统筹国内国际两个市场两种资源，统筹对外开放通道和平台载体建设，深入推动制度型开放，打造内陆开放型经济试验区升级版。2022年贵州省级层面共发布与内陆开放相关的政策有7份，其中由贵州省发展和改革委员会发布的《贵州省“十四五”国家内陆开放型经济试验区建设规划》得到了贵州省人民政府的批复。文件指出，要通过深度参与“一带一路”建设、积极推动区域协调发展、加快推进开放通道建设来拓展对外开放空间；通过推动“1+9”国家级开放创新平台①高质量发展、推进省级开发区转型升级、加强开放口岸建设、发展国际展会平台作用来构建多层次开放平台；通过构建外向型经济高质量产业体系、提高利用外资的质量和水平、推动对外贸易创新发展、拓展贵州企业海外发展空间来发展高水平外向型经济；通过推动全省产业大招商实现大突破、打造营商环境新高地来激发开放主体活力。

（数据来源：贵州省人民政府官网。）

图 4　有关建设内陆开放平台的政策词云图

（四）在数字产业强链行动上抢抓新机遇

国发〔2022〕2 号文件明确指出，深入实施数字经济战略，强化科技创新支撑，激活数据要素潜能，推动数字经济与实体经济融合发展，为产业转型升级和数字中国建设探索经验。2022 年贵州省级层面共发布数字产业相关的政策 16 份，其中《贵州省新型基础设施建设三年行动方案（2022—2024 年）》文件提出了 2022 年至 2024 年贵州省要在实施数字经济

① “1+9”开放创新平台，“1”是指贵安新区，“9”是指贵阳国家高新技术产业开发区、贵阳国家经济技术开发区、贵州双龙航空港经济区、遵义国家经济技术开发区、安顺国家高新技术产业开发区、遵义高新技术产业开发区、贵阳综合保税区、贵安综合保税区、遵义综合保税区。

战略上抢新机，适度超前布局新型基础设施，明确了未来三年布局新型基础设施以大数据基础设施建设、推进传统基础设施智能升级、智慧应用基础设施建设、创新基础设施建设的 21 份重点任务。贵州省大数据管理局认真学习贯彻习近平总书记“在实施数字经济战略上抢新机”重要指示精神，印发了《贵州省大数据战略行动 2022 年工作要点》，文件进一步明确了 2022 年贵州省大数据产业发展的重点工作：一是着力做大数字产业化，加快打造三大千亿级产业集群；二是着力做优产业数字化，加快推动大数据赋能“四化”；三是着力做强数字新基建，建设全国一体化算力网络国家枢纽节点；四是着力做深数字化治理，提升政务民生数字化服务水平；五是着力做实数据价值化，加快打造国家数据生产要素流通核心枢纽；六是着力做好支撑保障，促进数字经济高质量发展。

（数据来源：贵州省人民政府官网。）

图 5　有关数字产业的政策词云图

（五）在生态文明建设实践上迈入新征程

国发〔2022〕2 号文件中明确指出，坚持生态优先、绿色发展，筑牢长江、珠江上游生态安全屏障，科学推进石漠化综合治理，构建完善生态文明制度体系，不断做好绿水青山就是金山银山这篇大文章。2022 年贵州省级层面共发布生态文明相关的政策36份，其中贵州省自然资源厅与贵州省发展与改革委员会联合印发了《贵州省"十四五"生态环境保护规划》文件，指出要通过全面推行环境质量管理制度、巩固优良大气环境质量、巩固优良水生态环境质量、加强生态环境质量基础能力建设来强化生态环境质量管理，巩固优良生态质量；通过深入开展生态环境突出问题从严排查整治、深入开展大气污染防治攻坚行动、深入开展水污染防治攻坚行动、深入开展土壤污染防治攻坚行动、深入开展固体废物污染防治攻坚行动、深入开展生态环境风险防控攻坚行动来实施生态环境提升行动，深化污染防治攻坚；通过提升生态系统质量和稳定性、加强生物多样性保护、强化生态系统保护监管、推进生态示范区创建和自然保护地体系建设来强化生态创建和修复，筑牢生态安全屏障；通过完善绿色发展机制、加快推动绿色生产、全面推行绿色生活、积极应对气候变化来推行绿色生产生活方式，促进绿色低碳循环发展；通过完善生态文明制度体系、创新举办生态文明贵阳国际论坛、构建严密生态环境责任制度来构建最严格生态环境责任体系，深化生态文明制度建设。

（数据来源：贵州省人民政府官网。）

图6　有关生态文明建设的政策词云图

二、2022 年贵州在闯新路上的主要成效

（一）立足“四化”发展“基础盘”，走好稳中提质“增长路”

1. 持续围绕新型工业化，全面增强支柱产业核心竞争力

贵州紧紧围绕“四化”中新型工业化这一高质量发展的首要任务，深入实施工业倍增行动，集成优势，集中资源，集聚动力，建成投产一批重大项目。推动重点产业加快发展，坚持打好产业裂变增长主动仗，积极跑出工业高质量发展“加速度”，全省规模以上工业经济规模、发展速度、发展质量、产业韧劲稳步前进，工业经济占比达 27.2%，工业对经济增长的拉动作用持续增强。具体主要体现在以下方面：

一是工业总体规模稳步提升。在市场化改革方面，多家省级国有企业集团顺利实现优化改革重组，国企改革三年行动任务全面完成，省级经营性国有资产集中统一监管比例达 99.5%，“贵人服务”品牌已逐渐成为市

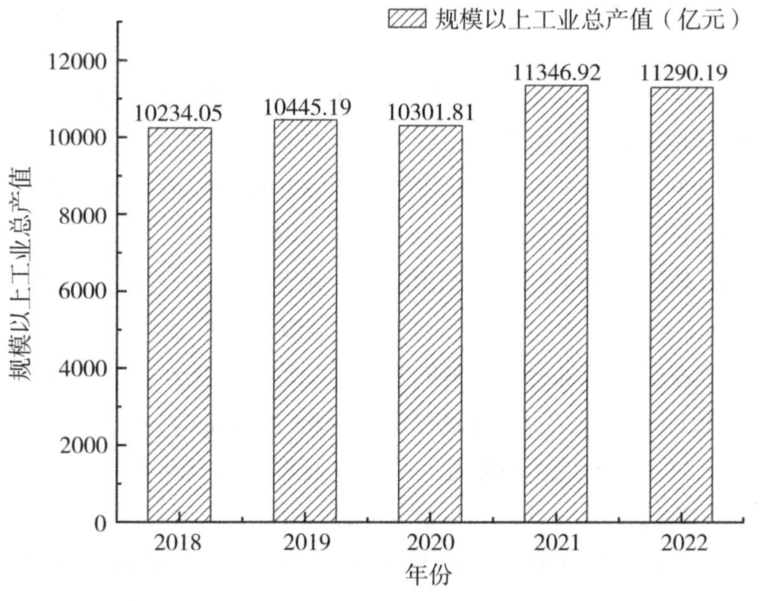

（数据来源：贵州省统计局。）

图 7　近 5 年贵州省规模以上工业总产值

场主体喜闻乐见的营商环境。在招商投资方面，扩大对外开放迈出新步伐，招商引资破浪前行，持续开展产业大招商，引进优强企业 1600 家，新增市场主体 74.54 万户，上市公司数量达 39 家；工业投资增长 9.1%，占固定资产投资比重达 25.5%，提高 3.3 个百分点，新增产业到位资金 5000 亿元。在工业产值方面，2022 年规模以上工业总产值 11290.19 亿元，实现逐年增长，原煤产量达 1.38 亿吨，白酒产业增加值增速达 36%以上，重点规上工业企业研发投入增长 30%以上。

二是工业数字化转型更显创新。2022 年，贵州交出了数字经济发展新答卷，加快发展大数据产业，电子信息制造业增加值增长 45.9%，软件和信息技术服务业收入增长 90.5%；新增大型以上数据中心项目 11 个，超过历年大型数据中心总和的 1.5 倍，5 个项目入选国家“东数西算”工程示范项目；大数据与实体经济深度融合指数预计达到 44，实现连续 6 年稳步增长；航天电器上榜智能制造示范工厂、贵州盘江民爆离散型工艺数字化设计、贵州兴达兴建材网络协同制造入选优秀场景。总体来看，贵州数字经济增速连续 7 年位居全国第一，全省软件和信息技术服务业收入增速连续 15 个月位居全国第一等的成绩，充分彰显贵州数字经济发展的韧劲和活力。

三是工业产业园区功能不断健全。2022 年，贵州聚焦重点领域、薄弱环节，搭建高端要素集聚平台，着力提升产业综合发展效能。以深入推进产业园区改革发展为主抓手，扎实抓好开发区体制机制改革。其中，97 个开发区剥离社会事务管理职能，69 个开发区成立单独运营公司，省级以上园区亩均产值达到 238 万元。与此同时，深入推进粤黔合作共建园区建设，9 个市州级、18 个县级共建园区入驻企业 459 户，完成投资 76 亿元。围绕首位产业完善园区基础设施，争取到园区基础设施类专项债项目 90 个，获得支持额度 94.6 亿元，产业园区集聚能力逐步增强。

四是新兴产业发展逐渐壮大。抢抓新能源电池及材料产业“风口”机遇，全省围绕构建“一核两区”产业格局，坚持“项目为王”，着力扩大有效投资，全面推进新能源动力电池及材料研发生产基地建设。2022 年，贵州省集中开工重大项目 1267 个、总投资超过 5800 亿元，为扩大有效投资、优化投资结构提供了有力支撑。电子信息制造、先进装备制造、磷化工、生态特色食品、新能源汽车、铝及铝加工、健康医药等 7 大主导产业加快发展，规上工业增加值年均增长10.2%，贵阳综保区打造集生产、生活、生态于一体的“三生”园区。酱香白酒产业、新能源电池及材料产业、大数据电子信息产业等产业增长势头迅猛，新能源电池及材料产业总产值预计增长100%以上，贵阳大数据科创城集聚大数据及关联企业超过400家，“风口”产业加快发展，极大改变了贵州工业发展格局，工业成为经济增长第一动力。总的来看，全球四分之一以上的新能源电池材料三元前驱体、七分之一以上的吉他，全国三分之一以上的中高端钢丝绳、五分之四的湿法净化磷酸、四分之一的高品质磷肥都在贵州生产。目前贵州省十大工业产业产值均突破千亿元大关，成为支撑贵州工业经济发展的“四梁八柱”。

2. 稳步推动新型城镇化，不断激发城镇功能辐射带动力

坚持走以人为核心的山地特色新型城镇化是贵州省最大的内需潜力。深入实施“强省会”行动，不断提升城镇品质，发展城镇经济，推进以城聚产、以产兴城、产城融合，有效推进城市更新行动，促进房地产业平稳健康发展。推进开发区建设与城镇建设有机衔接，大力发展城镇商业和服务业，激发县域发展活力，做强中心、带动周边、辐射乡村，不断增强城镇人口承载力、内需带动力、发展竞争力。加快推进以高质量发展为统揽、以城市群为主体、大中小城市和小城镇协调发展，城镇规模持续加快壮大，城镇化率达到58%。城镇经济快速发展，城镇环境明显改善，增强城镇吸纳就业能力和综合承载能力。

一方面，城市更新行动有效果。对于新型城镇化的建设，贵州省以棚户区改造、城镇老旧小区改造、背街小巷改造和地下管网建设改造“四改”为抓手，有效推进城市更新行动，实施“城市运行一网统管”，通过补齐基础设施和公共服务设施短板等举措，使得城市环境得到快速改善。加快建设示范智慧社区，常态化开展文明城市、卫生城市创建，增强群众获得感、幸福感和安全感。例如，花溪区十字街城市更新项目作为贵阳市高质量推进棚户区改造，赋能城市更新重点示范项目，文创彩绘、新颜焕发的小区和干净整洁的街头巷尾等随处可见。具体数据显示，2022年全省计划实施改造21.32万户，实际开工改造21.36万户；全省棚户区改造新增任务累计开工2.06万套（户），完成改造14.7万套（户），超额完成年度目标任务；城镇老旧小区实际开工1508个，涉及21.36万户，占年度目

标的 100.19%，改造完成 11.85 万户；新建改造地下管网 4988.64 公里，占年度目标的 203.62%；全年完成背街小巷改造 2347 条，完成投资 15.13 亿元。建设改造污水管网 1848 公里，新增生活垃圾焚烧处理能力 5600 吨/日，建设和改造燃气管网 822 公里。

另一方面，新型城镇化建设品质提升。科学划定“三区三线”，成果获国家批准，为高质量发展拓展了空间。编制“多规合一”省级国土空间规划，构建“一群三带”城镇空间格局，为城镇建设、产业发展、基础设施的空间布局提供了重要依据。“强省会”“3 个 100 万”深入实施。贵阳、遵义唱好“双城记”，坚持做强中心、带动周边、辐射乡村的发展路径，全力打造高质量的新型城镇化，打造贵阳—贵安—安顺和遵义两个都市圈，做强市州中心城市，探索发展黔边城市带，发展一批区域性支点城市和各具特色的小城镇，构建新型城镇化空间格局，提升黔中城市群、区域中心城市、县城的承载能力。持续推进“两场”（停车场和农贸市场）建设，截至目前，共新增公共停车位 42382 个，投用率 94.18%，还摸排机关事业单位、国有企业可错时对外开放的停车场 148 处、17423 个停车位，全部实现对外错时免费开放；完成 59 个农贸市场的标准化改造提升，优化调整惠民生鲜超市门店网点 27 个。强化历史文化保护传承工作，贵州省累计公布 1550 处历史建筑；划定了 20 片历史文化街区，并完成了核定公布和挂牌保护。大力发展城镇经济，新建和改造城市商圈 14 个、一刻钟便民生活圈 124 个，获批国家级夜间文化和旅游消费集聚区 4 个。城镇品质持续提升，承载能力持续增强。

总体而言，贵州奋力推进新型城镇化建设得到大提升，在破“旧”立“新”中加速“蝶变”。通过科学划定“三区三线”，构建“一群三带”城镇空间格局，编制“多规合一”的省级国土空间规划，助推多彩贵州现代化建设。

3. 深入实施农业现代化，大力提升农业增收致富生产力

新时代新征程，贵州以高质量发展统揽全局，牢守粮食生产底线，加快建设现代山地特色高效农业强省，全面推进乡村产业、人才、文化、生态、组织“五个振兴”，加快农业农村现代化，全力建设巩固拓展脱贫攻坚成果样板区，不断筑牢“共同富裕”根基。实施特色优势产业巩固提升行动，大力发展县域主导产业，特色优势产业市场化、规模化、标准化水

平明显提升，新增国家现代农业产业园、产业集群、农业现代化示范区等一批促进产业提质增效的农业高质量发展平台，书写村美人和新画卷。具体体现在以下方面：

一是农业现代化实现“质”和“量”双收。全省推动 12 个农业特色优势产业提质增效，辣椒、刺梨、蓝莓等种植面积保持全国第一，农产品加工转化率达 59%。新增国家现代农业产业园 1 个、国家农村产业融合发展示范园 5 个、优势特色产业集群 2 个、农业产业强镇 8 个。全省坚决抗牢粮食安全，实施粮油生产、储备、加工能力提升三大行动，建成高标准农田 260 万亩，粮食单产增幅 1. 8%，位居全国第五，完成粮食种植面积 4183. 1 万亩，粮食总产量 1114. 64 万吨，连续 5 年增长，均超额完成国家下达任务。

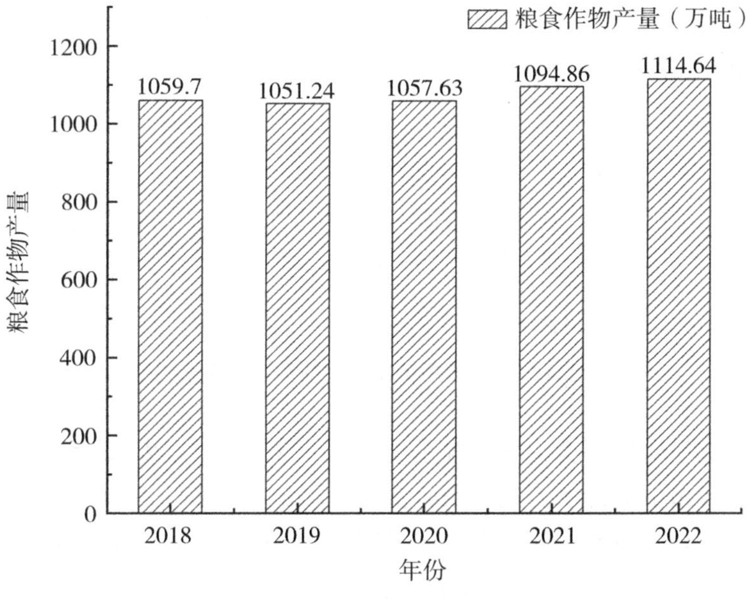

（数据来源：贵州省统计局。）

图 8　近 5 年贵州省粮食作物产量

二是农业发展实现“机械化”和“宜机化”。2022 年，贵州全面实施山地农机化攻坚行动，以水稻全程机械化为突破口，探索山区农业机械化发展机制和模式，为农业高质量发展、农民增收提供有力支撑。2022 年 7

月 31 日，贵州省农机合作社协会成立，此后各市（州）相继成立分会。目前，全省 500 多家农机合作社加入协会，开展农机社会化服务 3600 多万亩次，实现全省主要农作物耕种收综合机械化率达 46%，是近 3 年中的最高值。

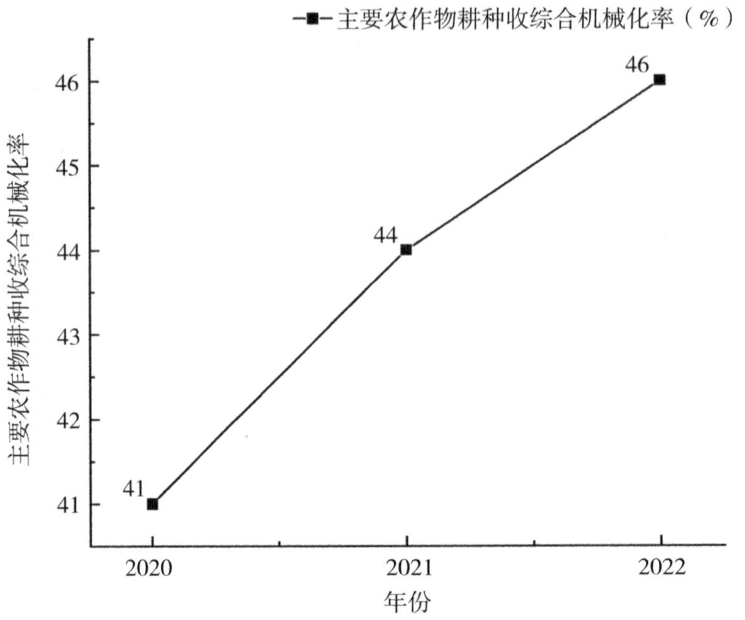

（数据来源：贵州省统计局。）

图 9　近 3 年贵州省主要农作物耕种收综合机械化率

三是农村居住环境实现“绿色化”和“安全化”。2022 年以来，持续推进全省乡镇生活污水治理和农村生活垃圾治理工作，累计下达村镇建设发展专项资金和城乡建设发展综合资金 5. 32 亿元；新（改）建农户厕所 22 万户，乡镇生活污水处理设施覆盖率达 80%，30 户以上自然村寨农村生活垃圾收运处置体系覆盖率超过 60%。为保障农村住房安全，全省实施危房改造 36150 户（含抗震改造），强化农村房屋安全隐患排查整治，截至 2022 年 12 月底，贵州省共排查农村房屋 582. 1 万栋，基本完成全省农村房屋排查工作，鉴定危房 6717 栋，已全部整治完毕，持续抓好农村危房改造，推进传统村落保护发展。

4. 奋力推进旅游产业化，积极提高闲置资源项目吸引力

贵州始终牢记习近平总书记对贵州旅游业发展寄予的厚望和嘱托，大力推进文化和旅游融合发展和旅游产业化，积极开展创新实践探索，为建设多彩贵州民族特色文化强省和多彩贵州旅游强省而努力奋斗。

旅游业态实现新升级。2022 年，贵州省文化和旅游系统深入实施“四大行动”，推进旅游产业化，旅游产业在逆境中不断适应市场需求和消费需要。面对疫情严重冲击，在“练内功”上下功夫，为推动旅游业复苏做好准备。织金洞获批 5A 级景区，新增五星级饭店 3 家，都匀毛尖制茶技艺入选人类非物质文化遗产。提升服务质量，持续完善硬件设施和配套服务，新建、改扩建旅游厕所 100 座。在深圳举行的贵州省文化旅游产业招商推介会上，成功签约 21 个项目，签约金额近 40 亿元。全省旅游市场主体已达 30 万户，国家 4A 级以上景区增至 142 个。其中，国家 5A 级景区增至 9 个，省级以上旅游度假区达到 37 个，民宿客栈 3 年总量增长近 5 倍。稳住市场主体，采取发放消费券、暂退质保金、供应链金融等方式助

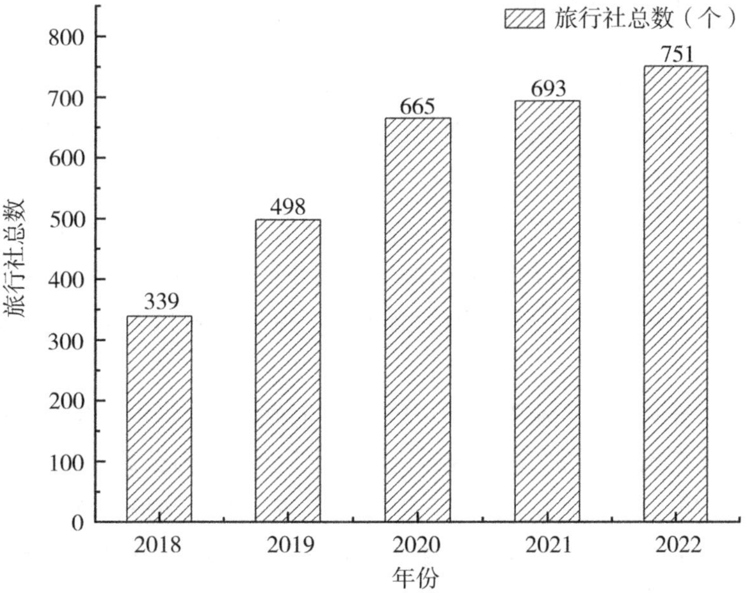

（数据来源：贵州省统计局。）

图 10　近 5 年贵州省旅行社总数

企纾困，18 家国有景区开展“三权分置”改革，规上限上涉旅企业较 2021 年新增 132 户，旅行社总数实现持续增长，达到 751 家。

闲置低效项目实现新转变。各地、各有关部门积极通过分类推进、金融支持、强化招商等形式推动闲置低效旅游项目盘活工作，同时与市场主体培育、业态升级、服务质量提升等行动结合，在具有资源禀赋的“非遗”旅游、民宿、康养旅游、自驾露营等赛道上构筑新的竞争优势，以增量带动存量。深入实施“四大行动”①，按照“七个一批”② 路径，推动闲置低效旅游项目盘活取得实质性进展。截至 2022 年 11 月底，实际完成投资 660.83 亿元。在推进民宿建设方面，贵州省已形成了以万峰林、黄果树、荔波、梵净山、西江等为代表的民宿集群；同时也已编制了《贵州民宿服务质量等级划分与评定》地方标准，以及《支持全省民宿产业高质量发展首批政策措施清单》《关于促进贵州民宿产业高质量发展的指导意见（征求意见稿）》等政策文件，目的是为了进一步推动全省民宿产业高质量发展。

（二）打通基础设施“拓展盘”，走好体系优化“升级路”

1. 立体交通运输体系走出大山，连接四海

作为交通运输部首批交通强国试点地区，贵州省交通运输系统必须坚决贯彻新使命和新要求，有力支撑交通强国建设，全力以赴当好贵州现代化建设的排头兵，实现了从“西南地理枢纽”到“西南陆路交通枢纽”的历史性跨越，走出一条有别于东部、不同于西部其他省份的交通发展新路，以加快构建西部陆海新通道为着力点，持续巩固和彰显西南重要陆路枢纽地位。

首先，蜂窝路网运输版图不断更新。持续推进公路水运建设系列会战攻坚行动，率先在西部实现高速公路“县县通”、农村公路硬化“村村通、组组通”。深入落实“五年任务三年完成”等超常规举措，持续推进“六网会战”。到 2022 年底，全省公路通车总里程达 20.9 万公里，建成叙永至

① “四大行动”主要是指：一是深入实施市场主体培育行动；二是深入实施业态升级行动；三是深入实施服务质量提升行动；四是深入实施盘活闲置低效项目攻坚行动。

② “七个一批”主要是指：加快续建盘活一批、“瘦身”止损盘活一批、转变用途盘活一批、转让重组盘活一批、提升管理盘活一批、完善手续盘活一批、关停整改处置一批。

毕节铁路贵州段，新增高速公路321公里，通车里程达8331公里，排全国第四，综合密度排全国第二。建成普通国省道8231公里、“组组通”硬化路7.87万公里，形成以高速公路为骨架、国省干线为支撑、县乡公路为脉络、村组公路为基础的四级公路网络。2022年，贵州全省完成公路水运投资1130亿元，同比增长25%。新增“四好农村路”全国示范县创建单位11个、省级示范县17个，自2019年获全国首批交通强国建设试点以来，交通强国建设试点总体完成率达57%。贵州始发中欧班列纳入图定班列，中老铁路货运班列成功开行，西部陆海新通道铁海联运班列常态化开行。贵阳国际陆港开港运营，“一局四中心”基础设施建设基本完成。

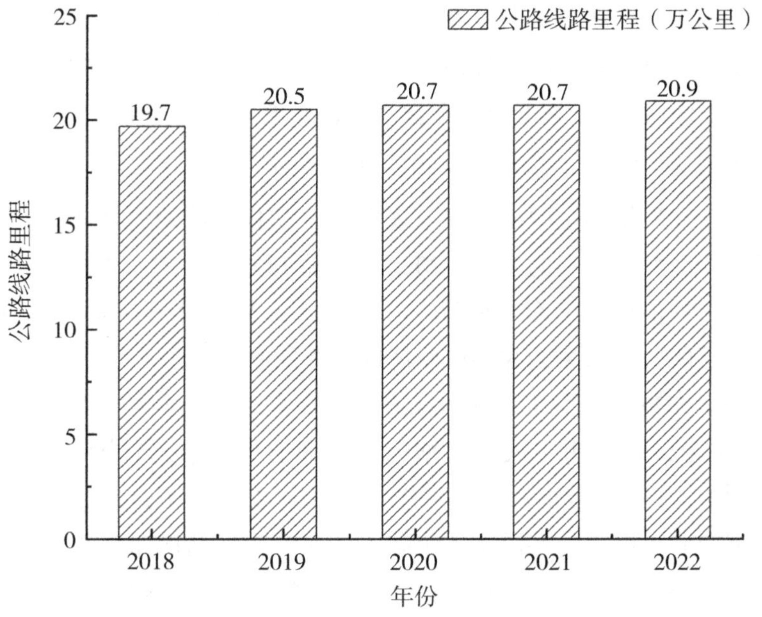

（数据来源：贵州省统计局。）

图11　近5年贵州省公路线路里程

其次，客货运输服务品质不断提升。在全国率先建成12328热线平台，率先在西部实现全域交通“一卡通”互联互通，率先在西部实现“村村通客运”，轨道交通从无到有并进入“换乘时代”，高速公路收费站实现ETC车道全覆盖。全面深化“放管服”改革，省本级政务服务事项网上可办率达100%，深入推进农村公路管理养护体制改革，省本级、4个市（州）

及威宁县成为全国深化农村公路管理养护体制改革试点。建成高速公路服务区“司机之家”83个，在全省223对高速公路服务区推行“黔程无忧”公众责任险。高速公路入口超限率从3%下降至0.5%、普通国省道超限率从10%下降至2%。行业治理能力的持续提升，推动交通运输由“有”向“好”迈进了一大步。

最后，高质量交通旅游不断融合。贵州现已建成全国首个西部山区道路运输安全教育培训基地，积极推进桥旅、路旅、航旅等交旅融合业态升级，建成铜仁梵净山世界自然遗产地风景道、新仁至化屋旅游公路等示范项目，加快建设沪昆国高贵阳至安顺段扩容工程智慧高速公路项目，建成交通旅游、综合交通出行等大数据应用平台。2022年，贵州立足“四区一高地”战略定位，围绕联网、补网、强链，有序推进交通领域36个重大项目建设，覆盖铁路、高速公路、水运、机场和城市轨道等领域，年度投资达到了1236亿元，为下一步全省交通提质增效夯实基础。

2. 新型基础设施建设连接全国，智汇八方

构建新发展格局是中央把握未来发展主动权的战略先手棋，新基建是构建双循环新发展格局的核心。2022年，贵州抢抓机遇，不断提升数字经济竞争力，加快推进“东数西算”工程、深入推进“万企融合”，成为经济恢复向好的关键力量，为实体经济发展添能蓄力。

一是“东数西算”工程深入推进。2022年，贵州新增大型以上数据中心项目11个，超过历年大型数据中心总和的1.5倍，5个项目入选国家“东数西算”工程示范项目。贵州作为国家算力枢纽节点之一，贵安新区入选数据中心集群。今年以来，全国一体化算力网络国家（贵州）主枢纽中心、“东数西算”贵安新区算力产业集群配套项目、超互联新算力基础设施等重点项目启动建设，贵阳贵安已与北京、上海、广州、南京、武汉、深圳等全国32座热点城市实现网络直联，贵安数据中心集群超80%的算力为省外提供服务，贵阳贵安正在成为面向全国的非实时性算力保障基地。贵阳贵安金融818、建行数据中心、美的数据中心、交通银行贵安数据中心等一批数据中心项目签约落地。

二是数字基建工作稳步前行。2022年，全省各地、各相关部门按照省里统一部署和安排，实施新基建三年行动，新增5G基站3万个，出省带宽达3.8万Gbps。全年新建5G应用场景项目超300个，远超年初制定的

200个的工作目标，让5G充分发挥“一业带百业”的作用，在加速传统企业改造升级、推动创新赋能、促进实体经济与大数据深度融合等方面发挥重要作用。2022年分别承建5G建设、电普服务、室分建设需求2.3万个、515个、1.76亿平方米，圆满完成省政府5G和电信普遍服务建设任务。

三是企业投融资加速运行。2022年，孵化中心、算力中心等总计11.9万方的物业陆续交付，围绕云计算及数据服务、信创工程、数据场景应用三大产业已招引大数据关联企业409家、在谈企业224家，于开工当年即初步实现产业聚集，与数据中心形成“前店后厂”格局，正在成为数字经济企业落户贵州的投资首选地。截至2022年底，贵阳大数据科创城已入驻企业36家，拟入驻企业128家，聚集大数据及相关人才超万人。按税务统计口径，2022年1月至11月，贵阳大数据科创城已实现年营业收入69.04亿元，缴纳税收7.92亿元。贵州软件和信息技术服务业的头部企业华为云营收在2022年呈爆发式增长，突破300亿元大关。

（三）牢守民生福祉“基本盘”，走好全面小康“安居路”

1. 强化就业拉动效应，着力促进人才高效流动

2022年，贵州省牢记习近平总书记嘱托，肩负人力资源开发的职责使命，把人才作为第一资源，以推动实现更加充分更高质量就业为目标，深入实施“人才强市”战略和“就业优先”战略，提高就业公共服务，全力打好稳就业保就业攻坚战，着力构建人才工作大格局，奋力推进人才大汇聚，通过开展一项项贴心服务，为全省经济社会高质量发展提供了强有力的人才支撑和智力支持。2022年，贵州省统筹25.18亿元支持实施就业优先政策，高校毕业生初次去向落实率83.66%，农村劳动力返乡就业创业22万人，就业困难人员实现就业7.49万人，失业人员再就业15.16万人，开展职业技能培训62.8万人次，累计新增城镇就业343.54万人，城镇和农村常住居民人均可支配收入分别增长4.8%和6.6%。

2. 放开养老服务市场，全面提升养老服务质量

贵州省深入贯彻《国务院关于印发“十四五”国家老龄事业发展和养老服务体系规划的通知》文件精神，不断增强养老服务能力，积极为老年

人提供规范化、专业化、个性化服务，助推市场化、集中化、社会化养老体系建成，着力打造“15 分钟养老服务圈”新设施、“医养结合”新模式、“社区养老”新体系、“互联网+养老”新技术，满足多样化养老服务需求，推动养老化服务体系高质量发展。2022 年，贵州省争取中央资金 60 亿元、省级财政安排一般公共预算资金 9197 万元、安排省级福彩公益金 7224 万元、完成养老产业招商引资 10.81 亿元，落实 67 个养老项目建设及改造，升级 20 所标准化养老院，新增 4000 张护理型养老床位。

3. 健全医疗保障体系，促进精神物质双重富裕

贵州省强化基本医保主体保障功能，加快健全完善医保经办服务体系，全面做实城乡居民基本医疗保险统筹，全面提升基层医疗保障经办服务能力，全面构建“基本医疗+大病商保”相结合的待遇保障机制，以参保群众的切实需求为导向，以人民群众提供便捷化医疗服务为目标，着力建优“15 分钟医保服务圈”，不断提升参保群众医疗保障水平，统筹推进医疗保障体系建设各项工作创新发展。2022 年，贵州省 2 个国家区域医疗

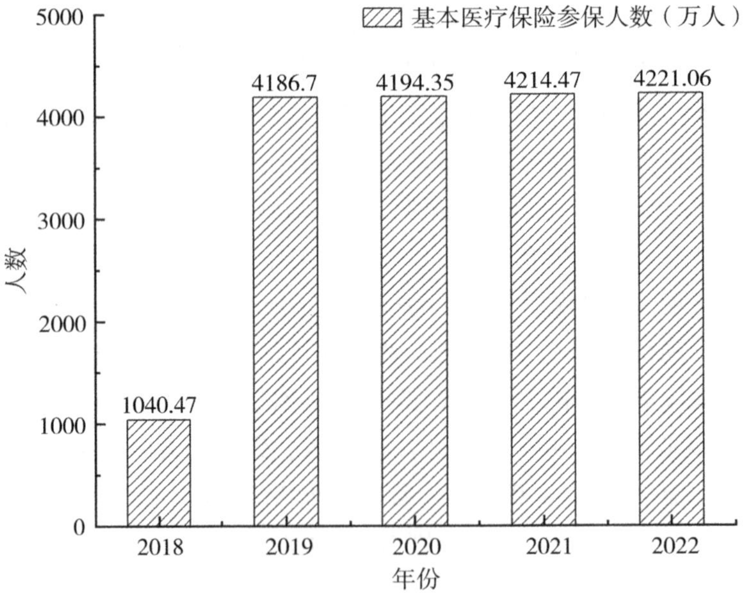

（数据来源：贵州省统计局。）

图 12　近 5 年贵州省基本医疗保险参保人数

中心获批，2 个省级区域医疗中心开工建设，建成县域医疗次中心 50 个，省疾控中心生物安全三级实验室建成投用，医疗保障水平稳步提升，人均预期寿命达到 76.02 岁；基本医疗保险参保 4221.06 万人，生育保险 348.96 万人。其中医疗保险参保人数近 5 年来持续增长，较上年新增 6.59 万人。

(四) 夯实环境治理“统筹盘”，走好绿色发展“低碳路”

1. 生态环境质量总体向好，“绿色版图”不断扩大

2022 年，贵州省始终坚持生态文明建设先行示范，以改善生态环境质量为核心，以“绿水青山就是金山银山”为发展理念，加强大数据与生态环境紧密联系，加强全链条防控、全形态治理、全地域保护，充分履行生态环境保护职能，牢牢守住发展和生态两条底线，大力实施生态环境提升行动，持续发动广大群众和社会组织积极参与生态环境保护监督管理，集中攻克群众身边突出的环境问题。2022 年，贵州省投入生态环保领域资金 51.92 亿元、统筹安排 83.01 亿元推进森林资源保护发展。

2. 污染防治力度持续增强，“清洁高地”风光无限

贵州省巩固生态环境质量，深入推进污染防治新部署新要求，持续打好大气、水、土壤污染防治和固废治理、环境风险防控攻坚战，推进科技赋能山水林田湖草系统治理，强化中央生态环境环保督察反馈问题整改，严格落实“共抓大保护，不搞大开发”要求，以降污减碳协同增效为导向，深化生态文明制度改革，积极稳妥推进碳达峰、碳中和，推进绿色发展、循环发展、低碳发展。2022 年，贵州省投放“四化”及生态环保基金、新动能产业基金 290 亿元，助推产业结构转型，近十年来贵州省第一产业增速减缓，第三产业生产总值增速加快；建设改造污水管网 1848 公里、新增生活垃圾焚烧处理能力 5600 吨/日、乡镇生活污水处理设施覆盖率达 80%；30 户以上自然村寨农村生活垃圾收运处置体系覆盖率超过 60%。

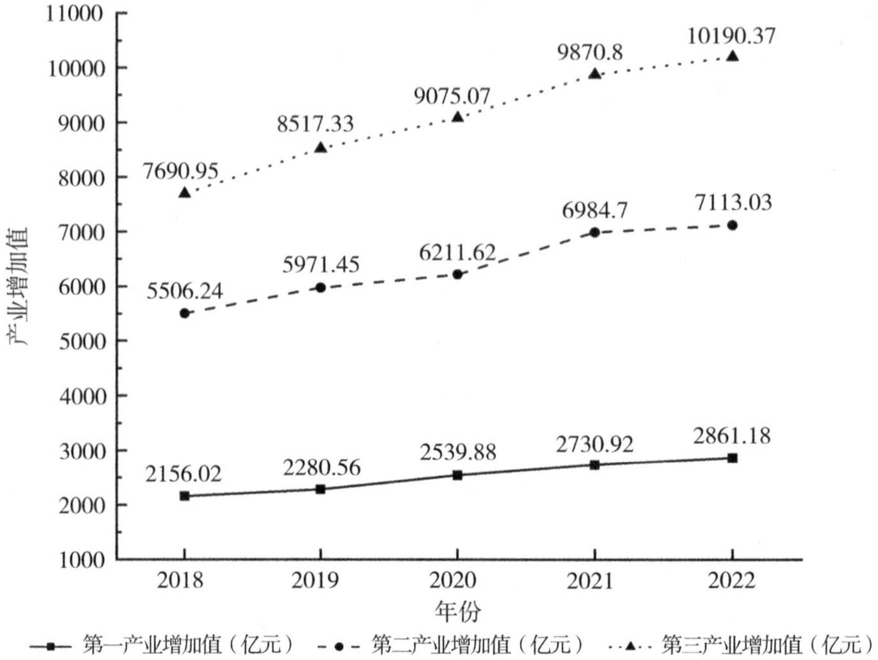

（数据来源：贵州省统计局。）

图 13　近 5 年贵州省三大产业生产总值

3. 全民环保意识不断攀升，“生态名片”深入民心

一是加强环保教育，积极探索绿色低碳发展和生态文明建设新方式，2022 年贵州省举办“生态环境月”、生态打卡、主题党日等多样式活动，提升广大群众环保意识，构建文明、节约、绿色、低碳的消费模式和生活方式，共同保护好绿水青山的生态环境，加快形成生态文明建设的良好社会氛围。二是加强制度建设，2022 年，贵州省颁布《关于全面推进贵州省生态环境志愿服务工作的实施意见》《贵州省轻微生态环境违法行为不予行政处罚清单（试行)》等有关公民保护生态环境等相关制度。

总体来看，2022 年，贵州在推动高质量发展上狠下功夫，全力围绕“四新”主攻“四化”、加快建设“四区一高地”，以新气象新作为推动贵州高质量发展实现新跨越，在经济发展、基础设施、民生福祉、生态建设等领域取得了一定的发展成效。然而，在追求经济和社会发展的过程中，贵州也面临着许多问题和困境。首先，贵州的经济基础相对落后，尤其是农村地区的基础设施建设和公共服务水平都明显不足。这导致贵州在进行产业升级和经济转型时遇到了不少困境。尽管贵州已经开始大力发展大数据等新兴产业，但由于人才和技术短缺，这一过程进展缓慢。其次，贵州的生态环境保护问题依然十分脆弱。由于贵州山多地少，资源环境承载力有限，面对经济发展的压力，如何在发展与保护之间找到平衡，这是贵州面临的一个重要挑战。最后，贵州巩固和拓展脱贫攻坚成果的任务依然严峻。尽管近年来贵州在减贫工作上已经取得了显著的成效，但一些相对深度贫困地区的“稳增长、促发展”问题未能有效解决。综上所述，贵州在新时代西部大开发中面临的主要问题和困境包括经济基础薄弱、生态环境脆弱和减贫致富任务繁重等问题和困境。

三、贵州进一步做好闯新路的对策建议

在新时代西部大开发闯新路上，国发〔2022〕2号文件把建设西部大开发综合改革示范区列为“首要定位+首要任务”。贵州作为西部12个省（区）中唯一拥有国家战略定位的省份，不仅使命光荣，而且责任重大。2022年，贵州省干部群众勇于担当作为，承压前行、克难奋进，顶住了超预期因素冲击，在攻坚克难中取得不少成效。未来如何进一步“闯”？大胆试、大胆闯、主动改仍然是主基调，推动质量变革、效率变革、动力变革是主动力，实现经济质的有效提升和量的合理增长是主目标。

（一）美丽乡村计划：着力巩固脱贫攻坚成果

要持续巩固拓展脱贫攻坚成果，全面推进乡村振兴，坚决守住不发生规模性返贫底线，守牢粮食安全底线，因地制宜发展乡村产业，加快建设宜居宜业和美乡村，建设现代山地特色高效农业强省。一是加快提升农业综合效益。发挥多种形式农业适度规模经营的引领作用，通过土地流转、土地托管、联耕联种等形式，提升农业规模效益；通过建设标准化、规模化、现代化种植，实现种植与技术的协调联动，加快地区种植业和发展特色优势产业，利用标准化种植技术，增加作物产量，提高农业综合效益，促进农业增收。二是坚决保障粮食和重要农产品供应安全。严保耕地数

量、提升耕地质量、严控土地用途，在稳定和提高粮食综合产能的基础上，统筹调整粮经饲三元种植结构；念好山海经、唱好林草戏、打好果蔬牌，增加适销对路农产品供给；狠抓农产品标准化生产、品牌创建、质量安全监管。三是加快建设宜居宜业和美乡村。针对农村环境综合整治的重难点问题，积极探索畜禽养殖废弃物资源化利用路径和方法，采取有效措施，补齐农村人居环境短板，建立健全长效管护机制，提高农村人居环境质量，打造生态宜居的美丽乡村；实施农村道路畅通工程、农产品仓储保鲜冷链物流设施建设工程、数字乡村建设发展工程、村级综合服务设施提升工程、农房质量安全提升工程等，努力实现乡村水电路气信和物流等生活基础设施基本配套完备。

（二）智慧宜居计划：打造新型智慧城市中心

随着全球数字化不断发展，时代更迭变化，进行智慧改造成为城市发展的新选择、新模式，在提升社会治理能力、维护社会和谐稳定、提高居民生活质量方面具有重大积极影响，要重点紧盯智慧黔城建设。一是深化智慧黔城政府建设。抓好“政务服务一网通办”“城市运行一网统管”，让互联网连接整个城市运行，缩短时间和距离。推动营商环境优化，“一网统管”促进城市管理精细化、保障城市安全有序运行。二是深化智慧黔城基础设施建设。加快黔城“双千兆”建设行动，多路径促进新一代信息技术与城市建设发展深度融合。从路网、水网、电网、管网、油气网与互联网等基础设施网络支撑体系入手，打造新型智慧城市。推进省内地级城市向智慧城市转型，紧抓六盘水从工业城市向绿色宜居智慧城市转型的契机，抢抓新一轮科技革命和产业变革新机遇。三是深化智慧黔城民生服务建设。提升智慧城市应用场景，让智慧商店、智慧街区、智慧养老、智慧医疗、智慧家居等走进千家万户。围绕城乡居民个性化、多样化服务需求，构建综合管理服务大平台。通过线上与线下结合，助力互联网+公用事业服务，实现现代服务业提质发展。

（三）多端开放计划：构筑全向内外联结框架

贵州省“内陆开放型经济新高地”战略定位的提出，要求从“试验区”迈向“新高地”，定位更高、标准更高、要求更高，全面推进内外开放成为必然之路。一是深度拓展对外开放空间。加深贵州与“一带一路”建设和长江经济带、粤港澳大湾区合作发展，并助力对接成渝地区双城经济圈建设，发挥区位优势，扩大交流合作，积极构建全方位、多领域、深层次的开放新格局。不断扩大“一带一路”建设朋友圈，深化与沿线在绿色技术、绿色装备、绿色服务等方面的交流合作，积极引进国外低碳发展的先进技术、节能环保核心关键技术和设备。积极推动对接长江经济带、粤港澳大湾区、成渝地区双城经济圈和京津冀经济圈，协同共建区域发展合作机制。二是加速提升对外开放平台能级。推动贵安新区成为内陆开放型经济新高地，在绿色金融、轨道交通、服务贸易等方面加快建设。不断提升“1+9”国家级开放创新平台能级，促进开放体制机制改革、优化投资和营商环境、吸引高端产业聚集。持续深化“放管服”改革，充分用好以清单式批量申请授权方式，促进贸易投资便利化。三是持续强化开放口岸建设。完善开放口岸信息互换、监管互认、执法互助托管体系，深化黔城国际服务窗口建设，实现一点接入、共享共用、免费申报，为进出口货物在申报、查验、放行等方面营造便利化通关环境。发挥贵阳龙洞堡国际机场区域枢纽功能，大力拓展国际航线，有序发展对外开放口岸通用航空，让“黔货出山、黔货出海”。

（四）能源发展计划：推进新型综合能源基地建设

贵州省作为我国重要的能源基地，在坚持生态优先、绿色低碳高质量发展的背景下，为实现“双碳”目标，应加快能源结构调整，大力发展新能源和可再生能源。一是全面壮大新能源生产规模。推进太阳能、风能、水能、生物质能、地热能、核能等产业规模提升。在太阳能资源较好的毕节、六盘水、安顺、黔西南、黔南等市（州）打造百万千瓦级大型光伏基地，引领新能源基地化、规模化发展。创新推动煤炭与新能源融合发展，快速推进新型综合能源基地和西南地区煤炭保供中心建设。二是持续拓展绿色电力应用场景。在具备条件的省内工业企业、工业园区，加快发展分布式光伏、分散式风电等新能源项目，支持工业绿色微电网和源网荷储一体化项目建设。推进多能互补高效利用，开展新能源电力直供电试点，提高终端用能的新能源电力比重。完善光伏建筑一体化应用技术体系，鼓励省内城乡居民住房楼、公共建筑等安装光伏或太阳能热利用设施。三是提升能源资源综合利用水平。加快释放新能源汽车产能，推动新能源电池及材料产业延链补链强链。在贵州省工业园区、大型生产企业和大数据中心等周边地区，因地制宜开展新能源电力专线供电，建设新能源自备电站，推动绿色电力直接供应和对燃煤自备电厂替代，建设一批绿色直供电示范工厂和示范园区，开展发供用高比例新能源示范。结合增量配电网试点，积极发展以分布式可再生能源为主的微电网、直流配电网，扩大分布式可再生能源终端直接应用规模。

（五）大数据赋能计划：创建数字生态产业圈

贵州作为“东数西算”全国8个获批建设全国一体化算力网络国家枢纽节点之一，是激发数据要素创新活力的重要基地，要抓住“数据”生产力，加快建设数字经济发展创新区。一是持续推进大数据赋能“四化”发展。推动建设地级市工业互联网平台，深入将新型功能材料工业数据进行汇聚、整合、分析、挖掘，实现对全市新型功能材料产业链条进行深度应用。加快贵阳市国家特色型信息消费示范城市建设，发展数据信息消费新业态。完善推广“贵州农产品大数据平台”“一码贵州”等平台，建立省市县电商智慧云仓供应链体系。推动旅游景区信息化、数字化升级，培育云旅游、云直播等业态，发展旅游消费新模式，打造沉浸式旅游体验新场景。二是优化大数据产业发展营商环境。推进一体化大数据平台和数字基础设施建设，打破数据壁垒共享开放全区数据资源。利用大数据技术开展数据分析和深度调研，促进企业之间的信息平等，助力创新主体释放创新活力。让大数据在知识产权方面发挥作用，实现打造涵盖质押融资、导航评议等全链条的知识产权运营服务，引导黔城企业加强高质量专利培育，提升企业知识产权创造、运用能力，支撑一流营商环境建设。三是助力大数据赋能产业低碳化建设。创新利用大数据、区块链和边缘计算等技术，将产品全生命周期的碳足迹进行精准追踪，实现碳足迹透明化。以数字化技术创新赋能打造端对端零碳产业链供应链，解决供需平衡，助力全产业领域节能降碳。

2022 年贵州在乡村振兴上开新局报告

李华红

2021 年春节前夕，习近平总书记亲临贵州视察，要求贵州做好巩固拓展脱贫攻坚成果同乡村振兴有效衔接，赋予贵州“在乡村振兴上开新局”的历史使命。2022 年初，国务院印发《关于支持贵州在新时代西部大开发上闯新路的意见》（国发〔2022〕2 号），将“巩固拓展脱贫攻坚成果样板区”作为贵州五大战略定位之一。为此，贵州省聚焦“守底线、抓发展、促振兴、开新局、作样板”，坚决落实“四个不摘”要求，不断健全完善防止返贫动态监测和帮扶机制，不断巩固提升“3+1”保障，坚决守住不发生规模性返贫的底线，全面推进乡村振兴取得新成效。

一、2022 年贵州在乡村振兴上开新局的主要政策和举措①

（一）坚持高位推动，健全责任落实

始终落实政治责任。贵州省始终把巩固拓展脱贫攻坚成果、全面推进乡村振兴作为衷心拥护“两个确立”、忠诚践行“两个维护”的政治检验，切实加强组织领导，高位推动工作落实。一是深入学习贯彻习近平总书记系列重要论述。全省上下及时跟进学习习近平总书记关于“三农”、巩固

作者简介：李华红：贵州省社会科学院农村发展研究所所长、国家治理体系和治理能力现代化地方实践高端智库研究员。

① 贵州省乡村振兴局. 2022 年贵州省乡村振兴工作情况 [Z]. 内部资料，2022.

拓展脱贫攻坚成果、全面推进乡村振兴的重要讲话和重要指示批示精神，真正做到坚持“第一议题”抓学习、“第一遵循”抓贯彻、“第一政治要件”抓落实，切实把思想和行动统一到党中央决策部署上来。二是高规格举办习近平总书记关于“三农”工作重要论述宣讲报告会。以开展“党的二十大精神大学习大落实”活动为契机，全省各级共举办 3 天以上乡村振兴主题培训班 642 期、培训 13 万余人，切实增强全面推进乡村振兴的政治自觉、思想自觉和行动自觉。三是高标准部署。贵州始终聚焦重点领域、重点人群，建立健全巩固拓展脱贫攻坚成果同乡村振兴有效衔接长效机制，将巩固拓展脱贫攻坚成果、全面推进乡村振兴建设工作纳入省委、省政府常委会常备议题进行部署。

始终落实主体责任。贵州省始终坚持省负总责、市县乡抓落实工作机制，坚持省市县乡村五级书记一起抓乡村振兴。同时，省委、省政府主要领导同志多次带头深入基层调研，推动问题解决；各级各部门也各司其职、协同配合抓落实。

始终落实帮扶责任。2022 年全省进一步压紧压实驻村帮扶责任，共组建乡村振兴驻村工作队 10035 支，选派第一书记和驻村干部 32175 名，派驻村比脱贫攻坚时期增加 1093 个，实现“五类村”全覆盖。总体上看，大多数地区保持了挂帮领导、挂帮单位、结对帮扶责任人及驻村干部相对稳定的态势。如，六盘水市就选派了 616 支乡村振兴驻村工作队和 1849 名第一书记及驻村干部，实现对 559 个脱贫村、43 个新成立易扶安置社区、35 个乡村振兴示范点全覆盖。又如，黔南州选派了 5019 名干部、组建 1309 个乡村振兴驻村工作队到辖区内全部行政村开展工作，并帮助协调解决资金 4. 9 亿元，解决各类问题 56. 2 万个，有力有序地推动乡村振兴工作取得实效。

强化政策框架搭建。一是把巩固拓展脱贫攻坚成果、全面推进乡村振兴纳入贵州高质量发展重大战略。二是把在乡村振兴上开新局、建设巩固拓展脱贫攻坚成果样板区，纳入全省围绕“四新”主攻“四化”主战略和“四区一高地”主定位。三是出台《贵州省建设巩固拓展脱贫攻坚成果样板区实施方案》《贵州省乡村振兴促进条例》，并同国家乡村振兴局签订《关于推进贵州巩固拓展脱贫攻坚成果样板区建设合作协议》，不断完善乡村振兴工作机制、发展规划和政策举措等。

（二）创新实施“六个专项行动”，促脱贫成果巩固样板区建设

一是聚焦和巩固提升“3+1”保障成果。按照月入户、季调度的原则，全省坚持组织干部进村入户常态化开展排查，确保问题动态清零。在教育保障方面：全省义务教育阶段控辍保学就保持常态化“动态清零”；分级分类建立学生资助台账，即从学前教育阶段到高等教育阶段学生资助政策全覆盖，并适时监测预警，及时跟进帮扶，确保“应助尽助”。2022 年全省下达各级各类学生资助和营养改善计划资金 169.7 亿元、惠及学生 1255.14 万人次。在健康和医疗保障方面：脱贫人口、监测对象参保率均为 100%，“三重医疗保障”共报销 101.44 亿元，综合报销比例保持在 80%以上。在农村安全住房保障方面：健全农村住房安全动态管理机制，开展农村房屋安全隐患排查整治“回头看”和农村自建房清理工作，完成 C、D 级危房整治。在农村饮水安全保障方面：规模化供水工程覆盖人口比例提高 3.9%，205.2 万农村人口供水保障水平得到提升。

二是聚焦重点人群实施监测帮扶专项行动。第一，聚焦防返贫动态监测和帮扶。进一步完善识别、退出程序，聚焦新增农村低保对象、受灾农户等重点人群，强化精准监测、精准帮扶、精准消除风险，全省累计识别防止返贫监测对象 50.76 万人，其中 2022 年新增识别 8.82 万人，累计有 79.2%的监测对象已稳定消除风险。特别是有些地区，防止返贫致贫可以说是达到了“新水平”。如，铜仁市万山区针对监测对象始终坚持第一时间发现、处理，第一时间开展帮扶、消除风险，真正做到有错必纠、应纳尽纳，如全区共有监测对象 491 户 1780 人，其中 298 户 1057 人已消除风险，但按照“应纳尽纳”原则，2022 年全区又新增监测对象 159 户 640 人①。第二，加大特殊群众救助力度。一方面，为持续深入推进社会救助制度改革，贵州省出台了《关于改革完善社会救助制度的实施意见》《贵州省特困人员认定办法》《最低生活保障边缘家庭人口认定暂行办法》等，且 9 个市州也同步出台了社会救助改革措施文件，社会救助体系得到不断完善；另一方面，为有序推进政府购买社会救助服务，贵州省还探索开展

① 万山区乡村振兴局. 铜仁市万山区 2022 年巩固拓展脱贫攻坚成果同乡村振兴有效衔接工作总结［Z］. 内部资料，2022.

了“物质+服务”服务类社会救助改革试点，为特殊困难群体提供多样化、差异化救助服务，2022 年全省列支购买服务经费 3596 万元，并在全国率先制发《关于进一步健全完善社会救助主动发现机制的通知》，变“人找政策”为“政策找人”，切实做到“早发现、早介入、早救助”①。总体上，2022 年全省共将 165.5 万建档立卡脱贫人口和 28.3 万防止返贫监测对象纳入民政兜底保障范围，特殊群众救助效应显著。

三是聚焦脱贫人口就业增收发力。借助用工平台，提供多类岗位。如铜仁市万山区依托其人力资源市场，2022 年开展各类招聘活动 15 场，提供 127 家企业参与招聘，为全区脱贫劳动力、易地搬迁劳动力等各类群体提供就业岗位 8000 余个。聚焦重点对象，有效帮助就业。贵州省启动实施了促进居民增收三年行动方案，并出台了 62 项硬措施以助农民增收，特别是通过加强与重点输出省的稳岗就业协作，全省全年脱贫劳动力外出务工 335.95 万人、完成国家下达任务的 105.12%。开发公益性岗位，优先安置就业。通过开发乡村公益性岗位，优先安置脱贫人口和监测对象中的半劳力、弱劳力就业，并规范岗位管理，有效稳定了脱贫人口的收入。动员参加培训，提高劳动力技能。如，2022 年黔东南州举办东西部劳务协作培训班 258 期，培训农村劳动力 12259 人次，比上年增长 17.85%，帮助农村劳动力就业 6.88 万人（就近就业 2.59 万人），比上年增长 60.23%。搞建设抓发展，以工代赈促就业。贵州省大力推广以工代赈，全年劳务报酬占项目财政投资比重高达 23.08%，并且明确在下一年还要进一步提高其比重。

四是聚焦衔接资金和项目加强监管。按照项目备案规范化、资金调度序时化、项目管理制度化的原则，全省大力实施加强衔接资金项目监管专项行动。2022 年度全省下达中央和省级财政衔接推进乡村振兴补助资金 243.55 亿元，增长 3.81%。全省 66 个脱贫县整合财政涉农资金 147.63 亿元。总体来看，全省全年下达到县的中央和省财政衔接资金支出进度较好，符合序时进度要求。与此同时，全省还积极盘活相关项目资产，全年共盘活闲置低效扶贫项目资产 468 个，共 6.66 亿元；巩固提升现有产业项目，开展农业产业问题项目排查，全年发现问题项目 1199 个，完成整改 99%。

---

① 贵州多措并举做好特殊困难群体保障工作［N］. 贵州日报，2023-02-07.

五是聚焦"三资"盘活以化解债务。第一，提升资金使用效益。逐步完善财政衔接资金管理办法，将55%以上资金用于实施产业项目，不断提高衔接资金联农带农效益。第二，提升资产管理效益。全省摸排脱贫攻坚项目资金4091.13亿元，形成资产3989.79亿元，排查金额居全国第一，确保了扶贫资产的保值增值；针对闲置扶贫项目资产，探索推行资产股份合作制改革，极力推动资产盘活利用。第三，提升资源利用效益。建立农村产权流转交易市场体系，建立产权流转和增值收益分配机制；推进产业用地市场化配置改革，加大对闲置土地利用等。

六是聚焦重点帮扶县实施高质量发展行动。第一，加大政策和资金倾斜。安排重点帮扶县每县600亩新增建设用地计划指标，2022年支持20个国家重点帮扶县财政衔接资金68.54亿元，占全省到县资金47.7%。第二，加大重大项目倾斜。国家和省级重点帮扶县"十四五"规划高速公路项目2668公里，占全省83%，普通国道项目3121公里，占全省69%。第三，加大帮扶支持。广东412所学校、103家医院结对帮扶重点帮扶县497所学校、113家医院，协作共建产业园区25个；20个重点县选派科技特派员均超过30人，较其他县多10人。

（三）聚焦易地搬迁后扶，服务搬迁群众发展

持续深化后续扶持"五个体系"建设，与时俱进解决工作中发现的问题：多举措推进培训就业，增强群众幸福感；多方位完善基础设施和公共服务，增强群众获得感；多层次推进社区治理（2022年完成了100个易地扶贫搬迁综合性文化服务示范点建设），增强群众融入感；多角度确保群众权益，严守群众返贫底线。抓牢就业促增收，坚持劳务输出和拓宽县域就业相结合，加大搬迁劳动力培训力度，全省搬迁劳动力就业94.31万人，就业率达94%。抓实安置区产业发展，统筹资金支持发展后续产业项目，全省安置区周边有各类企业2573家、帮扶车间1209个，可提供就业岗位11.3万个。

（四）聚焦特色产业发展，加快产业振兴步伐

一是坚决守牢粮食安全底线。2022年贵州大力实施提升粮油生产能力、储备能力、加工能力专项行动。全年建成高标准农田260万亩；完成粮食种

植面积4183.1万亩、总产量1114.6万吨，分别超国家下达任务26.7万亩、19.8万吨。二是巩固农业产业结构调整成果。坚持省领导领衔、专班化推进，建立分管省领导统筹推进机制，着力引导优势产业、优势企业向优势产区集中，大力推进品种培优、品质提升、品牌打造和标准化生产，提升质量效益和竞争力；创新设立“乡村振兴产业贷”，将61.7%的到县财政衔接资金用于产业发展，实施项目5616个。三是强力保障林业产业高质量发展。全省下达省级林业产业化补助资金1.2亿元，开展林下经济品牌创建、产业规划、培训和支持市县打造林下经济、森林康养示范项目等，指导赤水竹产业园区、玉屏县油茶产业园区两个“国家林业产业示范园区”编制产业发展规划，以点带面带动全省林业产业标准化、规模化发展。四是加快农产品加工业发展。深入实施农产品加工提质增效行动，农产品加工转化率达59%。五是稳步提升农业机械化水平。加快山地适用小型农机研发科技攻关和成果转化，主要农作物耕种收综合机械化率达46%。

（五）聚焦乡村建设行动，构建美丽宜居乡村

贵州认真落实国家乡村建设“183”行动部署，制定乡村建设行动实施方案，加快建设宜居宜业和美乡村。强化规划引领，分类有序推进“多规合一”实用性村庄规划编制，全省编制村庄规划1613个。全力实施农村人居环境整治提升五年行动，突出推进农村厕所革命、农村生活垃圾治理、农村生活污水治理、推进村容村貌提升等。不断巩固提升农村电力保障水平，深入推进数字乡村建设；稳步提升农村基本公共服务质效和村级综合服务设施建设水平，并不断健全管护机制等。

（六）聚焦乡村治理行动，展现和谐善治乡村

一是强化党员示范带动。制定抓党建促乡村振兴实施办法，农村基层党组织全部完成标准化规范化达标验收，培训村党组织书记15418人、村“两委”其他成员90706人，实现全覆盖。二是构建基层善治格局。积极推广“寨管家”“合约食堂”等乡村治理新模式，开展“一中心一张网十联户”治理效能提升行动，全省14871个村实行网格化管理。三是深化乡村文明建设。深入开展“推进移风易俗、树立文明乡风”专项行动，推广“红白理事会制度”“红黑榜”等做法，引导群众自觉抵制陈规陋习；同

时，大力加强新时代文明实践中心（所、站）等阵地建设，开展“村 BA”等群众性文化活动，推动乡村文明发展。

（七）深化东西部协作帮扶，携手走向共同富裕

一是着力打造粤黔东西部协作典范。制定《关于建立粤黔两省更加紧密的结对帮扶关系的实施意见》，推动粤黔全方位协作发展。具体表现为：第一，深化产业合作。两地共建产业园区 98 个，2022 年协作推动新增投资企业 612 个，到位投资 267.41 亿元。第二，深化劳务协作。签订《稳岗协作协议》，两地共建“一县一企”农村劳动力稳岗就业基地，协作新增转移就业 24.35 万人。第三，深化“组团式”帮扶。广东选派 40 名校长、96 名骨干教师，组团帮扶贵州 20 个重点帮扶县的 20 所中职、20 所高中；广东 18 家医院联合贵州 4 家三甲医院组团帮扶 20 个重点帮扶县人民医院，带动协作地区医教水平大幅提升。第四，深化科技人才交流。广东选派了 221 名党政干部、2098 名专技人才到贵州开展挂职帮扶，协作培训干部人才 25.77 万余人次；接受贵州 332 名党政干部、2236 名专技人才交流学习。

二是深化同原东部帮扶省市协作。建立省级党政领导干部联系商会制度，助力协作地区壮大特色产业，新增引进原帮扶贵州的上海、浙江、江苏、山东、辽宁 5 省市到黔投资项目 822 个，投资额 1069.29 亿元。争取加大对贵州籍务工人员支持力度，持续深化稳岗就业合作。巩固拓展与原帮扶城市“七进”销售网络，销往上海等 5 省市农特产品销售额 76.04 亿元。

三是全力争取中央定点帮扶单位和社会帮扶更大支持。出台《关于进一步做好服务保障　争取中央定点帮扶单位更大支持的工作方案》，40 家中央单位选派 140 名干部到贵州挂职工作，投入无偿帮扶资金 8.52 亿元，有偿帮扶资金 75 亿元，培训各类人员 15.2 万人次。深入开展“万企兴万村”专项行动，571 家民营企业结对帮扶贵州 20 个国家重点帮扶县。推进澳门帮扶从江县、澳门联合横琴帮扶正安县工作等。

（八）农村改革不断深化，保障乡村振兴发展

一是印发《关于加强农村集体资产经营管理的意见》，指导全省发展新型农村集体经济。二是印发《贵州省农村产权流转交易管理办法（试行）》，稳步开展农村产权流转交易市场建设，安顺市、黔南州、黔西南州

已启动建设农村产权流转交易市场；同时，继续抓好农村改革试验区、农村宅基地改革试点等工作。三是健全完善利益联结机制，下达省级农村经营创新资金 900 万元，支持 18 个农村“三变”改革省级示范村创建；新增 20 个“租改股利益联结试点”和 15 个“家庭经营为主的利益联结机制试点”。四是强化资金投入保障，明确到 2025 年底全省土地出让收益用于农业农村比例达到 50%以上；用好增减挂钩政策，全省全年跨县流转节余指标 454 亩、调剂资金 9081.8 万元。毋庸置疑，这些改革举措为乡村振兴提供了坚强保障。

二、2022 年贵州在乡村振兴上开新局的主要成效

（一）现代乡村产业发展取得“新成效”①

一是重要农产品产量保持稳定。严格落实粮食安全党政同责，全省 10094 名党政领导共领办粮食示范田面积 410 万亩。大力推广优质高产良种、合理密植、科学施肥、绿色防控等单产提升技术，2022 年贵州粮食平均单产较 2021 年每亩增加 4.6 公斤，同比增长 1.8%，超额完成国家下达的目标任务，实现“三增”。

二是特色优势种植业呈“强”趋势明显。全省辣椒、刺梨、李子、蓝莓等种植面积保持全国第一；绿色蔬菜标准化种植规模不断扩大，成为全国重要的夏秋蔬菜生产大省；猕猴桃、火龙果、刺梨等产业的产量位居全国前列。

三是生态畜牧渔业发展态势良好。全省大力推进生猪重点项目建设和产能释放，新增规模猪场 362 个；推进牛羊产业持续发展，强化 274 个重点调控基地的保供作用，推动畜牧业产能持续恢复；有序发展大水面养殖渔业，促进生态渔业高质量发展。据统计，全年猪牛羊禽（“四肉”）产量 230.7 万吨，水产品产量 32.5 万吨，同比分别增长 2.1%、9.5%。

四是林业产业和林下经济发展成效显著。因地制宜推广林药、林菌、林花、林苗、林禽、林蜂等种植和养殖模式。据统计，全省林下经济经营和利用林地面积 2960 万亩，产值 605 亿元。全省特色林业产业基地建设完

---

① 贵州省农业农村厅．2022 年贵州省农业现代化推进情况［Z］．内部资料，2022.

成 142.36 万亩，超额完成全年任务。

五是经营主体逐步育强。2022 年全省省级以上龙头企业达 1200 家，全省纳入家庭农场名录管理的数量达 3.5 万家（其中省级示范家庭农场累计达 1690 家），全省 241 家涉农平台公司中已有 121 家完成转型。

（二）宜居宜业进入“新阶段”

贵州省坚持以绿色乡村为目标，持续加快美丽乡村建设，促进乡村更加宜居宜业，以良好生态环境助力乡村振兴。全省完成新（改）建农户厕所 22 万户，累计完成农村生活污水治理行政村 2373 个，30 户以上自然村寨农村生活垃圾收运体系覆盖率超过 60%。全省建成美丽农村路 975 公里、美丽农村路经济示范走廊 982 公里，新建农村供水管网 1263 公里，行政村 5G 通达率达 47%。分地区来看，相关成效也较明显。

如，黔东南州通过推进村庄清洁、庭院经济、庭院美化三大行动，采取积分制、清单制、数字化等治理方式，调动群众积极参与，使得农村人居环境明显改善。全州 189 个乡镇应建 174 座生活垃圾转运站，已建成 174 座，建成率 100%，行政村生活垃圾收运设施基本实现全覆盖；有序推进农村生活污水治理，完成 47 套农村生活污水治理设施改造提升，264 个行政村污水治理率达 60% 以上；坚持“厕污共治”，统筹推进农村改厕与生活污水治理、畜禽粪污集中处理，完成新改建农村卫生户厕 3.2 万户，农村卫生厕所普及率达 80.5%。值得一提的是，雷山县还创下“森林碳汇第一股”，实现林农变股民、“碳票”变“钞票”，成功探索生态振兴新模式①。又如，黔南州全年完成新（改）建农村户用卫生厕所 23209 户；建成农村生活污水处理设施 7959 套，覆盖行政村 473 个，设施覆盖率为 39.58%；全州垃圾收运体系行政村正常运行率达 95% 左右，30 户以上自然村寨收运体系覆盖率达 80% 以上；深入开展以“三清一改”为主要内容的村庄清洁行动，行政村清洁行动覆盖率 100%，村庄脏乱差现象得到明显改善②。

---

① 黔东南州乡村振兴局．黔东南州 2022 年巩固拓展脱贫攻坚成果同乡村振兴有效衔接工作总结［Z］．内部资料，2022．

② 黔南州乡村振兴局．黔南州 2022 年巩固拓展脱贫攻坚成果同乡村振兴有效衔接工作总结［Z］．内部资料，2022．

（三）乡风文明建设展现“新气象”

通过加强农村思想政治工作、加强农村思想道德建设、开展农村地区移风易俗专项行动、加强新时代文明实践中心建设、深入开展文明村镇创建、加大农民科学教育和技术培训、丰富活跃农民群众文化生活等重点工作，贵州的乡风文明建设成效明显跃升。例如，黔东南全州县（市）、乡（镇、街道）、村（社区）三级新时代文明实践中心（所、站）实现了全覆盖，全年开展理论宣讲 8.6 万余场（次），受众 340 万余人次；建立红白理事会 2232 个、村（居）民议事会 2206 个、道德评议会 2156 个、禁毒禁赌会 2088 个；组织开展群众文化活动 1500 余场，播放农村公益电影惠及群众 86 万余人次。台江县台盘“村 BA”被誉为“观察中国式现代化的一个窗口”；“合约食堂”模式得到国家乡村振兴局的肯定推广等[①]。又如，2022 年黔南州建成新时代文明实践中心 12 个、文明实践所 109 个、文明实践站 1453 个。

（四）乡村治理实现“新格局”

贵州牢固树立抓基层、强基础、固基本的导向，不断建立健全党组织领导的自治、法治、德治相结合的乡村治理体系，使得乡村治理质效达到了一个新高度。例如，黔南州在乡村治理方面建立了“一方案两清单一指引”的政策体系，从工作责任、组织建设、治理效能、富民强村、美丽乡村、基础保障等方面定方向、划重点、明责任。其中，着重完善了“一中心一张网十联户”三位一体综合运行体系，配备网格员 12873 人，推选联户长 78915 人；建成人民调解组织 1583 个，选聘人民调解员 9789 人。又如，六盘水市大力推进法治乡村建设，全年创建国家级“民主法治示范村（社区）”6 个、省级“民主法治示范村（社区）”48 个、市级“民主法治示范村（社区）”42 个，六枝特区落别乡牛角村、水城区新街乡大元村、盘州市盘关镇海坝村还荣获 2022 年全国“民主法治示范村”。

---

① 黔东南州乡村振兴局. 黔东南州 2022 年巩固拓展脱贫攻坚成果同乡村振兴有效衔接工作总结［Z］. 内部资料，2022.

（五）农民生活水平再上“新台阶”

2022年，贵州省农村居民人均可支配收入达13707元，相比上年同期增加了851元，同比名义增长6.6%；农村居民人均消费支出为13172元，相比上年同期增加了615元，同比名义增长4.9%。脱贫人口人均纯收入达1.32万元，同比增长15.9%，人均纯收入低于1万元的脱贫人口减少190万。

分地区来看，贵阳市农村居民人均可支配收入达21925元，同比增长6.6%，继续高于经济增速，城乡居民收入比降至2.11：1；其脱贫人口人均纯收入达1.68万元，增长15.9%，人均纯收入1万元以下的脱贫家庭占比降至3.55%，牢牢守住了不发生规模性返贫底线。六盘水市农村居民人均可支配收入增长7.1%，增速位居全省前列；脱贫人口人均纯收入达1.43万元，增长15.68%，人均纯收入低于1万元的脱贫人口减少11.07万人。遵义市农村居民人均可支配收入增长6.9%，脱贫人口人均纯收入12717元，增长16.2%。安顺市农村居民人均可支配收入增长7.5%，脱贫人口人均纯收入达1.27万元，同比增长16%。毕节市全体居民收入增长7.3%，居全省第二；脱贫人口家庭人均纯收入达1.27万元，同比增长15.5%。铜仁市农村居民人均可支配收入增长6.7%；脱贫人口人均纯收入达13511元，超过全省平均水平，增速排全省第三。黔西南州农村居民人均可支配收入增长6.5%，脱贫人口及监测对象家庭人均纯收入同比增长15.85%。黔东南州农村常住居民人均可支配收入增长7.0%，城乡居民收入比从2021年的3.05：1下降到2022年的2.99：1；全州脱贫人口人均纯收入14252元，较上年增长15.84%。黔南全州脱贫人口人均纯收入达12621.78元，增速为16.43%，排全省第一；万元以下脱贫人口净减少46242户219773人，降幅达53.39%，超额完成省下达目标任务。

三、2023年贵州乡村振兴开新局亟待关注问题及走势研判

（一）贵州乡村振兴开新局亟待关注问题

1. 仍需高度警惕粮食安全问题

贵州虽然是粮食产销平衡省，但每年仍需从省外净购入粮食500万吨

左右，一旦外部环境出现风吹草动，粮食供给跟不上，所谓的乡村振兴就会成为大问题。更需关注的是，2022 年贵州粮食亩产仅为 266.5 公斤，单产水平依然偏低，为全国平均水平 386.8 公斤的 69%。也就是说，在全省土地资源非常有限的情况下，如何夯实粮食安全根基是乡村振兴开新局中必须面对的一个重要课题。

2. 仍需着力巩固拓展脱贫攻坚成果

截至 2022 年底，全省纳入防止返贫监测人数 51.1 万人，其中有相当一部分尚未消除返贫风险。部分脱贫群众内生发展动力不足，脱贫地区自我发展能力还不强，如 2021 年全省纳入统计的 15637 个村中，没有经营性收益的村近三成，这说明稳定脱贫还面临着一定的压力。

3. 仍需关注农民增收尤其是重点人群的增收问题

截至 2022 年底，贵州城乡居民收入接近 3.0：1，且全省农村居民人均可支配收入仅为全国平均水平的 68%，居全国倒数第二，尤其是全省脱贫人口中年人均纯收入低于 1 万元的还有 180 万人，这说明贵州农村居民整体收入水平仍较低。另外，不同地区间农民收入不平衡现象也较突出，农民收入最低市（州）仅为最高市（州）的 60%，诸如此类的问题都值得我们关注。

4. 三次产业融合程度仍较低

2022 年全省农产品加工转化率约 59%，比全国平均水平低 12 个百分点左右。全省农产品加工主体虽然超 1 万家，但其中年销售收入 2000 万元以下的占 52%，即市场主体“小散弱”问题仍突出，且全省农业社会化服务能力水平整体不高，这都说明贵州农村三次产业融合程度仍较低，其产业链还亟待延长。

5. 乡村振兴人才相对不足

面对乡村振兴这一全新的课题，贵州部分基层干部组织群众、发动群众、依靠群众的方式方法还跟不上形势的需要，创新能力还需进一步提升。加之农村大量青壮劳动力外出务工，乡村实用人才总量不足、结构不优、老龄化问题较为突出。

（二）贵州乡村振兴开新局走势研判

1. 农民收入将保持较高的增长水平

2023年，贵州省将聚焦促进农民增收的34条措施，进一步细化以工代赈、劳务输出、利益联结等重点任务，并将认真落实财政衔接推进乡村振兴补助资金60%用于发展产业、土地出让收益40%以上用于农业农村发展等政策。再加之，疫情防控取得重大决定性胜利，一些产业链也逐步恢复，今年贵州省农民收入有望保持一个较高水平的增长，超过2022年6.6%的增长率是大概率的事，如果宏观经济长期保持平稳发展态势，全省农民人均可支配收入增长9%左右是有可能的。

2. 产业振兴的步伐将明显加快

随着农业功能的拓展、乡村价值的被挖掘，贵州农业与旅游、教育、文化等产业的融合程度必将加深，如休闲农业、乡村旅游、农耕体验以及乡村手工艺等将迎来大发展的“春天”。再加之政策的惠及，乡村各类新型经营主体（如农业龙头企业、农民合作社、家庭农场等）也将逐渐变多，有些企业如农产品加工企业还将由小到大，也会直接促进产业链的延长。特别是随着“贵州绿色农产品”整体品牌建设的提速，农产品区域公用品牌、农业企业品牌、产品品牌的渐增，都将加快贵州乡村产业振兴的步伐。

3. 特色美丽乡村建设将跑出“加速度”

随着“多规合一”实用性村庄规划编制的有序推进，农村人居环境整治提升五年行动的持续开展，“一图一表一说明”有益经验的全省推广，以及受特色田园乡村·乡村振兴集成示范点的示范效应影响，贵州特色美丽乡村建设必将步入一个健康发展、高质量发展的快车道，尤其是随着乡村振兴为农民而兴、乡村建设为农民而建和“望得见山、看得见水、记得住乡愁”理念的深入“人”心，贵州乡村建设必将是越来越“美”、越来越“特”——乡土特征、民族特色、地域特点和文化肌理等要件将浑然一体，到时一大批生态型、产业型、传统村落型、民族文化型、乡村旅游型等特色小寨将脱颖而出。

4. 乡村治理现代化水平稳步提升

根据贵州省委要求，“贵州省将向重点村持续选派驻村第一书记和工作队，落实‘一宣六帮’职责；落实村党组织书记县级党委组织部门备案管理制度，开展村党组织书记乡村振兴‘擂台比武’；加大在优秀农村青年和致富能手中发展党员力度，每个村至少储备 2 名后备力量。”显然，这些举措将有效化解乡村治理基础“薄弱化”问题。随着农村工作干部培养锻炼机制、县域专业人才统筹使用机制等的逐步完善，以及 2023 年起每村至少有 1 名大学生在村工作制度的落实，贵州乡村治理主体“空心化”问题也将得到有效缓解。随着数字乡村战略的实施，数字乡村平台建设的加快，行政村 5G 通达率不断地提升，以及“一中心一张网十联户”治理模式的广泛推广，“多中心合一、一中心多用”“一站式办结、一体化服务”治理方式的不断优化，贵州乡村治理手段“信息化”滞后的状况也将逐步改善。总之，随着“薄弱化”“空心化”“信息化不足”等问题的逐步化解，贵州乡村治理现代化水平必将得到有效提升。

5. 农村改革红利将持续赋能乡村振兴

随着贵州农村“三变”改革、农村集体林权制度改革、农业综合水价改革等的持续深化，农村产权流转交易市场体系的进一步健全，农村宅基地制度改革试点稳妥推进、农村集体经营性建设用地入市有序开展，以及“联股联业、联股联责、联股联利、联股联心”经营新模式的构建等，必将释放出更多的改革红利，从而将更好地赋能乡村振兴开新局。

四、2023 年贵州进一步做好乡村振兴开新局的对策建议

（一）贵州乡村振兴开新局基础前提：守牢粮食安全底线

一是提升粮食全要素生产率。加强粮食生产功能区以及高标准农田建设，稳定粮食播种面积、提高单产水平，强化耕地地力保护，保持粮食产量稳定。二是采取“长牙齿”的措施，落实最严格的耕地保护制度。严格控制非农建设占用耕地，坚决遏制耕地“非农化”、防止“非粮化”。三是开展粮食节约行动。极力减少生产、流通、加工、存储、消费环节粮食损耗浪费，树牢节约意识。四是推动形成“六藏齐抓”的粮食保障新格局。

要面向全省国土资源，在深入落实“藏粮于地、藏粮于技”国家战略的同时，还应全面实施“藏粮于种、藏粮于数（数字农业）、藏粮于民、藏粮于制等”的战略方针，全力保障贵州粮食安全。

（二）贵州乡村振兴开新局任务举措：围绕“人”“业”“村”破题

1. 抓好重点人员就业工作，实现富裕富足

一是进一步摸清底数。要进一步摸清当地“三类人员”（脱贫不稳定户、边缘易致贫户、突发严重困难户）数量、就业状况、就业意愿信息，要及时更新相关信息台账，切实为“三类人员”以及其他重点人群提供跟踪式服务。

二是加强技能培训。要大力实施“技能贵州”行动，提升农村劳动力就业本领。要把“订单培训”作为组织技能培训的重点，实现培训即就业的目标。对于非订单式的培训，要针对培训工种储备相应的就业岗位，边培训边推荐岗位，努力提升培训后的就业率。

三是精准施策。要围绕“三类人员”及其他农村劳动力就业需求分类施策，定期进行跟踪监测。四是强化“组织就业”。在充分发挥基层党组织优势的基础上，通过建立技能培训、组织就业、劳动维权一条龙的劳务组织化体系，有组织地开展输出就业。

2. 抓好农业供给侧结构性改革，实现高质高效

一是树立全局观，优化乡村产业发展布局。全省可按照区域化布局、规模化实施、标准化生产、产业化经营要求，通过实施品种优化、品质提升、品牌打造行动，以县域为单位，进一步做大做强12大特色农业产业。

二是培植增长点，推进乡村一、二、三产业融合发展。深入挖掘农业多元功能价值，建设一批设施完备、功能多样的休闲观光园区、康养基地、特色小镇、家庭农场等，不断延长乡村产业链、提升价值链、完善利益链，通过保底分红、股份合作、利润返还等多种形式，让农民合理分享全产业链增值收益。

三是积蓄内生力，强化科技兴农质量兴农。实施质量兴农战略，强化科技赋能，大力发展智慧农业，用好农业大数据服务平台，完善农产品和食品安全标准体系、监管体系，加强农业投入品和农产品质量安全监管。

四是聚焦动力源，激发各类经营主体活力。大力引进和培育龙头企业，鼓励和支持成立行业协会，发展壮大新型农业经营主体，推动形成企业带大户、大户带小户、千家万户共同参与现代农业经营的发展格局。培育壮大村集体经济合作社，推广“龙头企业+合作社+农户”生产组织模式。构建现代农业社会化服务体系，发展产业化联合体，极力把小农生产引上现代农业发展轨道。

五是产供销协同，打通“黔货出山”的“最后一公里”。创新“东部市场+贵州产品”“东部企业+贵州资源”“东部总部+贵州基地”“东部研发+贵州制造”的“4+”合作模式，构建市场机制与政府引导相结合的新时期协作体系，更好推动“黔货出山”，不断提高“黔货”国内外市场知名度、占有率，极力写就“产”“销”两大文章。

3. 抓好乡村建设行动，实现宜居宜业

一是做好规划。按照“尊重规律、稳扎稳打”“因地制宜、分类指导”“注重保护、体现特色”“建管并重、长效运行”“节约资源、绿色建设”“不搞大拆大建，不违背农民意愿”的原则，加强贵州村庄整体风貌规划和引导，尽快推进多规融合在农村全面落实。

二是抓好基建。进一步开展农村房屋安全隐患排查整治；大力实施脱贫地区农村基础设施提档升级工程，高水平推进“四好农村路”建设，全面提升农村道路通达能力。强化农田水利、饮水安全等设施建设和管护，提高农民生产生活用水保障水平。加快推进信息基础设施建设，实施数字乡村战略，逐步缩小城乡数字化差距。

三是护好环境。大力实施贵州农村人居环境整治提升行动，一体推进农村厕所革命和垃圾污水治理，促进城乡面貌显著改善，切实增强农村的宜居性。深入践行“两山”理论，推进贵州农村山水林田湖草综合治理，保护乡村美景、守住绿水青山、留住乡愁记忆。大力推进贵州乡村文化设施建设，持续推进农村移风易俗。

（三）构建贵州乡村振兴开新局的保障体系

1. 人才保障：加强乡村人才队伍建设

继续实施农业专家服务“三农”行动，确保所有乡镇（街道）、村

（社区）、专业合作社均有专家人才联系服务。积极引导外出农民工返乡创业创新，鼓励有志于投身现代农业建设的农村青年、农技人员、大中专毕业生和退役军人等加入职业农民队伍。实施新型职业农民培育工程，创新培训机制，对重点人群开展大规模的农业生产技能普及性培训，并逐步建立职业农民认证体系。完善专业人才职称评定制度，确保到农村基层工作的专业人才同等条件下能获得更多的上升空间和发展机会。

2. 资金保障：健全金融服务乡村的长效机制

一是健全金融支持乡村振兴机制。包括健全乡村振兴金融工作联席会议制度，强化金融资源回流农村的激励约束机制，建立健全体现农业农村优先发展要求的资金保障机制等。

二是深化农村金融制度改革。推动财政投入方式改革，帮助农村经营主体解决抵押担保不足、抗风险能力弱的问题；优化货币政策工具，运用支农支小再贷款、再贴现等政策工具，激励金融机构大力扶助“三农”。

三是优化农村金融产品和服务体系。要引导金融机构创新金融产品和服务，特别是要在抵质押物认定、融资期限设计、金融产品定价等方面加强创新，不断满足各类主体的合理融资需求。

3. 科技保障：以技术创新助力乡村振兴

以科技创新助力乡村振兴必须做到：

一是深化对乡村“科创”内涵的理解。这里的“科创”至少包括新能源技术、微生物技术、乡土技术、传统技术等种类。

二是科技创新引领乡村振兴的模式要科学构建。具体可采取“科技创新驱动、高新农业主导、专业人才支撑、产学研农结合、创新制度保障”的模式。

三是科技创新引领乡村振兴的关键举措要有力有方。

4. 组织保障：全面夯实农村基层基础

一是加强农村基层党组织建设。强化农村基层党组织领导核心地位，探索建立联村党委、产业党组织、园区党组织，持续整顿软弱涣散村党组织，促进整顿转化提升。

二是深化农村自治实践。创新基层管理体制机制，整合优化公共服务和行政审批职责，打造“一门式办理”“一站式服务”的综合服务平台。

三是加强农村法治建设。深入推进综合行政执法改革向基层延伸，创新监管方式，推动执法队伍整合、执法力量下沉，提高执法能力和水平。

四是提升乡村德治水平。广泛开展好媳妇、好儿女、好公婆、最美乡村教师（农技员或医生等）等评选表彰活动，深入宣传道德模范和身边典型事迹，传播正能量。

2022年贵州在实施数字经济战略上抢新机报告

罗以洪　余斌鑫　袁　昕

习近平总书记在贵州考察调研时，希望贵州在实施数字经济战略上抢新机，要着眼于形成新发展格局，推动大数据和实体经济深度融合。贵州贯彻落实国发〔2022〕2号文件精神，落实省委、省政府关于数字经济的决策部署，坚持围绕"四新"主攻"四化"主战略、"四区一高地"主定位，千方百计推动数字经济发展创新区发展良好开局，将发展数字经济作为中国式现代化贵州实践建设的重要引擎。本报告归纳了2022年贵州在实施数字经济战略上抢新机的主要成效和举措，分析贵州数字经济创新区发展面临的形势，从六个方面提出了数字经济抢新机的对策建议。

一、2022年贵州数字经济发展创新区建设成效及举措

贵州抢抓国发〔2022〕2号文件重大机遇，坚持围绕"四新"主攻"四化"主战略、"四区一高地"主定位，开展"四大行动"①、强化支撑保障，千方百计推动数字经济发展创新区良好开局，奋力实现数字产业高

作者简介：罗以洪：贵州省社会科学院区域经济研究所副所长、国家治理体系和治理能力现代化地方实践高端智库研究员、博士；余斌鑫：贵州省社会科学院区域经济研究所助理研究员；袁昕：贵州省社会科学院区域经济研究所研究实习员。

① 四大行动是指2021年12月，中共贵州省委、贵州省人民政府出台的《关于在实施数字经济战略上抢新机的实施意见》中提出的"四大行动"：加快数字产业化，打造全国大数据电子信息产业集聚区；加快产业数字化，打造全国数据融合创新示范高地；实施"万企融合"大赋能行动；加快数字新基建，打造全国数据算力服务高地；加快数据价值化，打造全国数据治理高地。

速发展、数字融合日益深化、数字基建提档升级、数字治理持续提升、数字生态不断完善，高质量发展新动能加速壮大。

（一）数字经济发展创新区建设取得显著成效

2022 年，贵州数字经济发展强化顶层设计，大数据产业持续发展壮大，数字新基建提档升级，数据要素市场化配置改革取得新突破，数字化助力政府治理能力提升取得新成效，为贵州高质量发展和中国特色现代化贵州实践建设奠定了坚实基础。

1. 大数据产业持续发展壮大

全省数字经济增速连续七年位居全国第一，增加值占 GDP 比重达到 37%左右。软件服务业收入增速连续 17 个月保持全国第一，总量较 5 年前增长 5 倍。累计带动万余家企业开展大数据融合改造，上云用云企业达到 2.5 万家。贵阳市入选工信部 2022 年度建设信息基础设施和推进产业数字化成效明显督查激励名单。

2. 数字经济发展创新区建设系列政策出台

2022 年 1 月 26 日，《国务院关于支持贵州在新时代西部大开发上闯新路的意见》（国发〔2022〕2 号）出台，赋予贵州数字经济发展创新区的战略定位，贵州大数据发展由“国家大数据（贵州）综合试验区”迈向“数字经济发展创新区”阶段。省委、省政府高位谋划数字经济发展创新区建设，出台了《中共贵州省委贵州省人民政府关于在实施数字经济战略上抢新机的实施意见》，贵州全力打造面向全国的算力保障基地、国家数据生产要素流通核心枢纽，明确了创新区建设的宏伟蓝图。

3. 以“东数西算”为引领的数字新基建提档升级

贵州数据中心加速聚集，2022 年新增重点数据中心项目 11 个，超历年数据中心总和的 1.5 倍。中国电信、中国联通数据中心获批国家新型数据中心典型案例，中国移动数据中心三期开工。有 8 个项目获得 19.55 亿元国家相关资金支持，为历年最多。

4. 数据要素市场化配置改革取得新突破

完成了贵阳大数据交易所投资重整，开启贵州数据流通交易新阶段。发布全国首套数据流通交易规则，形成一批制度性成果，创新探索运行模式，贵阳大数据交易所集聚数据商402家，上架数据产品660个，全年交易额达到3.6亿元。

5. 数字化助力政府治理能力提升取得新成效

贵州数字政府建设水平连续多年排名全国前列，省域政府数据开放综合指数排名全国第三。建成“贵商易”“贵人码”等“贵字号”便民惠企应用平台。获批国家电子政务外网创新发展试点。按时高质量完成国家数据直达基层试点工作任务。大数据支撑疫情防控有力有效，获国家疫情防控工作组肯定。

（二）多措并举高质量完成各项建设目标任务

2022年，围绕数字经济发展创新区建设各项目标建设要求，贵州抢抓数字产业化、产业数字化、数字设施建设、要素保障等新机，高质量完成了各项目标任务。

1. 抢抓数字产业化，主体产业发展稳中向好

开展“百企引领”行动，加快打造数据中心、智能终端、数据应用三个千亿级主导产业集群。一是市场主体不断壮大。大数据产业发展动能更加强劲，全省规上软服企业达到260家，同比新增32家。新增21家软服企业入选省级以上“专精特新”企业，20家软服企业进入上市挂牌后备库。二是高速增长效益提升。全省软服业收入增速达90.5%，利润同比增长64.7%，从业人数同比增长8.7%，研发投入同比增长293.2%，实现行业营收、利润、科技投入“多点开花”。云服务在软服业中的“首位产业”地位日益显现，占软服业比重从2021年的46.4%提升至72.2%。三是试点示范不断涌现。贵阳大数据交易所有限公司、贵州省信息中心、贵州航天云网科技有限公司、贵州乐诚技术有限公司、云上贵州大数据产业发展有限公司、贵州多彩宝互联网服务有限公司、信通达智能科技有限公司等7家企业入选工信部国家级大数据产业发展试点示范，贵州省人民政府、贵阳市人民政府、贵州师范大学等3家单位入选国家级区块链创新应用试点。

2. 抢抓产业数字化，产业转型升级加速发展

实施“万企融合”大行动，推进企业“上云用数赋智”，围绕“四

化”推动数字赋能实体经济发展，创新打造全国首个融合地方标准，融合能力水平持续提升。一是打造融合标杆企业。2022年全年形成“万企融合”标杆项目108个、示范项目1130个，带动2106户企业开展融合。全省获DCMM①证书企业总数全国排名第8位，三级及以上企业占比全国排名第16位。二是推动重点行业深度融合。电子行业工业互联网标识解析二级节点完成验收，标识注册量1.5亿。农业企业应用电商占比从2018年的57.9%上升到2022年的64.1%，实现全程追溯企业占比从2017年的12.2%上升到2022年的21.3%。“一码游贵州”接入500多家景区，累计交易金额9816万元。贵阳市在国家信息消费示范城市评估中获评“优秀”。推进北斗技术广泛应用，国家北斗专项落地，省北斗防灾大数据创新中心集聚企业50家，在省内7000余处地质灾害隐患点监测预警中应用北斗技术。

3. 抢抓数字设施新机，信息基础设施建设提档升级

抢抓国家“东数西算”工程机遇，印发建设全国一体化算力网络国家（贵州）枢纽节点的实施意见，推进新型基础设施建设。一是数据中心集群建设驶入快车道。金融818、国电投、美的等一批数据中心落地开工。贵安数据中心集群PUE②平均值达1.3，绿色化发展处于领先水平。以“东数西算”工程建设为核心，带动社会投资，全年累计完成工程投资72.65亿元，服务器承载能力超过225万台，算力规模居全国前列，与全国其他7个枢纽端到端单向时延平均降至20ms。二是数字基础设施实现跨越发展。启动建设贵阳至广州、武汉等省际光缆，直连城市累计达32个。光缆达181万公里，互联网出省带宽达3.8万Gbps。贵阳、遵义正式进入全国千兆城市行列。三是5G建设快速推进。累计建成8.4万个5G基站，

---

① DCMM是《数据管理能力成熟度评估模型》（GB/T 36073-2018）的英文简称（Data management Capability Maturity Model），是我国首个数据管理领域正式发布的国家标准，旨在帮助企业利用先进的数据管理理念和方法，建立和评价自身数据管理能力，持续完善数据管理组织、程序和制度，充分发挥数据在促进企业向信息化、数字化、智能化发展方面的价值。

② PUE（Power Usage Effectiveness），即电能利用效率。是2007年由美国绿色网格组织（The Green Grid，TGG）提出的用以评价数据中心能源利用效率的一种指标，目前被国内外数据中心行业广泛使用。PUE是数据中心消耗的所有能源与IT负载消耗的能源的比值。PUE值越接近于1，表示一个数据中心的绿色化程度越高，当上述值超过1时，则表示数据中心需要额外电力开销以支持IT负载。因此，PUE的值越高，数据中心的整体效率越低。

每万人基站占比为 17.45 个，超全国平均水平。打造 5G 应用场景超 300 个，建成一批 5G+全连接工厂、智慧医疗等可推广的示范性项目。

4. 抢抓数字化治理新机，数字政府建设走在全国前列

实施数字政府建设大行动，优化完善“贵州政务云”，提升政府决策科学化、社会治理精准化、公共服务高效化水平。一是高质量做好数据归集。贵州省数据共享交换平台上架目录超过 3.81 万个，人口、法人、电子证照等基础库、主题库汇聚数据超过 9.38 亿条。全省政务服务事项 100% 网上可办，“全程网办”率达到 79.32%。实现 98 类电子证照“减表单填写、减材料提交、移动亮证”应用服务。二是建成一批政务应用。强化 AI 中台、视频中台、地图中台等业务中台服务能力，“大政法”监督平台实现超 20 项跨部门大数据办案协同流程上线，区块链中台完成食品溯源、工程审批、电子证照等场景的应用实施。三是惠企便民亮点纷呈。开展全省疫情综合管理和应急指挥平台建设，有效支撑我省疫情防控工作。“贵商易”平台累计注册市场主体用户 70.26 万户，公布惠企政策文件 538 个，实现“政策找企业、企业找政策”高效互动。“贵人码”平台实现公交地铁、智慧停车等重点应用覆盖，构建“一人一码一卡”惠企便民服务体系。

5. 抢抓要素保障新机，构筑数字经济发展新生态

坚持改革思维、开放理念，推动数据要素保障取得突破。一是建设贵阳大数据科创城。打造全省数字产业和人才集聚区、数字场景应用示范区、生态文明展示区，全年集聚大数据企业 405 家，总产值达 69 亿元。二是产业大招商精准发力。2022 年全省共引进大数据融合项目 260 个，全年大数据领域投资超 200 亿元。成功举办数博会，创新线上办会模式，数博会国际性盛会、世界级平台地位持续巩固。三是数字经济人才建设稳步推进。深入实施重点人才倍增计划，推动人才培养与产业发展融合，多形式开展政校企供需对接等，全省数字经济人才达 36 万人。四是强化数据安全保障措施。加强省电子政务外网、贵州政务云平台安全监管。建设全国首个“大数据安全综合靶场”“大数据及网络安全示范试点城市”。

6. 巩固拓展脱贫攻坚成果与乡村振兴有效衔接

2022 年，贵州省紧密结合大数据发展实际及优势，支持大数据与农业深度融合，推动乡村振兴云持续优化，集聚 11 个部门 17 项数据支撑防贫

预警数据库建设，重点帮扶县乡镇及以上区域室外4G、5G信号连续覆盖。

二、贵州推进数字经济发展创新区建设面临的形势

贵州通过建设首个国家大数据综合试验区，大数据产业从无到有，数字经济发展风生水起、攀高向新，以一域之实践彰显了数字中国建设的巨大成就。进入新时代，贵州大数据、数字经济发展面临新的形势和任务，也面临不少问题和挑战。

（一）贵州数字经济发展迎来新机遇

贵州“抢新机”“数字经济发展创新区”迎来了新的发展机遇。

1. 把握新一轮科技革命和产业变革的时代机遇

数字经济是重组全球要素资源、重塑全球经济结构，乃至改变全球竞争格局的关键力量，发展数字经济，是我国把握新一轮科技革命和产业变革新机遇的战略选择，是助力实现中华民族伟大复兴、推进和拓展中国式现代化的重要篇章。一是数字经济健康发展推动构建新发展格局。构建新发展格局的重要任务是增强经济发展动能、畅通经济循环。数字技术、数字经济推动各类资源要素快捷流动、各类市场主体加速融合，帮助市场主体重构组织模式，实现跨界发展，打破时空限制，延伸产业链条，畅通国内外经济循环。二是数字经济健康发展有利于推动建设现代化经济体系。数据作为新型生产要素，对传统生产方式变革具有重大影响。数字经济具有高创新性、强渗透性、广覆盖性，数字产业化形成新的经济增长点，数字化赋能成为改造提升传统产业的支点，是构建现代化经济体系的重要引擎。三是数字经济健康发展有利于推动构筑国家竞争新优势。当今时代，数字技术、数字经济为世界科技革命和产业变革带来先机，是新一轮国际竞争重点领域，发展数字经济有利于抓住先机、抢占未来发展制高点。

2. 在新的历史阶段贵州大数据被赋予了新的战略定位机遇

党的二十大报告指出，要“加快建设网络强国、数字中国”，要“加快发展数字经济，促进数字经济与实体经济深度融合，打造具有国际竞争力的数字产业集群”。习近平总书记强调“数字经济事关国家发展大局”，

指示要"不断做强做优做大我国数字经济"，要求我们"要在实施数字经济战略上抢新机"。国发〔2022〕2号文件出台赋予贵州"数字经济发展创新区"的战略定位，为新时代贵州大数据发展指明了前进方向、提供了根本遵循、注入了强大动力。省第十三次党代会明确了围绕"四新"主攻"四化"主战略、"四区一高地"主定位，大数据、数字经济不断被赋予更为重要的战略定位、新的历史使命。在新的历史阶段，贵州大数据发展被赋予了新的战略定位，贵州数字经济发展进入了新时代。

3. 数字经济为贵州高质量发展带来新机遇

数字经济具有高创新性、强渗透性、广覆盖性，不仅是新的经济增长点，而且是改造提升传统产业的支点。数字经济时代，数据和算力已成为关键的生产要素和生产力，成为重组要素资源、重塑经济结构、重构竞争格局的关键力量，数字经济的"底座"支撑和赋能作用日渐凸显。在建设中国式现代化建设新征程上，贵州要牢牢牵扯着"高质量"发展这个牛鼻子，突出"核心技术突破""东数西算""数字贸易""数字价值化"等重点，实现速度更快、质量更高、效益更好的发展。

4. 大数据为政府治理效能提升带来的机遇

习近平总书记强调"要运用大数据提升国家治理现代化水平。要建立健全大数据辅助科学决策和社会治理的机制，推进政府管理和社会治理模式创新，实现政府决策科学化、社会治理精准化、公共服务高效化"，大数据革新了现代政府治理的思维与方式，成为推进政府治理现代化不可或缺的重要力量，是适应我国新时代社会主要矛盾发生根本性转变的必然要求。通过充分运用大数据技术不断赋能贵州治理体系和治理能力现代化，提升政府效能，加快构建即时感知、科学决策、主动服务、高效运行、智能监管的新型治理体系，不断满足人民群众美好生活向往的需要。

（二）数字经济发展存在的困难挑战

与发达国家与发达地区相比，我省数字经济发展还存在核心技术缺乏、发展动能不足，政策和数据资源优势没有充分转化，大数据融合赋能尚待深化，大数据发展支撑能力亟待提升，先发优势逐步减弱、区域间竞争压力较大等困难和挑战。

1. 核心技术缺乏、发展动能不足

全世界数字经济顶端核心技术中，计算机开发语言、操作系统、数据库、数据中心、芯片制造、新一代通讯系统等几乎都来自西方国家，西方国家掌握了数字经济核心技术产业链制高点。一是核心技术缺乏影响我国数字产业化竞争力。由于在数字经济核心技术上缺乏，我国数字经济发展受到国外制约较大，在中美贸易战中核心基础软件和核心芯片成为国外制裁中国的首要产品业态，产业链稳定性、韧性不足。核心技术缺乏，导致我国以大数据电子信息产业为主导的数字产业化竞争力不足。二是核心技术企业产业化应用尚未形成。尽管贵州部分企业有一定技术优势，但企业在核心技术产业化应用、政策支持环境、市场化先行先试上明显不足，大数据电子信息产业规模、市场还没有有效形成。以电子信息制造业、软件服务业为主导的大数据电子信息产业规模较小，数字产业化规模占数字经济总比重仍远低于全国平均水平。三是贵州大数据创新能力指数在全国排名靠后。中国电子信息产业发展研究院《中国大数据区域发展水平评估报告（2022 年）》显示，贵州大数据产业发展环境指数排名全国第 9 位，但大数据产业发展指数却排名全国第 17 位，其中大数据创新能力指数在 20 位以后，核心技术缺乏导致核心产业集群发展和规模效应没有形成，产业集群发育程度不高，在高端智能终端、新型显示设备、新型电子元器件等核心领域还未形成产业集聚，产业综合实力有待增强。

2. 政策和数据资源优势没有充分转化

作为全国首个国家大数据综合试验区，贵州始终把发展大数据放在全省战略和全局高度来推动，是全国大数据发展政策环境最好的地区之一，随着沿海发达区域及相邻省市加速数字经济发展布局，周边省份对数字经济发展资源要素的虹吸效应进一步加强，贵州大数据先发优势及优质资源的吸引力面临弱化，市场竞争仍存在“玻璃门”现象。贵阳贵安虽汇聚了海量数据资源，数据中心整体容量大、实际装机率低、电力成本优势逐渐减弱，算力有效供给不足，数据集聚优势亟须转变为价值优势。贵州政务数据共享开放持续走在全国前列，但数据的有效共享、数据应用场景拓展等还有待深化。

3. 大数据融合赋能尚待深化

尽管我省数字化应用较快，但大数据与实体经济融合发展总体水平仍较低，特别是产业数字化转型面临诸多困难，融合发展仍然面临企业信息化水平低、数字化转型投入不足，大数据与三次产业融合水平、融合效益不高等难题，企业转型意识不强、企业技改投资意愿较弱、企业投资力度不大等。一方面是企业数字化水平低，要实现全流程贯通的大数据应用，转型成本偏高，另一方面，企业盈利能力差，长期在盈亏平衡线左右徘徊，在数字化创新能力投入方面严重不足。

4. 大数据发展支撑能力亟待提升

近年来，贵州将数字经济作为推动实体经济转型、高质量发展的创新动力，对数字经济的重视程度和支持力度也在不断加大，大数据发展支撑能力仍需提升。数字经济创新能力较低，对大数据技术生态缺乏自主可控能力，影响了数字经济发展后劲。数字经济相关企业研发能力较弱，特别是关键核心技术方面研发能力不高、创新能力不强、加之人才总量不足、人才吸引力不够，数字经济人才结构性短缺制约了数字经济发展。贵州数字经济人才总量与当前数字经济发展人才结构、人才需求不相适应。

5. 先发优势逐步减弱区域间竞争压力较大

数字经济已成为促进经济高质量发展的关键，全国多个省（区、市）先后获批建设数字经济示范区。随着沿海发达区域及邻省对数字经济发展的加快布局，其他省市数字经济发展的产业基础、市场空间、资本、人才等累积优势正加速转化为数字经济快速发展的新生动力。广东、浙江、重庆、四川等区域分别获批国家数字经济创新发展试验区，大数据综合试验区，工业互联网试点城市等，贵州数字经济发展先发优势相对降低。

三、2023 年贵州数字经济发展创新区建设的对策建议

贵州数字经济发展要保持战略定力、坚定信心决心，在创新中寻求突破，在改革中谋求发展，推动数字经济发展创新区在高质量建设轨道上行稳致远，为数字中国、网络强国建设贡献贵州智慧。

（一）集中优势资源，推进数字经济核心技术突破

依托贵州省部分企业在相关信息通讯核心技术方面的领先优势，攻克

大数据核心技术突破重点难点、构筑贵州综合比较优势的大数据核心技术体系，为数字经济关键核心技术突破做出贵州贡献。

1. 攻克大数据核心技术突破重点难点

集中优势精力，加强在制约我国数字经济竞争力提升的核心技术重点和难点突破上作文章。紧紧围绕技术研发突破的战略制高点，加强对优势技术领域和重点关键环节提前部署。在大数据、人工智能、区块链、国产操作系统、国产芯片、超高清显示、超算、高速传输、物联网、量子通信、信息功能器件、微系统、开放物联，网络空间测量和感知等前沿性技术、颠覆性技术方面加大投入力度，推进贵州在数字经济重要科技领域成为领跑者，在数字经济新兴前沿领域成为开拓者，为经济社会高质量发展提供科技支撑。

2. 构筑贵州综合比较优势的大数据核心技术体系

深入实施“科技入黔”行动，加强贵州在公共大数据、智能采掘、非常规油气勘探开发、新能源动力电池等关键领域核心技术攻关。推进绿色数据中心、国产芯片产业园、OLED 新一代显示器生产基地、人工智能技术、AI 芯片、区块链、数字金融等数字经济核心技术攻关。发挥好省内大数据核心技术企业示范引领作用，重点培育云上贵州、贵阳高新网用、白山云、航天云网、满帮集团、医渡云、朗玛信息、云上北斗、欧比特、贵州图智、数联铭品、翰凯斯、小黑科技等本土大数据核心技术企业快速成长、做大做强。

（二）构筑核心优势，提升数字核心产业竞争能力

按照省委省政府决策部署，以数字产业化为核心，培育壮大数字经济主体产业。牢牢抓住“东数西算”“数据交易”两个核心，继续打造数据中心、智能终端、数据应用三个千亿级主导产业集群，实现集中发力、重点突破。

1. 做大优势产业存量

以“东数西算”为牵引，加快建设全国一体化算力网络国家（贵州）主算力中心，重点面向国家部委、金融机构和互联网头部企业引进落地一批重大数据中心项目，带动服务器、机柜、存储设备，以及云计算、云服

务等上下游产业发展，做长做强做深产业链。着力推动数据集聚，持续做大云服务“首位产业”，打造一批云计算全国重点龙头企业，培育云数据中心，拓展云存储、云分发、云结算、云安全等业态，面向国内外提供服务。

2. 加快培育一批新增量

把数据优势变为产业优势，提升数据价值，让“冷数据”变为“温数据”“热数据”。通过政府授权开放数据，继续培育满帮、医渡云等一大批数据型大数据核心企业，牢牢把握“数据”关键，加大政策支持力度，深化新技术融合应用，通过数据开放带动应用场景打造，瞄准人工智能、区块链、北斗应用等“新赛道”产业，实施大数据新兴产业“双千倍增”行动，释放数据价值，激活数据活力，全力以赴培育数字经济“新增长点”，打造一批“单项冠军”。

3. 加快打造产业集群

产业发展壮大一定要有集聚效应，通过产业集聚实现辐射带动和示范引领效果。将加快建设贵阳大数据科创城贵阳贵安乃至全省的重点，按照“三区”主定位，持续完善公共配套，在政策、资金、人才、数据、服务等方面推出一揽子创新政策，优化营商环境，落实兑现优惠政策，推动大数据企业和人才集聚。充分发挥贵阳贵安强省会作用和示范带动作用，推动其他市州以现有园区为基础，因地制宜、资源整合，培育一批数字经济特色产业园，形成一核引领、多点发力的全省产业园区集聚发展格局。

（三）培育市场主体，打造一批数字经济实体企业

加快培育市场主体，切实为企业优服务、解难题，打造一批具有核心竞争优势的数字经济实体企业。

1. 加快培育市场主体

将加快数字经济产业发展落脚到培育壮大市场主体上来，按照省第十三次党代会提出要实现企业数量翻番的要求，大力培育壮大市场主体，加强服务、精准“滴灌”、“靶向”施策、精心培育，促进市场主体多起来、活起来、大起来、强起来。坚决抓好贯彻落实“两个毫不动摇”。一是着力提高国企核心竞争力。着力提高省内数字经济相关国企核心竞争力，发

挥好大数据领域国有企业，特别是运营商的主力军作用。发挥国企数据集聚优势，引导增加创新研发投入，推动实施一批“智能+”科技重大专项，推动参与数字基础设施建设，形成经济增长新动力。二是促进民营经济发展壮大。培育壮大现有大数据民营企业，鼓励支持民营企业合法合规健康发展、做大做强，加快形成大企业“顶天立地”、中小企业“铺天盖地”、“专精特新”创新型企业快速涌现的良好格局。三是持续优化营商环境。按照“让国企敢干、民企敢闯、外企敢投”的要求，切实为企业解难题、办实事，构建亲清政商关系，持续提升“贵人服务”品牌，优化“贵商易”平台功能，推动更多高频服务事项接入，让企业安心投资、顺心发展。

2. 切实为企业优服务、解难题

充分体现对企业家的尊重，当好企业发展服务员。一是全力打造一批龙头企业。以省内大数据重点为主要对象，加强省市协同做好招大引强企业服务。紧盯贵阳高新网用、云上艾珀、云上贵州、满帮集团、贵州图智、医渡云、朗玛信息、数据宝、翰凯斯、东方世纪、世纪恒通、白山云等中流砥柱和高潜力型企业，在细分领域打造龙头。二是分级分类做好服务。用好大数据企业服务年工作机制，一企一策盯牢盯紧，大力挖掘潜力，稳住现有规上企业，力争再培育一批规上企业。加强统计标准化科学化，做到应统尽统、颗粒归仓。

（四）深化数实融合，构建高质量现代化产业体系

通过数字经济与实体经济的深度融合，实现数字经济对实体产业的放大、叠加、倍增效应，构建贵州高质量发展的现代化产业体系。

1. 实现差异化发展

贵州产业数字化在数字经济总量中的占比超过 90%，根据各个市州有不同的实体产业发展情况，坚持有所为、有所不为，集中精力和资源实现重点突破。

2. 坚持以应用为牵引

以“万企融合”为抓手，聚焦“四化”深入推进大数据与实体经济深度融合，促进新一代信息技术为实体企业特别是传统企业设备赋智、为企

业赋值、为产业赋能，推动实体经济转型升级。

3. 打造数实融合标杆

加快推动工业向智能化生产、网络化协同、个性化定制、服务化延伸转型；加快推动农业向生产管理精准化、质量追溯全程化、市场销售网络化融合升级；加快推动服务业向平台型、智慧型、共享型融合升级。重点在酱香白酒、煤矿矿产、新材料、十二大特色农产品、旅游、数字商贸等领域，每个行业打造1—2个高水平、高标准的数实融合标杆示范企业并向全省推广。

（五）建设数字政府，数字化提升治理现代化水平

顺应数字化时代人民群众对智慧化、个性化、便利化美好生活的迫切需要，以数字政府建设为抓手，大力推进数字治理创新，提高政府数字化服务能力，着力提升社会治理和民生服务数字化水平，不断增进民生福祉、提高人民生活品质。

1. 数字赋能提升政府治理能力

通过大数据技术手段全面重塑政府管理理念、规则、机制和手段，深化全省一体化政务大数据体系建设，推动省级数据资源应共享尽共享、数据回流基层，持续推进数字化共性应用集约建设，实现从能力分散走向集约化整合、从流程驱动走向数据驱动。探索“一网统管”治理模式，在贵阳贵安、遵义、安顺、黔南等基础较好市州打造智慧城市大脑，提升城市治理科学化、精细化、智能化水平。

2. 丰富公共数字产品供给

利用大数据切实解决发展中的不平衡不充分问题。打造一批推进教育医疗、文化旅游、金融支付、便民出行等领域的公共数字产品应用，让优质公共服务“飞入寻常百姓家”，推动民生服务普惠化均等化，让群众共享社会发展红利。

（六）坚持改革开放，构建贵州数字经济开放新格局

“拥抱未来”，推进高水平对外开放，落实国家推进新一轮高水平对外开放的重大举措，深化改革、扩大开放，将数字经济积极融入和参与“一

带一路”建设中，高效推进全省开放发展。

1. 改革发展创新突破

坚持走出去、请进来，深化改革、扩大开放，坚持数据要素市场化配置改革，强化制度创新，加强调研推进重点工作。一是推动数据要素市场化配置改革。建立完善数据要素基础制度和激励制度，在数据资产化、数据要素型企业认定等方面大胆突破，构建数据资产化管理、场景化开放、便利化流通新格局。二是强化制度创新。实施数字经济基础制度和规则体系突破计划，加快数据流通交易立法，探索建立数字经济核心产业统计核算体系，推动大数据与实体经济融合评估规范上升为国家标准，形成更多国家级试点示范，持续领跑状态。三是问题导向突破重点。坚持问题导向、目标导向，针对数字经济发展中面临的重大难点和困难，深入调查研究，摸清情况、摸清问题，提出务实管用举措，制定出台行之有效的政策制度，切实解决发展中面临的系列问题。

2. 守牢安全生产底线

牢固树立数据安全生产底线，统筹好发展和安全两件大事，树牢底线思维和忧患意识，坚持警钟长鸣，抓好大数据、数字经济相关企业生产经营、重点项目建设、数据中心运营、重要平台维护等工作。

3. 用好数博会国际化平台

充分运用数博会平台，持续打造内陆开放的国际盛会，使数博会成为引领数字经济高质量发展引擎，不断提升数博会国际化、专业化、市场化水平。突出“高端”“专业”“精致”，围绕当前重点策划一批论坛活动及成果发布，支持在数博会上举办活动并发布一批成果。运用创新思维，从新产业、新赛道、新技术、新企业、新模式等方面下足功夫，提高数博会国际国内影响力。

2022年贵州在生态文明建设上出新绩报告

张琳杰　甘　泉

2022年，党的二十大报告为“推进绿色发展，促进人与自然和谐共生”作出了重要部署，描绘了以“人与自然和谐共生的现代化”的美丽蓝图。在习近平总书记视察贵州一周年之际，国务院再次出台综合性政策文件（国发〔2022〕2号），从国家层面对贵州的发展给予全面系统的支持，为贵州的高质量发展和现代化建设注入强大动力。其中，“生态文明建设先行区”成为新阶段贵州“四区一高地”发展主定位之一，这既是中央对贵州生态文明建设寄予厚望和期待，也是中央对贵州提出的新的要求和任务。贵州省第十三次党代会提出“生态环境再上新台阶”的奋斗目标，将“做好绿水青山就是金山银山这篇大文章，厚植高质量发展的生态优势”作为贵州未来五年推动高质量发展的重点任务。一年来，贵州省委、省政府深入贯彻落实习近平生态文明思想和习近平总书记视察贵州重要讲话和指示批示精神，按照党中央、国务院的部署，全力以赴抢抓国发〔2022〕2号文件的历史性机遇，持之以恒推进生态文明制度改革创新，厚植高质量发展的生态环境优势，不断实践探索“两山”双向转换通道，奋力在生态文明建设上出新绩，推动贵州从“国家生态文明试验区”向“生态文明建设先行区”提升，努力打造人与自然和谐共生现代化的贵州样板。

作者简介：张琳杰：贵州省社会科学院国家治理体系和治理能力现代化地方实践高端智库副研究员、博士；甘泉：贵州省社会科学院文化研究所助理研究员。

一、2022 年贵州在生态文明建设上出新绩的主要政策举措

2022 年，贵州省委、省政府深入贯彻落实习近平生态文明思想和习近平总书记视察贵州重要讲话精神，按照党中央、国务院的部署，全力以赴抢抓国发〔2022〕2 号文件的政策机遇，围绕打造“生态文明建设先行区”的战略定位，出台一系列政策举措，推动贵州生态环境高水平保护和经济高质量发展协同共进，深化制度改革创新，强化生态文明建设保障措施，奋力在生态文明建设上出新绩。

（一）积极争取政策支持，贯彻落实国发〔2022〕2 号文件要求

2022 年 1 月 26 日，《国务院关于支持贵州在新时代西部大开发上闯新路的意见》（国发〔2022〕2 号）重磅发布，“32 条”分类政策支持贵州在新时代西部大开发上闯新路，赋予贵州“生态文明建设先行区”的战略定位，其中，在意见的第六部分明确指出贵州要“持之以恒推进生态文明建设”，并从“改善提升自然生态系统质量”“深入打好污染防治攻坚战”“健全生态文明试验区制度体系”“积极推进低碳循环发展”4 个方面对贵州提出具体要求。

2022 年作为贵州深入贯彻落实国发〔2022〕2 号文件的开局之年，全省上下全力以赴抢抓机遇，积极向上对接，通过签订部省合作协议、搭建合作平台等方式，争取国家部委加大对贵州在相关政策、资金、项目、技术、智力等方面的支持。例如，作为贯彻落实国发〔2022〕2 号文件配套政策，2022 年 4 月，水利部印发《支持贵州在新时代西部大开发上闯新路　实现水利高质量发展实施方案的通知》，支持贵州水利高质量发展。2022 年 4 月，国家林业和草原局印发《关于支持贵州林草事业高质量发展的若干措施》，首次对树种结构调整项目申报、采伐管理等给予支持。2022 年 7 月，生态环境部与贵州省政府在贵阳签署“打造生态文明建设先行区合作协议”，以高质量生态环境保护助力贵州高质量发展。2022 年 8 月，财政部印发《支持贵州加快提升财政治理能力　奋力闯出高质量发展新路的实施方案》，重点对“完善生态文明建设政策体系”开展财政支持。根据贵州省 2023 年《政府工作报告》统计数

据，已有61个国家部委单位出台国发〔2022〕2号文件配套政策文件、签订落实协议或给予单项支持政策。① 同时，贵州省相关厅局也围绕贯彻落实国发〔2022〕2号文件出台了相关政策文件、实施方案等，为贵州生态文明建设再创佳绩注入强劲动力和政策保障。

（二）推动生态环境高水平保护和经济高质量发展协同共进

2022年，贵州按照习近平总书记“降碳、减污、扩绿、增长协同推进”的重要指示精神，以及国发〔2022〕2号文件“改善提升自然生态系统质量”“深入打好污染防治攻坚战”“积极推进低碳循环发展”等要求，坚持守好发展和生态两条底线，推动生态环境高水平保护和经济高质量发展协同共进。

1. 改善提升自然生态系统质量

2022年，贵州根据国发〔2022〕2号文件“改善提升自然生态系统质量”工作要求，持续推进生态保护与修复，推进山水林田湖草系统治理，不断筑牢长江、珠江上游生态安全屏障，厚植高质量发展的生态底色。

编制实施国土空间生态修复规划。推进各级各类国土空间规划的编制和实施，有序推进“三条控制线”划定工作。印发《贵州省国土空间生态修复规划（2021—2035年）》《贵州省统筹划定“三区三线”工作方案》等政策文件，为贵州开展生态修复工程，夯实国土空间规划编制工作等提供政策依据。

推进流域水环境保护和生态修复。持续推进赤水河流域水环境保护和生态修复，打造绿水青山就是金山银山理念生动实践的样板典范，省市相继印发《贵州省深化赤水河流域生态保护专项行动方案》《贵州省赤水河流域保护条例（征求意见稿）》《遵义市赤水河“四河四带”建设总体规划》《赤水河流域岸线利用保护规划》《赤水河管理与利用规划》等文件，为推进赤水河流域生态保护提供政策依据。加快推进乌江流域生态优先绿色发展，省生态环境厅印发《贵州省深化乌江流域生态保护专项行动方案》，省十三届人大常委会第三十六次会议表决通过的《贵

① 李炳军．2023年贵州省《政府工作报告》［N］．贵州日报，2023-01-28.

州省乌江保护条例》，为乌江流域生态保护提供法治保障。

推进石漠化和水土流失综合治理。在贵州全省岩溶地区实施国家“双重规划”石漠化综合治理工程，通过封山育林、人工造林、草地建设等林草植被恢复措施，全年完成石漠化综合治理 108.75 万亩，为目标任务的 120.8%。全面完成第四次石漠化调查，形成《贵州省岩溶地区第四次石漠化调查报告》上报国家林业和草原局。积极开展石漠化治理示范点（区）建设，黔西石漠化治理示范区纳入 2022 年度国土绿化试点示范项目并获得中央财政资金支持，关岭县种草治理石漠化示范区结合草原生态修复工程全面开展。①

推进历史遗留矿山生态修复。印发《贵州省“十四五”历史遗留矿山生态修复行动计划》《贵州省探索利用市场化方式推进矿山生态修复实施办法》等文件，为全省各地科学有序开展历史遗留矿山生态修复提供政策指导。2022 年，贵州成功申报苗岭山脉历史遗留废弃矿山生态修复示范工程，获中央补助资金 3 亿元，省级安排资金 5090 万元，全面启动实施黔东南、黔南历史遗留矿山修复治理，同时积极探索市场化运作，提高历史遗留矿山生态修复效益。

推进森林质量精准提升。开展国家储备林建设，加快低效林改造和退化林修复。得益于《绿色贵州建设三年行动计划》《生态优先　绿色发展　森林扩面提质增效三年行动计划》等政策实施，贵州全省森林覆盖率从 2012 年的 47%提升至 2022 年的 62.8%，年均增速全国第一，基本消灭宜林荒山，贵州林草工作步入从绿化扩面到提质增效的高质量发展阶段。

抓好国家公园创建工作。2022 年 4 月，贵州省印发《关于促进贵州特色自然保护地高质量发展的实施意见》，提出加快建立以国家公园为主体的自然保护地体系，促进贵州特色自然保护地高质量发展和高水平保护。2022 年 5 月获国家公园管理局正式批复，同意贵州开展梵净山国家公园创建，标志贵州国家公园创建工作取得新进展。

2. 深入打好污染防治攻坚战

2022 年，贵州根据国发〔2022〕2 号文件“深入打好污染防治攻坚

① 选自贵州省人民政府网站 2022 年 12 月 30 日的文章《全省 2022 年石漠化治理工作圆满收官》。

战”工作要求，深入打好大气、水、土壤污染防治攻坚和固废治理、环境风险防控“五大战役”。一是深入打好大气污染防治攻坚战。深入开展大气污染治理，精准管控城市环境空气质量，编制印发《贵州省“十四五”空气质量改善行动计划》《贵州省深入打好大气污染防治攻坚战实施方案》《贵州省中心城市2022年空气质量管控指导和帮扶方案》《中心城市2022年环境空气质量管控工作督察方案》等政策文件，持续巩固改善全省环境空气质量。二是深入打好水污染防治攻坚战。坚持水环境、水生态、水资源“三水”统筹，推进全省水污染治理和水生态保护修复。批复实施乌江、清水江、赤水河流域水环境保护规划。重点推进磷化工、白酒、煤矿、电解锰行业企业污染整治，守护优良水生态环境。三是深入打好土壤污染防治攻坚战。以赤水河流域、乌江流域等水环境敏感区为重点，因地制宜开展农村污水处理和资源化利用，实施重金属历史遗留废渣、酸性废水等源头治理项目、土壤污染状况调查评估和修复治理工程，强化地下水污染协同防治和农业面源污染治理。四是深入打好固体废物防治攻坚战。推动建立省域内能力总体匹配的危险废物利用处置体系，开展锰污染治理攻坚专项行动，深入开展长江经济带渣场、尾矿库环境风险问题和污染治理“回头看”，持续推进磷化工企业“以渣定产”。持续推进“无废城市”建设，编制印发《贵阳市“十四五”时期“无废城市”建设实施方案》《安顺市“十四五”时期“无废城市”建设工作方案》，贵阳市、安顺市启动“无废城市”建设。印发《贵州省生活垃圾攻坚行动方案》，加快推进生活垃圾终端处置设施建设。五是深入打好生态环境风险防控攻坚战。深入实施“双十工程”，持续推动突出生态环境问题整改和传统产业绿色改造升级。健全环境风险隐患排查治理常态化监督管理机制，完善省级环境应急指挥平台建设，加强环境应急物资建设，深化跨省应急联动合作。

持续推进突出生态环境问题整改。统筹推进中央生态环境保护督察及“回头看”、国家长江经济带生态环境警示片披露问题及省级督察反馈问题整改，推动污染防治在重点区域、重要领域实现新突破。集中攻克老百姓身边的突出生态环境问题，守护良好生态环境这个最普惠的民生福祉。坚持用最严格的制度、最严密的法治保护生态环境，开展打击环境违法犯罪“利剑2021—2025”专项行动，印发《贵州省“十四五”

新污染物治理工作方案》《贵州省“十四五”生态环境监测规划》《贵州省违法排污现场执法即时采样监测管理办法（试行）》等政策文件，为保护环境质量提供制度保障。

3. 积极推进低碳循环发展

2022年，贵州根据国发〔2022〕2号文件“积极推进低碳循环发展”工作要求，积极稳妥推进“双碳”工作，持续聚焦发展绿色低碳经济，协同推进产业生态化和生态产业化，加快推动绿色经济高质量发展。2022年11月，贵州省委、省政府印发实施《贵州省碳达峰实施方案》，重点实施“碳达峰十大行动”，基本完成能源、工业、城乡建设、减污降碳、科技支撑、财政、电力、农业农村等领域碳达峰实施方案，逐步建立碳达峰碳中和“1+N”政策体系。2022年，为推动节能减排降碳，促进经济社会发展绿色低碳转型，印发《贵州省“十四五”节能减排综合工作方案》《关于加快建立健全绿色低碳循环发展经济体系的实施意见》等政策文件。统筹做好能耗“双控”，推动高耗能行业绿色化、清洁化改造，严控“两高”项目盲目上马。加快先进绿色低碳技术应用，推进资源全面节约、集约、循环利用，降低单位产品能耗物耗水耗。如贵州盘江电投天能焦化有限公司，通过推进煤炭清洁高效利用，形成了煤炭洗选、炼焦、化工产品精深加工，以及废水、废气、废渣、废热回收、煤炭清洁高效利用等9条循环经济完整产业链。因地制宜发展生态利用型、循环高效型、低碳清洁型、环境治理型绿色产业。深入实施绿色制造专项行动和工业倍增行动，做强做优大数据电子信息、先进装备制造、新能源汽车、节能环保、健康医药等低碳型新兴产业。大力发展特色优势农业、林特产业和林下经济，构建现代农业生产体系，建设现代山地特色高效农业强省。引导重点行业深入实施清洁生产改造，加强重点领域节能，强化农业节水增效、工业节水减排、城镇节水降损。加快发展现代绿色服务业，包括生态旅游、康养度假、绿色物流、现代金融、绿色会展等。

（三）深化制度改革创新，推动“试验区”向“先行区”提升

2022年，贵州持续深化生态文明制度改革创新，编制印发《中共贵州省委　贵州省人民政府关于在生态文明建设上出新绩的实施意见》

《贵州省“十四五”国家生态文明试验区建设规划》《贵州省生态文明建设先行区实施方案》《2022年国家生态文明试验区（贵州）建设贵州要点》等政策文件，结合贵州实际，在深化绿色金融改革创新、生态产品价值实现机制等方面大胆探索。

在深化绿色金融改革创新上先行。2022年，印发《贵州省绿色金融改革创新专项工作方案》《贵州省级绿色金融改革创新发展试点县建设工作实施方案》等政策文件，健全绿色金融发展体制机制。探索开展省级绿色金融创新发展试点，实施绿色金融与新型工业化融合发展示范工程，推进贵安新区绿色金融改革创新试验区建设。推动绿色资源变绿色资产、绿色资产变绿色资本、绿色资本变绿色发展动能为路径，以绿色金融创新促进生态产品价值实现和转化，为生态文明建设提供绿色金融支撑。2022年9月，江口县农村信用合作联社创新推出“梵净生态账户”，作为贵州全省首个“生态账户”是贵州在生态文明建设上出新绩的生动体现，通过从生态资产、生态经营、生态生活、生态公益等多个维度，采集客户主体的信息数据，换算成生态积分后，作为评级授信、利率定价的重要依据。

在创新生态产品价值实现机制上先行。贵州将生态产品价值实现机制创新作为践行“两山”理念的重要突破口，编制印发《贵州省建立健全生态产品价值实现机制行动方案》，提出构建生态产品价值实现五大机制，推动赤水、大方、江口、雷山、都匀5个试点县市开展生态产品价值实现机制试点，并给予政策、资金、项目支持。编制印发《关于深化生态保护补偿制度改革的实施意见》，提出不断完善生态文明领域统筹协调机制，完善耕地保护补偿制度，加快推进多元化补偿，促进生态产品价值实现。2022年，贵州依托森林资源优势，把林业碳汇作为生态产品价值实现的重要载体，创新森林资源价值实现机制，积极推进“碳票试点”和“林业碳票+”。截至目前，贵州省已开发林业碳票8张，完成林业碳汇（碳票）授信5.08亿元、放款1.73亿元[①]，拓宽了生态产品价值变现渠道。

---

① 王远柏．厚植生态优势　建设美丽贵州［N］．贵州日报，2023-01-12（007）．

表 1　2022 年贵州省开展碳汇（碳票）情况

时间	碳汇（碳票）项目	开发交易情况
2022 年 2 月 15 日	全省首张“林业碳票”（毕节黔西市）	由黔西市毕绿生态绿色产业发展有限公司获得。据测算，此张林业碳票覆盖 3.3 万余亩树林，碳减排量 13.573 万吨，预计可实现碳交易价值 305 万元左右。该公司从黔西市 22 个乡镇的农户、村集体中流转 14.5 万亩林地实施国储林一期项目，以每亩 3000 元的价格流转了 30 年，作为国储林进行森林综合抚育。
2022 年 4 月 28 日	全省首单森林遥感碳汇指数保险（国有龙里林场）	贵州省首单森林遥感碳汇指数保险在贵州省国有龙里林场试点落地，平安产险贵州分公司为本次试点林场，提供 1787.05 万元碳汇风险保障。
2022 年 9 月 19 日	全省首个森林碳汇管理局（赤水市）	在赤水市森林碳汇管理局挂牌成立，主要负责研究拟订林业碳汇中长期发展规划，开发林业碳汇项目，承担林业应对气候变化、组织开展林业固碳增汇，提升森林生态系统碳汇能力和碳汇增量等方面工作。
2022 年 9 月 29 日	全省首单“草原保险”（关岭县）	保单由中国太保产险贵州分公司签发，为关岭县新铺镇 1.5 万余亩黄竹草提供风险保障 952 万元，有效覆盖其生长过程中的意外事故及病虫害风险，在省市县三级财政给予总保费 70% 补贴的同时，省林业局通过“先保后补”的形式予以被保险人约 6 万元全额自缴保费支持，最终实现“零负担”参保，有效提升草原的抗风险能力。
2022 年 9 月 30 日	全省首单“森林碳汇碳票保险单”（毕节黔西市）	中国太平洋财产保险股份有限公司贵州分公司为黔西市毕绿生态绿色产业发展有限公司持有的贵州省首张林业碳票提供森林碳汇风险保障 500 万元，涉及林地面积 3.3 万亩，保险时间为 1 年。
2022 年 10 月 11 日	全省首张“竹林碳票”（赤水市）	赤水市农村信用合作联社向赤水丹青碳票持有人赤水市晟丰农业集团现场授信 5000 万元。赤水市结合国储林建设项目、商品竹林抚育、笋用林培育项目、低产低效林改造项目，开展森林碳汇开发。

续表

时间	碳汇（碳票）项目	开发交易情况
2022 年 12 月 2 日	毕节市首笔“林业碳票”交易达成	购买方为贵州大方农商银行，卖方为赫章县河镇乡海雀村集体股份经济合作社，通过贵州环境能源交易所完成交易，大方农商银行成为全省首家县域“碳中和”银行。该张林业碳票碳减排量为 2620 吨 CO_2 当量，成交单价为 55 元/吨，成交总价为 144100 元。
2022 年 12 月 26 日	遵义市首张“茶园碳票”（湄潭县）	由湄潭县林业局签发，涉及 8004.465 亩茶园，核定碳减排量 6043.75 吨 CO_2 当量。贵州省茗城农商旅发展投资集团有限公司获得了该张茶园碳票，是目前全国颁发面积最大的一张茶园碳票。

资料来源：课题组整理。

（四）强化生态文明建设保障措施，多措并举描绘绿水青山

2022 年，贵州全省上下深学笃用习近平生态文明思想，牢固树立“绿水青山就是金山银山”理念，强化生态文明建设保障措施，凝聚打造生态文明建设先行区的强大合力，多措并举做好“绿水青山就是金山银山”这篇大文章。

强化组织领导。坚持党对生态文明建设工作的全面领导，发挥好生态文明建设领导小组办公室作用，推进全省生态文明建设专项工作。省直有关部门结合《中共贵州省委　贵州省人民政府关于在生态文明建设上出新绩的实施意见》《贵州省生态文明建设先行区实施方案》明确的任务分工细化落实措施，形成工作合力，构建齐抓共管的大格局。强化生态文明建设目标考核结果运用，压实生态文明建设的政治责任。

强化资金保障。发挥财政资金撬动作用，统筹多部门专项资金，积极运用国家绿色发展、贵州省“四化”和生态环保发展等基金，支持相关产业和项目，助力在生态文明建设上出新绩。开展基础设施领域不动产投资信托基金试点，做好国家绿色发展基金项目申报，采取政府和社会资本合作（PPP）、设立基金等方式吸引社会资本参与生态环境保护治理。整合多方资金拓展生态文明建设资金来源。为促进社会资本参与贵州省生态建

设，加快推进山水林田湖草沙一体化保护和修复，2023年2月2日，贵州省人民政府出台《关于鼓励和支持社会资本参与生态保护修复实施意见》，有效扩大生态文明建设的资金来源。

强化宣传引导。为树立绿色文化新风尚，推动形成绿色低碳生活方式，2022年6月18日是第六个“贵州生态日”，以“积极推动绿色低碳发展，打造生态文明建设先行区”为主题开展系列活动。2022年7月29日，贵州广播电视台生态·乡村频道正式开播，推出了《生态文明在贵州》等节目内容。依托全国节能宣传周、全国低碳日、世界环境日、贵州生态日等开展主题活动，持之以恒开展集体植树和五级河长（林长）巡河（巡林）活动。倡导绿色出行，支持发展绿色公共交通。利用新时代文明实践中心、县级融媒体中心等平台开展宣传。

二、2022年贵州在生态文明建设上出新绩的主要成效

2022年，贵州全省上下认真贯彻落实国发〔2022〕2号文件要求，坚持生态优先、绿色发展，牢牢守好发展和生态两条底线，深入推进国家生态文明试验区建设，着力打造生态文明建设先行区，奋力在生态文明建设上出新绩，森林覆盖率提高到62.81%，绿色经济占比提高到46%左右，生态环境优势持续巩固，绿色成为高质量发展的底色，生态文明建设各项工作取得新成效、新进展。

（一）自然生态系统质量稳中有升，生态安全屏障不断筑牢

2022年，贵州持续开展生态整体保护和系统修复，坚持山水林田湖草沙一体化保护和系统治理，脆弱生态系统得到较好保护和修复，自然生态系统质量稳中有升。全省完成营造林面积275万亩，石漠化综合治理725平方公里，草原生态修复34.5万亩，实施国储林面积184.54万亩；全省森林覆盖率达62.81%，较五年前提高7.51个百分点，位居全国前列；村庄绿化覆盖率达到46.24%。2022年12月13日，贵州“乌蒙山区山水林田湖草生态保护修复试点工程”“武陵山区山水林田湖草沙一体化保护和修复工程”两地被列入“中国山水工程”，入选联合国首批十大“世界生态恢复旗舰项目”。相关数据显示，乌蒙山区山水林田湖草生态保护修复

试点工程开展5年来，共完成生态修复面积65.32万亩。2022年，武陵山区山水林田湖草生态保护修复工程累计修复面积6.98万亩。[①] 贵州坚决扛起“上游责任”，持续推进河湖长制，乌江、赤水河等流域生态环境质量持续改善，水质持续向好，长江、珠江上游生态安全屏障更加巩固。2022年2月，赤水河（遵义段）荣获全国第二届“最美家乡河”称号，全国共有11条河流入选。此外，作为长江上游珍稀特有鱼类的重要栖息地和繁育场所，赤水河在生物多样性保护方面取得了显著成效。

（二）生态环境质量保持优良，生态优势持续巩固提升

2022年，贵州深入打好污染防治攻坚战，扎实推进突出问题整改，有效解决了一批突出生态环境问题，生态环境风险防控扎实有效，生态环境质量持续向好，空气、水环境质量持续保持全国前列。2022年，加强大气污染防治和城市环境质量精准管控，全省9个中心城市环境空气质量平均优良天数比率达99.0%，县级以上城市空气质量优良天数比率达98%以上，主要河流出境断面水质优良率达100%；全省119个地表水国家考核断面和9个中心城市集中式饮用水水源地达标率、优良率均为100%，优良水质断面比例达98.3%。通过实施磷、锰、赤泥、煤矸石污染专项治理，磷石膏、锰渣等无害化资源化利用取得积极进展。加快补齐环境基础设施短板，推进城镇环境基础设施建设升级，加快实现城镇生活污水管网全覆盖，全省建设改造污水管网1848公里，乡镇生活污水处理设施覆盖率达80%，30户以上自然村寨农村生活垃圾收运处置体系覆盖率超过60%。[②]

（三）“双碳”工作取得积极成效，绿色成为高质量发展底色

2022年，贵州积极推动产业绿色低碳发展，协同推进生态产业化和产业生态化，产业“含绿量”进一步提升，全省绿色经济占地区生产总值比重达46%左右，较五年前提高6.3个百分点。绿色消费、绿色生产、绿色流通等在内的绿色经济体系不断形成，绿色不断成为贵州高质量发展底色。2022年上半年，我省单位地区生产总值能耗下降3.7%，比全国平均水平高2.9个

---

① 王远柏. 厚植生态优势 建设美丽贵州 [N]. 贵州日报，2023-01-12 (007).

② 尚宇杰. 饱蘸绿色笔墨 描绘生态图景 [N]. 贵州日报，2023-02-03 (007).

百分点。[①] 持续聚焦重点用能企业，聚焦重点用能企业，2021 年全省 69 家企业单位产品能耗达到国家先进水平。2022 年 12 月，全省新能源发电量达到 235 亿千瓦时，同比增长 24%。以贵阳电网新能源为例，2022 年发电量达 7.9156 亿千瓦时，同比上升 64.95%，相当于节约 31.7 万吨标准煤，减少 78.9 万吨二氧化碳排放量。2022 年 8 月，贵阳、毕节入选国家废旧物资循环利用体系建设重点城市名单，将在我省率先建成基本完善的废旧物资循环利用体系。绿色建筑低碳转型方面，贵州积极推进绿色建筑、装配式建筑、可再生能源建筑应用和磷石膏建材推广应用，2022 年，贵州绿色建筑占全省城镇新建建筑比例达 70%以上，各地装配式建筑占新建建筑比例达 20%以上。以甲醇汽车和纯电汽车为重点，推进新能源汽车消费，加大甲醇加注站和充电桩建设，用车、养车便利的市场环境不断形成。

（四）生态文明制度建设取得新成果，生态治理效能不断提升

2022 年，贵州牢牢把握从“国家生态文明试验区”向“生态文明建设先行区”提升的内在要求，深化落实各项改革举措，强化生态文明建设统筹协调，以更高目标、更严要求推进生态文明制度改革，生态治理效能不断提升。持续深化自然资源资产产权制度改革，统筹推进山水林田湖草一体化保护和修复等方面着手，不断提高生态系统质量和稳定性。推进减污降碳倒逼机制建设，加强碳达峰相关项目财税措施优化引导，强化政府引导和完善考核评价体系。绿色金融改革创新工作取得新成效。2022 年前三季度，全省绿色贷款余额 5506.9 亿元，同比增长 31.6%，增速高出同期各项贷款增速 19.8 个百分点。2022 年 9 月，全国绿色金融改革创新第五次联席会公布了全国绿色金融改革创新试验区 5 年终期评估成绩，在达到评估条件的 8 个试验区中，贵安新区综合排名第四、中西部地区排名第一。生态文明法治建设不断推进，生态文明法治保障机制不断健全，为打造生态文明建设先行区提供法治化和制度化保障。

（五）生态示范创建成果丰硕，“两山”双向转换通道持续拓宽

2022 年，贵州依托各地生态优势和特点，聚焦“绿水青山就是金山银

---

① 尚宇杰. 厚植优势　绿色发展动能澎湃［N］. 贵州日报，2023-01-01（020）.

山”理念，充分发挥试点示范的平台载体和典型引领作用，积极推进生态示范创建，因地制宜探索“两山”有效转化路径。以赤水河、乌江流域中上游沿线市县和民族地区为重点，分类指导开展生态文明建设示范区县、“绿水青山就是金山银山”实践创新基地、环境保护模范城市创建，打造了一批生态示范引领样板，为弘扬生态文化、传播生态文明理念奠定了坚实基础。2022 年，贵阳市花溪区、遵义市余庆县被生态环境部分别授予第六批“国家生态文明建设示范区”与全国“绿水青山就是金山银山”实践创新基地。至此，贵州国家级生态文明“金名片”增加至 16 张。此外，命名授牌 13 个省级生态示范创建单元，包括 1 个生态文明建设示范区、12 个“绿水青山就是金山银山”实践创新基地。截至 2022 年底，贵州共有 16 个地方获得国家生态文明建设示范区和全国“绿水青山就是金山银山”实践创新基地命名，19 个地方获得贵州省生态文明建设示范区和贵州省“绿水青山就是金山银山”实践创新基地命名。

表 2　国家级和省级生态示范创建荣誉地区

国家生态文明建设示范区	全国“绿水青山就是金山银山”实践创新基地	贵州省生态文明建设示范区	贵州省“绿水青山就是金山银山”实践创新基地
观山湖区、花溪区、汇川区、红花岗区、仁怀市、正安县、凤冈县、习水县、绥阳县	乌当区、观山湖区、赤水市、兴义市万峰林街道、江口县太平镇	—	贵阳市花溪区、遵义市湄潭县、黔东南州麻江县乌卡坪生态蓝莓产业园、安顺市西秀区大坝村、毕节市黔西市化屋村、黔西南州兴仁市鲤鱼村（2021 年，首批 6 个）
余庆县（2022 年新增）	花溪区（2022 年新增）	遵义市务川仡佬族苗族自治县（2022 年新增 1 个）	遵义市播州区花茂村、仁怀市五马镇、凤冈县、茅台酒地理标志保护区，六盘水市盘州市普古彝族苗族乡，安顺市西秀区双堡镇，毕节市百里杜鹃管理区，铜仁市印江县木黄镇，黔东南州雷山县，黔南州荔波县、平塘县，黔西南州贞丰县北盘江流域白层鲁容片区（2022 年，第二批 12 个）
国家级合计：16 个		省级合计：19 个	

资料来源：课题组整理。

此外，2022年，六盘水市、铜仁市、黔南州跻身国家森林城市行列，至此，贵州省9个市州中有5个荣获“国家森林城市”（贵阳和遵义分别于2004年和2010年获评）。2022年12月，在《生物多样性公约》第十五次缔约方大会（COP15）第二阶段会议期间，黄果树风景名胜区入选“世界自然保护联盟绿色名录”。2022年12月，贵州新增5处国家湿地公园，全省已建成湿地公园53个（其中，国家湿地公园45个、省级湿地公园4个、市级湿地公园4个）。①

三、2023年贵州在生态文明建设上出新绩的对策建议

习近平总书记视察贵州对生态文明建设提出了出新绩的新要求，国发〔2022〕2号文件为我省生态文明建设带来重大政策机遇，加之独特的区位优势和优良的生态优势，贵州生态文明建设具备诸多有利条件。与此同时，进入新发展阶段，贵州推进生态文明建设面临更大的压力和挑战，生态环境保护的机构性、根本性、未来发展性问题依旧存在。2023年是全面贯彻落实党的二十大精神的开局年，也是贵州打造“生态文明建设先行区”的重要年。面对新的形势和要求，贵州要保持生态文明建设的战略定力，坚持践行绿水青山就是金山银山的理念，守好发展和生态两条底线，担当起从“国家生态文明试验区”向“生态文明建设先行区”提升的重担，厚植高质量发展的生态环境优势，在新时代西部大开发中推动生态文明建设出新绩，打造人与自然和谐共生现代化的贵州样板。

（一）用足用好政策红利，全力打造生态文明建设先行区

用足用好政策红利，依托贵州打造“生态文明建设先行区”和“多区叠加”的历史发展机遇，主动对接国家战略，在谋深谋实、争资争项、协调联动上下功夫，最大限度争取中央倾斜支持。用好我省优良生态环境这个最大优势，发挥特色产业、基础设施、资源能源、生物多样性等方面的比较优势，在其他地区没有涉足的领域勇于探索、先行先试，将政策优势、比较优势和后发优势转化为生态文明建设的先行优势。积极向上对

① 王远柏．厚植生态优势　建设美丽贵州［N］．贵州日报，2023-01-12（007）．

接、借力借智，争取国家部委在政策、资金、项目、技术等方面加大对贵州省的支持力度。精准研究、吃透用足国家在生态文明建设领域的相关政策，围绕国发〔2022〕2号文件提出的重点任务、试点示范和重大专项，将政策措施转化为工作任务、落实到具体项目，争取更多的项目入“笼子”、进“盘子”。在国家生态文明试验区建设的基础上，加强统筹谋划和改革创新，努力推出更多首创性制度和具有竞争力的政策举措。

（二）持续改善生态环境，厚植高质量发展的生态优势

将贵州优良生态环境这一最大优势巩固住、发挥好。以保护好生态环境为前提，创新举措扩绿提质，筑牢长江珠江上游重要生态安全屏障，围绕改善提升自然生态系统质量，持续加强自然保护地和生态保护红线监管，强化生物多样性保护。统筹山水林田湖草系统治理，以赤水河、乌江流域沿线和“三州”民族地区为重点，深化开展生态示范创建。科学推进石漠化、水土流失综合治理，深入实施森林质量精准提升工程。深入开展城乡绿化美化，不断提升生态系统质量和稳定性，厚植高质量发展的生态优势。持续打好污染防治攻坚“五场战役”，突出精准治污、科学治污、依法治污，系统性解决突出环境污染问题和城镇、农村环保基础设施建设短板问题。以中央生态环保督察等反馈问题整改为契机，推动污染防治在重点区域、重点领域、关键指标上实现新突破。建设生态宜居城乡，坚持以人为核心，协同推进生态建设与乡村振兴，加强农村环境综合整治，补齐农村环境基础设施等短板，让生态文明建设成果更好惠及全体人民。

（三）大力发展绿色经济，统筹有序推进碳达峰碳中和

立足贵州省情和能源资源禀赋，统筹推进碳排放达峰行动。充分发挥生态文明建设的引领、优化和倒逼作用，以减污降碳为总抓手，推动能耗“双控”向碳排放总量和强度“双控”转变，提高能源资源运行效率，将绿色化贯穿“四新”“四化”各方面和全过程，推动经济社会发展全面绿色低碳转型。坚持“碳减排”与“碳增汇”并举，科学有序构建节约资源和保护环境的产业结构、生产方式、生活方式、空间格局。推动煤炭清洁高效利用，积极发展新能源，坚决遏制高耗能高排放项目盲目发展。用好碳排放权交易等政策，探索新型林业碳汇经营管理模式，不断增强森林、

岩溶生态系统碳汇、固碳能力。结合各市州经济社会发展和资源环境禀赋，梯次有序、稳妥推进，走以低水平碳排放支撑高质量发展的绿色低碳转型发展路径。健全绿色低碳循环发展的生产体系、流通体系和消费体系，完善绿色低碳生产生活基础设施。在推动节能降耗上做“减法”，在发展绿色产业上做“加法”，加快新旧发展动能接续转换，加快构建绿色低碳循环发展的经济体系，走出一条产业发展和减污降碳双赢的新路。

（四）坚持生态富民惠民，拓展生态产品价值实现路径

在共同富裕的理念下，加快打通“绿水青山”与“金山银山”双向转化通道，以生态产品价值实现为切入点促进共同富裕。深化自然资源资产产权制度改革，加快生态产品价值实现机制试点省建设。建立科学的绿色GDP 核算和生态产品价值核算标准，依托生态产品交易中心，积极探索生态资源权益交易和生态产品资产证券化路径，加快实现生态产品的价值化和资本化转换。突出创新引领，加快 5 个省级生态产品价值实现机制试点建设，深化林业碳汇、林业碳票试点，因地制宜探索“两山”转化路径，在生态产品价值实现机制等方面先行先试。支持赤水河流域打造践行“两山”理念样板典范，探索创新生态产品价值实现机制。进一步打通绿水青山与金山银山的转换通道，在生态产品价值实现上出新绩。实现更高质量的生态富民惠民。大力发展生态农业、生态加工业等生态富民产业。全面拓宽生态富民惠民路径，探索建立形式多样的激励机制，优化生态护林员等公益性岗位管理政策，让群众从生态保护中受益，推动生态优势更好转化为经济社会发展优势，做好绿水青山就是金山银山这篇大文章。

（五）深化制度改革创新，在先行先试中提供贵州示范

深化生态文明体制机制改革，发挥“生态文明建设先行区”和“国家生态文明试验区”的先行先试作用，推进生态环境治理体系和治理能力现代化。及时总结归纳已成熟的创新经验，切实做好制度经验的复制推广，并注重实践成果转化落地。建立健全生态保护补偿、生态环境损害赔偿和生态产品价值实现机制，推动用水权、排污权、碳排放权等市场化交易，加快形成生态优先的利益导向机制和绿色发展模式。加快省级绿色金融创新试点县建设。创新办好 2023 年生态文明贵阳国际论坛，推动生态文明建

设理论和实践出新绩。发挥大数据先行优势提高我省信息化水平，健全完善大数据创新应用机制、数据资源共享开放机制，推动数字技术赋能环境治理与智慧监管，形成由点到面、自上而下的全域治理网络体系，以数字化改革提升我省生态治理效能。深入开展生态文明建设示范创建，充分发挥试点示范工程的平台载体和典型引领作用，瞄准率先突破的领域深化体制机制改革创新，总结、推广一批创新实践成果，在先行先试中提供贵州示范。

（六）提升要素整合能力，强化生态文明建设要素保障

以提高资源运行效率为目标，努力补齐要素短板，更好发挥资金、人才、技术等要素对生态文明建设的支撑作用。积极拓展生态领域资金来源。完善支持生态文明建设的财税、金融、投资、价格政策，健全资源环境要素市场化配置体系，创新财税支持政策，完善绿色税收体系，加强环境保护财政支出的资金监管，科学决策省内转移支付的优先等级和额度，提升资金使用效益。创新绿色金融产品及服务，强化“政、金、企”协作，采用多种融资手段吸引更多社会资金，拓宽绿色项目和绿色产业融资渠道。加强生态文明人才队伍建设。创新人才引进和发展机制，支持高等院校、科研机构加强“双碳”等相关领域的学科建设和人才培养。强化产学对接，通过人才引进、挂职交流、项目合作等方式，培育和引进一批生态文明建设领域的技术型人才、创新人才和团队，为在生态文明建设上出新绩上提供了坚实的人才保障和智库支持。加强绿色低碳技术创新和应用。提高教育和科学技术的财政投资规模，构建绿色科技创新产学研一体化和科技创新成果产业化技术支撑体系。加快推动绿色低碳技术工程化、产业化突破和成果转化应用，发挥科技创新对生态文明建设的引领作用。

2022年贵州推进新型工业化报告

谢艳锋　蒋莉莉

2022年，贵州省坚持以习近平新时代中国特色社会主义思想为指导，坚决贯彻落实党的二十大精神、习近平总书记视察贵州精神、省第十三次党代会精神和《关于支持贵州在新时代西部大开发上闯新路的意见》（国发〔2022〕2号）精神，坚持"一二三四"发展思路，坚持"四区一高地"主定位，坚持围绕"四新"主抓"四化"主战略，积极推动贵州新型工业化发展。把发展工业作为"四化"建设首要任务，把发展经济的着力点放在实体经济上，坚持产业为先、项目为王、效益为本，着力打造"六大基地"，加快构建富有贵州特色、在国家产业格局中具有重要地位的现代化产业体系，新型工业化建设取得显著成效。

一、2022年贵州推进新型工业化的主要政策和举措

一年来，省委省政府统筹疫情防控和经济稳增长，奋力推进工业大突破；积极推进工业数字化、绿色化转型；抢抓战略性新兴产业发展"风口"；千方百计稳定产业链供应链；深入实施减税降费，打出助企纾困"组合拳"；加大专精特新"小巨人"企业培育以及进一步优化营商环境等方面实施了一系列政策和措施。

作者简介：谢艳锋：贵州省社会科学院工业经济研究所助理研究员；蒋莉莉：贵州省社会科学院工业经济研究所所长、国家治理体系和治理能力现代化地方实践高端智库研究员。

（一）强化组织领导，加大部门协同

省委省政府“把发展工业作为首要任务”，协调省财政厅、省发改委、省能源局等部门，为推进新型工业化注入发展动力、筑牢能源保障、强化项目支撑，聚合全省资源大力推动新型工业化发展。各部门、各行业打破壁垒，整合资源，纷纷出台政策，助力新型工业化高质量发展。

表1　2022年贵州推进新型工业化主要政策

政策出台部门	发布时间	出台政策	主要内容
省人民政府办公厅	2022年3月14日发布（2021年4月2日制定）	《省级政府投资基金优化整合实施方案》	新设立贵州省新型工业化发展基金。
省人民政府办公厅	3月21日	《贵州省2022年深化“放管服”改革工作要点》	提升业务流程“一网通办”“全程网办”“一日办结”等政府服务便利性。
省大数据发展领导小组办公室	3月23日	《2022年贵州省大力实施“万企融合”大赋能行动促进产业数字化转型工作方案》	大力推进大数据赋能新型工业化
省工业和信息化厅、省财政厅、省发展和改革委员会、省能源局、省大数据发展管理局	4月12日	《支持工业领域数字化转型的若干政策措施》	支持打造智能工厂、灯塔工厂，中小企业普及应用数字技术，支持企业上云用云，支持智慧开发区建设，支持工业企业数字化创新平台建设。
省人民政府	4月20日	《贵州省培育壮大市场主体行动方案（2022—2025年）》	提出加大培育工业龙头企业，壮大培育规上工业企业，支持规上工业企业技术改造等。
省人民政府办公厅	4月22日	《贵州省工业企业纾困解难实施方案》	综合持续实施财税、金融信贷等政策对工业企业纾困解难，稳定大宗原材料供给和价格，充分发挥新型工业化发展基金等政府基金投资引导作用，加强要素保障。

续表

政策出台部门	发布时间	出台政策	主要内容
省人民政府办公厅	4月29日	《省人民政府办公厅关于加强“两高”项目管理的指导意见》	推动“两高”行业节能降碳。
省人民政府办公厅	5月31日	《贵州省进一步加快重大项目建设扩大有效投资的若干措施》	其中提出加快推进新型工业化投资项目建设，加快新型工业化基金和新动能产业发展基金使用，推进宁德时代新能源动力电池及材料等重点项目。
省发展改革委等8部门	6月25日	《关于支持铜仁市打造国家级新型功能材料战略性新兴产业集群的若干政策措施》	打造铜仁新型材料产业集群建成千亿级战略性新型材料产业集群，培育开发区升级建设。
省人民政府	8月29日	《贵州省“十四五”节能减排综合工作方案》	主要提出重点行业绿色升级工程，园区节能环保提升工程等。
省人民政府办公厅	10月14日	《贵州省新型基础设施建设三年行动方案（2022—2024年）》	其中，提出建设工业数字基础设施，推进十大产业智能化升级改造，建设工业互联网平台，推动开发区数字化。
省委、省政府	11月4日	《贵州省碳达峰实施方案》	提出能源等产业绿色低碳转型，推动钢铁、有色、建材、磷、煤、化工产业碳达峰，推动产业园区循环发展等。
省人民政府	11月30日	《省人民政府关于加快建立健全绿色低碳循环发展经济体系的实施意见》	提出工业绿色升级，遏制“两高”项目；构建绿色制造体系，建设绿色工厂、绿色工业园区，开发绿色设计产品；提升开发区循环化水平等。
省工业和信息化厅	12月28日	《贵州省优质中小企业梯度培育管理实施细则（暂行）》	对创新型中小企业、专精特新中小企业和专精特新“小巨人”企业出台具体培育措施。

（二）抢抓发展机遇，实施产业大招商

2022年1月，国务院出台《关于支持贵州在新时代西部大开发上闯新路的意见》（国发〔2022〕2号），赋予贵州新时代重大发展历史机遇，其中明确提出支持贵州建设新能源动力电池及材料研发生产基地、面向全国的算力保障基地、全国重要的资源精深加工基地、新型综合能源基地、关键设备等产业备份基地”、全国重要的白酒生产基地“六大工业基地”。省委省政府积极抢抓机遇，召开专题会议推动贯彻落实国发〔2022〕2号文件，印发《中共贵州省委贵州省人民政府贯彻落实〈国务院关于支持贵州在新时代西部大开发上闯新路的意见〉的实施意见》惠及工业领域多项政策出台。省产业大招商工作领导小组办公室编制《贵州省2022产业大招商推介项目索引（新型工业化）》，主要围绕十大工业产业，以项目为推动，实现产业建链、延链、补链、强链。实施“云”招商、驻点招商、以商招商等多样化招商；积极探索“大湾区总部+贵州基地”“大湾区研发+贵州制造”等合作模式，营造“比学赶超”的招商氛围；借助酒博会等各类平台强化招商引资；赴上海、广州等发达地区开展招商引资推介会，推动全省大招商。围绕“1+9”国家开放创新平台和开放型经济示范开发区在内的27个重点开发区，开展结对招商。

（三）多措并举，助企纾困

2022年是贵州发展史上极不寻常的一年，既面临外部宏观环境不稳定，国际大宗商品价格上涨，产业链供应链受到冲击，国内面临需求收缩、供给冲击、预期转弱三重压力，省内面临严重干旱、能源保供、重大疫情防控、安全生产、债务约束等方面冲击，困难与挑战前所未有。11月，疫情大面积反弹对工业企业生产及供应链修复造成严重影响。为有效化解企业生产经营面临的困难，省工信厅从“少取”“多予”“扩需”“保障”“服务”五大方面推出了助企纾困“组合拳”，积极推动企业减税降费，加大产业资本投入，积极培育“专精特新”企业，夯实要素保障，强化政府服务协调作用。省级财政继续通过“政策刚性+基金弹性+风险分担”组合拳投入方式，助力全省工业企业纾困解难。充分发挥政府投资基金撬动作用，新增70亿元注入新型工业化发展基金，新增100亿元资金设

立新动能产业发展基金，以政府资金撬动社会资本，加大对新能源电池及新材料、十大工业产业、战略性新兴产业等重点工业产业投入。

（四）强化重点产业，加大市场主体培育

重点围绕十大工业产业，持续推进工业倍增行动，奋力实现工业大突破。积极抢抓新能源电池及材料“风口”产业，出台《2022 年推进贵州省新能源电池及材料产业高质量发展行动方案》，加快推动重大项目落地，着力构建“一核两区”产业发展格局，完善产业生态体系；省工业与信息化厅编制《新能源动力电池及材料研发生产基地建设规划（2022—2030年）（征求意见稿）》；举办“2022 年中国·贵阳新能源电池及材料产业高质量发展论坛”等活动为产业发展“借脑引智”。积极推动白酒产业规范化发展，实施“三个一批”综合整治，促进白酒产业转型升级，借助第十一届中国（贵州）国际酒类博览会等平台加大白酒产业招商引资，发布《贵州省酱香白酒产业大招商推介项目索引》，推动产业链不断完善，壮大产业集群，持续培植产业优势。加快构建现代能源产业体系，积极推动煤炭产业转型升级，出台《贵州省推动煤炭产业结构战略性调整实施方案》，实施煤矿“六个一批”分类处置，推动煤矿向大中型煤矿集聚，提升煤炭生产智能化、清洁化水平；持续推进新能源发展，省能源局下发《关于下达贵州省 2022 年风电光伏发电年度建设规模项目的通知》，持续推动智能电网、天然气以及储能体系建设，优化能源结构。加快大数据产业赋能制造业发展。加大市场主体培育，加快培育专精特新企业，打通产业链供应链堵点。积极组织各类培训为企业送技术、送咨询、谋项目，如中小企业经营管理、专精特新“小巨人”培育、税务筹划与风险管控等咨询服务。在严格落实疫情防控和内外经济环境承压下，积极实施助企纾困政策，围绕《贵州省工业企业纾困解难实施方案》落实落细惠企政策，深入开展企业大走访活动，落实联系省领导和机关干部服务企业机制，全力协调解决企业面临的困难问题。

（五）坚持创新驱动，提升科技水平

持续深入实施“千企改造”工程和“万企融合”行动，推动工业企业向数字化、智能化转型，加速工业化与信息化相融合，支持工业企业上

"云",促进大数据赋能研发设计、生产制造、经营管理等环节。积极推进宽带基础网络、5G、物联网、工业互联网、人工智能、云计算、区块链等新型基础设施建设。强化对高新技术产业和战略性新兴产业重要核心技术进行攻关,对关键技术重点突破,聚焦新能源电池及材料等重点产业成立贵州省新能源材料创新中心等创新平台。持续实施科技创新"四个新突破""六大重大科技战略行动"。通过各项产业技改项目大力推动传统能源改造、制造业产业技术升级。省国资局出台《省国资委监管企业科技创新工作考核办法》,强化科技创新考核激励。通过举办"创客中国"贵州省中小企业创新创业大赛等活动营造创业创新氛围。

二、2022 年贵州推进新型工业化的主要成效

2022 年,面临超预期因素冲击,全省上下承压前行、克难奋进,坚持以高质量发展统揽全局,坚定不移推进工业强省战略,着力推动十大工业产业发展壮大,工业发展韧性不断凸显,工业对全省国民经济发展的支撑作用不断增强,质效进一步提升,新型工业化建设取得明显成效。

(一)工业支撑作用凸显

2022 年,在内外交困的宏观环境下,贵州工业经济依然保持稳定运行,体现出较强的经济韧性,全年工业生产总值达 5493.13 亿元,比上年增长 0.7%;全省规模以上工业增加值仅比上年下降 0.5 个百分点,工业成为拉动经济增长的第一动力。工业投资增长较快,全省工业投资增长 9.1%,占固定资产投资比重达 25.5%,同比提高 3.3%①;制造业投资增长 28%,同比提高 3.8%,其中装备制造业增长 87.2%;高技术产业投资快速增长,全年高技术产业投资比上年增长 58.1%,其中高技术制造业投资增长 102.3%。

从增速来看,前三季度贵州规模以上工业增加值增速均高于全国,其中第一、二季度维持高速增长,增速分别达到 15.2%、12.1%,高于全国近十个百分点。从单月增速看,1—7 月份规模以上工业增加值增速均高于

① 数据来自《2023 年贵州省政府工作报告》。

全国增速，下半年随着全国经济收缩放缓、原材料等大宗商品价格波动、疫情反弹、产业链供应链不畅等因素影响增速有所回落。整体来看，贵州工业经济上半年展现出良好发展势头，下半年承压前行展现强劲韧性，对全省经济形成了有力支撑。

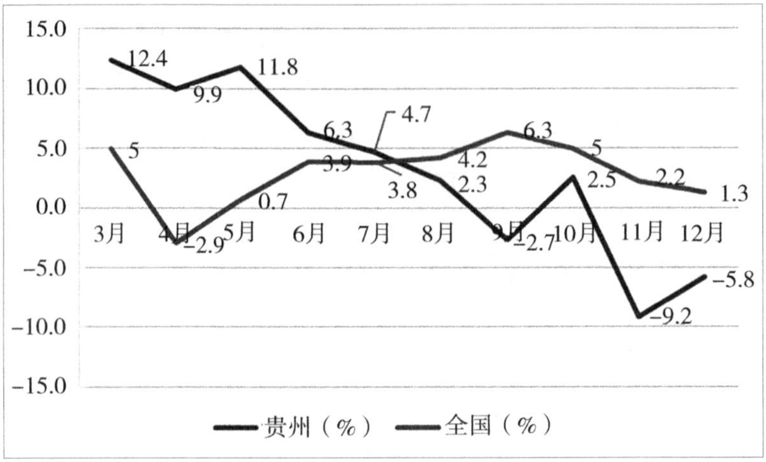

图 1　2022 年 3—12 月贵州与全国每月规模以上工业增加值增速

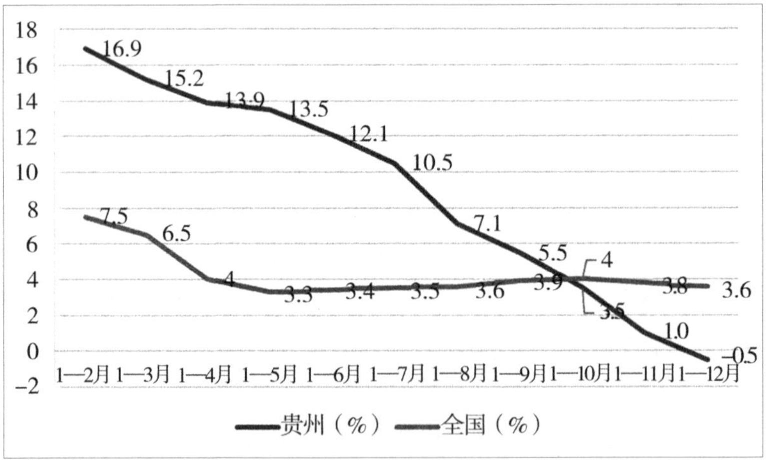

图 2　2022 年贵州与全国累计规模以上工业增加值增速

（二）产业动能不断夯实

随着酱香白酒、现代能源、现代化工、基础材料、大数据电子信息、新能源汽车及电池材料、航空航天及装备制造、新型建材、生态食品、健康医药十大工业产业加大振兴，围绕产业“链主”企业，狠抓产业链建设，打通工业产业经脉，加快工业企业阶梯式培育，加快构建现代产业体系，新兴产业新型工业化产业动能不断夯实。

分行业看，2022年规模以上工业增加值，轻工业增长15.1%，重工业下降11.2%，轻工业占比45.8%，轻重工业结构进一步优化。从行业大类看，制造业和电力、热力、燃气及水生产和供应业增加值均实现正增长，分别增长4.1%和2.6%。从重点行业来看，酒、饮料和精制茶制造业增加值比上年增长32.6%，烟草制品业比上年增长6.7%，铁路、船舶、航空航天和其他运输设备制造业比上年增长12.8%，电气机械和器材制造业比上年增长31.2%，计算机、通信和其他电子设备制造业比上年增长45.9%，电力、热力生产和供应业比上年增长2.8%，新能源电池及材料产业增加值比上年增长84.7%，这几大行业实现了高速增长，尤其是新能源电池及材料产业抓住产业增长“风口”期实现了爆发式增长。电子信息制造业规模以上工业总产值、增加值分别增长22.1%、37.5%，振华风光公司在上交所科创板成功上市。传统支柱产业，酒的制造业比上年增长36.1%，卷烟制造增长7.1%，体现出传统支柱产业较强的稳定性，发挥出压舱石的作用。

聚焦主导产业、重点产业、优势产业以重大项目为载体加快产业链建链延链补链，支撑工业经济发展的“四梁八柱”进一步夯实。全年围绕新能源电池及材料产业开工省级重点项目78个，总投资1100多亿元，推动“一核两区”产业集聚效应明显提升。围绕酱香白酒产业，新增引进项目179个，约定投资总额达919.27亿元。能源安全保供能力进一步提升，以新能源为主体的新型电力系统加快构建，现代能源产业体系构建迈出了新步伐。2022年，累计建成投产41处煤矿、释放产能2185万吨/年，原煤产量达1.38亿吨；贵州新增新能源装机320万千瓦，同比增长17%，新能源装机容量突破2000万千瓦，统调新能源电量超过210.5亿千瓦时，同比增长30.7%，“渝气入黔”等重大项目取得重大进展。中电光谷、中车株洲、稀美等重大项目签约落地，项目牵引持续发力。

市场主体进一步丰富。1月至11月，新设立市场主体65.38万户、增长30%，11月末市场主体达428.9万户。全年，新增规模以上工业企业500户左右、国家级专精特新“小巨人”企业17户。在产业大招商活动下，引进优强企业1600家，新增产业到位资金5000亿左右。

（三）创新能力不断提升

“六大科技战略行动”有力推进，新增高技能人才7.78万人，1—11月规模以上工业研发费用同比增长31%。科技创新平台建设取得新成效，绿色农药全国重点实验室获批建设，以贵州磷化集团作为牵头企业筹建的贵州省新能源材料创新中心正式运行，省政府与南方科技大学共建的贵州绿色产业技术研究院落地贵阳国家高新区，特种化学电源等国家重点实验室加快重组，与清华大学联合组建“乌江实验室”，新增国家企业技术中心2个，培育新增省级企业技术中心21家、工业设计中心15家。中国科协与贵州省政府签署全面战略合作协议，科技部办公厅与贵州省人民政府办公厅联合印发《“科技入黔”推动高质量发展行动方案》，从八大方面给予贵州科技创新发展有力支撑①。全省技术合同成交额保持高速增长势头，共登记技术合同8554项、同比增长52.97%，技术合同成交额达390.73亿元、同比增长35.07%，技术合同成交额占全省GDP比重达1.94%②。1—11月全省有效发明专利近1.76万件，同比增长17.5%，其中信息传输、软件和信息技术服务业、先进装备制造产业、大数据电子信息业专利占比位居前列。

（四）转型升级成效显著

随着“千企改造”“万企融合”的推进，传统产业加速升级改造，淘汰落后产能，提升产业效率；持续推进“产业数字化，数字产业化”推动实体经济与数字经济加速融合，加快企业智能化改造，工业向绿色化、智

① 中华人民共和国科技部网站：https：//www.most.gov.cn/dfkj/gz/zxdt/202207/t20220707_181490.html

② 贵州省人民政府网站：https：//www.guizhou.gov.cn/home/gzyw/202302/t20230210_78180025.html

能化、集约化转型成效明显。

从传统产业改造升级来看，现代能源产业转型加速推进。煤炭产业加快淘汰低效落后产能，向智能化、机械化、规模化、清洁化转型，2022 年新建成智能化采掘工作面 24 个，全省共有 17 处煤矿关闭，完成去产能 459 万吨，贵州豫能新田煤矿“国家首批智能化示范煤矿”通过专家现场验收，成为省内首家通过专家现场验收的智能化矿井，煤炭生产效率、安全生产率稳步提升。加快电网系统升级建设，现代化电网加速构建，截至年底全省实现 220 伏电网县域全覆盖。全年新增新能源装机 320 万千瓦，同比增长 17%，新能源装机容量突破 2000 万千瓦。贵州统调新能源电量超过 210. 5 亿千瓦时，同比增长 30. 7%，累计减少 672. 91 万吨标准煤、二氧化硫排放 59. 23 万吨。水电、核电、风电和太阳能发电等清洁能源发电增长 5. 3%，占全部发电量比重同比提高 0. 9 个百分点，以清洁能源为主的现代能源产业体系加速构建。出台《关于加强“两高”项目管理的指导意见》，规模以上工业综合能源消费量同比下降 7. 5%。产业结构持续优化。全年高技术产业投资同比增长 58. 1%，生态环保产业投资同比增长 5. 3%。能耗从智能化升级来看，完成贵州省“万企融合”大行动 2022 年度省级融合标杆项目 61 项。全国一体化算力网络国家（贵州）枢纽节点加速推进，“东数西算”贵安新区算力产业集群配套项目开工建设，数据中心加速集聚，贵阳大数据科创城集聚大数据及关联企业超 400 家，华为数字经济创新中心落地贵州，全省在建及投运重点数据中心达到 37 个，服务器承载能力超过 225 万台，算力规模居全国前列，软件和信息服务业营业收入增长 90. 5%，连续 17 个月保持全国第一①。习酒 5G 智慧仓储项目、发耳国家智能化示范煤矿建设项目、贵州南智云数据中心绿色节能融合创新服务示范项目等一批智能化项目加速推进。加大企业上“云”，“云服务”市场规模不断攀升，全省全年累计推动 2. 5 万余家企业上“云”用“云”，实现大数据与实体经济深度融合指数连续 4 年稳步提升。

（五）园区集聚能力不断提升

开发区是经济发展的主阵地和“排头兵”，全省持续推动开发区提质

① 贵州省大数据管理局：http：//dsj. guizhou. gov. cn/xwzx/snyw/202302/t20230215_ 78222926. html

增效，把开发区建设作为推进新型工业化“六个突破”“六个抓手”重要内容，引导企业、项目、资源要素等加快向开发区集中，推动产业集聚集群，建立“两图两库两池”，完善十大工业产业链图，大力培育开发区首位产业和潜力产业，给予开发区政策、资金、土地等要素倾斜支持，通过重大项目招商引资、扶持壮大骨干龙头企业和“专精特新”企业、打造竞争力强的优势产业链条、完善开发区基础设施，开发区集聚效应进一步凸显。2022 年前三季度，99 个省级监测开发区贡献了全省工业 80%以上的工业总产值、增加值①，有力支撑了全省工业发展。全年新增 94.65 亿元专项债用于开发区配套基础设施建设，占全省总额度的 20%，23.7 亿元支持 76 个物流配套项目建设，产业园区基础设施完成投资 450 亿元。通过理顺开发区体制机制，完善激励机制，激发开发区办事活力，开发区效能进一步提升，职能进一步明晰，机构进一步精简。省级监测开发区内设机构精简到平均 7 个，93%以上的省级监测开发区已剥离社会事务管理职能，70%以上省级监测开发区成立单独的运营公司并已实行实体化运行。

三、2023 年贵州推进新型工业化的趋势分析

（一）推进新型工业化面临的形势

1. 宏观经济承压前行，科技变革加速推进

2023 年，从宏观经济来看，世界经济增长放缓，通胀持续，衰退风险上升，地缘政治冲突威胁着国际贸易恢复。新一轮科技革命加速推进，人工智能等前沿科技不断突破，对传统经济乃至人类产生颠覆性变革。信息技术与制造业深度融合，数据要素成为驱动生产组织方式变革的关键要素，国际产业转移日趋多样化，国际竞争和分工格局发生深刻变化。国内需求收缩、供给冲击、预期转弱三重压力仍然较大。面对外需减弱、内需不足，贵州新型工业化的推进，一是要继续降低企业生产成本，加强各方面要素保障；二是要坚定创新要素驱动，充分发挥大数据产业优势，加快大数据信息产业与制造业融合。

---

① 江婷婷．工业大突破 集群聚势提质增效［N］．贵州日报，2023-01-01（8）．

2. 疫情防控优化调整，国内经济加快复苏

随着新冠肺炎疫情防控优化调整，市场经济流动性迅速恢复，产业链供应链加快修复。产业链上下游、产供销体系进一步畅通，原材料、中间品与产成品加速周转，中小企业融通发展；劳动力市场，劳动供给意愿增强，劳动力供给增加，商品和要素自由流动，进一步促进市场活力大幅反弹。贵州推进新型工业化需要充分把握宏观环境平稳期，产业发展“风口”期，发挥资源优势，原材料优势，加快传统产业转型发展，培育壮大新兴产业。支持企业积极应对经济形势变化，嵌入新发展格局产业链、供应链。

3. 国家政策全面推进，大力提振市场信心

党的二十大胜利召开，明确了新时代新征程党的中心任务是“以中国式现代化全面推进中华民族伟大复兴”。2022 年中央经济工作会议提出从“扩大内需”“加快产业体系建设”“加大吸引利用外资”等五大方面改善社会心理预期，提振市场信心，并持续实施积极的财政政策和稳健的货币政策。去年底国务院印发《扩大内需战略规划纲要（2022—2035 年)》。可见，国家以多措并举提供宽松政策环境，促进经济恢复发展。从贵州来看，国发〔2022〕2 号文件政策红利持续释放，中央对贵州惠及政策陆续出台，对贵州经济发展注入了强大动力。2023 年贵州省《政府工作报告》继续坚持“把发展工业作为首要任务，加快建设现代化产业体系”不动摇，持续实施工业强省战略，奋力推进工业大突破，实现工业倍增计划。良好的政策发展环境，历史性发展机遇，将有力助推贵州新型工业化快速发展。

（二）贵州推进新型工业化面临的挑战

1. 预期转弱，有效需求不足

虽然随着疫情防控政策优化调整，经济实现大幅反弹，但恢复仍不及预期。人们的消费思想和对未来的预期发生一定转变，国内需求不足；国际形势不明朗，主要发达经济体经济低迷。有效需求不足，导致工业产品价格下降、产品库存增加、产品周转率下降，加上企业负债率较高对企业生产经营造成一定压力。据国家统计局 2023 年 1—2 月份数据，规上工业

企业利润同比下降22.9%。从贵州来看，在经济增长放缓，有效需求不足情况下，各行业竞争将日益激烈，贵州处于产业链中低端的产业将承受较大压力挑战。从十大工业产业来看，随着新能源汽车渗透率增加，市场饱和度提升，新能源汽车及电池材料产业的增速将逐渐放缓，企业竞争加大；酱香白酒、现代能源等优势产业需要进一步寻找拓展发展新空间；新型建材产业、基础材料等行业受房地产周期性影响较大，需加大行业纾困力度；生态特色食品产品创新能力不足等。

2. 工业投资不足，经济对投资依赖较强

去年全省工业投资增长9.1%，虽然实现正增长，但增速同比下降10.6个百分点，相较于周边省区广西、云南、四川、湖南工业投资分别增长30%、48.8%、10.7%、14.5%，我省增速最慢。目前，我省对外出口经济占比较小，人均收入水平在全国处于较低水平，加之需求预期转弱，消费需求还难以支撑经济增长，投资依然是经济增长的强大动力。在工业投资增速较低的情况下，去年，我省规上工业增加值增速下降0.5%，相较于周边省区广西、云南、四川、湖南分别增长4.2%、7.7%、3.8%、7.2%，我省增速最低。我省工业投资不足以及经济增长过度依赖投资，是面临的重大挑战之一。

3. 经济结构偏重，绿色转型压力大

“双碳”目标背景下，要求经济加快向绿色低碳转型，工业是能源消耗和碳排放的重要部门，也是需要加快向绿色低碳转型的重点部门。贵州工业结构依然偏向重工业，现代能源、现代化工等产业依然是我省重点支柱产业。能源结构上，光伏、风电等新能源增速较快但基数较小，清洁能源占比依然不高，电力仍然以火电为主。生产方式绿色化转型力度之大与贵州原本经济结构和经济发展效益之间形成未来较大的转型压力。

整体来看，2023年贵州工业发展机遇大于挑战，随着国发〔2022〕2号文件政策红利的进一步释放，政策的落实落细，进一步加快各行业的发展；产业链、供应链加快修复，工业项目加快建设，经济进一步复苏；国际大宗商品原材料价格较去年有所回落，积极鼓励扩大内需，企业生产成本下降，利润增加，有利于各行业充分发挥资源禀赋优势和比较优势，坚定工业发展信心，实现经济增长目标。

四、2023年贵州推进新型工业化的对策建议

（一）夯实工业产业基础

推进新型工业化首要任务在于壮大工业产业，逐步改变贵州薄弱的工业基础。夯实产业基础，一是要筑牢传统支柱产业，积极推动传统优势产业升级改造，破解传统产业发展中的痛点、难点，进一步释放传统产业优势，发挥传统支柱产业压舱石作用。加快煤炭产业战略性结构调整，加快全国新型综合能源基地和西南地区煤炭保供中心建设，积极推进煤电机组升级改造。大力发展铝、磷、锰优势矿产资源精深加工；推动现代化工高端化发展，提升磷、煤化工市场竞争力。推进白酒产业规范发展；厚植生态特色食品产业优势；积极疏解新型建材产业困难，助力企业渡过难关。二是加快推动战略性新兴产业发展，形成新动力。去年新能源汽车及材料产业总产值增长61%，位于十大工业产业之首，体现了战略性新兴产业强劲的增长动能。培育壮大战略性新兴产业，要围绕电子信息制造业、新能源汽车及材料等重点产业，加快产业基础设施建设、加强产业生产要素支撑、加大产业招商、推动重大项目落地，围绕产业链延链补链强链。

（二）持续加大工业投资

推动工业强省战略，实施工业倍增计划，要持续加大工业投资。统筹新型工业化发展基金、新动能基金，积极撬动社会资本，加大重点领域投资。加大工业基础设施投资，进一步完善工业基础设施、配套设施，补足工业发展短板。加大对传统产业升级改造资金支持，引导企业加快实施技改项目，提升企业效能。加大对新兴产业项目孵化、培育资金支持。支持企业智能化改造，加强制造业与信息产业融合。加大工业投资向新能源动力电池及材料研发生产基地，全国重要的资源精深加工基地，关键零部件、关键材料、关键设备等产业备份基地，全国重要的白酒生产基地，面向全国的算力保障基地，新型综合能源基地六大工业产业基地建设倾斜。积极引进外资、央属企业等大型企业来黔投资。加大项目培育，抓好一批投资过亿元的以产业集群发展为主的重大工业项目和一批推动中小企业发展的重点项目，形成优势产

业集群，培育新的增长点。加大对民营企业扶持，增强民营经济活力。

（三）提升绿色化发展水平

坚持新发展理念，坚持走绿色、清洁、节能环保、低碳循环的高质量发展道路。加快推动建设以生态产业化、产业生态化为主的绿色经济体系。一是加快产业绿色发展。在招商引资过程中严把生态关，坚决杜绝不符合生态环保要求的项目、企业投资建厂。加快六大高耗能产业转型升级，淘汰关闭低效、落后、生态危害型产能。加强“两高”企业监测，坚决遏制“两高”项目盲目发展。优化能源结构，加快建设清洁能源体系。二是加快实现绿色园区建设。支持工业园区循环经济项目建设，引进支持绿色环保企业发展。积极打造绿色示范园区。三是实现企业绿色发展。加快推动企业转型升级，加快技改进度，支持企业绿色技术创新，加快绿色低碳技术研发，降低生产能耗。

（四）提升科技创新能力

加大研发投入，设置激励机制，鼓励企业进行研发创新。加强科技创新平台建设，建立科技创新平台与知名高校合作机制。参与国家重大研发项目，重点实验室，重点创新平台建设。通过建立战略合作等方式，创新产业研发模式，构建“借智引智”机制。提升紧缺人才、高技术人才、前沿技术人才引进待遇，增加人才引进吸引力。提升企业、高校高技术人才培育机制，培养一批高技术领军人才和创新团队。加大新能源电池及材料、现代能源、新材料、生物医药等产业以及传统产业技术改造升级等重点领域核心技术、关键技术攻关、突破。加大“专精特新”企业扶持。设置科技创新专项基金。加大知识产权保护，引导企业成为开发主体、受益主体、投资主体，调动各类创新要素的积极性。

（五）提升园区建设

推动增长动力强，发展潜力大，产业具有一定特色的产业园区、开发区提质增效，提档升级，培育一批重点开发区由省级开发区升级为国家级开发区。对弱小园区、产业衰竭、缺乏发展动力的园区实施适当合并退出。加快智慧园区建设，完善开发区企业服务平台建设，加强产业园区、开发区基础设施建设以及生产性服务业发展，提升开发区产业发展承载力。加快园区主导产业、特色产业产业链建链、延链、补链，围绕龙头企业、重点企业加大配套企业招商引资。依据产业基础与比较优势，大力发展高新技术产业、战略性新兴产业和现代服务业，升级改造传统优势产业和培育发展战略性新兴产业形成“双轮”驱动。加强开发区土地等要素保障，推动开发区向绿色开发区转型。理顺开发区体制机制，完善人员管理和激励机制。

（六）加强开放协作

加强东西部协作，加强对外开放，积极融入“一带一路”“西部陆海新通道”建设的产业协作、产业链建设。以国家级、省级产业园区以及“1+9”开放创新平台为载体，建设承接产业转移示范区，承接东部发达地区和长江中下游地区具有劳动力成本优势、土地成本优势和资源优势的劳动密集型产业，资源精深加工企业。加快推进贵州融入成渝经济圈，加强区域合作，产业协同，互动发展，主动承接成渝产业转移。深化贵州与大湾区合作发展，制定对口招商政策，创新合作模式，推动“广东研发+贵州制造”“广东企业+贵州资源”“广东总部+贵州基地”“广东市场+贵州产品”等合作模式进一步深化，探索在电子信息制造业、高端装备制造、中药材加工、现代化工等产业深度合作。

2022年贵州推进新型城镇化报告

王兴骥　龙军民　孙金良

新型城镇化是中国现代化建设的重大战略，是扩大有效需求的长期动力，是推动集聚经济发展的重要途径，是推动高质量发展的重要载体。2022年，贵州以习近平新时代中国特色社会主义思想为指导，贯彻落实习近平总书记视察贵州系列重要讲话精神及国发〔2022〕2号文件精神，围绕“四新”主攻“四化”总体要求，按照全省推进新型城镇化暨“强省会”工作大会要求，以高质量为统揽全面推进以城市群为主体、大中小城市和小城镇协调发展、以人为核心的新型城镇化，奋力推进“五个大提升”，深入落实“3个100万”“强省会”，不断完善城市功能、提升城市品质，打造高品质现代化城镇，进一步满足群众对美好生活的向往。

一、2022年贵州推进新型城镇化的主要政策和举措

城镇综合承载能力是新型城镇化的逻辑起点，由此引发城镇经济、城镇品质、城镇治理和城乡融合问题。为加快推进新型城镇化，贵州印发实施了全省2022年新型城镇化重点工作任务，多措并举支持新型城镇化加快建设。

作者简介：王兴骥：贵州省社会科学院城市经济研究所所长、国家治理体系和治理能力现代化地方实践高端智库研究员；龙军民：贵州省社会科学院城市经济研究所助理研究员；孙金良：贵州省社会科学院城市经济研究所研究实习员。

（一）聚焦城镇协调发展，努力提高城镇承载能力

1. 深入实施“强省会”行动

落实省委省政府支持贵阳贵安实施“强省会”的政策措施，梳理调整《支持实施“强省会”五年行动细化落实措施任务清单》，进一步提升“强省会”政策和措施的效应。突出“强省会”方案和规划引领作用，组织编制《贵阳“外环高速公路”城市经济圈发展规划》《黔中城市群高质量发展规划》《贵阳贵安“两城一带”融合发展规划》等规划。加快推进贵阳贵安城镇“四改”工作，全面提升省会宜居品质。积极培育区域性国际消费中心城市，大力提升省会城市经济首位度。以重大项目推动省会城市经济大发展，加快建设新能源动力电池及材料、新能源商用车产业基地、大数据科创城等重大项目，建成投产比亚迪智能制造刀片电池生产线、恒力（贵阳）产业园、贵州中铝铝业铝精深加工项目等重大项目。利用省会城市区位优势，加快总部经济发展步伐，引进、培育和认定一批总部企业。落实习近平总书记对贵州“在数字经济战略上抢新机”的要求及全省大数据战略行动，印发实施贵阳大数据交易所优化提升方案，努力建设全国一体化数据中心国家（贵阳）枢纽节点。

2. 落实“3 个 100 万”的年度目标任务

印发并实施《贵州省“十四五”新型城镇化发展规划》，分类推进“3 个 100 万”目标任务的落实，努力推进大中小城市和小城镇协调发展。一是提升省会城市人口承载力。明确 2022 年贵阳贵安新增城区常住人口 18 万以上的目标，全面提升全省龙头城市辐射带动作用。落实“一圈两场三改”工作，新建和改扩建一批中小学幼儿园，新增学位 3 万个以上。加强优质医疗卫生资源供给，公立医院新增一批优质医疗床位。积极培育和引进市场主体，力争贵阳贵安新增市场主体 10 万户以上，以促进经济发展和就业承载力提升。二是强化区域中心城市发展。明确遵义、毕节和六盘水等 8 个市（州）共新增城区常住人口 23 万左右的目标，加快区域性中心城市的人口承载力。实施《遵义都市圈发展规划》，编制遵义市“强核”攻坚计划，同贵阳一起唱好“双城记”。实施毕节贯彻新发展理念推动高质量发展规划，同贵阳、遵义协同打造全省发展“金三角”。三是加快提

升县城综合承载力。加强以县城为重要载体的城镇化建设，明确66个县城共新增城区常住人口22万左右的目标，加快提升小城镇人口承载力。编制并实施全省《县城城镇化补短板强弱项工作总体方案》，加强盘州、威宁和仁怀等10个支点城市和福泉等15个节点发展，示范带动小城镇人口承载能力提升。印发全省特色小镇培育创建清单，培育创建贵安数字小镇、茅台酱香小镇等省级特色小镇。

（二）聚焦产业发展的支撑作用，努力提振城镇经济

1. 推动新型城镇化与新型工业化、旅游产业化协同发展

深入落实全省《关于推进开发区高质量发展指导意见》，推动开发区与周边城镇有机衔接，提升开发区与周边城镇至基础设施与公共服务的共建共享共治水平，以推动新型城镇化和新型工业化协调发展。加强综合产值100亿元以上开发区建设，提高开发区就业承载力，为更多劳动力提供就业岗位。同时，加强旅游产业化与新型城镇化协调发展，积极培育夜间文旅消费集聚区。继续实施服务业创新发展十大工程，加快大数据、大健康、现代金融等服务业发展，促进全省100个省级服务业集聚区提质增效。制定《2022年“多彩贵州·助商惠民”促消费专项行动方案》，开展旅游、餐饮、住宿和零售文化、体育等方面的消费行动，进一步推动城镇消费经济发展。

2. 培育壮大市场主体和优化营商环境

组织编制《培育壮大市场主体行动方案（2022—2025年）》，实施培育壮大市场主体“七大行动”，不断激发市场主体活力，助推市场主体质量大提升。深入实施“四转”工程，积极发展总部经济、集团经济，着力开展产业大招商、招大商，努力引育规上的建筑、工业、批零、住宿、餐饮等企业。支持高新技术企业加快发展，认定一批高新技术企业。加强优质企业引育，启动企业上市高质量发展三年行动，推进企业加快进入资本市场步伐。持续优化营商环境，清理一批不利于统一大市场与公平竞争的政策措施，擦亮“贵人服务”营商环境品牌。加强“跨省通办”数据中心建设，对接“跨省通办”国家平台。

3. 加快提升城市开放型经济发展水平

围绕建设内陆开放型经济新高地的发展定位，深度融入“一带一路”、

长江经济带、粤港澳大湾区和成渝双城经济圈等国家战略，积极推动西部陆海新通道建设，拓展新型城镇化开放合作空间。推动中老铁路在贵州衔接中欧班列，健全物流运输体系，促进贵州城市与“一带一路”沿线城市联动发展。以遵义都市圈为桥头堡，进一步融入成渝双城经济圈，加强与长江经济带沿线城市在产业发展、环境污染防控等方面的联动。推动粤黔协作走深走实，运用“4+”合作模式对接融入粤港澳大湾区。聚力打造黔粤主通道，加快贵广高铁提速改造工程，启动贵阳国际陆港建设。省政府印发《关于支持黔东南自治州“黎从榕”打造对接融入粤港澳大湾区“桥头堡”的实施意见》，编制实施黔东南对接融入粤港澳大湾区“桥头堡”行动规划和产业发展行动方案。

（三）聚焦以人为核心的新型城镇化，努力提升城镇品质

1. 创新实施城市更新行动

坚持以群众对美好生活需要为导向，创新实施以“一圈两场三改”为主要抓手的城市更新行动，深入贯彻落实《全省城市更新行动实施方案》，加快全省城市更新步伐，提升城镇居住品质。以县（市、区、特区）为单位，编制城市更新规划方案，建立城市更新项目库，明确更新项目实施时序。开展省级城市更新试点，督促每个市州至少明确 1 个区县作为省级城市更新试点，及时总结形成“可复制、可借鉴、可推广”的工作经验在全省推广。

2. 提高城镇基本公共服务和生态环境品质

大力提升城镇基本公共服务品质，进一步提高教育、医疗、住房、社保、养老、文化等基本公共服务水平。推进教育更加公平、更高质量的发展，继续开展整体提升教育水平攻坚行动，新建和改扩建一批公办幼儿园，努力推动劳动年龄人口平均受教育年限。加强国家及省级区域医疗中心建设，建设 50 个县域医疗次中心。适应人口老龄化趋势对养老服务的需求，增加养老产业床位数并推动养老院标准化建设。同时，大力提升生态环境品质，加强城市林带、绿地、湿地等建设，启动城镇生活污水处理和生活垃圾焚烧处理的攻坚行动，加大城镇生活污水管网和生活垃圾焚烧处理设施建设力度。

3. 全面开展“一刻钟便民生活圈”建设

把习近平总书记“人民城市人民建，人民城市为人民”的论述落实到“一刻钟便民生活圈”建设全过程。组织编制《关于推进城市一刻钟便民生活圈建设的实施意见》，并以“一圈两场三改”为主要抓手推动“一刻钟便民生活圈”建设。贵阳贵安结合“一刻钟便民生活圈”建设要求，开展“15分钟生活圈”改革试点。按照全省新型城镇化“五个大提升”总体要求，以“强省会”五年行动为引领，围绕“教业文卫体、老幼食住行”等民生问题，根据“规划主导、群众主体、清单主责、基层主治”的总体思路，聚焦“划圈、建圈、用圈、管圈”等环节，努力构建全面覆盖、全域推进、全员参与的步行“15分钟生活圈”建设。

（四）聚焦城镇治理现代化，努力提升城镇治理能力

1. 大数据赋能城市社会治理

把“在实施数字经济战略上抢新机”落实到新型城镇化建设中，利用数字经济先发优势，全面赋能城镇社会治理能力。依托“一云一网一平台”，建立健全“贵人卡+贵人码”“持卡办事+扫码消费”的惠企便民服务体系，深入推进政务服务数字化，进一步提升城镇数字化治理水平。深化大数据在生活、医疗和健康等民生领域的应用，推动健康码、黔康码和电子社保码等“多码合一”，打造社会治理综合服务体系。大力发展多元化的支付体系，整合微信、支付宝和云闪付等支付渠道，实现线上线下聚合支付。

2. 大力推动法治城镇建设

贯彻落实党中央关于全面依法治国部署和要求，把法治贵州建设方案落实到新型城镇化建设中，落实严格执法、公正司法、全民守法，争取在法治贵州建设的10项关键性指标取得初步成效。制定关于民法典的学习宣传贯彻工作方案，对相关情况进行实施指导、监测、评价机制。举办“美好生活·民法典相伴”“民法典进万家万企”等方面的法治惠民活动。探索新时代“枫桥经验”，强化城镇社区治理功能，加强诉源治理，促进调解工作与“一中心一张网十联户”等社区基层治理网格化机制有机衔接，努力把风险矛盾预防、化解在社区层面。

3. 加强安全城镇建设

牢固树立安全发展意识，把“人民至上、生命至上”理念落实到城镇发展全过程。健全城乡安全制度，修改完善《贵州省安全生产条例》。继续实施城市建设安全整治三年行动，开展消防安全、燃气安全、建筑垃圾治理、人行道路面净化、户外广告设施综合治理等专项整治。建设一批城市防洪、地下人防等工程，改造人防工程向社会提供停车位。加强食品药品安全监管，稳步提升食品安全评价性抽检合格率，实现本省生产企业在产基本药物监督抽验覆盖率100%。严格控制亿元生产总值生产安全事故死亡率。

（五）聚焦新型工农城乡关系，努力提升城乡融合发展水平

1. 提升农业转移人口市民化的质量

完善农业转移人口常住地基本公共服务制度，全面提升转移人口在常住地的归属感。一是完善转移人口市民化的激励政策。进一步完善省财政对转移人口市民化的激励机制，根据农业转移人口数量、质量发放奖励资金。二是保障农业转移人口权利。落实和落细居住证制度，促进城镇基本公共服务对在地常住人口的全面覆盖。坚持“两为主”原则，落实进城务工人员随迁子女政策，扩大公办学位资源，进一步促进随迁子女平等接受义务教育。保障转移人口在农村承包农地、使用宅基地和分配集体收益等权利，减少农业转移人口的后顾之忧。三是加强农业转移人口就业服务。健全农业转移人口与用工企业对接机制，推动零工市场规范化发展。印发《2022年度“技能贵州”行动实施方案》，聚焦新型工业化、旅游产业化、新型城镇化和新业态新职业等六个主要方面开展职业技能培训。对农村转移劳动力、易地搬迁户等重点人群，以就业为导向，采用订单、定岗、顶岗等方式，开展职业技能培训及创业培训，帮助农村转移人口就业创业增收。

2. 协同推动新型城镇化和农业现代化

围绕构建新型工农城乡关系，以乡村振兴为切入点，协同推动新型城镇化和农业现代化。一是提升城乡要素配置效率。稳妥且有序地推进农村集体经营性建设用地入市，完善城乡建设用地增减挂钩结余指标省内调剂机制。完善城市人才到农村创业和就业的激励机制，推动城市教科文卫等

人员参与乡村振兴。引导工商资本有序参与城乡融合发展，健全乡村金融服务体系。二是推进城乡基础设施一体化。推进县城基础设施逐步向农村延伸，加大乡镇通三级及以上公路力度，完善城乡客运体系。优化县域物流、电商、农贸市场布局，完善联结城乡的流通网络。推动城镇供水供气等管网向郊区延伸，提高农村自来水普及率。三是推进城乡基本公共服务均等化。不断优化城乡学校布局，深入推进义务教育学校教师“县管校聘”改革。以县域医疗次中心建设为抓手，加强紧密型县域医共体建设，健全省市县乡四级远程医疗服务体系。建设省市县乡村五级全覆盖的公共文化信息网络，促进文化资源向乡村倾斜。四是推进城乡产业融合。聚焦粮油以及 12 个农业特色优势产业，开展生产、储备、加工能力提升的三大行动。大力发展特色农产品精深加工，努力提升耕种收综合机械化率、农产品加工转化率和农产品附加值。加快农业农村农耕文化、田园生态等资源转化，积极发展休闲农业和健康养老等新产业新业态。

二、2022 年贵州推进新型城镇化的主要成效

一年来，贵州新型城镇化取得新进展，城镇化水平和质量稳步提升，城镇承载能力、经济、品质、治理能力和城乡融合等方面实现持续提升，居民的获得感、幸福感、安全感逐步增强。

（一）城镇化水平和承载能力持续提升

2022 年年末全省常住人口城镇化率为 54.81%，比上年末提高 0.48 个百分点；城镇新增就业 60.92 万人，失业人员实现再就业 15.16 万人，就业困难人员实现就业 7.49 万人；新增城区常住人口 63 万，其中贵阳贵安新增城区常住人口 18 万左右，遵义等其他 8 个市州中心城市新增 23 万左右，66 个县城新增 22 万左右。

表 1　2018—2022 年贵州与全国城镇常住人口及城镇化率情况

指标	2018 年	2019 年	2020 年	2021 年	2022 年
贵州常住人口城镇化率（%）	49.54	51.48	53.15	54.33	54.81

续表

指标	2018 年	2019 年	2020 年	2021 年	2022 年
全国常住人口城镇化率（%）	61.50	62.71	63.89	64.72	65.22

（数据来源：《中国统计年鉴》《贵州统计年鉴》《2023 年贵州省〈政府工作报告〉》。）

表 2　2018—2022 年贵州就业和再就业情况

指标	2018 年	2019 年	2020 年	2021 年	2022 年
新增就业人数（万人）	77.71	78.49	61.64	64.75	60.92
下岗失业人员实现再就业（万人）	14.54	14.66	14.37	14.47	15.16
就业困难对象实现就业（万人）	7.79	7.93	7.59	7.72	7.49

（数据来源：《贵州统计年鉴》《2023 年贵州省〈政府工作报告〉》《贵州省 2022 年经济运行情况》。）

（二）城镇经济增添新的发展动力

培育壮大市场主体行动成效初显，年末市场主体总数达到 436.87 万户，比上年末增加 48.16 万户，增长率为 12.39%，增速比上年提升了 0.28%。新引进优强企业达到 1600 家，新增产业到位资金为 5000 亿元左右；自主培育上市公司取得新进展，振华风光、世纪恒通分别通过科创板、创业板 IPO 审核。新冠疫情对城镇消费影响较大，但是全年限额以上消费品零售额环比逐月提升。茅台酒镇、中南门片区、千户苗寨、荔波古镇成功入选第二批国家级夜间文旅消费集聚区，镇远古城文化步行街成功入选首批国家级旅游休闲街区，青云路步行街、万山区朱砂古镇和黄果树旅游区等 8 个单位评定为省级夜间文化和旅游消费集聚区。新建成一批惠民生鲜超市门店（专柜），建成并投入实质性运营“贵惠荟”网上惠民生。

表 3　2018—2022 年贵州市场主体培育情况

指标	2018 年	2019 年	2020 年	2021 年	2022 年
市场主体数（万户）	260.17	306.01	346.76	388.71	436.87

续表

指标	2018 年	2019 年	2020 年	2021 年	2022 年
市场主体增加数（万户）	18.61	38.64	39.95	41.95	48.16
市场主体增长率（%）	7.46	15.43	13.02	12.10	12.39
新设立市场主体数（万户）	—	67.42	68.20	70.11	74.54

（资料来源：《贵州统计月报》《贵州省国民经济和社会发展统计公报》。）

（三）城镇品质更加突显群众幸福

全省新开工棚户区改造超过 2 万户、顺利完成棚户区改造 14.7 万户，新开工的老旧小区改造有 21.36 万户，已经完成的背街小巷改造有 2347 条，改造城镇地下管网 981 公里。开工建设城镇公共停车位 4.73 万个，建成 3.93 万个；新建 5G 基站超 3 万个，累计建成超 8.4 万个；新增基础教育学位达到 23.4 万个，15 岁及以上人口的平均受教育年限已经提高到 9 年；新增公园绿地达到 429.15 公顷，改造公园绿地超 194 公顷，新增城市绿道达到 260.93 公里、林荫路达到 285.33 公里。9 个中心城市的空气质量优良天数超 99%。“一刻钟便民生活圈”提升了市民在家门口的幸福，安顺市成为全国第二批“一刻钟便民生活圈”试点城市。贵阳贵安“15 分钟生活圈”改革试点成效初显。城镇“四改”工作取得显著进展，城镇污水、垃圾、燃气等基础设施短板逐渐补齐，城镇基本公共服务能力不断增强，城镇品质得到全面提升。

（四）城镇治理能力现代化进一步提高

政府现代化治理能力不断提升，政府数字化转型深入推进。覆盖省市县乡村五级的政务服务“一张网”更加标准化、规范化，政务服务实现“跨省通办”再扩容。“智慧黔城”建设深入推进，对地下管网、城市道路、环卫、照明等市政内容进行了数字化、智慧化改造，建成一批智慧街道、智慧安防小区，例如建设智能安防社区 4390 个。食品药品安全体系不断完善，食品安全抽检合格率达 99.03%，本地生产企业基本药物抽验的覆盖率达 100%。生态环境治理能力不断提高，新建及改造污水管网共

1848公里，新增的生活垃圾焚烧处理能力达到5600吨/日。

（五）农业转移人口市民化质量逐步提高

全年全省实现农村劳动力转移就业人口近75万人，农村劳动力从城镇返乡就业创业达到22万人。支持农业转移人口等非户籍常住人口举家到城镇落户，对于暂不愿意落户的人员，为其提供便利的居住证服务。全年新发放居住证近24万张，持暂住证即可享受户籍人口同等公共服务待遇。“技能贵州”行动惠及大量农业转移人口，全年开展农村劳动力的技能培训近30万人次。

（六）城乡融合发展高质量推进

城乡路网布局更加优化，城乡道路互联互通水平不断提升，开工建设一大批乡镇通三级及以上公路项目，全省建成乡镇通三级及以上公路342公里。城乡产业融合提速发展，农产品加工转化率从2021年的55.8%提升到2023年的59%。贯通城乡的农产品现代流通体系不断健全，获批成为2022年国家支持建设农产品供应链体系的七个省份之一。城镇人才投身到乡村振兴且带动了基层人才的发展。以“一县一团”方式选派2035名科技特派员赴基层开展科技服务，联结服务企业（合作社）超3700余家，培养帮带的本土人才1.2万人，组织技术培训达到23.9万人次。县域医疗服务能力持续提升，紧密型县域医共体成效显著，覆盖城乡的省市县三级院前医疗急救体系更加完善。

三、2023年贵州推进新型城镇化的趋势分析

虽然全省新型城镇化面临部分城镇化项目效益偏低、债务问题突出和中心城市不强等问题，但是全省新型城镇化形势依然向好。总体上，2023年全省仍然处于新型城镇的中期阶段，新型城镇化动力机制依然强劲，城市经济在恢复中发展、新一代信息技术与新型城镇化融合、开放程度不断提高等因素利好新型城镇化建设，将开启全省新型城镇化新阶段。

（一）处于城镇化的中期，新型城镇化动力机制依然强劲

城市化“纳瑟姆曲线”规律揭示，国家或地区城市化率位于30%—70%区间时，城市化处于加速发展阶段；城市化率低于30%或者超过70%时，城市化处于缓慢发展阶段。虽然“纳瑟姆曲线”讨论的是城市化规律，实质上中国的城镇化概念与国外的城市化概念高度重合，因此城市化“纳瑟姆曲线”规律适用于中国城镇化。2022年，贵州常住人口城镇化率54.81%，可以认为处于“纳瑟姆曲线”城市化率30%—70%区间的中间位置，可见贵州处于新型城镇化的中期阶段，且全省城镇化和工业化处于加速发展的阶段。

（二）经济摆脱疫情影响，城市经济有望逐步恢复和改善

经济是新型城镇化的基石，对城镇就业、城镇居民收入、城镇品质、城镇治理能力和城乡融合等方面具有重要作用。2023年，全省经济形势呈现稳定向好的发展趋势。一方面，全省工业经济呈现向好态势。国家因时因势调整了新冠肺炎疫情防控政策，疫情防控对产业经济的不利影响逐步消除。省内工业倍增行动成效显现，白酒、基础材料、清洁高效电力和大数据电子信息等产业呈现加速发展势头。去年全省工业投资增长9.1%，占全省固定资产投资的比重为25.5%，占比提高3.3个百分点。这些新增的工业投资中，部分项目将在2023年竣工投产，将成为全省工业经济新增长点。另一方面，消费经济呈现向好态势。随着新冠肺炎疫情防控政策的放开，内需将逐渐恢复。2023年，国家和省级层面已经开展了新一轮的扩内需政策，主要从恢复和扩大消费、扩大有效投资、释放城乡区域协调发展中的内需潜力等五个方面扩内需，支持扩大住房、新能源汽车、养老服务和教育医疗文化体育服务等方面的消费，完善城市物流配送网络、城乡商贸设施和城市消费聚集区设施，将为城市经济和社会发展注入新的发展动力。

（三）数智赋能城市发展，城镇治理向精细化加速转型

城镇治理精细化是城市治理科学化的一种新模式。数字经济与新型城镇化融合程度进一步加深，将加快推动城镇治理精细化转型。一是大数据

战略深入实施。全省将认真贯彻落实习近平总书记对贵州“在数字经济战略上抢新机”的要求，深入实施大数据战略行动，全力建设全国一体化数据中心国家（贵阳）枢纽节点，数据要素将在区域经济社会发展中发挥更加重要的作用。二是城市治理精细化。运用大数据、云计算、区块链和人工智能等数字技术统筹城市规划、建设、管理和运营全过程，形成更加完善的全周期、全覆盖、全天候的城市管理体系。智慧城市、智慧街道和智慧社区建设已经逐步成为新的建设热点，将提升城镇精细化治理水平。

（四）开放水平持续提高，城镇体系协调发展水平更高

习近平总书记视察贵州时强调“以开放促改革、促发展”。国发〔2022〕2号文件明确了贵州建设“内陆开放型经济新高地”的定位。贵州将深入推进内陆开放型经济新高地建设，不断优化对内对外开放格局，深度融入“一带一路”、长江经济带、粤港澳大湾区和成渝地区双城经济圈等国家级区域性发展战略，积极参与国际经贸往来。内陆开放型经济新高地建设将加速构建开放型经济体系，必然要求充分利用国内外市场和资源，提高招商引资引智、吸引外资的规模和水平，促进贵州城市与国内外城市协同发展。构建高层次的开放型经济，将倒逼城镇营商环境优化和“放管服”改革，将进一步提高审批效率和服务水平，以更好地融入国家区域发展战略，更好地参与国际城市竞争。

四、2023年贵州推进新型城镇化的对策建议

全面贯彻党的二十大精神，围绕“四新”主攻“四化”主战略和“四区一高地”主定位，坚持“人民城市人民建，人民城市为人民”理念，以高质量发展统领全省新型城镇化，创造性推进“3个100万”目标和“强省会”行动，优化城镇空间格局、做强城镇经济、实施好城市更新行动、发挥群众主体作用、深入推动城乡融合发展，努力打造宜居宜业宜学宜游宜养的高品质现代化城镇。

（一）加快构建“一群三带三极”城镇空间格局

调整优化全省城镇空间布局和城镇体系，提升大中小城市和小城镇协

同发展水平。围绕“3 个 100 万”目标任务，强化贵阳—贵安—安顺都市圈在黔中城市群的引擎作用，深入落实“强省会”战略，大力建设遵义省域副中心、培育毕节省域副中心，大力打造西部陆海新通道、沪昆通道、粤港澳—成渝主轴沿线的三大城镇发展带，以构建“一群三带三极”① 的城镇发展主框架。打破管理体制上的壁垒和障碍，发挥市场配置要素的基础作用，推进各城市企业之间的合作交流、产业投资，推动资金、人才、项目等资源要素跨城市流动，力求形成突破城市边界的产业集群，提升区域经济整体实力。建立健全协同对接机制、定期协商机制。以问题导向，积极推动城市之间优势互补，打造开放层次更高、营商环境更优、国际竞争力更强的城镇体系。

（二）深入推进“以城聚产、以产兴城、产城融合”

“产–城”是城镇发展的两个基本要素，两者协同才能相互促进。一是坚持“以城聚产”，完善城镇基础设施。加强信息基础设施建设，加快推进城际高铁、高速公路等重大项目进度，加大现代水网、能源保障、现代物流等领域基础设施网络建设力度，推动水电气、照明、停车等公共设施和城市基础设施智能化改造。二是坚持“以产兴城”，做强城市产业。加大增信心、扩需求、防风险力度，力保房地产业恢复和稳定发展。集中资金、人才、技术和数据等生产要素，大力发展各城镇首位产业，避免重复建设和资源浪费，实现协同化、差别化、互补化的协同发展。加大开发区发展的政策支持力度，完善开发区产业发展生态，打造百亿级、五百亿级、千亿级开发区。三是坚持“产城融合”，强化产城互动发展。深入推进开发区建设和城镇建设的有机衔接，推动开发区和周边城镇在交通、基本公共服务等方面的共建、共享和共治。

（三）以城镇“四改”为主抓手落实城市更新行动

城市更新是推动老城区高质量发展的必然选择。首先，全面摸清城镇“四改”底数。做好城市体检工作，找准城市规划、建设、管理和运行方面的短板，掌握城市更新的需求。其次，科学谋划城市“微更新”。以停

---

① 三极：指贵阳市、遵义市、毕节市。

车场、农贸市场、棚户区、老旧小区、背街小巷和地下管网等城镇“一圈两场四改”为主要内容，根据城市发展的导向和城市更新需求的紧迫程度，科学谋划和落实城市更新项目。再次，加快推动城市更新项目落实。引导居民全过程参与城市更新，多渠道筹措改造资金，强化长效管理和监督，扎实有序推进城市更新行动，以完善城镇功能、优化城镇布局、提升城镇品质，促进城市内涵式、集约式、绿色化高质量发展。

（四）加快完善城镇治理体系和提高城镇治理现代化水平

重点从治理模式、技术手段上完善治理体系和提高治理能力。一是完善多元共治模式。加强城乡社区基层党组织建设，健全政府、社会、企业和居民等多元参与机制，发挥基层群众性自治组织基础作用，完善社会力量参与基层治理激励政策，发挥社会力量协同作用。二是推进城镇管理精细化。运用大数据、云计算等新技术推动城镇治理手段、模式、理念创新，统筹推进智慧城市基础设施、系统平台和应用终端建设，强化系统集成、数据融合和网络安全保障，提高信息基础设施和技术装备水平，不断完善政务信息系统数据资源共享交换机制。

（五）以县城为载体协调推进新型城镇化和乡村振兴

鉴于经济发展的门槛效应，应当以县城为载体推动新型城镇化和乡村振兴协调发展。一是加快推动城乡基础设施和公共服务一体化。推动县城现代化基础设施建设，加快促进均等化公共服务，为促进农业产业升级和农民共同富裕提供新动力。二是推动三次产业融合发展。着力将农业拓展为集“生产、加工、流通、销售、服务”为一体的全产业链发展模式，深度挖掘当地农业农村的多种功能和多元价值，推动农业产业向后端延伸、向下游拓展，实现产品增值、产业增效。同时，促进农业与旅游、康养、生态、文化、养老等产业相互融合，大力发展休闲农业、养生养老、功能农业等新产业新业态，丰富产业类型，提升乡村产业价值。三是深化关键环节改革。围绕土地、资本和人才等要素的流动，清理阻碍城乡统一市场和公平竞争的制度藩篱，不断打破阻碍生产要素在城乡间自由流动的体制机制障碍，畅通城乡生产要素循环。

2022年贵州推进农业现代化报告

陈昊毅　王红霞　邓小海

2022年，贵州以习近平新时代中国特色社会主义思想为指导，深入贯彻习近平总书记视察贵州重要讲话精神，牢牢抓住国发〔2022〕2号文件出台的重大历史契机，有效统筹疫情防控和经济社会发展，在面临多年未见的需求收缩、供给冲击、预期转弱三重压力下，大力推进农业现代化，有效推动了农业农村经济高质量发展，为贵州守好农业基本盘、夯实"三农"压舱石提供了有力保障。

一、2022年贵州推进农业现代化的主要政策和举措

(一) 坚决扛起粮食安全政治责任，全力抓好粮食生产

2022年，贵州牢牢抓住耕地和种子两个要害，大力推进粮食生产：继续落实最严格的耕地保护制度，明确耕地利用优先顺序，科学合理使用现有耕地资源，有效制止耕地"非农化"和防止耕地"非粮化"倾向；同时严格落实粮食安全党政同责，各级党政领导全员领办粮食生产示范田，全省10094名党政领导共领办示范田面积达410万亩。为有效提升全省粮食单产水平，粮食生产聚焦关键作物、关键品种、关键环节和关键区域，大

作者简介：陈昊毅：贵州省社会科学院农村发展研究所助理研究员；王红霞：贵州省社会科学院农村发展研究所助理研究员；邓小海：贵州省社会科学院农村发展研究所副所长、研究员、博士。

力推广优质高产良种、合理密植、科学施肥、绿色防控等单产提升技术。为全面统筹粮食安全和生态保护，贵州省农业农村厅会同贵州省财政厅制定了《贵州省2022年轮作工作实施方案》，以改善土壤理化性状、保障粮食油料等重要农产品有效供给为目标，大力发展冬闲田（土）扩种油菜、推动水稻等主要粮食作物与油菜轮作，引导和支持种植大户、家庭农场、农民专业合作社等新型经营主体积极探索、自主开展多种粮油轮作模式。继续强化粮食安全责任考核，不断推进粮食生产功能区和重要农产品生产保护区建设，进一步增强粮油等重要农产品的供给能力。

（二）做强特色优势农业，不断健全现代山地农业产业体系

继续做强特色优势种植业，坚持以省领导领衔、专班化推进产业发展，建立分管省领导统筹推进的体制机制，聚焦优势单品，引导优势产业、优势企业向优势产区集中；以县域为主体因地制宜发展主导产业，大力推进品种培优、品质提升、品牌打造和标准化生产，通过规模化标准化提升，继续巩固贵州作为全国重要夏秋蔬菜生产大省的地位，不断提升蔬菜、水果、野生菌、中药材等农产品质量、效益和竞争力。继续大力发展生态畜牧业和生态渔业，增强畜牧产品保供能力：生猪生产按照“12345”产业链①推进模式，贯彻落实《关于促进生猪产业稳健发展的实施意见》等政策文件，着力构建现代产业体系，强化产能逆周期调控；加强畜牧业规模化标准化养殖场建设，充分发挥重点调控基地的保供作用，大力提升牛、羊生产供给能力；优化家禽产业结构，加强疫病防控，巩固家禽产业发展势头；以现代生态环保型设施渔业为重点，大力发展池塘工厂化循环水、高位池、集装箱、工厂化等设施渔业养殖，有序发展大水面增殖渔业、稻鱼综合种养业，推进生态渔业高质量发展。因地制宜推动林下经济发展，大力推广林药、林菌、林花、林苗、林禽、林蜂等种植和养殖模式，2022年省级林业产业化补助资金1.2亿元，用于开展林下经济品牌创建、产业规划、培训和支持市县打造林下经济、森林康养示范项目等；推进赤水竹产业园区、玉屏县油茶产业园区两个“国家林业产业示范园区”

---

① 即建立1名领导领衔的推进机制；推进千企（场）引进和千企（场）改造“双千”项目，推进工作链、产业链、价值链“三链”合一，强化龙头企业、专家团队、资金支持、人才保障四位一体；按照政策设计、工作部署、干部培训、督促检查、追责问责五步工作法推进。

编制产业发展规划，通过以点带面促进全省林业产业标准化、规模化发展。

（三）全面加强现代山地高效农业发展的要素保障能力

一是大力推进高标准农田建设。2022 年制定印发了《贵州省 2022 年秋冬季高标准农田建设大会战实施方案》，打响高标准农田建设冬季大会战，以地平整、路相通、旱能灌、涝能排、电保障、有配套、宜机化、高效益为标准，大力推广农民主体建设、市场运作建设、统筹整合建设等模式，聚焦重点区域，以县为主体，统筹整合资源，加快推进高标准农田建设，提升耕地质量和产出水平，同时推进高标准农田建设与水网建设同步规划、同步实施。二是加快提升贵州农业良种化水平。2022 年制定印发了《贵州省种业振兴行动实施方案》和《贵州省“十四五”农业种业发展规划》，全面启动 44 个地方畜禽遗传资源系统调查，完成 22 个县农作物重点物种系统调查并开展畜禽品种改良和农作物新品种培育，山地特色作物种质资源圃和食用菌种质资源库被农业农村部认定为国家资源圃和微生物资源库，岑巩、播州等 4 个新品种展示基地被评为国家级展示基地。“马铃薯原原种雾培关键技术研究”“高价值籽用型紫苏新品种（系）选育及应用研究”等种质资源相关研究成功纳入 2023 年农业领域科技支撑和科技成果转化项目。三是继续推进山地农机化工程，不断提高贵州山地农业机械化水平。制定了《丘陵山区土地宜机化整理整治技术规范》，在修文等地开展土地宜机化整治试点工作；推动詹阳重工与省内科研力量深度合作，并聘请华南农大、中国农大专家团队加强技术指导，研制小型智能化、多功能、组合式农机装备；在惠水、凤冈、黎平等 25 个水稻生产大县（区）实施 20 万亩水稻全程机械化示范工程。四是加强农业信息化建设。深入实施“百企引领”“万企融合”工程，大力发展大数据、物联网、5G、区块链等新一代信息技术与农业产业融合发展；大力支持“一码贵州”“黔菜网”“辣椒云”等农产品销售大数据平台；推动农业企业开展数字化转型，发展了黔西市智慧农业生态谷项目、凤冈县国家数字种植业创新应用基地项目、数字化蛋鸡养殖示范基地等 13 个农业与大数据融合标杆项目。五是以科技要素赋能农业现代化。继续抓好农业科技园区、星创天地建设，推进国家农业高新技术产业示范区创建工作；组织 20 个国家乡村振兴重点帮扶县申报国家重点研发计划部省联动项目；开展肉鹅、生猪、蜂等10个特色产业的提质增效关键技术，围绕优质粮油、种业创新、种养殖技术、农产品加工、农机装备应用等领域，立项实施142个科技项目、支持经费近1亿元；在全省82个县区选派102个科技特派团，实现有乡村振兴任务的县区全覆盖，2022年共计2000多名农业专家赴基层开展农业科技服务，实现技术服务直接到户、良种良法直接到田。

（四）加快完善现代农业经营体系

一是继续培育壮大以龙头企业、农民合作社和家庭农场为主的现代农业经营主体。在培育龙头企业方面，围绕重要农产品和优势特色农产品，以打造农业全产业链为目标，通过创设政策、加大扶持等举措，强化农业全产业链招商和农业龙头企业认定工作。在培育农民合作社方面，继续加强对农业合作社的发展资金扶持，通过设立国家、省、市州三级示范社建设，促进农民合作社规范提升。在培育家庭农场方面，继续完善家庭农场的扶持措施，提高家庭农场经营管理和经营能力，坚持把符合条件的种养大户、专业大户等规模农业经营户纳入名录管理。二是不断加强农产品质量品牌提升，2022年印发《贵州省2022年农产品质量品牌提升方案》，围绕聚焦12个特色优势农产品，通过推进农业标准化建设、强化农产品质量安全监管、健全农业品牌培育机制、做强农业品牌主体、培育优势农业品牌、开展品牌宣传推介和搭建品牌营销平台等七个方面，推动农业品牌发展环境进一步优化、品牌主体实力不断增强、“贵”字号农业品牌不断壮大、品牌知名度、影响力和溢价能力明显提升。

（五）全面贯彻新发展理念，推动贵州山地农业绿色发展

推进贵州农业绿色发展是实现山地高效农业现代化的题中应有之义。2022年，贵州牢固树立和践行“绿水青山就是金山银山”的发展理念，加快农业发展方式绿色化转型，不断健全资源环境要素市场化配置体系，通过农业产业生态化发展，推动了农业提质增效和经济效益的提升。通过普及稻油轮作、稻鱼、稻鸭综合种养等生产模式，有力促进了地力培肥和种养循环的农业生产方式，同时鼓励龙头企业、农民专业合作社等规模生产经营主体积极参与农业循环生产模式。不断提高农产品质量安全水平，继

续加强绿色食品、有机农产品、地理标志农产品认证和管理。继续加强农业环境问题治理，持续推进化肥减量增效，实施绿色防控农药减量行动，不断提高化肥和农药利用率，加强农药安全使用监督检查，加大违规行为查处力度；有序推进畜禽粪污资源化利用项目实施；加快推进秸秆综合利用，重点建设习水、播州、赤水、汇川、七星关、金沙等6个县为秸秆综合利用重点县；积极推动农膜回收利用示范项目建设，加快布设农田地膜残留省级监测点，开展年度监测；探索开展肥料包装废弃物回收处理试点，支持各地探索农药肥料包装废弃物回收处理模式，鼓励经营者、使用者主动回收化肥农药包装废弃物。加大节水农业建设力度，推广膜下滴灌水肥一体化、集雨补灌软体集雨窖、全膜覆盖、半膜覆盖等农业旱作节水技术，提高天然降水和灌溉用水利用效率。

（六）深入推进农业农村改革和对外开放

不断深化农村改革，2022年落实省级农村经营创新资金900万元，支持18个农村“三变”改革省级示范村创建，新增20个“租改股利益联结试点”和15个“家庭经营为主的利益联结机制试点”。印发《关于加强农村集体资产经营管理的意见》，指导全省发展新型农村集体经济。继续抓好农村改革试验区、农村宅基地改革试点推进，印发《贵州省农村产权流转交易管理办法（试行）》，稳步开展农村产权流转交易市场建设，安顺市、黔南州、黔西南州已启动建设农村产权流转交易市场。农业对外开放稳步推进，与老挝、摩洛哥、柬埔寨、韩国等在茶叶出口、种养殖技术方面开展交流，积极推动优势农产品出口，继续开展2022年农业国际贸易高质量发展基地申报工作，湄潭县茶产业出口联合体、怡壶春茶叶有限公司、贵三红有限公司获得了农业农村部国贸基地认定。

二、2022年贵州推进农业现代化的主要成效

（一）农业经济平稳发展，农民收入不断提高

2022年，在面临严重的需求收缩、供给冲击和预期转弱的巨大压力下，贵州坚持以高质量发展统揽农业农村工作全局，通过大力发展现代山

地特色高效农业，纵深推进农业供给侧结构性改革，克服新冠肺炎疫情和气候干旱等超预期不利因素影响，推动了农业农村经济的平稳发展，为全省守好农业基本盘提供了有力保障。全省第一产业共完成增加值 2861. 18 亿元，较 2021 年增长 3. 6%，分别高于全省第二产业增加值增速、第三产业增加值增速 3. 1 和 2. 6 个百分点，得益于农业经济的平稳发展，2022 年贵州农村居民收入稳步提高，农村常住居民人均可支配收入 13707 元，较上年增长 6. 6%，高于城镇居民人均可支配收入增速 1. 8 个百分点，城乡居民人均可支配收入比下降到 3. 0 ∶ 1，延续了近年来贵州城乡居民人均可支配收入比持续下降的趋势，城乡居民收入差距进一步缩小。

（二）粮食和重要农产品保障能力不断巩固提升

2022 年，贵州全省实现农林牧渔业总产值 4908. 8 亿元，较 2021 年增长 4. 1%，从结构上看，种植业总产值 3313. 7 亿元，增长 3. 5%，占比达到 67. 5%；畜牧业总产值 941. 4 亿元，增长 5. 5%，占比 19. 2%；林业总产值 340 亿元，增长 3. 9%，占比 6. 9%；渔业总产值 79. 6 亿元，增长 6. 5%，占比 1. 6%（见图 1）。

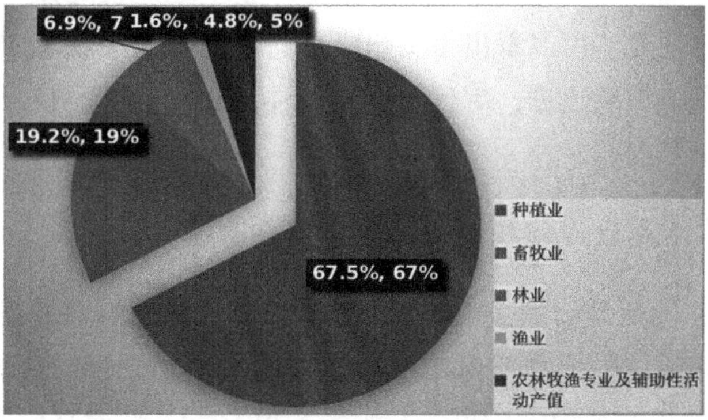

图 1　贵州 2022 年农林牧渔业总产值构成结构

一年来，贵州坚决扛起粮食安全的重大政治责任，聚焦土地和种子两个关键，大力推进高标准农田建设和良种使用，实现了粮食种植面积、粮食总产量和粮食单产“三增加”：全省粮食播种面积达到 4183. 05 万亩，较 2021 年增加 1. 45 万亩；实现粮食总产量 1114. 64 万吨，较 2021 年增加

19.74万吨，同比增长1.8%；平均粮食单产达到266.47公斤/亩，较2021年增加4.67公斤，同比增长1.78%，各项指标均超额完成国家下达的粮食生产目标任务。同时继续深入推进农业供给侧结构性改革。

不断推动12个特色优势产业提质增效，其中蔬菜、食用菌、园林水果、中草药材产量同比分别增长2.3%、1.6%、7.9%、6.4%；“四肉”总产量同比增长5.9%，生猪出栏1984.73万头，同比增长7.3%，生猪存栏1542.67万头，同比增长0.8%；牛出栏173.91万头，同比下降3.4%，牛存栏492.24万头，同比增长2.7%，家禽出栏18422.68万只，同比增长4.2%，家禽存栏12246.12万只，同比增长1.9%；水产品产量达到26.84万吨，同比增长2.4%；全省茶园种植面积达到700万亩，实现茶叶产量45.4万吨，较2021年增加8.3%，茶叶总产值606.2亿元，同比增长6.2%，绿茶、红茶产量分别为33.5万吨、9万吨；茶园面积30万亩以上的主产县3个、20万亩至30万亩7个、10万亩至20万亩19个、万亩乡镇236个、5000亩村613个。2022年制定了《贵州绿茶》《都匀毛尖》《湄潭翠芽》等32项全产业链省级地方标准，建设1811条清洁化自动化生产线，精制加工中心69个。全年全省实现林下经济产值605亿元，林下经营利用林地面积2960万亩，特色林业产业基地建设完成142.36万亩，超额完成年度任务。可以看出，贵州山地特色高效农业朝着农林牧渔林业全面发展的阶段继续迈进，现代农业产业体系更加健全，粮食和重要农产品保障能力继续提升。

（三）农业基础设施和农业装备持续改善

2022年，贵州继续加强现代农业基础设施和农业装备建设，为山地高效农业现代化提供坚强物质保障。一是农田水利基础设施建设成效明显，全年共下达中央和省级农田建设补助资金39亿元，新建高标准农田266.2万亩，超额完成260万亩的年度建设任务，同步实施高效节水灌溉25万亩。同时全年落实水利投资307亿元，完成全口径水利投资302亿元，其中“水网会战”完成投资236亿元，共完成51座水库蓄水验收和51座水库竣工验收，新增设计供水能力10亿立方米，全省水利工程设计供水能力达到142亿立方米。二是农业机械化水平不断提高，2022年全省主要农作物耕种收综合机械化率达到46%，较2021年提高2个百分点；全年使用农机购置补贴资金 2235.74 万元，共计补贴各种农机具 22448 台（套）；推动成立贵州省农机社会化服务协会，全省 500 余家农机合作社加入协会，开展农机社会化服务 3600 多万亩次，贵阳、铜仁等涉农乡镇已实现农机社会化服务组织全覆盖；成功研制并下线水稻钵苗移栽机、油菜移栽机、大豆玉米带状复合种植联合播种机等机具，推广应用于全省粮油生产，填补了省内同类机型研发制造空白。三是继续加强产业配套设施建设。为推进生猪重点项目建设和产能释放，稳定生猪基础产能，全年新增规模猪场 362 个，其中贵阳德康（清镇中寨）种猪场入选国家生猪核心育种场，填补了贵州畜禽核心育种场的空白。大力推进 10 个农产品集配中心建设和全省 71 个农贸市场升级改造，推动贵阳农产品物流园等一级农批市场实现数字化运营，不断完善农产品市场流通体系。继续完善冷链物流体系设施，2022 年底已建设完工冷库 1469 个，总库容 510 万立方米，较上年同期增加 33 万立方米。

（四）新型农业经营主体多元发展，产业融合深入推进

实施新型农业经营主体培育提升工程，监测合格和递补国家级龙头企业 5 家、省级龙头企业 95 家，新增认定省级龙头企业 24 家。到 2022 年底，贵州省级以上农业龙头企业达到 1200 家，省级农民合作社示范社达到 3022 个，纳入家庭农场名录管理的家庭农场数量达到 3.5 万家，2022 年评选省级示范家庭农场 740 家，省级示范家庭农场累计达到 1690 家。

大力推进农产品加工业提升行动，实现农产品加工转化率 59%，较 2021 年提升 4 个百分点。实施农产品质量品牌提升行动，评价发布贵州十强农产品区域公用品牌，3 个品牌入选全国农业品牌精品培育计划，收录农产品区域公用品牌 185 个，“遵义朝天椒”“贵州黄牛”等被评为贵州十强农产品区域公用品牌。玉梦酸汤、镇宁蜂糖李、凤冈青工茶、安顺“黑牛妈妈”牛肉、麻江“麻小莓”5 个农业品牌入选“中国农产品百强标志性品牌”，其中镇宁蜂糖李品牌价值达到 28.7 亿元。聚焦 12 个农业特色产业，大力开展线上线下招商活动，全年共引进农业产业项目 1191 个，投资额 638.44 亿元，到位资金 363.08 亿元；举办贵州农产品（食品）深加工高成长企业推介活动、签约金额 30 多亿元，“贵州绿色农产品、吃出健康好味道”品牌宣传语逐渐深入人心。通过打造发布 15 大油菜花海，推介

10条精品旅游线路，促进农旅融合迈上新台阶，2022年贵州有10个村获农业农村部中国美丽休闲乡村认定、6条旅游线路获中国美丽乡村休闲精品线路认定；11个项目入选国家农业产业融合发展项目创建名单：贵州省都匀市现代农业产业园进入2022年国家现代农业产业园创建名单；贵州省高原夏秋蔬菜产业集群、贵州省山地冬闲油菜产业集群进入2022年优势特色产业集群建设名单；遵义市红花岗区海龙镇、开阳县南江乡、玉屏侗族自治县亚鱼乡、锦屏县敦寨镇、黄果树旅游区管理委员会白水镇、罗甸县木引镇、盘州市新民镇、贞丰县小屯镇进入2022年农业产业强镇创建名单。

（五）山地特色高效农业绿色化转型加速

全面加强农业面源污染综合治理，积极推进9个农膜回收利用示范点建设，布设70个农田地膜残留省级监测点，开展年度监测，示范区域农膜回收率达到85%以上。有序推进畜禽粪污资源化利用项目实施，实现全省畜禽粪污综合利用率稳定在80%以上，规模养殖场粪污处理设施装备配套率稳定在95%以上。继续推进秸秆肥料化、秸秆基料化、秸秆原料化、秸秆饲料化，全省农作物秸秆综合利用率保持在86%以上。黔西南州贞丰县、六盘水市水城区成功申报创建国家农业绿色发展先行区。发布涉农地方标准33项，新增认证绿色食品66个、农产品地理标志登记保护产品3个。推行农业病虫害绿色防控与统防统治融合，强化主要粮食和重要经济作物病虫害绿色防控示范区示范带动，实现主要农作物病虫害绿色防控覆盖率达53.18%。农药化肥减量控害继续推进，2022年全省化学农药使用量保持零增长。

三、2023年贵州推进农业现代化形势分析

（一）面临的困难和挑战

虽然贵州农业现代化推进总体向好，但是贵州农业现代化受发展基础、市场化程度等因素影响，还面临着诸多困难和挑战。

1. 第一产业增速处于低位，增长压力不断增大

2022年贵州第一产业增加值2861.18亿元，较2021年增长3.6%，

2022 年贵州第一产业增加值增速不仅低于全国 4.1%的增长速度，在西部十一个省市自治区（不包括西藏）中排位挂末。(见图 2)

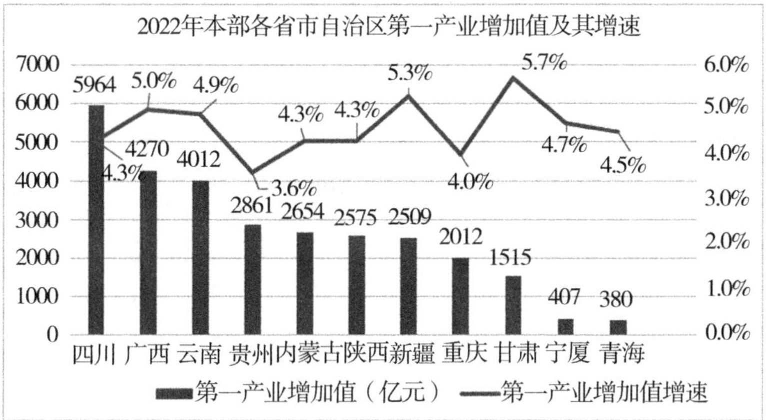

图 2　2022 年西部各省市自治区第一产业增加值及其增速

同时，贵州省农村居民人均可支配收入增速虽然高于全国 6.3%的增长水平，但考虑到其绝对数在西部各省市自治区（不包括西藏）中仅高于甘肃省（见图 3)，这样的增长水平仍然明显偏低。

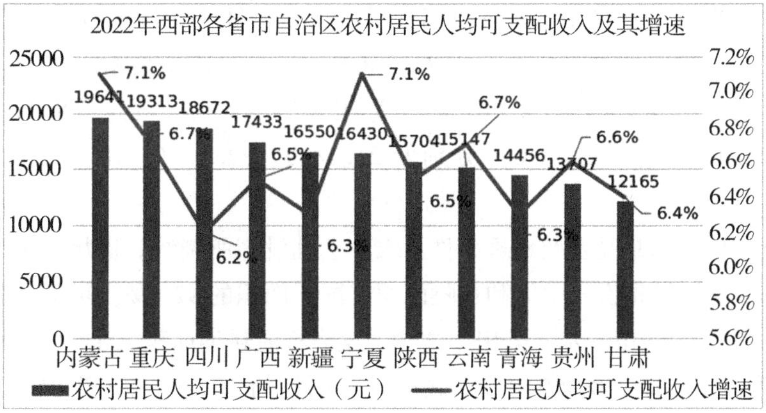

图 3　2022 年西部各省市自治区农村居民人均可支配收入及其增速

2. 第一产业增长动能不足，高质量发展亟待助力

2022 年贵州省第一产业增速处于近十年最低。这主要是由两方面原因所导致，一方面由于疫情防控，市场需求疲软，尤其是三季度部分地方受

突发性规模性疫情严重冲击，对第一产业发展造成较大影响。另一方面2022年贵州遭遇严重干旱极端天气，部分地区农业生产受到一些影响，导致农业产业效益较低，一定程度减慢了农业经济增速。(见图4)

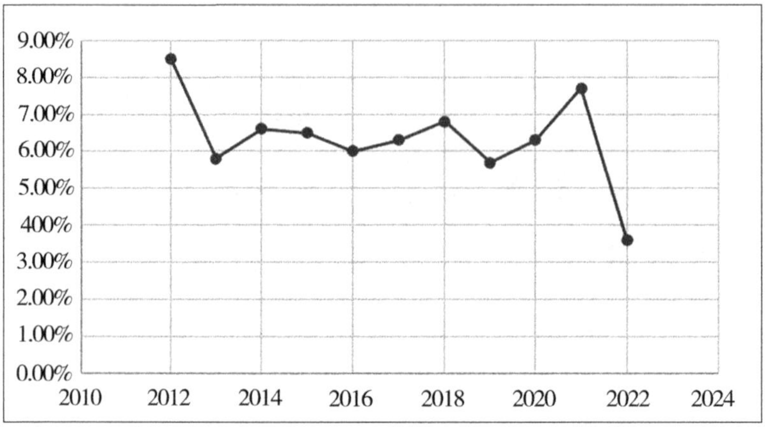

图4　贵州省第一产业增加值历年增速

3. 农业机械化水平较低，现代农业发展任重道远

尽管贵州农业机械化发展取得了一定成绩，但当前，农业机械化仍处于较低水平，主要农作物耕种收综合机械化率仍处于全国末位，2022年贵州主要农作物耕种收综合机械化率为46%，低于全国平均水平（73%）27个百分点，比周边的四川（67%）、重庆（54.9%）、广西（68.3%）、云南（52%）、湖南（56.4%）分别低21、8.9、22.3、6、10.4个百分点。(见图5)

这主要原因是受贵州地理条件、农业基础设施所制约。贵州是全国唯一没有平原支持的省份，山地和丘陵面积占国土面积的92.5%，坝区面积仅占7.5%，素有“八山一水一分田”之说。全省现有耕地面积5208.93万亩，其中15度以上耕地2309.99万亩，占耕地总面积的44.35%，多为梯田、梯土和坡耕地，且田坎多、坡度大。可见，现代农业发展基础“先天不足”。

（二）趋势分析

1. 农文旅深度融合将焕发新活力

疫情过后，随着旅游业的复苏，人们外出旅游更倾向于选择以安全、

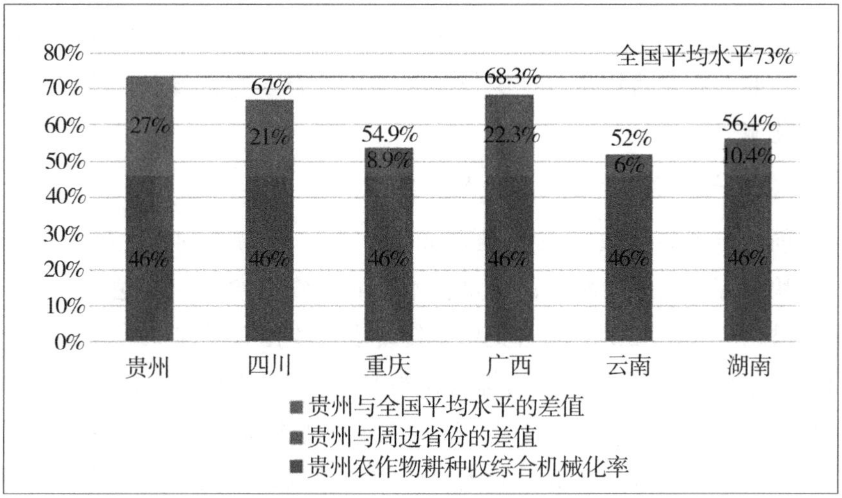

图 5　2022 年贵州与周边省市自治区、全国平均水平的机械化差值

休闲、康养等为要素的旅游方式，以这些元素为主的乡村文化旅游将越来越受更多人青睐。一些传统农业与旅游、民俗、文化创意产业深度融合，打造乡村新业态，形成“茶+旅游+文化创意”“农业+体育旅游+民俗”等的产业发展模式，这意味着乡村产业发展将从传统型走向融合创新型，尤其是农文旅深度融合将焕发贵州乡村产业发展新活力。其理由是：贵州丰富的人文资源和良好的生态环境将加速推动农业一二三产业深度融合发展。贵州具有特色优势产业、宜人气候、丰富多彩的民族文化等资源，将“山地、生态、绿色”为显著特征的农业与文旅深度融合，延伸农文旅产业链，充分发挥“一二三产”叠加效应，以农业促进文旅、以文旅带动农业的深度融合发展之路，将为推进贵州农业农村现代化发展带来新活力。

2. 智能农机装备将为农业农村现代化注入新动能

农业机械化、智能化是现代农业的发展趋势，是推进农业农村现代化发展的重要抓手。随着大规模推进高标准农田建设，贵州农村耕地“宜机化”也得到显著提升，丘陵山区、百亩大坝随着高效生产配套装备的普及，机械化、智能化应用场景更加广阔，能够适应不同生产规模、不同环节的智能农机装备将不断涌现。同时，农机智能化更能契合农户需求，其理由是：贵州农户家庭收入来源主要是外出务工，纯从事农业生产的农户较少，并且在家从事农业生产多数是老人，这部分农户对第三方农机农事社会化服务的需求增多。因此，未来智能农机装备的应用将是必然发展趋势，新型职业农民将逐步以提供智能农机装备服务为突破口，从事综合农事一体化服务。

3. 农业产业链数字化特征更加明显

当前，全国各地数字农业推进如火如荼，以物联网、大数据、云计算、区块链等为代表的新一代信息技术在农业农村领域深度融合应用，对农业决策、生产、加工、流通交易等传统农业生产模式带来极大挑战。作为首个国家级（贵州）大数据综合试验区，要加快乡村信息基础设施建设，构建现代农业“三大体系”，推动农业大数据资源整合、盘活农村资源资产，发挥农业大数据资源的重要作用，通过数字技术在农业产业链的更多环节中得到应用，赋能传统农业各个环节的数字化转型升级。

四、2023 年贵州推进农业现代化的对策建议

（一）持续保障粮食安全和重要农产品供给

1. 持续开展撂荒地整治

开展撂荒地整治行动，强化村“两委”对耕地保护的主体监管意识和农户对撂荒土地法律责任的认识，摸清撂荒耕地面积底数，建立问题台账，因地施策逐一解决，确保应种尽种、满栽满种。

2. 大力抓好高标准农田建设

以粮食生产功能区和重要农产品保护区为重点，围绕土地整治、灌溉排水、田间道路、农田防护和输配电等重点，实施耕地“宜机化”改造，通过土地平整，优化土地资源。增强高标准农田管护意识，着力推进建后管护机制建设，根据不同区域实行差异化管护机制，保障管护资金，建立专门管护队伍，确保高标准农田良性运行，确实提高高标准农田产出能力和永续发展力。

3. 做好防灾减灾

组织农技干部深入田间地头，切实加强作物苗情、墒情和病虫害监测

预报。完善农业应急机制，增强防灾就是增产意识，着力提升储备救灾种子、抗旱排涝机具等物资的调度能力。大力改善农业生产用水条件，全力推进水稻、玉米等作物实施政策性农业保险，保障粮食稳定生产、稳定增收。

（二）持续加快山地宜机化改造

1. 全力提高水稻、油菜耕种收综合机械化率

以提高水稻、油菜耕种收综合机械化率为突破口，大力提升主要农作物耕种收综合机械化率。抓紧抓实水稻、油菜全过程机械化，聚焦粮食稳产增产，精心组织重要农时机械化生产，突出抓好机收减损，着力提升薄弱环节机械化水平。

2. 补齐丘陵山区农机装备短板

结合丘陵山区地貌特征和具体作业场景，研发和推广多功能耕整地机、开沟施肥、对靶喷药、旋耕除草等中小型农机装备，细化实化机械化生产短板需求，设立研发项目并实施产学研一体化推进农机装备和农业机械化发展。通过提高机械化、智能化作业实现节种、节水、节肥、节药、节省人工成本。

3. 培育壮大农机社会化服务组织

鼓励和支持农机社会化服务组织培养和引进信息技术专业人才，大力增加对智能农机操作、智能终端使用等方面的培训。鼓励引导农机社会化服务组织以农机化产业群产业链为突破口发展壮大，突出农机社会化服务，推动农机社会化服务组织产业化发展壮大。大力推广“全程机械化+综合农事”等服务模式，从而提高机械化生产质量和效率。

（三）突出特色优势发展乡村富民产业

1. 围绕主导产业，突出地方特色优势

聚焦主导产业、重点产业、特色产业，强化区域特色产业错位发展，深入发展“一乡一业、一村一品”特色生态农业经济。通过围绕市场需求，秉承资源禀赋，因地制宜优化农业产品产业结构，做大做强优势特色产业，推进产业提档升级。

2. 加快推进多业态融合

大力推进农业“接二连三”融合发展，要注重运用全产业链思维，重点与工业、服务业深度融合，尤其加快与现代信息技术的深度融合。结合实际重点发展农产品加工业、农村电商、休闲农业和乡村旅游业等各类富民乡村产业，拓宽群众就业增收渠道。

3. 完善利益联结机制，促进农户持续增收

重视发挥新型农业经营主体帮扶带动作用，探索完善产业化集群内龙头企业、深加工企业、销售企业和物流企业之间的利益联结机制及上下游产业链的运作机制。积极探索保底分红、劳务收入、资产收益、二次分配、共享成长等利益联结方式，让农民更多参与到产业组织和产业链中，带动农民深度参与合作发展，让农民更多更稳定地分享土地流转、产品加工、销售环节等环节的增值收益。打造以龙头企业牵引、家庭农场和农民合作社跟进、广大农户参与的产业化联合体，实现加工在城镇、基地在村、增收在户，改变农民与土地、产业增值关联度不大的困境。

（四）持续培育壮大家庭农场

当前，家庭农场是贵州推动农业农村现代化的新生力量，积极支持承包土地向家庭农场流转，发展多种形式的适度规模经营。一是建立完善家庭农场管理制度。以县（市、区）为重点建立健全家庭农场名录管理制度，加强家庭农场统计和监测，实行动态管理。二是大力推进家庭农场示范带动。结合家庭农场的劳动力状况、农业区域特色、经营管理能力、物质装备条件、适度经营规模、生产经营效益等因素，加大示范家庭农场创建力度，加强示范引导。三是加大政策支持力度。强化政策支持，积极探索在生态农业、绿色发展、提高能力等方面的政策支持。重点以提供金融支持为主，推动财政补助、信贷支持、保险保障等政策。引导支持家庭农场规范化管理、标准化生产，并鼓励支持采用科技生产手段和数字化管理，助促家庭农场高质量发展。

（五）深入推进农村改革，发展壮大农村集体经济

深入推进农村“三变”改革、农村集体产权制度改革，加快推动资源

变资产、资产变资金。建立农村产权流转交易市场，盘活农村“沉睡”资源。推进农村集体资产监督管理平台建设，建立完善政府拨款、财政资金项目等形成的资产折股量化到村集体经济组织的管理机制。优化“龙头企业+合作社+农户”的组织方式，因地制宜推广“反租倒包”“抓两头带中间”等模式，把发展壮大村级集体经济与现代农业、乡村治理、美丽乡村建设有机结合起来，探索集体经济发展新模式，推动村级集体经济快速发展。

（六）加强科技支撑，为加快建设现代山地特色高效农业强省插上“翅膀”

一是着力强化产学研合作，支持产业化集群建立科技研发平台，加大资金支持龙头企业联合科研单位、高等院校开展产学研深度合作，要充分发挥龙头企业的科技创新主体作用，在重点领域、关键技术研究上取得新突破。二是着力农产品加工环节技术创新，着力以本地特色优势产业原材料为主，开发新产品和新工艺，加快农产品传统加工技术改造，打造加工技术集成科研基地。推动加工产学研用一体化建设，全力提升农产品精深加工能力，增加特色优势产业附加值。

2022年贵州推进旅游产业化报告

李代峰　肖　越

2022年，贵州省坚持以习近平新时代中国特色社会主义思想为指导，坚持“练好内功、见诸行动、统筹推进”，抢抓国发〔2022〕2号文件政策红利，统筹疫情防控、安全生产和经济社会发展。围绕举旗帜、聚民心、育新人、兴文化、展形象，持续推动旅游产业化“两大提升”“四大行动”，不断提升旅游产业内生动力，持续扩大多彩贵州民族特色文化影响力，建设多彩贵州民族特色文化强省和旅游强省。

一、2022年贵州推进旅游产业化的主要政策和举措

（一）破解旅游产业化短板，优化建立新机制

在贵州旅游产业化的过程中，旅游统计及大数据监测、旅游市场规范整顿、金融投资策略、低效项目盘活等是关键的部分。2022年，贵州在摸清全省旅游发展情况的前提下，优化建立了若干新机制，以期从源头上破解旅游产业化障碍和短板。

1. 完善旅游统计机制，建立旅游经济运行监测机制

旅游产业化涉及众多部门，为使旅游数据统计分析更具有代表性，旅游预测更具有准确性，旅游决策更具权威性，贵州加强横纵向沟通，争取上级部门的指导把关，从各个方面优化旅游经济制度。一是优化旅

作者简介：李代峰：贵州省社会科学院文化研究所副所长、副研究员；肖越：贵州省社会科学院历史研究所助理研究员。

游统计制度。在持续确保统计方法和程序符合国家有关制度要求的前提下，优化采样点数量和类别，采样点由 495 个增加至 600 个，样本问卷从 12 万份增加至 24 万份，采样时间兼顾节假日和月度、周末和平时，每个市州可以形成较为全面的采样点分布机制。二是建立旅游经济运行监测机制。2022 年，贵州汇总公安、交通、通信等部门的数据，从旅游目的、游客来源、过夜游、出行交通、人均花费等方面进行经济监测，对景区、酒店、乡村等重点点位进行分析，每月中旬分析预判，下月初总结研判，提出针对性措施。

2. 建立市场监管机制，开展市场整顿措施

旅游市场安全是旅游产业化的前提、基础和保障。贵州省先后制定并发布了《旅游城市建设与评价》（DB52/T 1401. 40-2022）、《特色旅游小镇建设要求》（DB52/T 1401. 41-2022）、《文化旅游商品基地规范与评定》《利用油菜、水稻制作田地艺术景观技术规程》等标准；出台了景区玻璃栈道等新业态监管措施、旅游市场秩序整治三年行动；先后开展了旅游市场专项整治“百日行动”，涉旅餐饮食品安全专项检查工作，流通领域旅游鞋产品质量监督抽查工作等活动采用“电子行程单+车辆调配平台”的方式规范旅行社和团队游管理，进一步遏制了旅游乱象向贵州蔓延的势头，强化了源头治理、社会协同、科技支撑。

3. 优化建立金融支持机制，促进旅游消费活力

为支持旅游产业化发展，恢复旅游投资信心，促进旅游消费活力，贵州加快成立金融服务中心、完善投资基金管理措施、实施供应链金融计划等。2022 年，在旅游金融投资方面，贵州组建了省文化和旅游企业金融服务中心，实施供应链金融计划，出台了《关于加强金融支持文化和旅游产业高质量发展的若干措施》《关于强化省文化旅游产业投资基金管理促进文旅产业高质量发展的若干措施》《贵州省推进基础设施领域不动产投资信托基金（REITs）试点方案》等，预期 2023 年，促成 1026 个项目意向签约 63. 42 亿元，组织金融机构为文旅企业新增贷款 189. 64 亿元，为 48. 13 亿元贷款降息，促进 600 家企业参与供应链金融计划并授信 5000 万元，从而更好破解轻资产旅游企业融资难问题。在促进旅游消费活力方面，贵州印发了《贵州省促进绿色消费实施方案》

《2022 年“多彩贵州·助商惠民”促消费专项行动方案》等，拉动社会消费品零售额大约 7 亿元左右，大约 60 多万中小微市场主体受益，从而进一步提振消费信心、激发消费需求，发挥好消费对经济增长的基础性作用。

4. 建立闲置低效旅游项目盘活机制

为使闲置低效旅游项目盘活工作有章可循，贵州从制定盘活攻坚方案、建立包保工作机制两方面入手，建立了闲置低效旅游项目盘活工作体系。首先，在摸清全省闲置低效旅游项目底数之上，经过各方综合研判，制定了盘活攻坚方案、导则、标准，主要内容包括“七个一批”盘活路径、十项原则和十条方法。其次，建立了包保工作机制，明晰了抓招商、明确在盘活工作中要提“六力”、促盘活的主攻方向和“五增一降”工作指标。最后，为强化盘活机制的落实，要实施日常调度、约谈、督办、现场督导等工作机制。

表 1　2022 年“新”工作机制重点政策和措施

机制	主要方面	重点政策和措施
完善建立旅游经济新机制	优化建立旅游统计制度	增加采样点和采样类别，增加采样时间
	建立旅游经济运行监测机制	每月中旬分析预判，下月初总结研判
金融支持机制	金融投资	《关于加强金融支持文化和旅游产业高质量发展的若干措施》
		《关于强化省文化旅游产业投资基金管理促进文旅产业高质量发展的若干措施》
		《贵州省推进基础设施领域不动产投资信托基金（REITs）试点方案》
	提升消费活力	《贵州省促进绿色消费实施方案》
		《2022 年“多彩贵州·助商惠民”促消费专项行动方案》

续表

机制	主要方面	重点政策和措施
市场监管	相关标准	《旅游城市建设与评价》（DB52/T 1401. 40-2022）
		《特色旅游小镇建设要求》（DB52/T 1401. 41-2022）
		《文化旅游商品基地规范与评定》
		《利用油菜、水稻制作田地艺术景观技术规程》
	相关措施	出台景区玻璃栈道等新业态监管措施
		旅游市场专项整治“百日行动”
		涉旅餐饮食品安全专项检查工作
		流通领域旅游鞋产品质量监督抽查工作
建立闲置低效旅游项目盘活机制	制定盘活攻坚方案	全面摸排，建立项目清单台账；分类施策，推进项目盘活提升；集中攻坚，以点带面重点突破；深化改革，增强持续发展能力
	建立了包保工作机制	明晰了抓招商、提“六力”、促盘活的主攻方向和“五增一降”工作指标；实施日常调度、约谈、督办、现场督导等工作机制

（二）坚持明晰路径、聚焦重点、积极开展“四大行动”

1. 大力实施市场主体培育行动，创新招商引资模式

市场主体的壮大，既要做好省内企业的培育工作，又要做好龙头企业及旅游商家的引进。2022 年，贵州省出台了《贵州省培育壮大市场主体行动方案（2022—2025 年）》《贵州省服务业创新发展十大工程省级龙头企业认定管理办法》等，分类做好重点企业的上市培育工作、新增规上涉旅企业的培育方案、国有旅游资产优化重组，国有企业景区“三权分置”试点改革等工作。于此同时，加大招商引资力度，推出了“‘四化’+生态环保”基金助力招商引资新模式，出台了《关于建立粤黔两省更加紧密的结对帮扶关系的实施意见》，举办了 2022 年亚洲山地旅游推广大会、2022 年贵州广东文化旅游企业结对会等招商活动。

2. 创新融合推进业态升级行动，强推夜间经济发展

2022 年，贵州省紧扣“创新”“融合”两大内生动力，强力推动业态由观光游、组团游向体验游、自驾游升级。一方面，从建立创新平台、推出创新业态、提升购物业态三个方面来为业态升级注入创新力量，组建了文旅融合创新共建共享平台，开展创新产品研发、中试、应用和产业化，促进省内外优秀企业研发推广创新产品，倡导特色及重点旅游目的地推出了 VR 产品、夜游演艺、探险滑索、露营等业态，各大旅游景点举办旅游商品大赛，升级商品购物店等。另一方面，从文化遗产活化利用、交旅融合、酒旅融合、体旅康旅融合、大数据与旅游融合等方面，推动文旅融合产生新业态。

3. 固本强基推进服务质量提升行动，提高服务质量

服务质量包含有形性、可靠性、响应性、保证性、移情性五个维度。2022 年贵州着力于有形性、可靠性、保证性三方面提升旅游服务水平。在制度完善方面，先后印发了《贵州省“十四五”公共服务规划》《贵州省政府定价景区门票及景区内交通运输服务价格清单》《关于劳务品牌建设的实施意见》等。在“硬件”设施方面，加强高速路服务区充电桩建设，新建改扩建旅游服务中心，促进 5G 信号在 5A 景区全覆盖。在“软件”服务方面，开设智慧景区开发与管理等 9 个高职专业，开展旅游服务人员的技能培训和比赛，制定温泉度假地标准和黔菜、民宿等标准。

4. 集中攻坚推进闲置低效旅游项目盘活行动

秉承市场化、质量效益、先易后难原则，2022 年，贵州对闲置低效项目开展分类施策、逐个研判，定期调度、实地督导等工作。对于 218 个项目，根据实际情况选择进行启动续建、“瘦身”止损、压减投资、转变用途、转让重组、提升管理、关停整改等措施。积极引进 149 家企业，做好招商工作，推动国有企业重组资产、完善法人治理结构和经营机制，强化运营管理，促进闲置资源的盘活。

表 2　2022“四大行动”重点政策和措施

四大行动	主要方面	重点政策和措施
市场主体培育	主体培育	《贵州省培育壮大市场主体行动方案（2022—2025 年）》
		《贵州省服务业创新发展十大工程省级龙头企业认定管理办法》
		《贵州省促进服务业领域困难行业恢复发展实施方案》
	招商引资	推出了“‘四化’+生态环保”基金助力招商引资新模式
		《关于建立粤黔两省更加紧密的结对帮扶关系的实施意见》
		举办 2022 年亚洲山地旅游推广大会
		编制《“为资金找项目、为项目找资金”融资口袋书》
		《建立黔东南州“黎从榕”打造对接融入粤港澳大湾区“桥头堡”推进协调机制框架协议》
服务质量提升	完善制度	《贵州省“十四五”公共服务规划》
		《贵州省政府定价景区门票及景区内交通运输服务价格清单》
		《关于劳务品牌建设的实施意见》
	硬件设施	建设高速路服务区充电桩
		新改扩建旅游服务中心
		5G 信号在 5A 景区全覆盖
		印发《关于加强北斗位置服务能力建设 拓展服务领域支撑经济社会发展的服务指引》
	软件服务	公布 2022 年“生态黔菜”示范店和体验店名单
		举办创新创业大赛和职业技能大赛，着力培养技能型劳动者大军
业态升级	创新业态	建立创新平台、推出创新业态、提升购物业态
	融合发展	体旅融合：“遵义赤水·乌蒙体育旅游线路入选 2022 年国庆假期体育旅游精品线路”；推动体育旅游示范区创建
		交旅融合：贵州交通职业技术学院交旅融合协同创新中心揭牌暨文化千岛艺术馆开馆等
		林旅融合：建生态旅游体系，森林康养，加强生态旅游开发管理，推进生态旅游基础设施建设等

续表

四大行动	主要方面	重点政策和措施
闲置低效资产盘活	多措并举	启动续建，“瘦身”止损，压减投资，转变用途，转让重组，提升管理，关停整改
	重点项目	推动净心谷景区（含水司楼）、乌江寨、青岩·寻坊、海龙屯下寨土司小镇、荔波古镇等

（三）转变工作作风，强能力“练好内功”

1. 增强经济部门意识，提高公共经济部门效率

文旅部门不仅是管理部门更是经济部门。2022年，贵州省文旅系统不断增强市场意识，提升文旅服务管理现代经济的能力水平。在工作衡量中，更加注重采取指标量化手段，将底数与目标进行量化，将具体措施落实到具体点位。更加注重文旅产业发展的经济效率，用数据说话，更多考量投入资本回报率，破除“收文、发文”和“评牌、授牌”的固有定势，调动企业更多的积极性，用市场机制、金融手段、改革办法推动工作。

2. 增强系统观念，实行闭环管理

系统观念是具有基础性的思想和工作方法，旅游产业化的“四大行动”和“两大提升”是紧密相连的。2022年，贵州省强化“四大行动”工作方案的相互切合性和相互补充性：市场主体培育行动主要围绕上市企业、龙头企业、规上限上企业、“小转规”企业、招商引资、金融支持、“三权分置”改革等7方面制定子行动方案；业态升级行动主要围绕景区、民宿、餐饮、旅游商品、交旅融合、酒旅融合、康旅融合、自驾车旅居车营地、产品线路营销推广等9方面制定子行动方案；服务质量提升行动主要围绕旅游安全和市场秩序、旅游基础设施、旅游目的地公共服务、旅游服务标准化规范化品牌化、旅游从业人员素质提升等5方面制定子行动方案。2022年，注重旅游工作的闭环管理：聚焦旅游业疫情防控、安全生产和市场秩序整治，主要着力于经济运行调度和市场主体纾困，明确每项工作完成时限，实行闭环管理，充分做到每项工作从部署落到实处。

二、2022年贵州推进旅游产业化的主要成效

2022年，全省接待游客、旅游收入降幅较大，但游客人均花费1066元，同比增长3.4%，接待人次增速与全国平均水平相当，旅游收入增速略高于全国平均水平，2022年旅游产业化取得了一定的成绩。

（一）市场主体培育行动取得实质进展

一是文旅消费刺激效果显著：2022年，省级发放1.6亿元文旅消费券，并已全部核销，用券用户直接使用消费券所产生的订单金额累计6.8亿元，带动率1：4.25；用券用户整体购买旅游相关商品产生订单金额累计14.43亿元，带动率1：9.02。在此期间参与平台共产生贵州文旅消费订单1745万个，总价累计135.71亿元，溢出效应达到1：85，拉动7—9月旅游收入5.9个百分点。二是分类培育市场主体工作进展顺利：推动9家涉旅企业进入上市挂牌后备库，加快了荔波金鑫、西江运营等公司上市培育步伐，部分民营旅游商品企业启动上市培育工作；新增规上涉旅企业132家；一企一策制定10家龙头企业、20家规上企业培育方案，50家小升规企业纳入培育库，遵义、六盘水、安顺、铜仁等加速了国有旅游资产优化重组进程；同步开展了18家国有企业景区“三权分置”试点改革。三是招商引资力度加大：2022年贵州广东文化旅游企业结对会等招商活动，推介文旅招商项目1042个，全省签约项目共462个，签约金额576亿元，累计到位资金约300亿元。四是金融支持继续强化：2022年45亿元文旅基金已全部投放，共带动23个“四大行动”项目总投资157.26亿元。地方政府专项债券支持18个项目9.49亿元。发放“乡村旅游e贷”10.85亿元，惠及乡村旅游经营户1.53万户。

（二）重点项目的业态升级取得创新性成果

一是体验及购物业态有所突破创新：西江千户苗寨推出“飞览天下·飞越贵州”VR产品，青岩古镇、乡愁贵州、水城古镇等推出夜游演艺业态，天河潭推出高空滑索、探险、烟花光影水秀等拓展业态，梅花山度假区推出乌托邦露营基地、漫步云霄等体验业态，净心谷、海龙屯下寨土司

小镇已完成娄山风景名胜区总体规划批复和相关手续办理，正逐步丰富烟花秀、无人机表演、考古研学等业态；荔波小七孔和古镇推出景区特色小吃和夜游体验业态；包括黄果树在内的7个5A级景区，赤水河谷、野玉海2个国家级旅游度假区，习水土城古镇等4个4A级景区，及乌江寨、贵州饭店等15个优质景区、度假区、酒店选用更多特色旅游商品升级购物店。二是文旅融合全面展开：都匀毛尖制茶技艺入选人类非物质文化遗产，14个项目入选2022年“全国非遗与旅游融合发展优选项目名录”，发布了10条以“世界发现贵州非遗之美”为主题的非遗主题旅游线路，省博物馆展陈有所提升，省地质博物馆建成并开始运营，长征数字科技艺术馆建设进程加快，从而推动了文化遗产的活化利用。坝陵河大桥观光、科普、高空蹦极项目和青岩服务区黔酒博物馆、酒店、休闲街项目等交旅融合项目建成并投入运营；茅台酒镇、兴义贵州醇等10个酒旅融合项目启动；创建了体旅融合示范基地16个，提升森林康养基地10个。值得关注的是，2022年，44个项目及42家企业融入大数据，其中黄果树景区荣获全国“2022智慧旅游创新项目”，“一码游贵州”平台扩容升级，累计访问量约4亿次，交易额约9500万元。

（三）旅游基础设施改善，服务水平得到提升

一是市场监管继续进行：通过“黔锋行动”的开展，查处违规企业316家，立案调查43起，吊销证照24个，停业整顿7个，查处无证导游72名，关停违规购物场所32家，旅游市场更加规范与安全。二是旅游硬件设施增多：高速公路服务区充电桩已进入88个县区，5G信号已进入全部5A级景区；60%的3A级以上景区通三级以上公路；新建改扩建游客服务中心5个、停车场10个、旅游厕所100座。三是旅游软件设施加强：贵州文化旅游职业学院新增智慧景区开发与管理等9个高职专业，扩大招生1000人；举办星级饭店、导游、民宿等从业人员职业技能大赛，选树优胜人才90名，带动全省从业人员1000余人参与服务技能培训提升；在荔波小七孔组织全省景区高管和一线人员180人开展现场培训和在岗锻炼，把荔波小七孔的管理和服务经验向全省4A级以上景区推广；制定温泉度假地标准，推动7个项目提质达标；同步编制黔菜、民宿等标准并组织宣传推广。

（四）闲置低效旅游项目盘活

一是分批分类推进项目。218个项目中，11个已启动续建；18个“瘦身”止损，压减投资92.4亿元；23个转变用途；8个推进转让重组；83个提升管理，实现人次和收入增长；19个已办理完善手续76件；2个正在关停整改。值得关注的是，乌江寨、青岩·寻坊、海龙屯、荔波古镇等一批重点项目盘活取得实质性进展。二是抓招商促盘活。已引进149家企业，到位资金15.87亿元；文旅基金支持11个项目16.87亿元；专项债支持8个项目8.12亿元；98个项目正在推进219个业态升级；61家国有企业重组资产、完善法人治理结构和经营机制。三是强化运营管理。净心谷推进景区运营与酒店续建，加快酒店和景区恢复运营；乌江寨景区通过引入投资运营团队，于2022年5月1日正式运营；青岩·寻坊项目由省桥梁集团以创景公司进行股权置换，交由贵阳市统筹运营，已引进一批优质运营企业。2022年6—8月，218个项目接待1724.04万人次、实现收入10.85亿元，同比分别增长40.02%、102.13%；218个项目比5月底资产总额增加10.67亿元，总资产负债率比5月底下降约2%，54个项目实现净资产收益率转正。

（五）文化事业全面取得进步

一是精品文艺创作展演取得新突破。2022年，音乐作品《守望·撒麻》荣获第十九届国家“群星奖”，黔剧《腊梅迎香》荣获“文华大奖”提名剧目，“丰子恺遵义执教80周年纪念展”获全国“优秀展览项目提名”。同时侗戏、布依戏等5个剧种得到良好的保护传承，并且举办了2022多彩贵州文化艺术节、首届多彩贵州溶洞音乐周等活动、“贵州美术馆100幅典藏版画精品展”“黔韵山骨·唯精至道”、“湖北·贵州·现在时”美术交流展、“多彩贵州”系列文艺评奖美术大赛。二是文物保护利用取得新进展。2022年，海龙屯城址等4项成果入选新时代百大考古新发现。完成了《长征国家文化公园文物保护利用示范县认定管理办法》（草案）、《长征主题革命文物保护展示示范基地创建管理办法》（草案）国家课题研究，推进丝绸之路南亚廊道和长江文化文物资源调查研究，开展了屯堡考古调查研究、传统村落濒危文物调查、三线遗产调查。另外，省文保中心荣获全国石窟寺调查先进集体。除此之外，启动了赫章等地考古发掘和贵州医科大学新校区考古发掘工作，编辑完成《贵州三普资料集成》《贵州石刻文献集成》。三是非遗保护传承展现新活力。2022 年，出台并开始实施《进一步加强非物质文化遗产保护工作的实施意见》。黔东南民族文化生态保护实验区验收工作正在有序开展。遴选 11 所院校和 26 家企业为非遗研培基地。58 名传承人获第六批国家级非遗代表申报资格；34 名确有专长非遗传承人入选省中医管理局医师资格名单。认定非遗工坊 316 家。开展“文化进万家”暨“美拍多彩贵州·悦享非遗年俗”活动，完成以贵州苗绣为元素设计的“非遗购物节”LOGO 获文旅部表扬。四是公共文化服务体系不断完善。完成 100 个易地扶贫搬迁综合性文化服务示范点、18 个“城市主题书房”、18 个基层综合文化站（中心）示范点建设。完成第七次县级以上公共图书馆评估定级工作。实施“春雨工程”“阳光工程”“圆梦工程”文化志愿服务项目。组织开展全民阅读、“我们的中国梦”文化进万家、“三下乡”等送文化下基层活动 300 余场。推进省文化馆异地扩建，推动北京路影剧院改扩建项目。完成 2021 年智慧图书馆体系建设和公共文化云建设项目。

三、2023 年贵州推进旅游产业化面临的形势和挑战

伴随着城乡居民流动和接触性消费的限制措施的取消、新冠感染高峰的过去、城乡居民出游意愿的提高或爆发，2023 年贵州的旅游经济将由“谨慎乐观”逐步上升为“乐观”，2023 年，将呈现“稳开高走、加速回暖”的态势。春节假期将成为疫情以来最值得期待的春节旅游市场，清明节、端午节、劳动节等假日旅游，加上商务旅行的刚性需求，贵州第二季度的旅游市场将进入预期转强和供给优化的新通道。随着避暑旅游高峰期的来临，暑期将会迎来全面复苏，甚或接近疫情前同期水平。

（一）疫情后，市场主体经营困难，从业人员不稳定

过去一年，旅游企业纾困措施虽然有一定成效，但旅游市场复苏需要过程，旅游企业经营情况改善有快有慢。减税降费、缓交社保等政策大多截至 2022 年底，随着社保基础上涨，需要补交的社保费用负担陡然增加，

旅行社补交保证金压力很大。可见，2023年很多旅游企业会迎来刚性成本兑付“洪峰”。而疫情三年的非常态化经营，让旅游业的人员流失非常严重，从事旅游业的人员及相关人才急剧减少。特别是旅行社及旅游景区，人员的流失情况非常严重。贵州旅游经营具有明显季节性，旅游业人才的培养是需要一定时间的，而随着市场的快速恢复，从业人员的严重短缺和人才的断档将显得尤为突出。因此需要更加稳健的政策扶持，也需要适当适时延长涉旅优惠政策实现、错开政策到期期限，鼓励质保金保险产品研发推广。

疫情三年的非常态化经营，让旅游业的人员流失非常严重，从事旅游业的人员及相关人才急剧减少。特别是旅行社及旅游景区，人员的流失情况非常严重。贵州旅游经营具有明显季节性，旅游业人才的培养是需要一定时间的，而随着市场的快速恢复，从业人员的严重短缺和人才的断档将显得尤为突出。

（二）文旅企业的改革步伐缓慢，龙头企业带动作用不明显

近几年，贵州国有资本成立的文投、旅投公司带动了旅游市场的投资，也获得了越来越多的优质旅游资源。目前，国有企业资产业务重组、完善法人治理结构和经营机制的步伐不够快，规模小、能力弱、机制僵化的问题还没有根本改变，还没有形成像其他一些省份那样的文旅龙头企业，各市（州）旅游企业基本是各自作战的局面。因此，需要民间资本去帮助旅游景区丰富产品链，帮助旅游企业完成商业模式转型和提升；需要通过整合文旅资源，逐步在景区、酒店、餐饮、交通、购物、娱乐等版块分别培育骨干企业，优化资源配置、实施品牌战略，积极创造条件，推动整体上市，将文旅集团打造成一个全新的要素齐全，推动区域内旅游资源协同发展，构建全域全季旅游体系，做强做大文旅产业。

（三）文化遗产保护、文艺创作和公共文化服务仍存在短板

全省各地对文物安全性的重视还不够。非遗资源普查、挖掘和整理工作还需完善，传统村落和少数民族特色村寨非遗资源的种类、数量、分布状况等情况，还未全面系统了解和掌握。文艺创作数量仍不多，文艺领军人才、骨干人才、中青年人才的结构不合理。公共文化服务在区域和城乡

间仍然存在双重差距，需要提升公共文化服务普惠化和均等化水平，需要加强公共文化服务精准对接，提升公共文化服务效能，需要提升发展平台和服务内容，提升公共文化服务智慧化水平。

四、2023年贵州推进旅游产业化的展望

2023年，贵州将以“提振信心、扩大消费、提升品质”为主线，提高文化遗产保护传承利用水平，持续创作更多艺术精品，不断增强提升发展平台和服务内容，提升公共文化服务智慧化水平，扩大“山地公园省·多彩贵州风”的品牌影响力，从而全面提高贵州旅游产业发展质量、发展品质和发展的国际化水平。力争实现旅游人次、旅游收入、旅游及相关产业增加值比2022年分别增长20%、30%、20%左右。旅游及相关产业增加值占GDP的比重保持在5%左右。游客人均花费达1150元左右，比2022年同比增长8%左右，比2019年增长3.5%左右。在长三角、珠三角、京津冀和港澳、日韩、欧美等重点客源市场取得快速恢复发展，带动省外、境外旅游人次分别增长44%、820%以上，恢复至2019年水平。本省旅游人次增长13%以上，达到2019年的110%。过夜游客同比增长110%，恢复至2019年水平。

（一）全面展开营销，强化流量运营，推进旅游产业化“两大提升”

2023年，贵州需紧紧围绕“山地公园省·多彩贵州风”品牌，细化品牌产品、品牌线路；挖掘特色优势亮点，开展民宿、康养、非遗等12个特色主题营销，制定每个主题营销方案，开展系列营销活动；精心谋划召开好全省旅游发展大会，谋划开展“度寒冬到南方，度盛夏到贵州”等旅游推介活动；将“万桥飞架”作为贵州的新名片，带动贵州旅游的再一次井喷式发展。

针对贵州本地人，主推周末游产品和亲子游产品，面向长三角、珠三角、京津冀、川渝贵“西三角”等重点客源市场推出精品线路和产品，以港澳、日韩、欧美为重点开展境外宣传推广。重点依托OTA平台资源，发挥并集合携程产品供给、同程高铁订票、马蜂窝高端定制、驴妈妈攻略推送、美团特色餐饮等优势，开展平台营销。以“春赏花、夏避暑、秋风

情、冬康养”为四季主打产品，开展四季营销。充分利用会议、论坛、大赛、节庆活动等开展活动营销。通过系列全面营销，增加话题性，增强曝光率，扩大贵州旅游的知名度和影响力，提升旅游流量。另外，充分利用贵州大数据优势，在旅游数据统计、监测和分析的基础上，加强流量运营，勾勒出游客画像，提高营销的针对性，提高线上旅游流量的转化率。

（二）聚焦“特意性”资源，强化四大行动

1. 要紧盯“特意性”资源，推进业态升级行动提品质

以“9+2+2”（9 家 5A 级景区+西江苗寨、万峰林景区+2 家国家级旅游度假区）“特意性”资源为重点，推进业态升级，打造贵州升级版旅游名片。从景区、住宿、餐饮、商品、演艺娱乐、业态创新、文旅融合等 7 个方面，推进业态升级。

在旅游景区升级方面，要推动“9+2+2”景区业态向体验式度假式方向升级，加强“随意性”旅游资源和业态集聚联动。推动喀斯特地貌景区发展科普研学业态，西江千户苗寨、万峰林、中国天眼创建国家 5A 级旅游景区。在住宿升级方面，在“9+2+2”景区周边培育创建 50 家等级民宿和 7 家五星级标准的酒店，在全省范围内新增民宿市场主体 1000 家，在市（州）中心创建 8 家高品质全国连锁酒店和 30 家经济型全国连锁酒店。在特色旅游餐饮方面，制定《贵州美食旅游指南》并加快黔菜及便携菜品的推广，加快景区内部及周边的“黔菜”体验店、快餐店的布局，打造“黔山宴”美食综合体。在旅游商品方面，围绕“9+2+2”，强化设计生产、分类选品和店面布局，开发能体现地域特色、民族特色的旅游商品和文创产品。在演艺娱乐方面，以市场化方式，在“9+2+2”景区推出展现贵州特色的演艺产品，每个景区打造常态化演艺业态，开展文艺演出 100 场以上，并不断打磨提升，推出一批旅游演艺精品项目。在业态创新方面，以贵阳市为首个试点城市，围绕“9+2+2”景区组织研究推出 7 个市场青睐、具有行业影响力的新业态新项目。

2. 完善服务配套，推进服务质量提升行动上水平

2023 年，聚焦“9+2+2”“特意性”资源，进一步完善 5A 级景区、五星级酒店等“金字招牌”和民宿重点村镇、高速服务区、交通场站等重

点环节的硬件设施，加大旅游从业人员培训选拔力度，推动各类线上平台数据资源整合共享，巩固旅游安全和市场秩序，提升现代化治理能力。

在市场监管方面，通过跨部门联合监督，全面建立安全管理制度，健全应急管理机制，提升应急管理能力，严厉打击查处“不合理低价游”、未经许可经营旅行社业务、未取得导游证从事导游活动和强迫、诱导购物等违法行为，收集第三方舆情信息，加大旅游投诉力度。在旅游设施方面，重点围绕“9+2+2”景区，提升其景区的联络道路和内部道路，开通交通专线，完善英文、日文、韩文等外文标识标牌指引，建设相应的智慧化停车场和充电桩，加快5G覆盖和场景运用，从而优化重点景区、度假区、夜间文旅消费集聚区的可及性和舒适度。在旅游管理方面，使标准化、规范化成为“9+2+2”景区管理的常态化，推进“东西部协作”“共享专家智库”人才支持项目，提升全省文旅干部和从业人员的运营管理水平、操作技能和服务能力，提升一线服务人员的专业技能和行为规范水平，以赛促训，选树行业标杆，打造50个左右标杆引领的服务团队，从而全面提升旅游管理的整体水平。

3. 紧盯重点企业，推进市场主体培育行动增动能

2023年，聚焦重点市场主体，帮助龙头企业做大做强，增加其对其他企业的领头带动作用，推动国有企业的深化改革进程及“三权分置”试点改革工作，不断推动省内企业的上市。在基金管理、供应量服务、金融服务中心建设等方面，给予市场经营主体更多的支持保障。

在市场主体培育方面，要加快多彩贵州文化产业集团、黄果树中央厨房有限公司等10家涉旅龙头企业做大做强，加快遵义、六盘水、安顺、毕节、铜仁等市属国有旅游企业做优做强，推进荔波金鑫、西江运营等公司通过资产整合、债务化解、战投引入等，加快上市进程，持续推进30家试点涉旅国有企业深化改革，建立完善市场化经营机制。在旅游招商方面，建立招商项目库，重点面向“粤港澳、京津冀、长三角、华东、华中、西南”6个区域，设立1个联络处和6个联络点，2023年重点进行业态主题招商，聚焦中旅、中青旅、华侨城、首旅、携程、华住、马蜂窝、匠庐等重点企业实施台账式周调。在金融支持方面，充分发挥基金引导撬动作用，促进招商项目落地，推动“引金入黔”工作；持续指导华创证券、云码通等公司和金融机构拓展供应链金融业务，建设服务平台，建立联系服

务企业机制。

4. 以点带面，加快推进闲置低效项目的盘活

提升政务服务保障力，指导各地依法依规做好土地、林业、环评、建设等要素保障，引导建设项目合法合规、节约集约使用资源。五增一降”指标体系在盘活工作中的引导作用，以“七个一批”盘活路径分类指导，推动60个以上闲置低效项目实现盘活。在招商促盘活方面，对43个重点包装项目加强招商，优强文旅企业持续深入对接，提升政务服务保障力。在重点项目盘活方面，推动独山县净心谷景区、凯里市香炉山景区、西秀区云峰景区、钟山区月照养生谷瑞士风情一条街、七星关区鸡鸣三省景区等一批重点项目盘活工作取得重大进展，推动赤水丹霞旅游区、水城野玉海景区、盘州乌蒙大草原景区等40个项目盘活取得实质性进展。在“五增一降”方面，充分发挥“旅游接待人次和收入、资产总额、净资产收益率、新增投资明显提升，资产负债率明显下降”的“五增一降”指标体系在盘活工作中的引导作用，指导各地加强监测调度，及时分析研判，提升盘活质效。

（三）强化文旅融合，加速建设文化和旅游融合发展示范区

2023年，围绕“以文塑旅，以旅彰文”细化措施载体，让文化更好“塑”、旅游更好“彰”，加快创建国家文化产业和旅游产业融合发展示范区。其一，重点加强对屯堡文化、赫章辅处墓地、普定穿洞遗址等地开展考古调查研究，深入推进中华文化资源普查工程和第四次全国文物普查。其二，在国家公共文化服务体系示范区的创建工作中，重点支持毕节市、六盘水市的创新发展复核工作。其三，通过利用贵州省特有的桥梁、航运、白酒、森林温泉、山地农业等旅游资源，不断强化交旅融合、酒旅融合、康旅融合、校旅农旅体旅融合。其四，要深入挖掘红色文化、历史文化、民族文化、生态文化，策划实施“七个一批”持续推动“活起来”“火起来”，从而增强文化挖掘阐释呈现的效果。其五，围绕“9+2+2”培育创建非遗旅游体验空间和文创集市，持续办好“中国丹寨非遗周”“乌江寨非遗嘉年华”“多彩贵州非遗周末聚”“叙·非遗”等活动，提高非遗品牌的全国影响力和吸引力。

下篇

2022年贵阳贵安推进“四新”“四化”报告

邱凤林　董景奎　李昌欣　何思源

一、2022年贵阳贵安推进“四新”“四化”概述

2022年，贵阳贵安抢抓国发〔2022〕2号文件重大机遇，坚持“四主四市”工作思路，以高质量发展为主题，以“强省会”为主抓手，以新型工业化为主攻点，以数字经济、绿色经济为主路径，做到生态立市、工业强市、数字活市、人才兴市，围绕“强工业”“强城镇”“强‘三农’”“强旅游”“强环境”“强生态”“强民生”“强人才”等“八个强”全力推进“强省会”，推动高质量发展取得新成绩。

在新型工业化方面，以推进新型工业化作为“强省会”的核心引擎，“强工业”成为稳住经济大盘的坚实支撑。按照“强省会”首先强产业、强产业重点强工业、强工业聚焦强制造业的要求，以高质量发展为主题，坚定不移推进工业强市战略，按照“六个狠抓”① 的工作思路，聚焦做强工业企业、做大工业产业、做优工业园区，发展基础持续夯实、重点产业稳步推进、创新融合优势有效释放。2022年，全市规模以上工业增加值同比增长4.4%，全部工业增加值1041.36亿元，比上年增长2.8%，全年完成工业投资649.6亿元。制造业对经济增长的贡献达32.5%，工业投资增速

作者简介：邱凤林：贵阳市委党校副校长、副教授；董景奎：贵阳市委党校图书馆副研究员；李昌欣：贵阳市委党校信息资源管理处副处长、副教授；何思源：贵阳市委党校经济学教研部讲师。

① 贵阳贵安新型工业化“六个狠抓”的工作思路：狠抓工业目标、工业要素、工业项目、工业企业、工业产业、工业园区。

达50.04%。

在新型城镇化方面，按照“强省会”战略部署，围绕“六个抓”① 的重点思路，着力优化“强省会”的空间载体，加快推进以人为核心的新型城镇化，把以人为本的理念贯穿城市规划、建设、管理全过程各环节，不断提升城市品质和功能，让城市更健康、更安全、更宜居。2022年贵阳市地区生产总值达到4921.17亿元、增长2.0%。省会城市首位度达到24.4%，贵阳贵安经济总量超过5000亿元。2022年，贵阳贵安数字经济占GDP比重44%，贵阳市入选国家工信部10个市（州）建设信息基础设施和推进产业数字化成效明显市之一，百城拥堵指数退出全国前15位，建成国家“千兆城市”，获评国家信息消费优秀示范城市，建成中国（贵阳）知识产权保护中心，全程网办率提升至82.26%。城市品牌不断擦亮，成功创建“全国民族团结进步示范市”，连续4次荣膺“全国文明城市”“国家卫生城市”，连续8次蝉联“全国双拥模范城”。

在推进农业现代化方面，围绕高质量发展以乡村振兴统揽新阶段“三农”工作，坚持“强省会”首先强产业，守住粮食安全与不返贫致贫“两条底线”，抓住“六抓”②、“五个关键”③、农村“五治”④ 和农民增收、现代农业与科技支撑等工作重点，加快推进巩固拓展脱贫攻坚成果样板区引领区和农业农村现代化建设，推动农业现代化建设不断深入。2022年农林牧渔业总产值达344.87亿元，增长4.5%；农产品加工业稳步发展，全年农产品加工业总产值达700亿元，加工转化率达60%。

在旅游产业化方面，紧扣全国山地旅游目的地、全省旅游集散地两个定位，加快全域旅游示范区建设，围绕“爽身、爽心、爽眼、爽口、爽购、爽游”，制定“爽爽贵阳”城市品牌提升方案。推进全域旅游提质升级，持续擦亮“爽爽贵阳”旅游品牌，促进旅游市场复苏增长，以旅游产业化助力其他“三化”协同共进，推动经济社会高质量发展，奋力谱写“爽爽贵阳”旅游产业发展新篇章。马蜂窝国内总部落地贵阳，新规上限

---

① 贵阳贵安新型城镇化“六个抓”：抓城市规划、抓城市人口、抓城市经济、抓城市品质、抓城市治理、抓城乡融合。

② 贵阳贵安农业现代化“六个抓”：产业振兴、经营主体、土地经营、资金整合、美丽乡村、基层组织。

③ 贵阳贵安农业突出“五个关键”：稳粮、保供、优种、活市、联工。

④ 贵阳贵安农村“五治”：农村治房、治水、治垃圾、治厕所、治风气。

上涉旅企业46家，盘活闲置低效旅游项目4个，贵阳避暑热门目的地排名全国第一。2022年，贵阳贵安入选携程“五一”十大热门周边游全国目的地、十大热门亲子露营城市、“暑期”十大热门自驾游目的地；入选同程旅行和马蜂窝“2022端午假期”十大热门出游城市；入围同程旅行、人民文旅发布的夏季旅游热力图，避暑热门目的地排名第一。

二、2022年贵阳贵安推进新型工业化情况

（一）2022年贵阳贵安推进新型工业化的主要政策和举措

1. 聚焦做强工业企业

2022年贵阳贵安牢固树立产业链思维，围绕产业链需求，深入实施市场主体培育“四转”工程，壮大工业企业、规上工业企业、龙头企业、上市企业。一是抓龙头企业的引培。建立规上工业企业储备库，纳入300个以上工业企业、大个体及新建项目。加大招引培育龙头企业力度，重点推动贵州磷化集团、中国振华集团、吉利汽车、航天电器、安达科技、健兴药业等一批行业龙头企业做大做优做强。二是抓补链企业的引培。聚焦电子信息制造、先进装备制造等重点行业引进重要零部件配套的“专精特新”企业，并围绕产业链关键环节推荐相关企业申报认定国家级专精特新“小巨人”企业和省级“专精特新”中小企业。三是抓中小企业的扶持。出台《贵阳贵安市场主体培育提升实施方案（2022—2025年）》等优化企业服务政策；实施“一企一策”帮助企业纾困解难，推动“贵商易”升级为“贵州省企业综合服务平台”，为企业精准便捷提供“七找”服务①。坚持“项目为王”，建立“五张清单”② 工作制度。

2. 聚焦做大工业产业

2022年贵阳贵安按照“三主一特”③ 壮大主导产业和特色产业，重点

---

① 企业精准便捷提供“七找”服务：为企业找政策、找政府、找人才、找市场、找服务、找资金、找厂房。

② 五张清单：加强开工、入库、建设、投产、上规等关键环节监测管理，每月形成开工、入库、建设、投产、上规五张清单。

③ “三主一特”：“三主”指新能源电池及材料、电子信息制造业、先进装备制造业；“一特”指健康医药食品。

围绕“1+7+1”重点产业，全面推行链长制，聚焦产业链上下游关键环节，持续推进建链补链延链强链，加快形成产业集群。一是围绕产业链薄弱环节引培一批重点项目，逐步壮大产业规模。二是以龙头企业、重点项目为抓手，向产业链下游逐步延伸（详见表 1）。

表 1　2022 年贵阳贵安“1+7+1”重点产业工作举措

产业	重点	细化措施
央企制造业	区域总部、研发基地	开工建设中国航发贵州黎阳航空发动机压气机叶片扩能项目，落地中航重机总部及生产基地项目。
电子信息制造业	智能终端整机	围绕比亚迪、荣耀等龙头企业招引，带动手机壳、光电显示等配套产品。
	电子元器件	持续壮大中国振华、航天电器等为龙头企业，达沃斯广电、顺络迅达等为补充的产业链条。
	服务器	瞄准康佳集团等电路板领军企业，加大招商力度，推进康佳集团 PCB 板项目落地。
先进装备制造业	航空航天	依托中国航发、航天科工、中航工业龙头企业带动，重点推进中国航发高温合金涡轮叶片生产基地。依托航天江南集团，打造国内一流的航空基础件产业集群。
	农机	联合省山地农机研究所研发生产山地小型农机，填补市场空白，带动相关产业发展。
	煤机、应急装备	依托中煤盘江重工、新兴际华等龙头企业带动，推动相关零部件加快聚集。
新能源汽车产业	整车	乘用车重点依托吉利、商用车重点依托奇瑞、物流车依托中电、专用车依托普天、长越科驰，带动下游产业链加快发展。
	电池	依托宁德时代、比亚迪等龙头企业带动，推动上下游产业加快聚集。
	电控	重点围绕振华集团加快产业招商，推动相关产业布局。
	电机及零部件	加快龙头企业的招引，带动相关产业布局。
磷化工产业	精细磷酸盐、新能源电池材料	针对“风口”产业特点快速抓、快速布局，重点围绕 100GHW 新能源电池产能需求，推动磷化工精深化发展和相关配套产业集群化发展。
铝及铝加工业	汽车轻量化、电池包、铝型材料	加快建成投产年产 3 万吨超薄及动力电池铝箔项目、贵阳一欣年产 1.5 亿套结构件等项目。

续表

产业	重点	细化措施
健康医药产业	中成药	重点打造苗药地域品牌。
	化药	加快推进乌当国药西部医疗产业园、息烽化学原料产业园等项目建设。
生态特色食品	饮品、休闲食品和调味品	一方面做大做强中粮、华彬、贵酒、贵粮集团、老干妈、南方乳业等重大项目、龙头企业；另一方面做特做优，结合贵州绿色、有机、无公害农特产品优势，大力发展农特产品深加工。

3. 聚焦做优工业园区

按照贵安新区"两主两特"，高新区、经开区、航空港经济区、贵阳综保区、贵安综保区等5个国家级平台"两主一特"，乌当、白云、清镇、修文、息烽、开阳、观山湖、花溪等8个省级经开区和特色园区"一主一特"，明确产业发展布局、确定产业主攻方向，加快构建产业生态圈。一是完善开发区体制机制。按照园区聚焦招商引资、项目建设，社会事务一律剥离的要求，督促各区（市、县、开发区）推进园区城市管理、教育、卫生健康等社会事务剥离。二是完善开发区环保设施配套。启动工业聚集区控制性详规及环境影响评价，在划定工业聚集区红线范围内，完成工业聚集区控制性详规及环境影响评价。三是提高园区服务水平。提高审批效率，建立与园区一站式服务中心联网联批渠道，推进分类"一窗式"改革，将审批事项全部集中进入"一窗式"办理的综合政务服务平台。四是搭建园区公共服务平台。重点推进公共检测平台技术中心、仓储物流中心、技术认证、人才培育、管理咨询等服务配套，为企业提供系统、全面、方便、高效的公共性服务，从而为园区产业发展提供有力支撑。

（二）2022年贵阳贵安推进新型工业化的主要成效

1. 工业经济稳中有进，"要素"支撑不断夯实

在工业要素保障方面：完成工业用地收储202宗，面积17886.72亩，开工标准厂房面积1251万平方米，建成标准厂房项目108个，722万平方米。在市场主体壮大方面：工业市场主体达到2.13万户，规模以上工业企业达到903户。新增国家级专精特新"小巨人"企业11户，省级"专精

特新”中小企业 88 户。全市总产值超 10 亿元企业 43 户、较去年同期多 7 户，超 50 亿元企业 9 户，较去年同期多 3 户。成功推动振华风光上市，全市共有 16 家上市工业企业，在全省排名第一。在工业项目方面：实现工业项目到位资金 962.5 亿元，新引进贵安新区奇瑞产业基地、开阳中伟股份磷酸铁锂产业园一体化建设等工业项目 487 个，约定投资总额 2101.9 亿元。在工业园区建设方面：结合“三区三线”[①] 优化工业集聚区红线范围，全年工业聚集区范围共 204 平方公里，聚集区范围内城镇开发边界约 151 平方公里，开发边界增量 36 平方公里。并积极推进园区社会事务剥离，实现贵阳贵安所有园区社会事务移交到属地政府。

表 2 “十三五”期末、“十四五”时期贵阳贵安工业总产值、市场主体、工业投资情况

年份	2020	2021	2022	“十四五”目标
工业总产值（亿元）	3028	3555	3900	7000
工业市场主体（万户）	1.42（其中规上企业 766 户）	1.85（其中规上企业 806 户）	2.13（其中规上企业 903 户）	3（其中规上突破 2000 户）
工业投资（亿元）	345.8	432.97	649.6	累计 7000

2. 重点产业逐步壮大，“风口”产业发展迅速

2022 年，贵阳贵安以做强做大“1+7+1”产业为重点，实现在筑央企制造业总产值占规上工业总产值的比重达 32.1%。七大工业产业重大项目稳步推进（详见表 3），产业集群效应逐步显现（详见表 4），全年总产值占规上工业总产值的比重达 64.3%。除此之外，贵阳贵安抢抓“风口”产业机遇，全年实现“三主一特”产业增加值增长 12.4%，拉动规上工业增长 4.0 个百分点。软件和信息技术服务业完成 692.09 亿元，同比增长 87.6%。新能源电池及材料产业增加值增长近 1.5 倍，拉动规上工业增长 2.4 个百分点，其中，锂离子电池行业增长超 2 倍，电子专用材料行业增长超 1.2 倍。

① “三区”是指城镇空间、农业空间、生态空间三种类型的国土空间，“三线”分别对应城镇空间、农业空间、生态空间划定的城镇开发边界、永久基本农田、生态保护红线三条控制线。

表 3　2021 年、2022 年贵阳贵安规模以上重点产业增长增速

规模以上“1+7+1”重点行业工业增加值	2021	2022
	增长（%）	增长（%）
“1”　工业在筑央企制造业	18.4	5.0
“7”　新能源汽车制造业	-12.0	16.2
磷化工产业	11.7	19.2
铝及铝加工产业	22.8	-6.7
电子信息制造业	43.6	19.0
医药制造业	-10.6	-8.9
生态特色食品制造业	-8.8	8.2
先进装备制造业	18.9	10.9
“1”　软件信息技术服务业营业收入	104.6	103.3

表 4　2022 年贵阳贵安“7”大重点产业成效

产　业	成　效
电子信息制造业	建成中国振华军民融合半导体集成电路产业园、花溪区达沃斯光电产业基地项目；开工建设新天电子元器件产业园项目、森阳集成电路半导体产业园等项目。
先进装备制造业	建成贵阳综保区液压柱塞泵缸体研发制造、高新开发区无锡航亚航空发动机配套项目（一期）等项目；开工建设贵州华烽电器有限公司退城进园项目。
新能源汽车产业	建成奇瑞长江汽车、中电汽车等项目。
磷化工产业	建成磷化集团 40 万吨/年湿法磷酸净化配套精细磷化工项目、年产 3 万吨氟化氢/氢氟酸项目；开工建设航盛 2 万吨/年电解液项目、磷化集团 3 万吨/年磷酸铁等项目。
铝及铝加工业	建成贵州中铝铝业铝精深加工项目（一期）、贵州华清新材料科技有限公司高端泡沫铝生产基地等项目；开工建设贵州贵铝新材料股份有限公司 15 万吨再生铝项目、贵州前标铝业有限公司年产 6 万吨热轧铝合金板材建设项目。
健康医药产业	建成益佰制药银杏叶提取车间、威利德制药民族药和中成药生产基地等项目；开工建设健兴药业数字化提取、制剂车间建设（二期），金玖生物特殊医学用途配方食品产业化等项目。

续表

产　业	成　效
生态特色食品	建成观山湖区盼盼产城融合、好彩头贵阳生产基地等项目；开工建设贵酒三期、千秋实业食品生产基地等项目。

3. 创新能力不断增强，“融合”水平持续深入

企业创新方面：积极组织企业申报省级创新平台和项目，全年共新增省级以上技术创新平台26家，新增贵阳贵安企业技术中心30家。其中航宇科技、益佰制药获批国家级技术创新示范企业，贵州磷化新能源科技有限责任公司牵头组建的“贵州省新能源材料创新中心”获省级制造业创新中心认定，航天智慧农业等7家企业获批省级工业设计中心，红阳机械等11家企业获批省级企业技术中心，慧联科技等5家企业获批省级技术创新示范企业。

“两化”融合方面：凭借大数据发展的先发优势，促进大数据与工业化深入融合，全年共培育融合标杆项目42个、融合示范项目348个。全市“两化”融合水平达到62.5，全省排名第一，高出全省平均水平9.8。贵州航天电器获得国家级智能制造试点示范；盘江民爆等2个项目获得工信部智能制造优秀场景；奇瑞万达等5个项目获得工信部新一代信息技术与制造业融合发展试点示范，航天电器、奇瑞万达、中国振华、满帮等4家企业荣获工信部上云企业典型案例。

三、2022年贵阳贵安推进新型城镇化情况

（一）主要政策和举措

1. 高标准推进国土空间总体规划编制

城市建设以城市规划为依据，服务于“强省会”战略，最终服务于城市发展。2022年贵阳贵安以国家、省“十四五”规划为指导，结合“强省会”对城市发展的要求，开展贵阳贵安总体城市设计、国土空间近期建设规划、老城区“一河两片”核心区域详细城市设计和573个村庄实用性规划等专项规划编制。专项规划依据总体规划市域国土空间格局，处理好近期建设与长远发展、经济发展与资源条件，生态环境与历史文化遗产的

关系；近期按照贵阳向西、贵安向东的城市发展方向总体思路，优先统筹保障重点片区发展，重点保障“强省会”行动战略项目、工业用地、区域基础设施以及保障性住房、公共服务设施等民生项目用地需求。规划突出宏观规划体现品貌、中观规划体现品质、微观规划体现品位，为贵阳市近期城乡发展提供指引。

2. 以大数据科创城建设打造融合发展示范带

贵州省人民政府对贵阳市人民政府、贵安新区管委会《关于同意贵阳大数据科创城规划面积及四至范围的请示》作出批复，要求贵阳贵安深入实施创新驱动发展战略，坚持高端化、绿色化、集约化，推动数据中心、智能终端、数据应用等重点产业集聚集群发展，加快打造成为贵州数字产业和人才集聚区、数字场景应用示范区、生态文明展示区。2022 年，贵阳贵安全面推进大数据科创城建设，以贵阳贵安带动花溪大学城、清镇职教城和苏贵、深筑等产业园协同发展，打造创新融合发展示范带。以申请“千兆城市”为契机，不断深入实施“双千兆”网络建设，筑牢“东数西算”基石。

3. 以“精准精细精致”提升城市治理水平

2022 年，贵阳贵安突出“精准精细精致”，全面开展治堵、治垃圾、治违建城市治理三大攻坚战。一是继续完善城市交通路网建设。加快实施太金线等贵阳贵安路网互联互通项目建设，加强组团内部循环，打通“断头路”，加快推进同城大道修文至息烽段。推进轨道交通 3 号线、S1 线、有轨电车示范线建设。推动贵安高铁站、市域快速铁路西南环线投入运营。二是稳步降低城市拥堵指数。聚焦工作目标，聚焦责任落实，聚焦重点任务，不断提升城市交通管理水平和运行效率。三是打好垃圾分类攻坚战。建设大中型生活垃圾转运站（分拣中心），提升垃圾焚烧处理能力，厨余垃圾日处理能力满足城区全量要求，实现城区生活垃圾“零填埋”。四是打好违法建筑治理攻坚战。以整治侵占公共空间的违法建筑为重点，拆除各类违法建筑。五是持续推进“一圈两场三改”。持续紧盯“一圈两场三改”三年攻坚行动工作目标，要聚焦群众需求，精准对接群众需求，不断满足群众高品质生活、城市高质量发展的需求，切实把民生实事做好、做到位、做到群众心坎上。

4. 聚焦“一城一战一整改”持续巩固生态优势

一是聚焦“一城”。即按照绿色经济“一二三四”工作思路①，以创建国家生态文明建设示范区为抓手，不断提升生态文明示范城市建设。二是聚焦“一战”。即打好污染防治攻坚战，以更高标准打好蓝天、碧水、净土保卫战，加强生态保护和修复，完成营造林目标，空气质量优良率稳定在95%以上，推进城镇污水处理厂污泥无害安全处置，国控、省控河流断面水质和县级以上集中式饮用水水源地水质达标率稳定保持在100%。三是聚焦“一整改”，即聚焦群众反应强烈的突出生态环境问题，切实推进问题整改。加强磷污染、工业园区环境等专项治理。

（二）主要成效

1. 高标准规划城市空间，城市承载力提高

2022年，贵阳贵安实施重大工程项目共597个，总投资超千亿元。抢抓国发〔2022〕2号文件机遇，加快编制《贵阳市国土空间总体规划（2020—2035）》，同步编制23个专题研究和专项规划、同步建设国土空间规划基础信息平台和“一张图”实施监督信息系统，打造高质量发展的载体、高质量生活的空间。高质量划定“三区三线”，确定永久基本农田面积1205.6平方公里，生态保护红线面积973.75平方公里、城镇开发边界面积879.70平方公里、增量124.07平方公里、扩张系数达到1.35，承载力提高（详见表5）。

表5　贵阳贵安“十四五”时期城市发展部分数据

年　份	2020	2021	2022	2025目标
生产总值（亿元）	4311.65	4674.76	4921.17	7000以上
常住人口（万）	598.7	610.23	631.23②	700

① 绿色经济“一二三四”工作思路：“一”就是坚持“生态立市”战略；“二”就是“两个统筹”，即统筹发展和生态、统筹发展和安全；“三”就是加快生态城市、文明城市、创新城市“三城”建设；“四”就是推动绿色生产、绿色消费、绿色生活、绿色文明“四个绿色”行动。

② 2022年常住人口、城镇化率数据根据2022年12月24日贵阳市委十一届五次全会数据“新增常住人口约21万人”推算，以最后公布统计公报数据为准。

续表

年 份	2020	2021	2022	2025 目标
城市化率（%）	80.07	80.25	80 以上	80 左右
生产总值占全省	24.19	23.85	24.4	27 以上

2. 高质量推进城市建设，城市治理水平得到提升

一是大数据科创城建设稳步推进。科创城已招引企业 409 家，提前完成招商任务。2022 年 3 月 20 日，贵阳大数据科创城首批 8 个项目集中开工。2022 年 12 月 30 日，第二批项目集中开工，项目包括贵阳大数据科创城多边超算基地、贵阳大数据科创城数据融合应用中心、贵阳大数据科创城贵阳超级大脑。项目建成后，将与高铁站、城市会客厅及相关产业办公楼形成该区域的中心片区，成为大数据科创城的发展“引擎”，带动区域实现跨越式发展。① 二是加快交通基础设施建设。贵阳市环城快铁全线开通，贵阳成为全国率先拥有环城快铁的省会城市。加快推进乌当（羊昌）至长顺高速公路建设，轨道交通 3 号线一期工程进入收尾阶段、S1 线土建工程量已完成 80%，有轨电车 T2 土建进程过半。推进市政设施改造，建设地下管网 1951.3 公里，线缆捆束整治 5351.47 公里，海绵城市面积达到 118.85 平方公里，占城区面积比例 31.03%。加快城市水网建设，新建和改造供水管网 345 公里，新增供水能力 5.2 万吨/天，新增污水处理能力 5.3 万吨/天。三是打好交通治堵攻坚战。打通城市“断头路”10 条，开通定制公交专线 107 条，每月拥堵排名稳步退出前 10。四是打好垃圾分类攻坚战，家庭厨余分出率达 26%，建成 13 个垃圾分拣中心，贵阳市生活垃圾焚烧发电中心（白云）项目正式投运，主城区原生生活垃圾实现“零填埋”。

3. 加快绿色发展，大力推进生态文明城市建设

积极创建国家生态文明示范区，不断丰富生态产品供给、拓展生态环境品质内涵。按照绿色经济“一二三四”工作思路，坚持生态立市战略，

① 贵阳大数据科创城新一批项目集中开工［N］. 贵阳日报，2023-01-04（3）.

绿色发展取得明显成效。2022 年[①]，绿色经济占地区生产总值比重提高，新能源电池及材料产业产值增速达 166.5%，小孟工业园成为西南地区首个国家生态工业园，磷石膏综合利用率为 86.46%，国省控断面水质达标率 100%。首次生物多样性调查发现各类物种 2895 种。空气质量在全国 168 个重点城市总排名第六位，在省会城市中排名第三位。完成 154 个行政村生活污水治理、159 个入河排污口排查整治国控、省控断面水质达标均为 100%，完成 154 个行政村农村生活污水治理、18 处黑臭水体治理工程。县级以上集中式饮用水源地水质达标率 100%。第二轮中央生态环保督察反馈的 18 个问题已经完成 6 个，交办的 771 件信访件已经办结 766 件。省级环境保护督察反馈的 235 个、省级暗查暗访反馈的 11 个问题全部完成。

表 6　贵阳贵安“十四五”时期大力推进生态文明城市建设数据

年　　份	2020	2021	2022	2025 目标
绿色经济占 GDP 比重（%）[②]	46	47	48	50
森林覆盖率（%）	55	55	55.3	55 以上
新增建成区绿地（万平方米）	110.7	105.8	120	500
空气质量优良率（%）	98.9	98.9	100	98 以上
1—12 月空气质量全国重点城市排名（位）[③]	10	11	6	95 以上

4. 统筹城乡发展提升人民群众共享高品质生活

持续推进“一圈两场三改”（详见表 7）及管网改造，取得明显成效。南明区兰草坝生活圈、观山湖区碧海生活圈、南明区青云路步行街、花溪区十字街、白云区中航标小区等项目成为群众点赞的示范项目。农村“五治”全面推开，农村风貌得到改善（详见表 8）。

---

① 胡忠雄. 在市委十一届五次全会（扩大）会议上关于市委常委会工作报告［N］. 贵阳日报，2022-12-25（1）.

② 数据来源于 2021、2022、2023 年贵阳市政府工作报告。

③ 数据来源于中华人民共和国生态环境部官网. 通过生态环境部通报 2020、2021、2022 年全国地表水、环境空气质量状况整理。

表7　贵阳贵安2022年“一圈两场三改”成效明显

项目	“一圈”		“两场”		“三改”		
	“15分钟生活圈”及项目（个）		停车场（万个）	农贸市场（个）	棚户区（万户）	老旧小区（万户）	背街小巷（条）
启动	67个生活圈	项目1267	2.6	54	6签约100%	4开工100%	开工500
完成情况	项目完工1010		完工2.78	完工54	开工100%，建成1.79	完工88%	完成500

持续加大就业帮扶，城镇新增就业15.16万人，农村劳动力转移4.11万人。率先在全省实现城乡低保标准一体化全覆盖，城乡收入比降至2.11：1。六区一市和贵安新区标准提高到725元/（人·月），三县提高到705元/（人·月）。新增8个街道养老服务中心、100个社区养老服务站。2个国家医疗中心落地，新改建中小学幼儿园30所，社区卫生服务中心13个，全市体育场地免费向社会开放，挂牌成立5个产教融合联盟，建成6个产业学院等。

四、2022年贵阳贵安推进农业现代化情况

（一）主要政策和举措

1. 抓好政策落地落实，增强发展针对性

认真贯彻国家、省、市经济工作和农业现代化战略决策和政策部署，推进巩固拓展脱贫攻坚成果同乡村振兴有效衔接。落实好“四个不摘”、“3+1”保障、兜底救助等多项政策，深入开展防贫监测排查和帮扶工作，强化农村劳动力就业创业，确保巩固拓展脱贫攻坚成果。印发实施产业振兴、农民增收、新型主体培育、农超市场体系建设、特色种业高质量发展等多项政策方案。领导带头，落实市、县、乡镇粮食安全党政同责，实施粮油生产、储备、加工能力提升行动；按照“三改”“四化”要求①，实

① 三改：坡改梯、旱改水、瘦改肥。四化：规模化、标准化、宜机化、设施化。

施“六大工程”①，大力推进高标准农田等农业农村发展基础建设。挖掘利用贵州特有种养业种质资源，加快推进现代种业“育、繁、推”一体化，以“五个一”② 大力发展现代山地特色高效都市农业。

2. 项目为抓手，培育壮大新型经营主体

深入推进国发〔2022〕2号文件等重大政策具体到项目资金上，围绕产业发展开展精准招商引进项目，做好项目建设推进服务保障，加快项目开工建设步伐，有力支撑产业发展。强化农业新型经营主体培育，推进农民合作社规范化建设、农业平台公司市场化转型提升经营能力。制定新型农业经营主体建设方案和认定管理办法，加大奖励力度；推广“龙头企业+合作社（村集体经济）+农户”组织方式，建立完善产业链多主体利益联结机制，围绕省市主导产业大力发展农产品精深加工；推广农业社会化服务，以新型主体和现代经营提升产业规模化、组织化、现代化水平。

3. 优化现代农业生产要素配置，着力做强做优现代山地高效农业

以市场化提升产业生产资源要素配置效率水平和效益，进一步推进“四块地”和农村“三变”改革，盘活农村资源资产，加快发展现代农业，多途径带动农民增收。建设科技创新中心，加强与高校科研部门合作，充分发挥科技对现代农业支撑作用。加强人才招引培育，强化人才选育使用政策支持和规范管理，壮大领头雁、高素质农民、市级农村实用人才、新型经营主体等农村实用人才队伍。构建财政资金、金融资金和社会资金多元投入与涉农资金统筹整合长效机制，保障粮食和主要产业稳定发展。推动数据赋能农业现代化，归集管理各项涉农数据理清全市农业底数，激发土地、人才、要素产权交易等活力，建设粮食、食用菌、肉鸡养殖服务平台，促进信息技术与种植业、种业、畜牧业、渔业、农产品加工业全面深度融合。加强农业投入与生产全过程质量监管，推动农产品区域公用品牌推介建设。

① “六大工程”：土地平整、灌溉与排水、田间道路、农田生态环境保护、农田地力提升、农田输配电等。

② “五个一”：一乡一业、一村一品、一产一企、一家一特、一人一技。

（二）主要成效

1. 脱贫攻坚成果样板区建设取得成效

抓好产业发展和农村居民就业，通过财政投入产业帮扶资金，推动脱贫人员积极务工就业，贵阳贵安 49134 名脱贫人口稳固脱贫，1863 名监测对象全部稳定消除风险，未发生返贫致贫。农村脱贫人口人均纯收入达 1.68 万元，增长 15.9%。全面完成农村“五治”目标（详见表 8）、人居环境不断改善，提升乡村治理水平；编制 629 个村庄规划，完成 10000 户农房改造，新（改）建农村户厕 79866 户；坚持农村饮用水、生活污水、黑臭水体“三水同治”，建成 15 个供水保障、154 个行政村生活污水治理、16 个乡镇生活污水治理提升与 18 处黑臭水体治理工程。农村 30 户以上自然村寨全部建成生活垃圾收运体系，实现垃圾减量转运收集处理。

表 8　2022 年农村“五治”全面推开情况

项目	治房	治水	治垃圾	治厕	治风
完成情况	风貌整治 1000 户，整治农村危房 4028 栋，盘活闲置农房 248 栋。	完成污水处理设施 2801 套，154 个行政村污水治理工程，提升供水人口 9.63 万人。	全市 30 户以上生活垃圾收运体系全覆盖。	完工 79866 户。	24.1 万党员干部签订承诺书，红事一天办结，丧事三天办结。
其他	农村危房动态清零。		农村垃圾外运处置减量 56.89%。	农村旱厕实现基本清零。	滥办酒席得到有效遏制。

2. 现代农业产业体系不断健全

农业产业稳步发展，产业结构不断优化升级。粮油等主要农产品生产稳定，全年粮食总产量达 40.05 万吨，农副食品供应稳定；经济作物占种植业比重达 80% 以上。农业服务业、农产品加工业进一步提升，数字农业、林下经济等新业态不断涌现发展。全力发展现代种业，深化与贵州大学、省农科院等高校科研部门合作，开展人才培训、种业联合攻关、科研成果转化、种质资源保护等，产学研用不断深入；选派 1192 名农技人员下沉村镇指导服务，推广适用高产高效技术。三次产业融合加快，城乡互动增强，森林生态旅游（康养产业）提质升级，乡村旅游加快发展。

表 9 贵阳贵安“十四五”时期主要农产品指标

年 份	2020	2021	2022	2025 目标
粮食产量（万吨）	37.64	39.36	40.05	40 以上
农产品加工总产值（亿元）	620	650	700	1200
农产品加工转化率（%）	52	58	60	70

3. 现代农业生产支撑不断增强

农业生产基础不断巩固。新建旱涝保收、稳产高产高标准农田 13.63 万亩，改造中低产果、药、茶基地约 4 万亩。农机总动力达 208 万千瓦，主要农作物耕种收综合机械化率达 54%，同比增长 4.5%。加强种苗培优、良种推广，主要农作物良种覆盖率达 96%以上。提升供销系统 200 家“百合联”网点整体运营能力，建成便民农贸市场、农投系统惠民超市与市场化相结合的零售体系；支持建设 28 个农产品产地冷藏保鲜项目，全市已建成各级冷库 107 座，对农业发展提供较强支撑。推行高效生态循环种养模式，农业绿色发展水平不断提升。大力推进农业投入品减量化，实现化肥农药施用“零增长”，农业废弃物资源化利用水平得到提升。推广生态调控、理化诱控、生物防治和科学安全用药等绿色防控技术和产品 264.57 万亩次，主要农作物病虫害绿色防控覆盖率达 50.53%；主要农作物化肥利用率提高到 41.03%。秸秆综合利用率达 89.42%，农用薄膜回收率达 86.64%①。健全耕地轮作休耕制度，加强耕地保护利用。2022 年发展林菌、林药、林苗、林蜂等林下种养产业，已利用林地 139.72 万亩，实现林下经济全产业链产值 107 亿元。

表 10 贵阳贵安“十四五”时期农业生产体系建设数据②

年 份	2020	2021	2022	2025 目标
高标准农田面积（万亩）	68.34	13.88	13.63	50
农业机械总动力（万千瓦）	206.76	207.94	208	210
农林水事务支出占比（%）	6.52	6.57	5.68	

① 产业振兴正当时，逐绿前行向未来！贵阳贵安以绿色经济为引领推动经济社会高质量发展之绿色生产篇-贵阳网 http://www.gywb.cn/system/2023/01/21/059188750.shtml

② 数据来源：贵阳市历年统计年鉴、统计公报、政府工作报告。

4. 现代农业经营体系不断完善

新型农业经营主体培育取得较大成效。加强新型农业经营主体的资金政策支持、平台支撑、技术服务、评定培育等，深化农业经营多主体利益联结机制，增强龙头企业等联农带农能力，加快构建不同主体协同推进、共同发展的现代农业经营体系；评定星级经营主体463家，首次表彰“十佳”农业龙头企业奖励394.9万元。认定种养大户2863户，培育家庭农场201家，新增农民专业合作社103家，新增市级以上龙头企业32家（其中省级5家、市级27家）。改造提升54个便民农贸市场，优化调整惠民生鲜超市网点21个。新建、改造投用30个农超市场，提高公益性农产品市场覆盖面。成立农村集体股份经济合作社1000家，认定覆盖成员209万人。新型农业经营主体经营面超过40%，对农业现代化作用不断增强。

五、2022年贵阳贵安推进旅游产业化情况

（一）主要政策和举措

1. 丰富优质旅游产品供给，推动全域旅游发展

丰富优质的旅游产品供给是推动全域旅游发展的核心所在。2022年，贵阳贵安着力培育适应市场需求和消费升级的旅游新产品、新业态、新模式，不断提升“景、园、区”的质量，把握市场新动态，大力培育旅游市场主体，积极整合旅游资源，推动打造全域旅游发展格局，推动旅游业加速复苏。面对常态化疫情防控，游客对周边游、夜间游、亲子游、轻户外等旅游产品的新需求日益凸显，贵阳贵安将新需求作为推动旅游业加速复苏的重要抓手，文旅融合、体旅融合、农旅融合、商旅融合等方面大力推动“旅游+”“+旅游”深度融合发展①，拓展旅游产业边界，增加旅游综合效益。加大旅游项目招引、建设、服务力度，积极推进央企招商，加强与中国旅游集团、华侨城集团等央企的对接，拟定招商合作方案，重点推荐青岩寻坊、东方科幻谷、青岩古镇、天河潭等招商项目和景区，着力引

① 胡忠雄．在中国共产党贵阳市第十一次代表大会上的报告［R］．2021-12-21.

进企业在闲置低效旅游项目和旅游景区等方面落地合作，通过强化数字赋能，建设贵阳贵安文旅产业智慧招商平台，依托“一码游贵州”全域智慧旅游平台，在全省率先打造数字化、可视化、智能化的文旅智慧招商线上平台。

2. 提升旅游消费体验，打响爽爽贵阳品牌

提升旅游消费体验是旅游业高质量发展的重要内容。2022 年贵阳贵安大力提升游客旅游消费体验，持续提高游客的旅游满意度，建成贵州省旅游集散中心①。一是围绕“六爽”②，制定《贵阳市“爽爽贵阳”城市品牌提升打造方案》，策划组织“爽爽贵阳 · 百城百媒”六爽四季主题推介会，推出七大新潮爽游新玩法，爽爽贵阳八大体验等文旅线路产品。二是以旅游消费和夜间文化为核心，围绕“都市时尚、黔山秀水、田园乡村”三条夜经济活力发展轴，实施“夜食、夜娱、夜购、夜游、夜宿、夜读、夜体、夜赏”八大“夜筑城”工程，打造一批高品质夜间经济载体，大力发展夜间游经济。三是适应旅游消费升级需求，成立户外露营分会，发布《贵阳市户外露营地高质量建设与服务指南》，推出“爽游天地 · 营在贵阳”露营品牌，大力发展露营经济。四是实施服务质量提升行动，大力开展“黔锋行动”，从严整治“不合理低价游”等乱象，重拳惩治“诱导、欺诈、强迫旅游购物”和“不合理低价游”等扰乱旅游市场行为，进一步规范旅游市场秩序，常态化开展旅游市场整治工作。

3. 加强惠企纾困力度，助力旅游市场加快复苏

惠企纾困是是助力文旅行业恢复发展的有力举措。2022 年，贵阳贵安制定《贵阳贵安促进服务业领域困难行业恢复发展若干措施》，积极落实惠企纾困政策。全面推进住宿业企业和涉旅企业入驻“贵商易”平台，按照“一业一策”“一企一策”原则，指导帮助文旅企业纾困解难。盘活闲置低效旅游项目、申报一批国家、省评定 A 级旅行社、示范农家乐、民宿项目、评定重点村镇等工作，用“盘活存量”和“发展增量”相互依托的方式来帮助文旅企业妥善应对疫情影响，走出困境、恢复生机、实现发展。

---

① 马宁宇．在贵阳市第十五届人民代表大会第一次会议上的报告［R］．2022-1-26.

② 六爽：爽身、爽心、爽眼、爽口、爽购、爽游。

（二）主要成效

2022年，全市接待过夜游客1894.43万人次，同比增长6.4%，位列全省第一，同比增长9.3%，人均花费1205.4元、同比增长0.6%；规上（限上）旅游及相关产业企业累计达1042家，较2021年增加195家。全市共有限上住宿企业258家，限上住宿业营业额25.41亿元，同比下降4.3%。预计全年净增限上住宿企业67家。

表11　贵阳贵安“十四五”时期旅游产业化部分指标

年　份	2020	2021	2022	2025目标
旅游人次（万人次）	15319.88	5200.28	11339.4	23800
旅游收入（亿元）	1619.8	1821.38	1366.84	2860
过夜游客（万人次）	1679.08	1740.19	1894.43	
人均花费（元）	1057	1198	1205	

1. 全域旅游发展持续推进

打造一批组合型精品线路，推动“旅游+”“+旅游”深度融合发展。在农旅融合方面，开阳禾丰获评全国乡村旅游重点乡镇，清镇市红枫湖镇等11个镇（村）获评全省乡村旅游重点镇、村，乌当偏坡、花溪龙井获评全省乡村旅游与传统村落和少数民族特色村寨深度融合发展示范点。文旅融合方面，持续推进甲秀楼、文昌阁、阳明祠城市更新，青岩·寻坊正式开街，打造“一堂两心三精品”旅游线路，累计接待线路团队241个、9000余人。在商旅融合方面，南明区青云市集2.0版本上线，花溪十字街正式开街，星悦茂地铁商业街、江华荔星广场等建成开业。在体旅融合方面，贵阳花溪冰雪运动体育旅游线路入选国家级2022年春节体育旅游精品线路，推出“爽爽贵阳环城健身步道”、吉源汽车小镇等项目，入选国家级2022年春节体育旅游精品线路1条，获评省级体育旅游示范基地2个、体育旅游示范点4个、省级体育旅游黄金线路1条。开展大招商行动，2022年旅游产业新引进签约项目91个，签约金额约197.86亿元；引进新兴际华、中船国际、苏商集团等总部企业25家，旅游产业到位资金约80.88亿元；文旅产业开工项目10个；旅游产业已投产19个。马蜂窝国内总部落地贵阳，注册成立马蜂窝之旅贵州国际旅行社有限公司、马蜂窝玩乐贵州网络科技有限公司、马蜂窝贵州旅游集团有限公司。

2. 爽爽贵阳品牌内涵不断丰富

2022年，贵阳贵安以“六爽”为主题，策划开展了七大新潮爽游新玩法、线路①，围绕红色文化、阳明文化、大数据科普，推出“爽爽贵阳新玩法·主客共享嗨五一”“爽爽贵阳心体验·知行合一端午情”“点亮夜经济·玩转避暑季”等主题活动，推出青岩大明志·彩、天河潭奇幻黔城烟花光影水秀、乡愁贵州光影秀等新产品。大力推进夜间经济示范街区建设，着力打造贵阳夜间经济“星地标”。完成花溪区天河潭夜间经济聚集区、南明区青云市集二期、云岩区太平路后备箱市集等3条夜间经济街区升级改造，形成中华路、金融城、花果园等消费聚集的“夜商圈”，青云路、天河潭、CCPARK获评省级夜间消费聚集区。打造马蜂窝羽曳·鸭池河营地、集野世界城市营地等30余个露营基地。聚焦贵阳冬季康养资源，启动“爽爽贵阳馨生活　助商惠民暖心季”暨“爽身温泉·暖在贵阳”活动，促进贵阳冬季文旅消费。大力开展“黔锋行动”，从严整治“不合理低价游”等乱象。共接到投诉130件，排查涉旅违法违规案件线索80余个，旅游立案数44起，吊销旅行社8家，吊销导游证2起，停业整顿7家，罚款金额共计70.25万元。推进旅游院校与本地旅游企业合作，开展订单式人才培养，培训星级饭店、民宿、旅游景区、旅行社等从业人员16000余人次，旅游服务质量显著提升。

3. 旅游市场加快复苏

在惠企纾困方面，贵阳贵安暂退339家旅行社质保金1807万元，5家景区企业退税113.09万元。3个项目获批政府专债1.54亿元，5个项目获批文旅产业投资基金8.76亿元，组织15家企业申报文化和旅游领域设备更新改造贷款财政贴息、通过人行审核项目10个、涉及申请贴息贷款金额10.71亿元，组织20家企业申报省级财政专项资金贷款贴息、第一批审核通过项目14个、贴息金额3088万元。累计发放消费券7925万元。同时，为抢抓全省1.4亿“多彩贵州·助商惠民”促销措施，积极组织动员我市

① 贵阳贵安七大新潮爽游新玩法、线路指：品质露营、徒步登山、追风骑行、潮流轻户外、亲子遛娃、城市漫游、精品民宿。

2.71 万户商家入驻银联云闪付平台，6653 户入统一码贵州平台，两大平台入驻商户数量均为全省第一。全力推动全市 22 个闲置低效旅游项目盘活工作，秋韵黄连旅游度假区、时光贵州、马头温泉康养生态度假区、明德广场、车田美丽乡村建设项目（一期）、保利国际温泉、乡愁贵州 7 个项目初步达到盘活标准，剩余 15 个项目有序推进盘活工作。

六、2023 年贵阳贵安推进“四新”“四化”趋势分析和对策建议

2023 年是完成“十四五”规划目标关键的一年，宏观经济仍然面临“需求收缩、供给冲击、预期转弱”的三重压力。同时，贵阳贵安存在产业集群优势还不明显，战略性新兴产业发展还不够快，健康医药、生态特色食品、铝及铝加工等产业产业链优势不明显，仍需加快转型升级；开放型经济对全市经济贡献占比小，开放平台作用发挥还不充分；中小企业普遍存在资金紧张、订单难找、成本高等困难；企业对市场信心不足，部分行业发展不及预期；教育、医疗、养老、托幼等民生领域还有短板；财政收支压力加大，存在一定程度的债务风险；等等。要完成“十四五”预定目标，贵阳贵安要围绕“一个高于，五个走前列、作表率”目标，落实“四主四市”工作思路，推进“八个强”重点任务，克服困难，鼓足信心，迎难而上。

1. 聚焦工业倍增，推进新型工业化

一是围绕重点企业重点项目扩大工业投资。加快邦盛、比亚迪等企业重点项目建设，开工标准厂房，全力扩大工业投资。要求工业投资占固定资产投资比重达 26%左右。二是拓宽资金来源渠道。积极争取上级政策、项目、资金支持，做大工业基金，组建绿色基金，用好政策性信用贷款风险补偿资金池，积极推进省市共建征信公司。建立“资金找项目、项目找资金”机制。三是抓紧项目建设攻坚。强化项目全生命周期服务管理，提高项目前期工作成熟度和落地转化率，推动形成“储备一批、开工一批、入库一批”的良性循环。四是大力发展重点产业。围绕“1+7+1”产业，紧盯高端化、绿色化、集约化发展方向，聚焦产业链上下游关键环节，持

续推进建链补链延链强链。树牢产业链思维，“一产一策”发展七大重点产业，“一企一策”做大在筑央企制造业。

2. 聚焦城市品质提升，推进新型城镇化

全面推进“三城”建设，高水平建设全国生态文明示范城市，高起点建设国家创新型城市，高质量巩固提升全国文明城市。力争实现全国文明城市“五连冠”，争创全国文明典范城市。深入推进城市“一圈两场三改”和农村“五治”。2023 年全面完成城市“一圈两场三改”三年攻坚。坚持精深化开发、精准化改造、精细化管理，推动城市发展高质量、城市生活高品质、城市治理高效能。落实省域“一群三带”城镇空间规划，做大六大产业集群，打造六大旅游景群①，培育六大城镇组群，谋划实施标志性重大项目。突出“五个城市”理念，加快构建“一核三中心多组团”城市空间格局。持续推进城市高品质建设。开通运营地铁 3 号线，打通断头路，新增城市公交线路。深入推进城市更新改造，继续推进棚户区、老旧小区、背街小巷改造。持续推进产城融合，加快建设智慧城市，启动建设城市运行管理中心，持续推进交通治堵攻坚。加快建设韧性城市，稳步推进“无废城市”建设。

3. 聚焦旅游品质提升，推进旅游产业化

2023 年，聚焦恢复扩大消费，促进旅游业全面复苏。利用贵阳贵安交通区位优势，提升国家旅游枢纽城市双向引流功能，市场化办好省旅发大会，推动旅游业实现“井喷式”增长。深挖旅游资源潜力，打造六大旅游景群。围绕“特意性”资源，通过抓好项目储备、招商引资、项目建设、产业业态等。围绕“随意性”资源，大力发展“旅游+”“+旅游”，重点规划建设阿哈湖绿核和花溪、乌当、开阳等区域旅游风景道。围绕“六爽”升级品质露营、徒步登山、亲子遛娃等主题玩法，花样不断留住游客。紧扣“爽爽贵阳”定位，持续打响“六爽”品牌，结合“春季赏花、夏季避暑、秋冬康养”主题，策划“六爽”四季主题等主题推介活动，不断拓展国内客源。同时，积极培育恢复国际航线航班，抓好“0+3”新政策机遇，争取 144 小时过境免签政策尽快落地，使境外游客“引进来、留

① 六大旅游景群：阳明文化—红色文化景群，十里画廊—香纸沟景群，百花湖—高峰山景群，青岩—龙里大草原景群，金海雪山—甘溪景群，好花红—神泉谷景群。

得住”①。深入开拓客源市场。全力发展本地游、联动省内游、做大跨省游、恢复入境游，培育新增规上限上涉旅企业，提升服务品质，提高过夜游客数和旅游人均花费。紧盯“三个提升”优服务。将大力投入充电桩、智慧停车、景区专线、自驾车和房车营地等“硬件”设施；用好“一码游贵州”，建设提升贵阳市智慧文旅数字化监管平台，优化“软件”服务；不断优化提升市场环境，建立完善旅游安全“三级包保”责任体系。②

4. 聚焦“三农”工作，推进农业现代化

深入实施“万企兴万村”行动和脱贫人口增收专项行动，建设巩固拓展脱贫攻坚成果样板区引领区。支持现代种业集团、筑农科等种业企业育繁推一体化发展。深化市供销社改革，实现城乡网点商品配送全覆盖。大力发展产地初加工和农产品精深加工，积极发展中央厨房、预制菜，农产品加工转化率达62%。大力推进农业科技创新和山地小型农机具研发生产。做好“土特产”文章，打造农业特色专业乡镇，创建特色产业示范村，培育产值特色农业品牌。稳妥有序推进“四块地”改革。严守耕地保护红线，新建高标准农田。抓好闲置宅基地、闲置农房盘活利用，深化息烽县宅基地改革试点，探索多种投入模式打造精品民宿。开展种养大户、家庭农场、农民专业合作社、龙头企业等“四大经营主体”星级经营主体评选认定，建立农资直供直销“四大经营主体”惠农机制，培育壮大“四大经营主体”。

---

① 马宁宇：2023年贵阳市政府工作报告。

② 马宁宇：2023年贵阳市政府工作报告。

2022年遵义市推进“四新”“四化”报告

谢以佐　陆道宏

2022年，全市上下持续深入学习贯彻习近平总书记视察贵州重要讲话精神，坚持以高质量发展统揽全局，牢牢把握国发〔2022〕2号文件重大机遇，按照省第十三次党代会和市第六次党代会部署要求，坚定发展信心，保持战略定力，扎实推进“四化”建设。全市着力固根基、扬优势、补短板、强弱项，坚持调结构与转方式、转型升级与动能转换、增量扩面与提质增效并举，紧紧围绕“四新”要求，全面提升产业竞争力，努力推动新型工业化挑大梁、新型城镇化强带动、农业现代化探新路、旅游产业化走前列。一是新型工业化发展势头强劲，规模以上工业增加值增速持续向好，十大工业产业总产值增速保持在18%以上，白酒增加值增长迅猛，占比达75.6%，开发区（园区）规上工业总产值占全市总量90%以上，工业推动经济增长第一动力的作用更加突出。二是新型城镇化建设稳步推进，深入实施城镇“四改”专项行动，创新实施“房票”举措，用好“保交楼”利好政策，完成棚改安置3万户，改造背街小巷260条，开工老旧小区改造2.4万户，常住人口城镇化率提高到59%。三是农业现代化建设稳步发展，积极应对持续干旱灾害天气影响，完成粮食种植面积918万亩，茶叶、辣椒、中药材、红粱种植规模化、产业化成效明显。四是旅游产业化发展基础进一步夯实，深入实施市场主体培育、业态升级、服务

作者简介：谢以佐：中共遵义市委党校副校长，二级巡视员；陆道宏，中共遵义市委党校科研处处长。

质量提升、盘活闲置低效旅游项目攻坚“四大行动”，新增4A级旅游景区1个、3A级旅游景区4个，乌江寨、海龙屯土司小镇等项目盘活利用取得阶段性成效。2022年全市地区生产总值达4401亿元，增长3.1%。

一、推进新型工业化情况

（一）狠抓助企纾困，优化营商环境提升吸引力

全面梳理工业发展系列政策，围绕土地、水、电、气、人才等关键要素，形成推动全市工业发展的具体措施，最大程度保护工业企业稳定发展。帮助32家工业企业对接专家服务需求，组织申报新型工业化系列基金项目64个，申请金额139.58亿元，到位新型工业化系列基金22.835亿元。积极帮助企业争取发展资金，先后获得中央清洁能源发展专项资金1326万元、中小企业发展资金5705万元、涉煤资金19024.84万元。落实制造业中小微企业缓税、增值税留抵退税和其他组合式税费等系列税收政策，涉及资金111.98亿元、惠及纳税人24.56万户（次）。制定《市领导领衔推动十大工业产业重大建设项目工作方案》，推动形成主要领导紧抓实抓狠抓重大项目建设的良好局面，建立企业服务、问题办理“两张清单”，市、县两级领导干部入企走访2811次，企业反馈用地、用电、用水、租赁用房及产品销售等337个困难问题得到有效解决。

（二）立足优势资源，壮大产业集群提升源动力

立足资源禀赋、产业优势，指导各县、区（市）因地制宜、科学选择首位、主导产业，积极构建“1+3+3+3”工业产业发展体系，形成了主业鲜明、重点突出、错位发展的新型工业化新格局。全力支持重点白酒企业扩建、技改，大力发展白酒包装、印务等配套产业。做优做强基础材料、航空航天及装备制造、生态食品三大主导产业，积极推进铝、锰、钛等冶金产业改造升级，大力发展航空航天、电气机械等重点产业，大力发展茶叶、辣椒等绿色农产品精深加工产业。稳步发展新型建材、现代能源、现代化工三大传统产业。培育壮大新能源汽车、大数据电子信息及电池材料、健康医药三大新兴产业。十大工业产业完成工业总产值1750亿元。

（三）强化平台建设，夯实发展基础提升承载力

深化经开区管理体制改革，完善配套基础设施，优化产业布局。坚持“以亩产论英雄”，推进土地节约集约利用。有序推进存量企业“退城进园、异地技改”。大力实施“腾笼换鸟”，盘活用好闲置厂房，全力打造工业倍增主阵地。全市标准厂房利用率达94%以上，清理“僵尸”企业20户，腾退厂房面积约13.96万平方米。组织企业成功申报2022年度中小企业特色产业集群2家（全省申报成功4家）。新增规模工业企业124户，全市799户规模以上工业企业增加值同比增长10.3%。

（四）紧盯项目建设，增强发展后劲提升牵引力

深入实施领导领衔推动十大工业产业重大项目建设制度，坚持前期项目抓开工、在建项目抓进度、续建项目抓投产，加强项目监测调度，有效推动工业投资持续增长。谋划储备国发〔2022〕2号文件支持项目137个（间接类项目50个、拓展类项目87个），总投资1751亿元。全市完成投资153.9亿元，积极向上争取新型工业化系列资金，争取各类基金、资金等共计27.37亿元。44个项目获得省工业信息化发展专项资金6865万元。同时，紧密结合我市十大工业产业、涵盖细分产业链40条，上中下游进行招商引资，列出对应的招商目标企业770个，全市新引进省外工业项目399个，约定投资额1227.09亿元，到位资金371.98亿元。全市工业投资完成505亿元。

（五）坚持创新驱动，加快转型升级提升竞争力

大力推进创新体系建设，鼓励支持企业创新发展，积极培育“专精特新”企业，组织44家企业获得省级“专精特新”企业认定（比去年多16家），1家企业获得国家级专精特新“小巨人”企业称号。大力推进两化融合，持续推进工业互联网网络建设和应用，带动275户工业企业与大数据深度融合，启动两化融合贯标企业20户。大力实施“千企改造”工程，推动工业企业转型升级。实施“千企改造”工程230个、完成投资183.6亿元。推动中小酒企转型升级，建设以茅台酒为引领的贵州酱香白酒品牌，清理整治关停白酒企业（作坊）622家、7803个，产能约6.2万千

升，就地改造提升799家、窖池40479个，兼并重组51家，达成兼并合作意向102家，正在推进兰家湾、仁溪沟、青草坝等3个区域兼并重组试点工作。

（六）守住生态底线，推进绿色发展提升续航力

坚决整改环保督察反馈问题，做到立行立改、标本兼治。始终坚持“两山理念”，围绕“双碳”目标，强化“双控”约束，加强节能监测、诊断，推动产业生态化、生态产业化。大力发展循环经济，推进赤泥、锰渣、酒糟等工业固废综合利用；大力发展现代能源，重点抓好光伏、风电、页岩气等项目建设。风电项目建成并网11个、总装机48.13万千瓦，建成充电桩1569个，完成省级任务（800个）指标的196%。开展节能监测30户、节能监察10户。

二、推进新型城镇化情况

（一）着力优化城镇体系建设

围绕“做大做强遵义都市圈”“建成辐射带动作用更强的省域副中心”的目标，全年先后编制完成《遵义都市圈发展规划》《遵义市“十四五”新型城镇化规划》《遵义市“强核”攻坚行动计划》，同时开展了《遵义市中心城区强引领发展规划》《仁赤习区域高质量发展规划》《务正道区域产业高质量发展规划》和《遵义市新型城镇化三年行动方案》等编制工作，着力解决空间规划与人口布局、产业发展、综合交通体系、服务保障等问题。结合《遵义市综合交通“十四五”建设规划》，启动实施了《遵义市公路水路交通基础设施建设三年行动方案（2022—2024年）》，确定了中心城区“双环+六联络+二十一射”骨架路网结构，不断完善中心城区交通规划体系。遵义至仁怀高速公路建成通车，兰海高速公路遵义至重庆段（贵州境）扩容工程总体完成98.2%，主城区新龙快线红花岗区段已完工，上海路收尾改造工程完成现状移交并投入使用，编制《遵义市国土空间规划（2020—2035年）》、实施“强核”攻坚行动计划、推进遵义都市圈建设、培育特色小城镇、加强6条高速公路建设等有序推进。

（二）大力提升城镇品质建设

全市计划实施新型城镇化重大工程项目460个，总投资4083.3亿元，完成重点项目投资618.9亿元。一是大力开展“四改”专项行动。大力实施棚户区和背街小巷改造，全市城镇老旧小区改造已开工24024户，完成地下管网建设改造604.75公里。建成“遵义市房票安置房源超市”网上系统，已有34个房地产开发项目、2645套房源录入房源超市。持续推进棚户区改造和房地产项目历史遗留问题化解工作，完成24个项目产权初始登记，共计11512户。二是推进城镇公共设施建设。建成公租房4149套，新筹集保障性租赁住房已开工建设1803套。新建、改扩建城乡学校80所，公办幼儿园12所，义务教育阶段随迁子女在公办学校就读比例99.62%。人均体育场地面积达1.99平方米/人。持续推进市直属医院和县区医院建设项目，全市实有床位数57022张。20个养老机构提质改造项目有序推进。3岁以下婴幼儿每千人托位数达2.47个。万人公交拥有量10.96标台，累计建成社会公共停车位5849个，建成充电桩1479个，新建5G基站4267个。三是推进城镇生态环境建设。新增公园绿地面积63.62公顷，改造公园绿地15.38公顷，新增绿道23.58公里、新增林荫路53.1公里。加快湄潭县垃圾焚烧发电厂建设，推进餐厨废弃物处置设施建设，城市生活垃圾无害化处理率达98%以上。中心城区环境空气质量优良率99.7%，县城环境空气质量优良率在99.1%以上。抓好乌江、赤水河、湘江流域环境保护，强化干流入河排污口排查整治，地表水国控断面水质优良率100%，县级以上集中式饮用水水源水质达标率100%。

（三）全力做强城镇经济建设

一是加大房地产市场调度力度。为进一步抢抓国家政策机遇，释放多元化住房需求，开展干部职工和市民商品房团购活动，已有40余家房开企业报名参与，推出21家企业、23个项目、3000余套各类房源参与首次团购活动，储备房源2000余套。全力用好“保交楼”专项借款，对项目实施内容和资金进行全封闭监管，推动第一批14.64亿元59个保交楼项目快速施工建设，全力解决21618套住房交付难题。除第一批次仅有2个项目因资金需求大和涉诉问题尚未复工，正在调整退出外，其余项目均全面复工，已交房1.2万套，2023年分批次全部交付；同时，第二批保交楼专项借款已向上申报58个项目、涉及资金16.31亿元，待国家住建部批复后实施。二是增强商贸服务业活力。新增市场主体8.07万户，新增限上商贸企业292家。15个省级现代服务业集聚区提质发展，累计入驻服务业市场主体2526户，其中规上企业268户；服务业企业营业收入68.4亿元，服务业从业人员3.93万人。市级统筹安排财政资金2.5亿元，开展油惠汽车、品牌促销、购房惠民等“醉美遵义·助商惠民”促消费活动。三是持续推动招商引资。新引进省外产业项目1078个，已开工项目1046个；引进优强企业269家；产业项目到位资金676.59亿元；引进亿元以上项目182个。四是积极发展内陆开放型经济。外贸进出口总额完成91亿元，实现网络零售增长35%。

（四）大力提升城镇治理效能

扎实推进“一中心一张网十联户”社会治理工作，提升城市社区网格化管理水平，全市城镇社区、乡镇建成区（中心村）划分网格6964个，配备专职网格员5566名，兼职网格员791名。推进示范智慧社区建设，建设智慧安防小区506个。强化街道、社区、小区、楼栋分层管理，健全城市志愿者服务机制。全面推进政务服务“一窗通办‘2+2’”模式改革，市、县两级政务服务大厅改革任务基本完成。巩固提升安全生产专项整治三年行动成果，全市2852家企业、5154家机关事业社会单位、83602家九小场所/小微企业通过信息化系统全面建立“三张清单”，排查整改问题隐患16.64万条。强化食品安全监管，全市食品抽检3653批次，合格率98.6%；食用农产品抽检6639批次，合格率97.6%。细化落实《关于推进城市一刻钟便民生活圈建设的实施意见》，全面推进城市15分钟便民生活圈建设。

（五）深入推进城乡融合发展

全市实现“四好农村路”示范县全覆盖，其中国家级4个、省级11个，完成“美丽农村路”1000公里，正安县、余庆县成功获评“四好农村路”省级示范县。市级快递物流园区主体完工。全面放宽落户城镇限制，获得农业转移人口市民化奖励资金2.57亿元。持续推进易地扶贫搬迁后续扶持“五个体系”建设，实现城镇新增就业 10.24 万人，职业技能培训 9.88 万人次，有组织转移输出劳动力 21.17 万人。

（六）全力做好要素保障

一是加强资金争取。全市累计发行地方政府专项债券 51.46 亿元，11 个项目通过贵州省新型城镇化投资基金省级审核，共计资金 151.71 亿元，其中，待立项 9 个 131.01 亿元，已立项 1 个 14.48 亿元，通过项目 1 个 6.22 亿元。二是强化土地保障。组织开展“三区三线”划定暨国土空间规划编制，按照“以产兴城、产城互动”的思路，将有限的新增用地空间规模投放到遵义经开区、遵义高新区等重点产业平台，重点保障能源、基础材料、装备制造等产业用地。都市圈范围内新增城镇空间规模 68.72 平方公里，占全市新增空间规模的 67%。全市获批建设用地报件 150 件，获批用地总面积 3.29 万亩（含新增建设用地 3.09 万亩）。三是加强人才支撑。连续举办新型城镇化专题培训班，通过第十届贵州人才博览会为全市事业单位签约 236 名高层人才和急需紧缺人才。

三、推进农业现代化情况

（一）工作机制建立健全

坚持高位推动，制定《遵义市农业现代化专项组工作机制》，成立市委副书记任组长、市政府分管副市长任常务副组长的农业现代化专项组，坚持以问题为导向，共召集 12 次会议对农业现代化工作进行精准调度、强力推进。强化政策体系，梳理中央、省委关于农业现代化的决策部署，结合遵义山地农业资源禀赋及产业实际，探索遵义市山地特色农业现代化评价体系建设，谋划实施遵义农业现代化的阶段性指标量化评价体系。同时，细化年度目标任务，印发“2022 年推进农业现代化重点任务清单及考核方案”，清单化推进农业现代化各项工作落地落实。抓实问题整改，对省委“四化”专项巡视反馈的农业现代化方面的 15 项问题制定整改方案，建立工作台账，推动整改落实。

（二）粮食生产能力稳中有升

粮食安全是“国之大者”，市委、市政府高度重视，多措并举抓好粮食生产。党政同责落到实处。通过签订粮食生产责任书、党政领导领办基地、实施单产提升行动等举措，粮食生产喜获丰收，全市粮食实际收获面积 939.31 万亩，粮食产量达 235 万吨。秋冬粮油生产扎实推进，坚持“稳粮扩油”战略，把油菜扩种工作作为秋冬种工作的核心工作来抓，油菜种植面积达 180.86 万亩，落实市、县、乡三级党政领导领办油菜生产示范基地 1987 个。

（三）特色优势产业提质增效

在保障粮食安全生产基础上，重点发展“一县一业”，做大规模、做优结构、做强主导。主导产业不断壮大，全市茶园投产 176.9 万亩，种植辣椒 213.7 万亩、蔬菜 289.75 万亩、食用菌 3.91 万亩、中药材 198.93 万亩、红粱 161.79 万亩，出栏生猪 362.62 万头、牛 31.25 万头、羊 60.14 万只、家禽 2505.19 万羽，禽蛋产量达 4.03 万吨、渔产量达 6.19 万吨，竹笋产量达 20.48 万吨，花椒（鲜）产量达 3.3 万吨。辣椒、茶叶种植面积分别位居全国地级市第 1 位、第 2 位。特色优势产业初步形成，全市金钗石斛 9.97 万亩、金银花 25.36 万亩、黔北麻羊 40 万只、黔北黑猪 1.5 万头。黔北麻羊、黑猪已被列入国家级畜禽遗传品种资源志，逐步形成“聚有黔”“习羊鲜”等拳头品牌。赤水金钗石斛、绥阳金银花先后斩获国家级金钗石斛生产基地、中国绿色生态金钗石斛之乡、中国金银花之乡等荣誉称号。

（四）经营体系建设成效明显

坚持“育主体、抓招商、创品牌”思路，加快推进农业全产业链发展。经营主体不断壮大，新增培育省级龙头企业 5 家、市级龙头企业 48 家，全市累计培育市级龙头企业已达 846 家，其中，国家级龙头企业 13 家，省级龙头企业 194 家，实现农产品加工总产值 600 亿元。紧盯茶叶、辣椒等行业龙头企业，持续开展招商引资“百日攻坚”行动，招商引资成效明显，农业产业招商引资累计到位资金 70.64 亿元。品牌建设成效突出，全市认证绿色食品生产企业74家，认证绿色食品132个。遵义朝天椒纳入2022年国家农业品牌精品培养计划。遵义红、湄潭翠芽、遵义朝天椒入选2022年品牌价值100强区域品牌，分别位于第28位、第36位、第48位。销售渠道不断拓宽，强化农产品产销对接，搭建农产品产销平台，深化东西部消费协作，不断巩固和拓展市场渠道。全市农产品累计销售150万吨以上，销售金额200亿元以上。

（五）基础保障能力不断夯实

聚焦人、地、钱等农业发展难点、痛点、焦点问题，主动作为、联动服务，为农业现代化服务提供充足的要素保障。政策支持不断强化，全市政策性农业保险参保农户达167.97万户次，总保费3.28亿元，全市6家承保机构受理理赔金额为2.4亿元，受益农户26万余户。积极引导金融机构服务中小微企业，全市普惠型小微企业法人贷款余额272.43亿元，同比增长37.29%。有效投资不断扩大，强化项目对接争取力度，全市累计完成农业现代化重大项目投资120.6亿元。基础设施建设不断完善，完成高标准农田建设39.8万亩。持续推进灌区和骨干水源工程建设，已完成灌区投资1488万元，骨干水源工程蓄水验收5个。聚力推动农村信息基础建设，建成开通5G基站4267个，基本实现5G网络乡乡通。技术服务能力不断提升，大力开展农技人员创新创业、“揭榜挂帅”和新型职业农民技能培训行动，全市3200余名农技人员深入一线开展技术指导、领办基地，完成培训高素质农民1822人，开展农业类职业培训4.03万人次。

（六）农村综合改革持续深化

深入推进各项农村改革政策，进一步盘活农村闲置资源，农民财产性收入不断增长。集体产权制度改革“强基础”，农村集体产权制度改革和“三变”改革深入推进，全市1848个村居成立村级集体股份经济合作社，全面完成农村集体资产清产核资、成员界定和股份量化，农村“三变”改革实现村级全覆盖，村集体实现经营性收入2.75亿元。土地制度改革“提效益”，按照“巩固所有权、稳定承包权、放活经营权”的思路，稳步完善农村土地“三权分置”制度，放活土地承包经营权，围绕粮食生产和特色优势产业，促进土地资源优化配置，提高农业生产效率，全市土地经营权流转面积达 300 万亩以上，农民通过土地出租的形式每年获得 500 元的亩均收益。经营体系改革“联农户”，强化“企业+合作社+农户”的利益联结模式，逐步构建起以农业企业为骨干，合作社和家庭农场为纽带，农户为支撑的新型农业经营体系，推动农户干在产业链、富在产业链。

四、推进旅游产业化情况

（一）市场主体培育

一是抓龙头。推动组建市级龙头企业贵州长征文化旅游（集团）有限公司，长征文旅集团与茅台文旅公司共同主办召开了第十五届遵义旅发大会，推出 4 条精品旅游线路并启动在国内 4 家 OTA 平台上线，发布遵义智慧旅游平台、遵义旅游营销政策等，与相关涉旅市场主体、行业协会签订到 2023 年底引流 220 万人的营销引流合作协议，并与相关市场主体就开通上海至遵义旅游专列“遵义号”、打造和运营赤水河谷国家级旅游度假区业态项目等达成了合作意向。二是稳存量。帮助企业纾困解难，为 56 家旅行社办理暂退或缓缴质保金 597. 257 万元，市、县整合资金 5000 多万元开展文旅商贸消费季活动，支持 150 多家文旅企业发展。三是扩增量。新增涉旅市场主体 4637 家，申报省级服务业龙头企业 9 家，培育 1 家年营收过亿元企业。四是提质量。新增限上（规上）涉旅企业 140 家，2 家企业进入省级拟上市资源后备库，2 家企业在贵州股权交易中心旅游专板实现挂牌。

（二）旅游业态升级

一是推进长征国家文化公园建设。2022 年度省级重点项目涉遵 6 大项 16 个子项，已完成 11 个子项。二是着力品牌建设。正安吉他文化产业园创建国家级示范园区正在开展验收准备；获国家级和省级夜间文旅消费集聚区各 1 个，中国美丽休闲乡村 2 个；新增国家 4A 级旅游景区 1 个，国家 3A 级旅游景区 4 个，推动仁怀市茅台酒镇景区创建国家 5A 级旅游景区；新增国家级乡村旅游重点镇、重点村各 1 个，省级乡村旅游重点村 10 个、重点镇 4 个，市级乡村旅游重点村 25 个、重点镇 9 个；创建省级乡村旅游与传统村落和少数民族特色村寨深度融合发展示范点2个；创建首批省级十大研学旅行基地2个；申评省级“花海民宿”1个；8个景区入选贵州首批10大酒旅融合景区。三是打造精品线路。打造4条精品旅游线路，围绕“吃住行游购娱”六要素对线路涉及的87个点位开展业态提质补短，重点推动酒旅、茶旅、文创为主的消费业态提升。遵义入选国家有关精品旅游线路3条。四是推进产业项目建设。实施旅游产业化投资项目63个，年度投资任务45.7亿元，已完成投资38.7亿元，仁怀南部新城温泉小镇工程（一期）等旅游产业化重点项目加快推进。五是加快民宿产业发展。匠庐已在赤水建成高端民宿酒店（匠庐·雅路古民宿酒店），累计接待游客800人次，实现营业收入150余万元。指导长征文旅集团与国内知名民宿运营商达成合作共识，委托编制《遵义精品民宿集群建设三年行动计划（2023—2025年）》，与国内知名酒店和民宿品牌运营商签订战略合作协议，规划建设和提升一批精品民宿。六是丰富旅游商品。推出“旅遇贵州·醉美遵义”茅台文创，第一批共生产6000份，通过广州、珠海旅游渠道商全部购买；茅台冰淇淋店进驻遵义·1935街区以来，实现引流消费2万余人次，拉动商圈新入驻商户15家；遵义白酒盲盒已完成1200套生产。

（三）服务质量提升

一是加快智慧旅游平台建设。完成智慧旅游平台硬件建设，完成43家景区和14家文博场馆视频、12家收费景区门禁系统及票务系统等接入工作，数据看板应用功能可实时查看各景区线上渠道运营数据。平台已实现市内外21家景区、28家酒店、12家停车场、381家旅行社的资源链接。二是优化旅游服务设施。创建五星级旅游饭店2家，完成11座示范性旅游厕所建设及系统录入，新建4个景区游客中心。三是营造安全发展环境。强化行业疫情防控，持续推进安全生产“打非治违”专项行动，重点加大对全市63个旅游新业态项目的安全监管。四是提升旅游服务技能。组织1170名文旅干部和企业从业人员参加全省旅游产业化专题培训，举办全市文旅从业人员培训4期600余人次，开展红色旅游讲解员培训，40余名讲解员参训。获评“省级文明旅游示范单位”1家（遵义会议纪念馆）、“多彩贵州·百佳优秀导游”8名。全年接待游客8000万人次，实现旅游收入850亿元，游客人均花费1069.9元、同比增长2.2%。

(四) 盘活闲置低效旅游项目

一是全面摸清底数。在全市开展 3 次全面摸底排查，共排查旅游项目（景区）186 个，经省级认定我市闲置低效旅游项目 19 个、低效旅游景区 19 个。二是强化统筹调度。对盘活推进缓慢的项目市政府实行月调度、市专班实行周调度。按照“续、转、提、关”路径要求，分类分批推进盘活。三是推进重点项目盘活。乌江寨景区自年初试运营以来，累计接待游客 42.2 万人次，实现营收 6514.91 万元。海龙屯下寨土司小镇，完成地上建筑物《房屋不动产权证》等手续办理，为推进项目盘活奠定了基础。自年初重新开园以来，累计接待游客 5.89 万人次，实现营收 77.66 万元。5 个项目（景区）已完成省专班第一阶段资料审查和第二阶段视频复核。四是积极申报文旅基金和贷款贴息补助。获批省级文旅基金项目 5 个，获批基金 14.49 亿元，已放款 9.49 亿元。申报获批贵州省重大文化旅游项目贷款贴息补助项目 33 个 1050.7 万元。

五、2023 年推进“四新”“四化”趋势分析和对策建议

(一) 新型工业化方面

趋势分析：一是稳增长压力持续增大，因受新冠肺炎疫情较大冲击，对需求侧、供给侧影响深远，工业经济下行压力持续增大；二是要素保障支撑不够，工业用地指标逐年趋紧，基金撬动金融、社会资本作用不明显，用电用气保障不够；三是产业结构优化不够，全市工业仍以烟酒为主，白酒行业工业增加值占全市工业增加值的 74.2%、占整个绿色食品加工产业产值的 90%以上。

对策建议：一是强化市场主体培育，围绕规模化发展“建链”，立足资源优势，深入研究产业规律，充分用好东部产业转移等政策红利，结合毗邻成渝经济圈、面向粤港澳大湾区等优势，全面梳理产业链条，做好产业发展顶层设计，精准有效开展招商，全力以赴引进产业链项目，不断壮大市场主体。二是完善产业链条，围绕产业化发展“补链”，在做优做强白酒产业链条的同时，围绕基础材料、先进装备制造、生态特色食品等产

业补齐产业链条，发展与之配套的原材料、辅料、零部件和包装件等产品，形成供需“上下游”的产业链条，增强企业、产品、产业综合竞争力。三是提升产品附加值，围绕融合化发展“延链”，以优势资源为重点，积极帮助贵州钢绳股份有限公司、遵义铝业股份有限公司等企业加快技术升级改造，大力推进贵州钢绳股份有限公司、遵义恒佳铝业有限公司、遵义钛业股份有限公司、遵义天磁锰业集团有限公司等企业金属线材制品制造、钛及钛精深加工、锰及锰加工、铝及铝精深加工等产业发展。四是坚守品质底线，围绕品牌化发展“强链”，发挥赤水河流域酱香白酒原产地和主产区优势，统筹产业空间布局，整合现有酿酒资源，全力推进酱香白酒“四区多点”产区建设，支持茅台集团打造世界500强企业，制定头部企业、重点企业“一企一策”重点培育方案，实行重点帮扶机制，加大对300亿级、200亿级、100亿级等骨干企业集群的培育。

（二）新型城镇化方面

趋势分析：一是规划执行不严格，中心城区发展存在突破总体规划确定的建设用地范围，没有维护好规划的严肃性和权威性。部分建设空间未按规划实施，存在空间尺度过大、城市结构松散蔓延，土地利用效率不高等问题。二是城镇品质还不高，重新城轻老城建设问题突出，城镇公共基础设施建设不配套，城市建设遗留问题多，城镇建设投入不足等。三是城镇承载能力不足，城镇建设普遍缺乏产业支撑，产城一体融合发展乏力，土地城镇化明显，未能真正形成人的城镇化。四是城镇治理能力不强，垃圾处理、供排水、交通拥堵、市政管理等城市问题仍然存在，城镇发展中的资金、土地等瓶颈制约也比较突出。

对策建议：一是围绕规划布局抓城镇体系建设。深入实施《遵义都市圈发展规划》、“强核”攻坚行动计划、县城城镇化补短板强弱项及城区新增人口“3个100万”工作方案，突出抓好中心城区辐射带动引领，支持仁怀建设市域副中心、正安建设东北区域中心、赤水建设区域性支点城市，提升完善县城功能和做优做美小城镇。二是围绕短板弱项抓项目建设。始终紧盯项目建设，持续加大“四改”项目推进力度，加快小微循环路网建设和改造，持续推动中心城区重点市政道路建设，不断完善城镇水、电、路、气、讯等设施，补齐公共卫生、人居环境、公共服务等短板弱项。推动37个省市特色田园乡村·乡村振兴集成示范试点建设，推进虾子镇等8个特色小城镇培育创建。三是围绕产业发展抓城镇经济。突出抓好房地产带动，认真落实国家、省、市政策措施，实施团购房、购房惠民举措，用好“保交楼”政策，进一步提振市场信心，全力推动房地产市场回暖。以市场化理念经营谋划和推动城镇化工作，全面清理低效闲置利用土地，尽力盘活存量资源资产，通过战略重构、资产整合、业务升级、资本运作、管理提升等举措，不断强化城市基础功能、城市公共服务功能、城市产业发展功能、城市资源整合功能作用，走城市发展由投资拉动向城市存量资产经营管理转型之路。四是围绕资金争取抓要素保障。以推进城市更新改造、提升城市功能品质、增强县城综合承载能力、推动县城基础设施向乡村延伸和公共服务向乡村覆盖为着力点，开展新型城镇化项目谋划设计，生成一批弥补本地突出短板、契合群众迫切需求的项目，全力争取中央和省预算内投资、地方政府专项债、省新型城镇化基金等支持。

（三）农业现代化方面

趋势分析：在全市大力推进农业现代化中，一是主导产业带动不明显，主要表现在发挥比较优势、聚焦“一县一业”，发展八大农业特色优势产业，持续推进产业融合发展等方面，还有较大差距。二是农产品加工转化效益偏低，全市农产品加工转化率为56.3%，除依托白酒加工的红粱产业相对成熟外，茶叶、辣椒等产业加工还停留在初加工水平，蔬菜、水果、畜牧水产和粮食作物更是停留在作为鲜品保供和动物饲料阶段。三是农业防灾抗灾能力较弱，存在农田基础条件差和工程性缺水等问题，导致我市农业生产防灾抗灾能力较弱。而目前改善农田基础设施主要依赖于高标准农田建设，全市还有260万亩符合高标准农田建设条件耕地在等待项目资金支持。

对策建议：一是强化目标导向推动农业现代化建设在全省探新路，确保粮食安全和“菜篮子”产品供给充足，培育壮大县域主导产业，做大做强绿色食品精深加工，推动提质增效，坚持农民主体地位，全面提升农民在农业生产、产品加工、经营服务等环节中的参与度。二是守住粮食和农业安全底线夯实农业发展新基础，落实粮食安全党政同责，持续推动党政领导领办基地，实施粮食单产提升行动，确保面积稳定、单产提升、总量增长。三是强化“一县一业”推动农业现代化体系建设实现新突破，保障粮食生产，重点推动茶叶、辣椒、蔬菜（食用菌）、红粱、中药材、生态畜禽渔等特色优势产业提质增效，抓好农产品品牌质量建设，推动品牌价值变现，打造农业产业集群。四是强化争资争项推动招商引资和项目投资取得新成绩，围绕“一县一业”产业定位，瞄准百强农业龙头企业，建立京津冀、长三角、珠三角、粤港澳大湾区、成渝等重点区域招商目录指南，针对性组织考察、拜访、洽谈等，提高招商成功率。加强协作、形成合力，积极谋划和申报农业农村现代化基金项目和其他财政项目资金。五是强化试点创建助推社会化服务创新示范迈上新台阶，深入推进农村改革试点示范，加强农村承包地管理，做好土地确权登记颁证后续工作。积极推动农村产权制度改革成果运用，稳步推进农村产权流转交易和管理信息网络平台建设，探索新型农村集体经济发展新路径。

（四）旅游产业化方面

趋势分析：从资源利用看，遵义旅游还未能将资源优势有效转化为产业优势、经济优势，全市旅游产业发展还存在投资多效益少、流量多流水少、景点多收益少、期望多贡献少等问题。从市场角度看，旅行社没动力、不发力是最大问题，线路和产品影响力不够消费力不足是最大短板，同时大部分景区消费业态少，围绕吃、住、购的产品附加值低。从服务质量看，与市外市场主体的联结和市内行业、区域合作差距很大，以点串线、以线带面形成区域联动的合力不够，没有稳定优质的地接旅行社，全市导游数量少，在优质服务、协调对接、引导购物、解决投诉等方面综合能力差距大，旅游行业协会作用发挥不够，在服务意识、服务优质等方面存在较大差距。

对策建议：深入实施旅游产业化“四大行动”，坚持以文塑旅、以旅彰文，推进文化和旅游深度融合发展。坚持“两手抓”，一手抓市场引流，一手抓旅游消费。一是抓市场引流，推动建立旅游产业市场化体系（包括市场引流体系、宣传推广体系、政策激励体系、服务保障体系），重点围绕建设运营智慧旅游平台、支持龙头企业发展、深化文旅宣传营销、优化引流促消政策、重点引导引流等措施加大客源引流力度。二是抓旅游消费，进一步优化个性化精品旅游线路，开发组合式旅游产品，延长游客在遵停留时间，增加过夜天数，提升旅游消费。重点围绕民宿产业发展、增强旅游商品供给、推动消费业态升级、推动文体市场消费、优化旅游服务质量等五个方面抓好旅游消费工作。三是扎实推动文旅项目建设，按照向上能争、银行能融、市场能引的思路，围绕争创国家文化产业和旅游产业融合发展示范区、长江国家文化公园、乌江国家旅游风景道等，谋划包装一批文旅重大项目。

2022年安顺市推进“四新”“四化”报告

高守应　万江英　邓小燕

2022年，安顺市认真贯彻落实党的二十大精神，积极抢抓国发〔2022〕2号文件重大机遇，紧紧围绕“四新”主攻“四化”战略部署，围绕市委“1558”发展思路，坚持以高质量发展统领全局，统筹发展和安全，全面推动新型工业化、新型城镇化、农业现代化、旅游产业化，全市经济发展稳中提质、产业后劲持续增强、人民生活安居乐业、社会大局和谐稳定，保持高质量发展良好态势。为认真总结2022年安顺市推动“四新”“四化”建设取得的良好成效、成功经验，进一步为抓好2023年“四新”“四化”工作提出可行性意见建议，安顺市社科联课题组深入开展调查研究，广泛收集相关资料，认真分析研究，撰写调研报告如下：

一、安顺围绕“四新”主攻“四化”采取的主要措施

（一）以打造航空产业城为抓手，推动新型工业化加快发展

2022年，安顺市以打造贵州航空产业城为抓手，大力推动工业倍增行动，推进产业发展，优化园区建设，以亩产论英雄，壮大市场主体，实施工业突破工程，努力打造高质量发展核心引擎。出台了《关于实施工业突

作者简介：高守应：安顺市社科联（安顺市社科院）党组书记、常务副主席（副院长）；万江英：安顺市社科联（安顺市社科院）党组成员、副主席兼秘书长（副院长）；邓小燕：安顺市社科联办公室主任。

破工程打造高质量发展核心引擎的意见》，创新新能源项目股份合作开发模式，鼓励支持地方国企通过股份合作参与新能源项目开发建设。创新财政资金投入方式，统筹“3 个 80%”财政资金支持新型工业化加快建设、高质量发展。

1. 突出发展航空产业

安顺市立足区位、交通和三线建设等优质资源禀赋，结合民用航空产业国家高技术产业基地、全国通用航空产业综合示范区、国家高新技术产业开发区等国家级重要平台建设，在省委省政府和中国航空工业集团的大力支持下，规划建设贵州航空产业城，打造航空产业集群。成立安顺市规划建设“贵州航空产业城”筹备工作领导小组，委托中国航空规划设计研究总院完成《贵州航空产业城总体发展规划（2022—2035 年）》编制并通过专家评审。已谋划重大项目 496 个，总投资 5000 亿元。已与 85 家企业进行洽谈，签约产业项目 28 个，金额 48.9 亿元，落地开工项目 8 个，总投资 11 亿元。

2. 发展特色重点产业

实施由市领导领衔推进重点工业产业机制，将全市工业产业调整为十大重点产业，按照“一个产业、一位市领导、一个工作专班”做法，切实抓好项目调度、项目建设、项目招商引资等。2022 年度，十大重点工业产业完成规上工业总产值 579.6 亿元，装备制造、特色轻工、现代能源三个首位产业完成规上工业总产值占全市比重 65.2%，其中健康医药、现代化工、航空航天及装备制造持续保持 30.6%、16.8%、15.7%的高速增长，安大、安吉、风雷、百灵、三力等一批重点企业加速发展，新增规模以上工业企业 77 家。

3. 全力服务企业发展

实施工业企业服务大行动，33 位市领导联系服务 255 户规上工业企业，县区领导对辖区规上、临规企业实行全覆盖包保帮扶，坚持以问题动态清零为目标，台账式管理、动态销号，切实解决企业发展的困难和问题，提升服务实效。市县领导共走访企业 1200 余次，收集问题 615 个，办结销号 425 个。按照“一户企业、一名副科级以上干部”的要求，采取全脱产或半脱产方式蹲点帮扶，实时掌握企业实际生产经营情况，开展精准调度帮扶，最大限度挖掘增长空间。指导企业申报省级以上有关专项资金基金支持，工信系统共争取上级资金基金3.95亿元。组织242家企业申报省中小企业信贷通，获得30.33亿元的资金投放；充分发挥中企“创业贷”助力企业发展作用，审议通过企业213户、放贷金额6.87亿元，较去年增加75户、2.34亿元。全面落实纾困政策，充分释放政策红利，助力企业稳工稳产，全市办理增值税留抵退税共计23.24亿元，减征“六税两费”0.99亿元，缓缴税费2.62亿元。

4. 加快推进园区建设

坚持“以亩产论英雄”导向，盘活用好存量资产，分类制定园区低效企业退出机制，加快推进开发区高质量发展。安顺经开区、普定经开区核心区基本实现“九通一平”，安顺高新区、西秀经开区实现“七通一平”，镇宁、关岭、紫云产业园区实现“五通一平”。全市开发区完成规模以上工业总产值383.39亿元（四至范围内），完成工业固定资产投资72亿元（四至范围内），累计建成标准厂房119.28万平方米，标准化厂房利用率为91%。

（二）积极融入“强省会”战略，推动新型城镇化加快发展

安顺市积极融入“强省会”战略，全面落实城镇承载能力、城镇经济、城镇品质、治理能力、城乡融合“五个大提升”目标，着力把安顺建设成为宜居宜业宜游的魅力之城。全市新增城镇常住人口2.4万人，常住人口城镇化率达58%。

1. 贵阳—贵安—安顺都市圈建设全面展开

按照全市融入“强省会”推进都市圈建设专题会议精神，围绕交通、产业、生态等方面，积极推进争取贵阳枢纽新机场落户安顺等18个重点工作。围绕交通互联互通，加快推进乌当至长顺高速公路安顺段建设，沪昆高速复线安盘高速开工，六枝至安龙高速安顺段加快建设，启动G321青山至新房、G356大山至落别普通国道提档改造，2022年全市新增城市道路60.66公里，中心城区建成区面积达105平方公里。

2. 全面落实“3个100万”目标任务

制定印发《安顺市落实“3个100万”促进城区人口增长的若干措

施》，实施改革完善住房公积金制度、完善社会保障制度、加大创业就业扶持力度等15条具体措施，创新开发“安心干”人力资源新型服务平台，2022年城镇新增就业4.3万人，农村劳动力转移就业7.3万人；新建、改扩建中小学和幼儿园23所，新增学位4890个；3个县级妇幼保健院达到二级水平，建成4个县域医疗次中心，市养护院成为全省首家非营利性“医养结合”样板，全市城镇能力得到有效提升。经监测，2022年全市主城区常住人口达49.7万人，完成省下达的49.3万人的目标任务。

3. 全面实施城镇“四改”工程

实施城市更新行动，坚持以城镇“四改”为抓手，2022年全部开工建设棚户区改造536户（套）；全市棚改任务14000户，已建成15347户（套），建成率109.62%。全市城镇老旧小区改造项目共105个，涉及改造居民13624户，项目已全部开工；已完工6899户，完工率50.64%，累计完成投资约1.67亿元。背街小巷改造任务66条，开工71条，开工率达118%，完工69条，完工率105%；完成地下管网312公里，完成率168.6%。

4. 全面加强城镇品质提升

围绕“一圈两场四改”要求，加快市政基础设施建设，2022年新增公共停车位2500个，分时段减免两城区公共道路停车费，有效解决了市民反映强烈的停车难、停车贵问题。新建充电桩436个，累计建成1929个。2022年成功申报国家、省级海绵城市建设示范城市，三年将获得中央财政补助资金11亿元和省级财政补助资金2亿元。印发《安顺市系统化全域推进海绵城市建设示范城市建设工作方案》，推出实施防洪排涝建设等6个方面重点任务。截至2022年12月，城市社区专职网格员配备率年度计划数60%，完成率75%。5G基站建设完成2439个，完成率187.5%。

5. 全面推进新型城镇化项目建设

2022年全市共安排新型城镇化建设项目420个，总投资2053.12亿元，年度计划投资391.61亿元，2022年累计完成投资393.51亿元，占年度计划的100.4%。2022年获得地方政府专项债券项目28个，发行债券金额19.68亿元，用于支持老旧小区、棚户区改造、城市停车场等新型城镇化项目建设；获得中央预算内排水防涝、燃气管道更新项目4个，获得资金3202万元；获得省级新型城镇化建设补助资金9184万元；获得省级新型城镇化基金放款3.92亿元，占2022年全省新型城镇化基金总额度30亿元的13.06%，排名全省第二。

（三）大力发展山地特色高效农业，推动农业现代化加快发展

2022年，安顺市坚持农业农村优先发展，大力推进农业现代化建设，农业综合生产能力不断增强，农业经济保持稳定较快增长。

1. 加快构建山地农业产业体系

坚持守住粮食安全底线，全面落实粮食安全、耕地保护党政同责，落实“长牙齿”的耕地保护硬措施，强力推进耕地非农化、非粮化整治工作，粮食产量达98.9万吨，超额完成省下达任务。大力发展主导产业，实施农业产业提质增效工程，十一大农业主导产业继续保持稳定增长势头，全市蔬菜、辣椒、食用菌、茶叶、水果、中药材产量同比分别增长3.6%、5.78%、9.2%、6.4%、8.9%、6.6%，生猪、家禽、肉牛、肉羊出栏同比分别增长10%、9.3%、持平、6.08%，水产品产量同比增长6.1%，建成全国最大的韭黄标准化绿色生产基地、全国最大的独有的蜂糖李种植基地、全省最大的鱼种培育基地，全市基本形成了西秀辣椒、平坝蔬菜、普定韭黄、镇宁精品水果、关岭黄牛、紫云红芯薯“一县一业”产业新格局。大力发展林业产业和林下经济，全市已完成油茶改培2万亩、金刺梨改培2.2万亩，全市林下经济面积达130万亩，产值达48亿元，实现林业产业综合产值达254亿元。

2. 持续夯实现代农业生产体系

实施高标准农田建设和现代农业水利工程，建成高标准农田14.5万亩；积极申报专项债发展骨干水源工程，累计获批建设资金3.29亿元，全市累计完成骨干水源工程建设并实现下闸蓄水水库15座，年供水量17091万立方米，工程设计灌溉面积达145281亩，解决348443人城乡居民的供水保障问题，其中，农村供水覆盖人口133892人。实施科技赋能强农工程，组织实施一批科技支撑重大项目，重点支持主要农作物育苗育种及畜禽品种改良，立项支持育苗育种、种质资源类科技项目共9项，立项资金共计85万元，建设3000亩水稻新品种新技术示范基地，自主选育水稻新品种“夜郎红841”“泰丰优1090”“广8优1090”“黑糯1580”，增加水

稻种植密度、提高单产，建成马铃薯全程机械化栽培技术、绿色高效栽培技术等示范基地300亩，建成自主选育新品种“安薏1号”推广示范点120亩。实施现代种业稳步提升工程，获批实施贵州省大豆良种攻关和蜂糖李种质资源保护，创新选育出4个农作物新品种通过省级审定；加强普定高脚鸡提纯选育，“高脚鸡遗传资源抢救性收集和保护”列入2022年度省级种业发展项目。实施山地农机化工程，全市共实施中央农机购置补贴289.515万元，补贴机具1375台，受益农户1129户；加快推进主要粮食作物耕种收全程机械化，完成机耕面积264.65万亩，机播面积39.89万亩，机收面积114.75万亩，培训农机人员1.04万人，检修农机具2.05万台，投入农机具12.19万台（套）。实施智慧农业建设工程，开发投入使用“安顺市智慧农业气象服务微信小程序”；加快现代信息技术与农业农村深度融合，在平坝区乐平镇塘约村、天龙镇合旺村创建“数字乡村”App平台，通过“云督导”移风易俗，加快现代农业智慧化发展。实施农业绿色发展工程，示范推广昆虫性诱、生物农药、生态调控、物理诱杀、无人机统防统治等绿色防控技术，主要农作物病虫害防治率达94.54%。大力推进农村面源污染整治，全市畜禽养殖粪污资源化利用率达88%。实施农产品仓储保鲜冷链物流设施建设工程，推动黄果树旅游区分拣中心暨脱贫攻坚农特产品集散交易市场（冷库）项目建设，新增冷库库容2.4万立方米，集配中心1个；健全县乡村三级物流配送体系，引导利用村内现有设施，建设村级寄递物流综合服务站，发展专业化农产品寄递服务，为农村居民提供便利。

3. 建立健全现代农业经营体系

实施新型农业经营主体引进培育行动，全市招商引资农业产业累计到位资金36.4亿元，完成率101.11%；积极开展农业产业化龙头企业认定培育工作，全市现有市级以上龙头企业338家，其中国家级龙头企业5家，省级龙头企业97家；有序推动16家涉农国有平台公司的市场化、实体化转型；推动农民合作社高质量发展，建成农民专业合作社3961家、家庭农场1664家，省级合作社示范313家、省级示范家庭农场133家。实施农产品质量品牌提升行动，围绕地理标志保护产品打造一批绿色优质品牌，形成了聚福菌、南山婆、黄果树三碗粉、苗干妈、牛来香、瀑布毛峰等龙头型企业，有15个农特产品被评为2021年安顺“十佳旅游商品”，百灵制药、关岭黄牛、普定夜郎蜂蜜三个品牌被评为贵州省2021年50强品牌；

全市地理标志农产品25个、绿色食品28个、有机农产品11个，绿色食品认证产品批准量产合计26243.1吨。实施农产品加工业提质增效行动，全市50万元以上农产品加工企业647户，农产品产量213.68吨，加工产品产量128.38吨，加工产值196亿。2022年上半年全市本地农产品原材料加工转化率占比53.7%。实施农业高质量发展平台创建行动，组织平坝区蔬菜基地申报创建国家级现代农业产业园。

（四）以推进国家文化和旅游消费试点城市建设为抓手，推动旅游产业化加快发展

2022年，安顺市以推进国家文化和旅游消费试点城市建设为抓手，深入实施“四大行动”，着力“盯指标、抓产业、争进位”，持续推动旅游产业化高质量发展迈出坚实步伐。根据第三方抽样调查报告，2022年，全市接待国内游客4034.38万人次，旅游总收入为380.43亿元。

1. 大力实施市场主体培育行动

安顺市持续推进涉旅国企改革，组建安顺旅游发展集团公司，推进“黄龙屯格”一体化发展。深入推进“四转一上”工程，制定《安顺市规上旅行社、规上文化体育娱乐企业培育实施方案》，出台《关于对2021年度至2022年度新增规上旅行社和新增四星级及以上旅游饭店实施奖补工作方案》。2022年底，安顺市在库企业285家，全市新增旅游市场主体2701家，总量达18938家，新增入库48家。大力推动黄果树旅游集团股份有限公司上市培育工作，黄果树风景名胜区入选世界自然保护联盟绿色名录。将贵州黄果树中央厨房有限公司纳入省培育龙头企业库，推动企业创新发展。引进同程集团在安顺成立子公司，开展智慧旅游、景区运营等业务合作。

2. 大力实施旅游业态升级行动

安顺市抢抓获批第二批国家文化和旅游消费试点城市机遇，进一步推动“旅游+”“+旅游”多产业融合发展。提升“拳头产品”吸引力，新增1家4A级旅游景区和2家3A级旅游景区。推进龙宫景区（5A）精品建设提升，推进旧州古镇（4A）等6个景区提质增效。黄果树旅游区获批国家级全域旅游森林康养试点建设区、贵州省第三批夜间文旅消费聚集区，安顺古城历史文化街区、旧州古镇街区获批省级旅游休闲街区。8村3镇入

选第四批全省乡村旅游重点村和第二批全省乡村旅游重点镇名录，大西桥镇鲍家屯村入选 2022 年中国魅力休闲乡村名单。建成“贵州蜡染博物馆”，向市民免费开放。率先在全省编制《民宿产业示范区总体规划》，培育黄果树瀑布村、渊府·霞渡、牛蹄关·索居等一批精品民宿，尧珈·望瀑民宿获评全国甲级民宿，匠庐·村晓度假村落、尧珈·凡舍民宿等 6 家民宿获评“2022 年贵州省示范民宿”，全省民宿产业示范区建设初具影响和规范，全省民宿产业发展现场观摩会在安顺召开。顶云经验体验园、宏锦花海鹅园等 6 家农家乐获评“2022 年贵州省示范农家乐”。

3. 大力实施旅游服务质量提升行动

完善旅游基础设施建设，深入实施旅游厕所三年达标行动。加强品牌酒店建设，澳维酒店申报五星级饭店通过省级初评，黄果树迎宾馆获评四星级。大力提升旅游从业人员技能。开展第四届全市旅游饭店从业人员技能大赛。对 21 名优秀从业人员给予个人表彰。对 6 家酒店授予团体奖荣誉称号，对 5 家酒店授予组织奖荣誉称号。持续开展“文明在行动 满意在贵州”活动，大力整治旅游市场秩序。2022 年，共出动执法检查人员 2073 人次，检查文化旅游经营单位 1111 家次，关停旅游购物店 15 家，有效净化旅游市场秩序，满意度得到提升。

4. 大力实施闲置低效项目盘活行动

成立全市加快推进盘活闲置低效旅游项目攻坚行动工作专班，精准调研梳理全市闲置低效旅游项目 21 个，按照“一个项目、一名牵头领导、一个工作专班、一个盘活方案”要求，加大闲置低效旅游项目盘活力度，通过“七个一批”方式，力争四年内完成。2022 年安顺西秀旧州生态文化旅游古镇景区、普定沙湾旅游景区、普定普屯坝旅游景区、匠庐·翠山改造项目已完成销号。

二、安顺围绕“四新”主攻“四化”推动高质量发展迈出坚实步伐

2022 年，安顺市通过围绕“四新”主攻“四化”，推动全市经济社会高质量发展取得了良好成效，全市经济发展稳中提质、产业后劲持续增

强、居民收入不断提升、人民生活安居乐业、社会大局和谐稳定，高质量发展迈出坚实步伐。全市固定资产投资同比增长7.4%，城镇和农村居民人均可支配收入增长4.4%和6.4%。

（一）全力深化改革开放，发展活力更强

抓实各项改革措施，全市改革创新蹄疾步稳，开放水平不断提升，经济社会发展活力更加充盈，重点领域和关键环节改革亮点纷呈。经济体制改革实现新突破，深入推进国有企业改革三年行动，把17家市属国有企业整合重组为8家集团公司；聚焦工业发展资金不足的难题，创新“3个80%”财政增量资金投入模式，支持工业企业提质、提量、提速；深入推进“放管服”改革，政务服务“全程网办”事项达70%以上，新增市场主体3.4万户；探索“绿色金融”发展模式，获评“中国改革2022年度地方全面深化改革典型案例”，贵州第一张草原保险单在安顺关岭落地生效。农业农村改革迈出新步伐，创新推出财政涉农产业资金“2215”投入模式，构建“农银企”农业产业发展共同体，组建18家SPV公司。科技体制改革激发新活力，政银企合作搭建“政府+银行+中介+企业”平台推进知识产权质押融资，融资项目30个、位居全省第一，融资金额3.29亿元、位居全省第二；西秀航空精密铸锻基地成功入选国家火炬特色产业基地；新增国家知识产权优势企业2家、省级以上创新平台4个，入库国家科技型中小企业61家，实施科技“揭榜挂帅”项目5个。民生领域改革释放新红利，创新“政府+个人”就业数据双授权模式，创新推出“安心干”人力资源开发和价值提升数字服务平台，让更多人能够快速就业、快速增收，让安顺汇集更多发展资金；深入推进职业教育扩容提质改革，获省政府通报表扬，并获2000万元奖励资金；市养护院成为全省首家非营利性“医养结合”样板。社会治理改革探出新路径，深入推进市域社会治理现代化试点城市创建工作，建立健全诉源治理机制推动矛盾纠纷源头化解，促进诉源、执源、访源“三源同治”，全市涉法涉诉信访案件评查化解率100%，排全省第一；西秀区安全发展示范社区试点稳步推进，马槽社区获评“全国民主法治示范社区”“平安贵州建设先进集体”等称号。持续全面扩大对外开放，深化与广州东西部协作，强化招商引资，2022年安顺市共引进中国长征火箭公司、中经城投集团等优强企业120家，新增招商引

资到位资金 350 亿元，黄果树“三碗粉”、山水汇晨家居等产品进入欧美市场，全市外贸进出口总额完成 8 亿元，同比增长 38%。

（二）全力推进乡村振兴，乡村面貌更美

认真落实“四个不摘”要求，持续强化防贫动态监测帮扶，强化“3+1”保障，脱贫人口人均纯收入达 1.27 万元，同比增长 16%。聚焦完善脱贫人口收入增长支持体系，推动衔接资金 57%用于实施产业类项目，以工代赈项目投入中劳务报酬比例提高到 20%。创新开发“安心干”App 就业平台，全面落实各项稳岗就业帮扶政策。完成脱贫人口务工 23.55 万人，占年度目标任务数的 104%。大力推进乡村振兴五大行动和六个专项行动，建立了市、县特色田园乡村·乡村振兴集成示范试点建设工作联席会议机制。巩固发展特色优势产业，探索财政涉农产业资金投入模式，推动 11 大特色产业做优做强，打造了镇宁蜂糖李、关岭牛等一批地理标志保护产品，形成了朵贝、南山婆等一批农特品牌。建成市级以上龙头企业 338 家，其中国家级 5 家，省级 97 家。建立“村社合一”合作社 982 个，家庭农场 1716 个。深入开展乡村治理、乡风文明提升行动，打造了 2 个国家红色美丽村庄，巩固提升 4 个省级、36 个市级特色田园乡村集成示范点，涌现出平坝区大屯村、普定县韭黄村、关岭县石板井村等一批“全国民主法治示范村”和镇宁县高荡村、安顺经开区阿歪寨等一批“全国乡村旅游重点村”。率先在全省实现 30 户以上自然村寨生活垃圾收集点全覆盖，新建、改建农村卫生厕所 2.17 万户。

（三）大力发展数字经济，赋能作用更凸显

深入实施数字赋能工程，推进工业领域数字化转型，推动大数据、云计算、物联网、5G 等新一代信息技术融合应用，发展工业互联网。大力推动大数据与实体经济深度融合，重点在智慧园区、智慧矿山、智慧农业、数字乡村等培育一批标杆和示范项目，成功培育国塑科技智能化生产线控制系统、春归保健科技刺梨纯汁生产数字化转型、黄果树中央厨房三碗粉智能化生产、御百氏天然矿泉水生产加工、九仙旅游景区智慧旅游服务平台等省级融合标杆项目 5 个，安吉精铸智能工艺设备生产、苗干妈特色面数字化生产、关岭中草药产业数字化平台等融合示范项目 78 个，带动医

药、能源、制造业、种养殖、旅游等领域融合企业123户。2022年，全市规上软件和信息技术服务业收入1.85亿元，增速达72.37%，全省排名第一；规上互联网和相关服务业收入1.74亿元，增速达103.56%，全省排名第一；工信部监测软件服务业收入4.12亿元，增速达125.26%，全省排名第二。全市开工建设大数据重点项目33个，累计完成投资10亿元；新建5G基站2439个，超全年目标任务1138个；全市新引进大数据市场主体73家，大数据市场主体累计279家。

（四）全力保护生态环境，绿水青山更靓

出台《安顺市生态文明建设先行区实施方案》《安顺市“十四五”节能减排综合工作方案》，有序推进“双碳”工作，坚决遏制“两高”项目盲目发展，全市单位地区生产总值能耗下降3.2%。严格落实长江“十年禁渔”部署，深化推进河（湖）长制、林长制，强化农业面源污染治理，主要河流断面水质优良率达100%。完成营造林19.87万亩、石漠化综合治理70平方公里、水土流失治理132平方公里，治理历史遗留矿山400余亩，森林覆盖率保持在60%以上，城市空气质量优良率保持在98.9%以上。新增建成区绿地面积30万平方米，城市生活垃圾无害化处理率达95%以上，污水处理率达98%以上。探索“绿色金融”发展新模式，支持绿色工厂、绿色园区、绿色产业发展，打通绿水青山向金山银山双向转换通道。西秀区双堡镇获省级两山实践创建基地称号。

（五）全力扩大有效需求，发展后劲更足

积极稳投资促消费，增强有效需求拉动作用。坚持项目为王，千方百计扩大有效投资，固定资产投资增长7.4%，位居全省第一。全年实施重大项目605个，完成年度投资597亿元。聚焦补短板，加快基础设施建设，沪昆扩容、乌长、六安等高速公路安顺段有序推进，关岭陇古二期光伏电站、紫云马鬃岭风电场等新能源项目加快建设，雨棚、龙宫河、核桃冲等水库顺利通过蓄水验收。创新实施“瀑乡安顺·助商惠民”促消费专项行动，拉动消费增长5.8亿元，走在全省前列。产业投资、民间投资不断扩大，占全年投资总额比重分别达35%和50%。社会消费品零售总额增速位居全省前列。

（六）全力防范风险隐患，社会大局更稳

围绕“防风险、保安全、迎二十大”主线，着力防范化解各类重大风险。围绕煤矿、非煤矿山等十二个重点行业领域，加强安全生产管控措施督导检查，扎实抓好国务院安委会督导检查反馈问题整改，全市生产安全事故起数和死亡人数分别下降35.2%和21.7%，未发生较大及以上生产安全事故，守住了不发生重特大事故的底线红线，守护了人民安全。加强政府债务管理，全力化解存量债务，坚决遏制新增政府隐性债务，全市未发生系统性金融风险。深入推进平安安顺建设，严厉打击电信网络诈骗犯罪，积极推进市域社会治理现代化试点城市创建工作。全力开展涉法涉诉信访案件评查化解攻坚专项行动，化解率100%，排名全省第一。

（七）全力保障改善民生，人民生活更好

坚持把改善和保障民生作为工作的出发点和落脚点，民生类重点支出占一般公共预算支出比重达73%。全面落实稳就业保民生政策，城镇新增就业4.3万人，农村劳动力转移就业7.3万人，新增创业带动就业1.8万人。深入实施教育“九大提升工程”，新建、改扩建中小学和幼儿园23所，新增学位4890个、餐位3000个。大力实施整体提升卫生健康水平攻坚行动，3家县级妇幼保健院达到二级水平，市养护院成为全省首家非营利性“医养结合”样板。基层医疗服务能力全面提升，在健康贵州建设行动考核中排名全省第一。基本医疗保险参保率稳定在95%以上。城乡低保平均标准分别提高到683元/月和5298元/年。新增公共停车位2500个，分时段减免两城区公共道路停车费，有效解决了市民反映强烈的停车难、停车贵问题。

三、持续推进“四新”“四化”的对策建议

2022年，安顺市围绕“四新”主攻“四化”建设虽然取得了许多成效，但同中央、省的要求相比和新时代发展的需要也还存在一些短板弱项，面临不少困难和问题，主要体现在：一是产业发展对扩大就业、做大城镇的支撑不足，工业经济规模小，龙头企业数量少，产业园区发展缓

慢，产业集群发展集聚效应不强。二是农业产业比较优势不明显，规模化集约化水平不高，农村集体经济薄弱。三是旅游资源富集优势转化为经济优势不充分，黄果树的旅游龙头作用发挥不够，文旅融合不深，旅游缺乏文化内涵。四是教育、医疗、养老等领域投入不足，民生基础设施与人民群众的期盼还有较大差距。

2023 年是贯彻落实党的二十大精神的开局之年，是实施“十四五”规划承上启下的关键一年，做好 2023 年“四新”“四化”工作，意义重大。为此，提出如下对策建议：

一是在新型工业化建设方面要大力发展航空等重点产业。安顺新型工业化发展要上新的台阶，必须谋划好安顺工业布局。首先，认真加强与中航集团的合作，加快航空产业城规划的落地建设，做大安顺工业规模。其次，高质量加快园区建设，以“亩产论英雄”，以项目为王，提高工业产业产值和效益。聚焦装备制造、特色轻工、现代能源三个首位产业集聚壮大发展。在装备制造业方面，全力打造千亿级航空产业，把贵州航空产业城打造成为全市经济社会高质量发展的重要增长极。牢牢抓住贵飞与成飞融合发展机遇，积极争取国家和省支持贵飞能力建设，提升贵飞整机集成交付能力。做大做强锻铸造产业链，联合中航重机向零组级、装配级高层次延伸发展，在安顺集中布局锻铸机加能力，推进区域协作在安顺形成钛合金等上游航空材料配套能力。围绕黎阳国际打造航空发动机次生态圈。支持风雷、新安、龙飞等企业探索拓展正向设计能力，培育产业链企业落户。以项目建设为抓手，持续培育壮大基础材料、新型建材、现代化工、大数据电子信息制造、新能源汽车及电池材料等潜力产业，全力做大做强工业经济。做好东西部合作，借助广州的技术、资金、市场等要素，推进安顺工业快速发展。

二是在新型城镇化建设方面要着力提升城镇承载和支撑能力。着力建立完善城镇基础配套设施，主动融入“强省会”战略，持续加强与贵阳贵安协同发展，推动基础设施“硬联通”和规则机制“软联通”。谋划沪昆通道产业带建设，通过发展产业带动就业，推进新型城镇化建设发展。结合开展新市民安居工程改革试点抓好农村转移劳动力就业的落实，增加就业岗位，增强城镇人口承载力。持续优化城镇空间布局，推进平坝、普定、镇宁与主城区一体化发展，加快构建“一核三组团”的城市发展格局。持续推进“一分三向”城镇化发展模式，加强县城、重点镇和美丽乡村基础设施建设，完善配套设施，引导农村人口向县城、重点镇和美丽乡村转移，提高城镇化率。

三是在农业现代化建设方面要大力发展特色优势产业。推进高标准农田建设，确保粮食安全，保供稳价。依托丰富农业特色资源，在发展特色产业上下功夫，形成产业集群，做大做强特色优势产业，发展壮大农村集体经济，在推进农业现代化中，继续探索资源发包、物业出租、居间服务、资产参股等多样化途径，做大做活农村产业，高质量发展农业产业，发展新型农村集体经济，向一二三产业要效益，强龙头、补链条、兴业态、树品牌，真正推动农业产业链条升级，增强农业产业市场竞争力和可持续发展能力。做实脱贫攻坚成果巩固，粮食面积不减、产量增加，发挥资源优势和技术优势，引入社会资本参与，推动农文旅有机融合，用好“三权分置”政策，让新业态、新产业持续成长，完善利益链条，让脱贫群众分享更多实惠。推动与广州的紧密结合，按照“品种、品质、品牌和精准化”要求，培育和壮大农业品牌，提高农产品附加值，融入大湾区市场。加强农村基础设施建设，提高公共服务水平，加强人居环境建设，建设宜居宜业和美乡村，让农民就地过上现代文明生活。

四是在旅游产业化建设方面要以深化文旅融合发展为重要抓手。要积极探索创新后疫情时代旅游发展的思路举措，努力在做好应对各种风险挑战中抓住机遇，推动旅游业持续健康发展。第一，要紧紧围绕贵州打造世界级旅游目的地的目标，努力把安顺建设成一流旅游城市，把黄果树打造成世界级旅游景区，着力发挥黄果树旅游龙头作用，要着力聚焦资源、客源、服务三大要素发力，不断提升安顺旅游业发展的层次和水平。第二，要充分利用安顺丰富的文化资源，深入挖掘夜郎文化、屯堡文化、地质文化、三线文化、红色文化等黔中地域历史文化，加快开发建设一批文化旅游精品项目。第三，要抢抓多彩贵州文化高质量发展十大工程建设的重要机遇，广泛深入挖掘屯堡文化、民族民间文化，进一步打造屯堡文化旅游精品，培育民族民间文化旅游研学、康养等产品品牌，助推安顺旅游业加快发展。第四，继续加大对民宿产业发展的支持力度，让旅游的产业更加有体验感和更大自由度，让漫游更有质量。第五，要全面提升旅游业服务，完善旅游服务业态，要大力开展旅游宣传，通过线上线下广泛开展，提升安顺知名度和美誉度，吸引更多游客到安顺旅游。第六，要充分利用南部片区地理气候、交通、区位等优势，积极探索发展避寒产业，着力解决安顺旅游“夏热冬冷”的问题，推动旅游业全年均衡发展。第七，要做好鲍屯古水利工程等农业文化遗产的开发利用，让其在融入乡村振兴产业、乡村生态、乡风民俗、乡村治理中“活”起来，助推农文旅深入融合的精品旅游品牌。

2022年六盘水市推进“四新”“四化”报告

李　昕　陶　波　冯香芬　牟景秀　王邦州　黄璐琳

2022年六盘水市委、市政府围绕“四新”主攻“四化”、一门心思抓高质量发展，重点聚焦六盘水市物质生活、精神生活、社会生活和生态环境“四个维度”，明确把建设幸福六盘水作为推动共同富裕的路径措施，制定建设幸福六盘水的实施意见和年度100项工作计划，加快建设物质生活富裕富足的幸福六盘水，显著提升发展的质量和效益，基本形成支撑高质量发展的现代产业体系，不断扩大中等收入群体规模，推动共同富裕迈出坚实步伐，让全市人民日子越过越红火、越来越幸福。

一、2022年六盘水市推进“四新”“四化”概述

2022年，六盘水市经济社会发展以“稳”为重，坚持“稳”字当头，“稳”中求进，坚持以高质量发展统揽全局，统筹疫情防控和经济社会发展，统筹发展和安全，全力围绕“四新”主攻“四化”，顶住了疫情、经济下行等超预期因素的严重冲击，“稳”住了经济运行基本盘，保持了经济社会高质量发展态势。

根据《六盘水2022年1—12月经济运行情况》统计数据：2022年全

作者简介：李昕：六盘水市社科联党组成员、社科院院长；陶波：六盘水市社会科学院理论研究科科长、副研究员；冯香芬：六盘水市社科院综合科科长、副研究员；牟景秀：六盘水市社科院助理研究员；王邦州：六盘水市社会科学院助理研究员；黄璐琳：六盘水市社会科学院助理研究员。

市地区生产总值达 1503.58 亿元，同比增长 0.7%。全市第一产业增加值 188.28 亿元，同比增长 3.7%；第二产业增加值 671.06 亿元，同比下降 1.4%；第三产业增加值 644.24 亿元，同比增长 2.0%。一产、三产增速分别高于全省 0.1 和 1 个百分点；三次产业结构为 12.5∶44.6∶42.9。全市重大工程和重点项目完成投资 1022.69 亿元，占年投资目标 107.49%，超额完成目标任务，幸福六盘水综合实力加快提升。

2022 年六盘水市共安排重大工程和重点项目 659 个（含省级 284 个），总投资 5143.1 亿元，年投资目标为 951.4 亿元。其中围绕“四新”主攻“四化”项目 532 个，在重大工程和重点项目中占比 80.7%，年投资目标 818 亿元、占比 86%。其中，新型工业化项目 214 个，年投资目标 364.9 亿元；新型城镇化（含房地产开发）项目 211 个，年投资目标 301.4 亿元；农业现代化项目 48 个，年投资目标 61.1 亿元；旅游产业化项目 59 个，年投资目标 90.6 亿元。

表 1　六盘水市 2022 年“四化”项目情况列表

类　别	项目数（个）	年投资目标（亿元）
新型工业化项目	214	364.9
新型城镇化项目	211	301.4
农业现代化项目	48	61.1
旅游产业化项目	59	90.6

数据来源：中国六盘水网-六盘水日报（2023.02.01）

2022 年六盘水市上下牢固树立“项目为王”理念，把围绕“四新”主攻“四化”项目摆在项目建设的重中之重来抓，全力推动资源要素向“新型工业化”“新型城镇化”“农业现代化”“旅游产业化”项目聚集，以“新型工业化”“新型城镇化”“农业现代化”“旅游产业化”实现大突破大提升，形成高质量发展的特色产业体系，让幸福六盘水底色更亮、成色更足。

二、2022 年六盘水市推进新型工业化情况

2022 年六盘水市新型工业化主要坚持产业转型升级为主线，逐步建立

现代工业产业体系，着力构建全国产业转型升级示范区，全国重要的能源基地、全省重要的煤化工产业基地、全省重要的基础材料基地；新材料产业集群、新能源电池产业集群、特色装备制造产业集群、生态特色食品产业集群（“一区三基地四集群”）产业发展格局。

（一）不断加强顶层设计

编制完成《六盘水市“十四五”工业发展规划》，完成六盘水市焦化产业发展规划修编，启动了“十四五”工业节能规划和大宗工业固体废物综合利用等规划编制工作；对原有纺织、新能源、旅游装备、农产品加工、物联网、现代物流等七大产业版块优化调整为“2+7”产业版块；围绕国发〔2022〕2号文件提出“煤-焦-气-化”一体化精深加工特色产业示范区建设，主动对接省厅，完成盘北经开区化工园区的申报工作，拟开展六枝、盘南化工园区的申报工作。

（二）产业集群逐步增强

2022年六盘水市开发区共梳理首位聚集相关企业共354户，实现产值734.93亿元，占总产值的65.48%。建设一体化运行多能互补基地，同中国能源建设集团、中国电建贵阳勘测院签订合作协议，拟配置13个风电光伏项目共140万千瓦，大湾2×66万千瓦低热值煤电厂项目开工建设，盘南2×66万千瓦低热值煤电厂已获立项批复；全省首个超临界火电盘江新光2×66万千瓦项目预计2024年建成投产。建设铝产业集群，水城经开区已聚集铝及铝加工企业47家，初步形成“三链两集群”产业发展格局。建设装备制造业产业集群，红果经开区加快建设能矿装备产业园，已聚集先进装备制造企业25家；盘北经开区氢能源产业去年在全省实现“四个第一”示范运营，目前正申报全国氢燃料电池汽车示范应用城市群。

（三）坚持项目为王政策

坚持重大项目为抓手，不断推进项目建设质量和速度。2022年度六盘水市高标准抓谋划投资亿元以上新型工业化“四个十”项目40个，项目总投资533.48亿元，实施动态跟踪调整；依托原七大产业版块和新能源电池材料，谋划新兴产业“8个5”项目库；梳理“一库五包”（产业转型、基金、资金、债券、中小企业信贷通等5个项目包），巩固争资项目基础。实施市县园区三级负责制，深入开展入企走访活动，不断完善领导领衔推进重大项目建设机制。20万吨金属制品改扩建等9个提效挖潜项目建成，盘北锂离子电池等10个在建工业项目已开工建设或进入收尾阶段，盘县火腿等5个新建项目实现试生产或部分投产，水城铝箔轧精深加工等2个转型升级项目已部分建成或进入收尾阶段。

（四）加快数字经济发展

2022年六盘水市数字经济占GDP比重达33%，西部红果煤炭交易、宏通通讯信息入选省级工业互联网服务商，金河矿实施全省首个井下5G应用。大数据与实体经济深度融合发展水平指数连续四年全省排名第三，2022年全市共培育融合标杆项目12个；融合示范项目共105个；融合带动企业户数共189户；全感知5G智能矿企云平台、力威智能化工厂建设项目成为省级工业互联网融合标杆项目。

整体来看，2022年六盘水市规上工业增加值同比下降2.1%，低于全省增速1.6个百分点；规上工业实现利润总额131.81亿元，增长25.9%，保持了自3月以来的两位数增长态势。规上采矿业、规上制造业、规上电力、热力、燃气及水的生产和供应业三大门类增速排位靠前，其中规上采矿业增加值下降4%，高于全省增速14.4个百分点，排全省第1位；规上制造业增加值下降4.8%，低于全省增速8.9个百分点，排全省第4位；规上电力、热力、燃气及水的生产和供应业增加值增长14.5%，高于全省增速11.9个百分点，排全省第2位。原煤、洗精煤、钢材、水泥、焦炭、电力等主要产品产量有升有降，其中原煤产量7409.4万吨，增长5.3%；洗精煤产量2200.83万吨，下降5.7%；钢材产量411.74万吨，增长1.4%；水泥产量519.62万吨，下降23.6%；焦炭产量312.18万吨，下降25.2%；全社会发电量465.79亿千瓦时，增长1.6%。大中型企业作用突出，规上大中型企业增加值增长2.9%，高于全市规上工业增速5个百分点。

表 2　六盘水市规模以上工业增加值累—计增长速度列表（2021. 12—2022. 12）

三、2022 年六盘水市推进新型城镇化情况

六盘水市委、市政府认真领会和贯彻习近平总书记关于“推进以人为核心的新型城镇化”重要论述，把新型城镇化作为高质量发展的重要引擎，坚持以人为核心，坚定不移走六枝、盘州、中心城区和钟山、水城、高新区两个三地同城、城乡融合、产城互动、生态宜居的山地特色新型城镇化道路，不断增强城市要素吸引力、就业吸纳力和人口承载力，把六盘水打造成为辐射川滇黔桂四省区相邻地区的区域中心城市。

（一）加快完善政策体系

2022 年市人民政府印发《六盘水市“十四五”新型城镇化发展规划》，该规划是指导全市新型城镇化发展的宏观性、战略性、基础性规划，明确了“十四五”期间我市推进新型城镇化的发展路径、主要目标、重点任务和政策举措。各市、特区、区根据实际情况，编制印发实施了《盘州市加快推进以人为核心的新型城镇化实施方案》《推进新型城镇化重点工作任务》《新型城镇化工作考核方案》《新型城镇化工作考核细则》等实施方案，加快完善新型城镇化政策体系。

（二）坚持以人为核心

坚持以人为核心，改善城区人居环境，不断增加城镇人口数量。2021

年，全市常住人口城镇化率达 50.15%，较 2020 年增加 1.28 个百分点。2022 年全市完成棚户区改造 11472 户；老旧小区改造开工 16674 户；完成背街小巷改造 131 条；建设改造地下管网 254.09 公里。完成引导、支持农民工返乡就业创业 58874 人，累计实现农村劳动力转移就业 80916 人。全市建成农村养老服务机构 74 家，农村幸福院 371 家；共有婴幼儿照护服务机构 186 家，能提供托位数 9976 个，每千人口拥有 3 岁以下婴幼儿托位数达 3.31 个；建成全日制托养生活服务的养老机构 91 家，社区居家养老服务机构和日间照料中心 108 家，农村幸福院 371 家，建成养老总床位 20328 张。

（三）完善城市基础设施

2022 年全市新增县级以上城市道路 37.33 公里，为年度目标任务 30 公里的 124.43%；建成城市公共停车位 3172 个，为年度目标任务 3000 个的 105.73%；市中心城区新增集中供热覆盖面积 83.71 万平方米，为年度目标任务 80 万平方米的 104.64%；城市日供水能力达 69.08 万立方米；累计建设开通 5G 基站 6918 个（其中 2022 年新建 2647 个）。

（四）提升城镇治理能力

2022 年全市推进建设 1 个市级、4 个县级、107 个乡级、1145 个村级网上服务站点，为办事群众提供覆盖市县乡村四级的“一网通办”服务平台，“全程网办”率达 70%以上；建设智慧安防小区 256 个；全市城市社区共划分网格 3409 个，配备专职网格员 3084 人，专职网格员配备率为 90.47%；利用人防工程建成地下停车位 2199 个。

2022 年六盘水市中心城区常住人口新增 2.6 万人、六枝特区新增 1 万人、盘州市新增 2.01 万人，分别完成年度目标任务的 130%、100%、100.5%。推进黄土坡、万达、人民广场等商圈和三线文化创意小镇、水城古镇等步行街进行提质改造；钟山区成功申报 2022 年贵州省县域商业体系建设试点县，获 140 万元资金支持；盘州市、钟山区争取县域商业体系建设中央服务业发展资金共 1370 万元支持；开展各类促销活动 290 场，实现销售额 8.37 亿元；六盘水“多彩贵州·助商惠民”第一、二、三、四、五、六、七批餐饮零售消费券成功发放，共计 2969 万元，带动消费 8.5 亿元。

表 3　六盘水市新型城镇化相关指标数据列表

指　标	年　份			
	2019 年	2020 年	2021 年	2022 年
年末常住人口（万人）	302.53	303.30	301.71	
城镇化率（%）	56.10	48.87	50.15	
人口自然增长率（%）	5.73	5.65	3.92	
年末从业人数（万人）	143.12	143.19	142.33	
城镇新增就业人数（万人）	9.45	6.75	7.36	7.38
城镇登记失业人数（万人）	2.14	2.55	2.90	
城镇居民人均可支配收入（元）	33048	34634	37585	39566
农村居民人均可支配收入（元）	11043	12004	13298	14241

数据来源：《六盘水市统计年鉴 2022》，六盘水市统计局官网“六盘水市 2022 年经济运行情况”（2020 年 2 月 2 日）。

四、2022 年六盘水市推进农业现代化情况

六盘水市坚持把农业现代化作为推动高质量发展的重要内容，按照猕猴桃“吨产园”、刺梨“千斤园”和茶叶“万元田”（“两园一田”）建设标准和具体要求，坚持标准化、规模化、品牌化，加快推动以猕猴桃、刺梨、茶叶“凉都三宝”为重点的特色优势产业实现提质增效。

（一）深化农业领域改革

落实市委全面深化改革委员会文件精神，成立“经济体制改革专项小组”“巩固拓展脱贫攻坚成果同乡村振兴有效衔接专项小组”“三变改革专项小组”“文化体制改革专项小组”“生态文明体制机制改革专项小组”等专项小组，保障农业领域全面深化改革项目的落实和实施。印发《2022 年全市农业生产技术指导方案》《“局长包县，科长包乡”督导粮食生产等重点工作方案》《六盘水市农业园区安全生产专项整治三年行动方案 2022 年巩固提升方案》《六盘水市 2022 年高素质农民培育工作方案》等方案，

保证各项改革工作落地落实，确实推进农业现代化工作扎实有效开展。

（二）特色农业产业提质增效

按照“做实工作、做精品质、做高效益”的要求，大力发展以猕猴桃、刺梨、茶叶“凉都三宝”为重点的山地农业特色产业。以“两园一田”为抓手，推动特色产业提质增效，截至2022年底全市累计建成猕猴桃“吨产园”3万亩、刺梨“千斤园”18万亩、茶叶“万元田”2万亩，带动猕猴桃、刺梨、茶叶产业分别增产59.02%、28.9%、20.77%。盘州市新民镇成功纳入农业产业强镇，农产品加工转化率达56%。盘州市被认定为第三批国家农村产业融合发展示范园，水城区入选第三批国家农业绿色发展先行区创建名单。

（三）农业主体培育后劲有力

通过返乡创业者培训、高素质农民培育、农民专业合作社培育等培训、培育工作，构建了“龙头企业+家庭农场”“龙头企业+合作社”等联农带农机制，扶持具备实力的合作社、家庭农场转制改企，培大育强新型农业经营主体，不断激发农业市场活力。2022年度全市新增省级农业龙头企业9家，省级示范社60个，省级示范家庭农场65个。累计培育国家级农业龙头企业2家、省级农业龙头企业100家、市级以上农业龙头企业270家；发展农民合作社4206个，成功创建国家级示范社23个、省级示范社114个；培育家庭农场902家，省级示范家庭农场已达159家。

（四）农业品牌影响扩大

2022年全市累计获得绿色食品47个，农产品地理标志登记保护产品33个，在建地标保护工程项目2个，名特优新农产品2个，生态原产地保护产品6个，盘县火腿、水城猕猴桃被纳入中欧地理标志保护产品互认名单。贵州天刺力食品科技有限公司等4家企业入选2021贵州“100强品牌”，贵州岩博酒业有限公司和六盘水凉都猕猴桃产业股份有限公司入选2021年全省农业企业品牌价值评价50强名单，“天刺力”“弥你红”“刺力王”“岩脚面”等4个农产品品牌入选2021年全省农产品品牌价值评价50强名单。“水城春”“九层山”“牂牁江”“碧云剑”4个品牌获得贵州省著名品牌称号。刺力王刺梨原液在全省率先进入 2022 年第二批特质农品目录。

2022 年全市农业农村系统抢抓机遇，用足用好国发〔2022〕2 号文件、农业现代化基金等政策红利，抓好农业产业化项目汇报，积极向上对接汇报获取支持，千方百计强化农业农村发展资金保障。全年争取中央、省级财政资金 7.102 亿元。获投基金项目 8 个，获投基金 6.68 亿元，在全省排名第 3 位。招商引资引进的 60 个项目到位资金 20.9 亿元。农业农村领域纳入调度的重大工程和重点项目 50 个，完成投资 46.87 亿元。

表 4　六盘水市“两园一田”项目建设情况表

项　目	计划完成总量	年度实际完成	
	2021—2024 年	2021 年	2022 年
猕猴桃（吨产园）/万亩	10	1	2
刺梨（千斤园）/万亩	35	10	8
茶叶（万元田）/万亩	5	1	1

数据来源：六盘水市农业农村局《2021 年农业农村工作总结及 2022 年工作打算》《2022 年六盘水市农业农村工作回顾》。

五、2022 年六盘水市推进旅游产业化情况

六盘水市坚持把旅游产业化作为推动高质量发展的重要支撑，坚持以全域旅游为方向、以丰富业态为重点、以融合发展为途径，做好凉爽的天气、清爽的空气“两口气”文章，念好全、新、融“三字经”，实现留人、留钱、留心“三个留”，加快建设一流的避暑康养度假和山地户外运动目的地。

（一）出台旅游产业化保障措施

2022 年完成《六盘水市“十四五”文化和旅游发展规划》，为六盘水市旅游产业化制定了路线图和发展方向；出台《全市文化旅游行业安全生产和生态环境安全隐患“大反思、大检视、大排查、大整改”集中攻坚行动方案》《六盘水市旅游行业安全生产“打非治违”专项行动工作方案》

等方案，为六盘水市旅游市场保驾护航；成立由市政府主要领导任班长的盘活闲置低效旅游项目攻坚行动工作专班，开展摸底核查，分析研判全市闲置低效旅游项目情况，制定相关措施和办法，积极推进闲置低效旅游项目盘活。

（二）推进闲置低效项目盘活

2022年成立六盘水市盘活闲置低效旅游项目攻坚行动工作专班，开展全市闲置低效旅游项目摸底核查，分析研判出闲置低效旅游项目（景区）29个，并逐一制定盘活方案，“1+2+3”项目初步取得盘活成效。全市6个低效景区中5个景区旅游收入和接待人次实现同比增长，15个低效项目中10个项目经营收益实现同比增长。月照风情街（“清徉”）项目通过租售并举推进，已成功引进6家企业入驻，年租金达364余万元，扣除成本（约350万元）后略有盈利；牂牁江景区的索道项目已于9月复工，王城酒店、王城码头已获批文旅基金1.6亿元，正在办理复工手续，预计2023年12月建成运营，力争2024年盘活；梅花山景区休闲养生苑项目已复工，北区服务中心项目通过瘦身、优化设计后，已完成工程总量的60%；集散中心项目已转建为汽车综合服务体项目。

（三）扎实开展宣传推广

围绕春赏花、夏纳凉、秋观叶、冬戏雪“四季全时”旅游资源，突出冬夏特色优势，搭乘搭建2022年避暑度假到贵州主题推介会、省十一运会、消夏避暑旅游季等平台，召开新闻发布会2次，发布滑雪泡泉游、避暑康养游等精品旅游线路34条，在网络和社会开展花式宣传。2022年滑雪季期间，“我是凉都推介官”全民抖音大赛话题播放量突破1.9亿。2022年避暑季期间，我市入选中国十大宜居城市，一度上榜马蜂窝热搜避暑地榜首、同程避暑旅游目的地前十。8月，全市接待过夜游客59.83万人次，同比增长55.77%。11月5日央视新闻“赏秋正当时”聚焦盘州妥乐，数十万人云游“世界古银杏之乡”。

（四）大力推进文旅项目实施

2022年六盘水市梳理106个产业项目，建立旅游产业化项目库。全市纳入省旅游产业化项目统计项目 52 个，项目总投资 307.66 亿元，累计完成投资 70.24 亿元，超额完成年度任务。精包装项目 74 个，赴珠海等地招商座谈，产业招商到位资金 41.87 亿元，超额完成年度任务。万达酒店集团、四川东方文旅公司、中山金马文旅公司等优强企业成功落地。纳入调度的 9 家旅游装备制造企业产值 16115.49 万元，累计带动就业 471 人次。智慧城市转型升级示范项目获批亚洲基础设施投资银行贷款 4 亿美元，已梳理 20 个项目，现正在对项目进行比选。

整体来看，2022 年六盘水市主要旅游经济指标持续增长。1—12 月过夜游客 450.41 万人次，全省排第八位，同比增速 5.17%，全省排第四位；1—11 月规模以上文化、体育和娱乐业营业收入增速 27.1%。

表 5　2022 年全国市辖区旅游发展潜力百佳区名单（贵州省）

地级市	市辖区	排名情况
遵义市	红花岗区	6 位
	播州区	50 位
贵阳市	乌当区	18 位
	观山湖区	73 位
六盘水市	钟山区	58 位

数据来源：2022 年全国市辖区旅游发展潜力百佳区名单。

六、2023 年六盘水市推进“四新”“四化”趋势分析和对策建议

（一）趋势分析

1. 新型工业化方面趋势分析

新型工作化动力不足，2022 年各项指标相对较差，2023 年任务艰巨。2023 年，计划全市工业总产值到达 2080 亿元，力争达到 2320 亿元；工业投资达到 550 亿元；工业企业户数 8688 户（规上企业 77 户）。全市开发区工业总产值完成目标 1442 亿元，奋斗目标为 1570 亿元；全市开发区规模以上企业户数达 323 户。

一是狠抓产业发展。重点实施“传统产业提质工程”“能源产业创新工程”“新兴产业倍增工程”“产业配套提升工程”“四项工程”。坚持“循环+”、“大数据+”的理念改造传统产业，建设“煤-焦-气-化”一体化示范区。支持煤炭、电力、煤层气企业加强产业链上下游合作，着力推动大宗工业固体废弃物综合利用，实施全流程绿色改造。实施“2+7”产业版块三年提升行动，坚持产业“链长制”，确保每个产业开工 10 个以上项目。加快开发区基础设施和生活设施建设；强化产业自给能力配套，龙头引领，招大引强，提升企业间配套协作能力。

二是抓市场主体培育。开展市场主体培育行动，围绕工业市场主体培育目标梳理规上企业培育清单，聚焦重点行业和重点企业，抓好新投产企业调度服务和规下企业上规培育。开展龙头企业提升行动，以盘江、首钢（水钢）等企业为龙头企业，梳理产业链上下游及关联配套企业，加快推进重大项目落地落实。开展上市企业培育行动，研究制定开发区企业上市培育方案，对拟培育企业出台政策措施支持上市融资，力争 2023 年在上市企业培育上取得实质性突破。

三是狠抓项目建设。抓好项目谋划，强化项目前期研究，紧紧围绕“2+7”产业版块，每个版块谋划梳理 10 个落地开工；按“一库多包”（如产业、基金、资金、债券、中小企业信贷通项目包），夯实项目基础。抓好“四个十”行动，各市区因地制宜谋划重点项目清单和领导领衔推动项目清单。抓好项目推进。聚焦产业关键环节和关键项目，重点推进野马寨电厂、湖南镕锂针状焦、水钢、宏源新兴铝合金等重点项目建设，特别是获得省级新型工业化基金支持的项目，务必在生产经营或项目推进上要有重大进展。

2. 新型城镇化方面趋势分析

2022 年六盘水市新型城镇化成绩斐然，新型城镇化大有可为。按照中心城区常住人口达到 100 万左右，打造川滇黔桂接合部区域中心城市；六枝城区打造“黔中经济区”重要节点城市；盘州城区打造“贵昆经济走廊”中心支点城市目标，2023 年再接再厉，再创辉煌。

一是加快城镇化进程。市委市政府提出“十四五”期间要将以建设幸福六盘水为统领，走出一条“三地同城、城乡融合、产城互动、生态宜居”的山地特色新型城镇化道路，为开创百姓富、生态美的多彩凉都新未来提供强大支撑。2022年，市中心城区常住人口新增2.6万人、六枝特区新增1万人、盘州市新增2.01万人，分别完成年度目标任务的130%、100%、100.5%。2023年持续推进农业转移人口市民化市中心城区和六枝特区、盘州市城区新增常住人口4万人以上，常住人口城镇化率提高1个百分点。

二是加快城市更新行动。在2022年的基础上，2023年全力推进城镇“四改”，计划完成19941户存量棚改任务，实施7154户老旧小区改造，完成94条背街小巷改造，建设改造地下管网220公里。加快完善城市基础设施，计划新增城市道路30公里；建设城市公共停车位3000个；新增城市集中供热覆盖面积60万平方米；加快推进火车站片区改造提升工程建设；凤凰东路全面通车，加快推进乌蒙大道、钢城大道建设；持续推进生态环境建设；加快完善教育、医疗、养老、体育等公共服务设施。

三是继续优化项目库。深入学习贯彻党的二十大精神，重点围绕“四改”、市政基础设施、生态环保、公共服务设施等领域，加大项目谋划力度，及时将成熟项目滚动纳入省“十四五”新型城镇化项目库。按照项目领域对项目库重新分类梳理，对照“三个100万”要求，以提升城镇承载能力为标准，在城镇基础设施补短板、公共服务保障、城镇治理、产城融合等方面补充完善一批优质项目，并推动有序实施，为实现“三个100万”的目标提供坚强保障。

3. 农业现代化方面趋势分析

2023年要围绕粮食安全继续发力，推进特色优势产业高质量发展，继续深化农业现代化。通过农业品牌化战略，推进以“凉都三宝”为代表的特色产业提质增效，不断促进农民增收，推进乡村产业振兴。

一是稳定粮油生产。压实粮食安全党政同责，压茬推进粮油生产，持续抓好病虫害监测防控和防灾减灾，多措并举稳面积、增产量、提效益，确保完成35万亩油菜生产任务和省下达的粮食生产任务。落实粮油生产支持政策，按时足额发放耕地地力保护补贴、实际种粮农民一次性补贴，用好产粮大县、产油大县支持资金，积极争取耕地轮作、大豆玉米带状复合种植等粮油项目。加大良种良法推广力度，继续推行各级党政领导领办粮油单产提升示范田，不断提升单产水平。

二是巩固特色产业。按照做实工作、做精品质、做高效益的总要求，以“凉都三宝”为重点，以“两园一田”为抓手，推进特色产业提质增效。2023 年计划新建猕猴桃“吨产园”3 万亩、茶叶“万元田”1 万亩、刺梨“千斤园”8 万亩；推动蔬菜、食用菌、中药材等产业适度规模发展，蔬菜（含辣椒）种植 110 万亩（次），水果投产面积 30 万亩左右，中药材稳定在 23 万亩以上，食用菌 4 万亩左右。

三是推进畜牧渔业。按照“稳生猪、增牛羊、扩家禽、养特色”的思路，持续推动畜牧产业振兴。2023 年计划完成“四肉”产量 14.2 万吨、禽蛋产量 2.4 万吨。建成六枝黄牛集团岩脚镇新寨村、中寨乡中寨村基地，加快市水投公司、钟山区卓立公司陆基桶养鱼项目和盘州市明珠晨曦鱼菜共生项目建设，盘活盘州火腿腿源基地、水城温氏养猪、野钟桃花蛋鸡等项目。

4. 旅游产业化方面趋势分析

2022 年夏季，六盘水市避暑旅游市场“高光时刻”不断涌现。2023 年春节期间全市冰雪、温泉旅游新突破。随着疫情防控政策的调整，旅游市场不断复苏，2023 年六盘水市旅游产业化机遇与挑战并存，要继续深化改革，实现全市旅游产业新的发展和突破。

一是按照建设避暑休闲和山地户外运动目的地城市定位，2023 年紧紧围绕旅游产业综合实力、经济效益“两大提升”目标，坚持念好“全”字经，做足旅游业态，争取把游客留下来；念好“新”字经，创新旅游产品，争取让游客主动消费体验，念好“融”字经，实现文旅融合，让游客快旅慢游，深入体验凉都旅游文化。

二是深入实施市场主体培育、旅游业态升级、服务质量提升、盘活闲置低效项目“四大行动”，2023 年努力做强产品、优化结构、提升质量、强化品牌，不断把六盘水市旅游资源优势转化为产业优势和经济优势，以旅游业高质量发展有力助推全市经济社会高质量发展。

三是继续提升“中国凉都”“南国冰雪城”城市品牌建设，重点围绕春赏花、夏纳凉、秋观叶、冬戏雪“四季全时”旅游资源，突出冬夏特色优势，加强重庆、武汉、南京等火炉城市以及长三角、粤港澳大湾区等客源市场开展旅游产品推介。

（二）对策建议

1. 推动五大攻坚，实现工业倍增发展

围绕工业强市主战略，积极实施项目建设攻坚、产业链建设攻坚、技术创新攻坚、产业优化攻坚和生态保护攻坚“五大攻坚”，推动工业经济高质量发展，实现工业倍增发展。一是项目建设中，围绕重点企业、主要工业园区、重点新建项目等，盘活存量资产，扩大有效投资。二是围绕煤化工、铝产业、建材厂、纺织等完善工业产业链，壮大产业集群。三是加强科技创新，推进盘江煤矿智能化工程技术研究中心、贵州省刺梨产业工程技术研究中心等科技创新平台建设，充分发挥工业产业科技创新支撑和引领作用，持续以创新驱动推动科技成果转化和应用，以集聚融合发展推进工业产业提质增效。四是优化煤炭、钢铁等传统产业结构调整，重点聚焦七大产业版块发展，推进产业转型升级。五是加强中央生态环保督查反馈问题整改，落实最严生态环保要求，深挖节能潜力。

2. 以人民为中心，推进新型城镇化

一是加强顶层设计。遵循科学规律、统筹配套改革，按照六盘水市“十四五”规划，结合六枝、盘州和中心城区实际情况，因地制宜、突出特色、大胆创新，制定并出台具有六盘水特色的新型城镇化发展规划和实施方案。二是坚持以人为核心，以人民为中心，突出创新、协调、绿色、开放、共享的发展理念，继续凝心聚力抓落实、蹄疾步稳往前走。三是加快推进全市户籍制度改革、城镇基本公共服务供给、就业创业服务体系完善，逐步扩大社会保障覆盖面，不断优化城市空间布局，让广大群众在城镇化进程中不断提升获得感、幸福感、安全感。

3. 夯实粮食安全，提升农业品牌建设

一是贯彻落实中央一号文件精神和省、市关于农业高质量发展会议精神，深刻认识粮食安全的极端重要性，全面落实党政同责，强化责任落实和政策保障，优化粮食生产布局，坚决守住粮食安全底线。二是继续推进“凉都三宝”特色产业品牌建设，引导全市各类涉农企业、农民专业合作社等市场主体，结合地理标志产品品牌化建设工作，培育、拓展、保护地理标志产品品牌，引导企业加强地理标志商标注册和使用，努力构建地理标志品牌+区域共用品牌+企业品牌的发展新模式，打造以品牌价值为核心的新型农业生产方式。三是围绕“凉都三宝”做精农业特色产业，围绕市场需要，提升重要农产品供给质量，以农业现代化巩固拓展全市脱贫攻坚成果，推进乡村全面振兴。

4. 深化旅游改革，继续盘活旅游资源

一是围绕适应后疫情时代旅游特征打造新业态，聚焦国内主要客源市场游客对旅游产品需求以及出行方式等的变化，规划建设康养度假、避暑养生、冰雪运动、自驾旅游、户外运动、精品民宿等新业态，实现游客满意和旅游盈利的“双赢”。二是围绕盘活闲置低效旅游资源打造新业态，重点围绕避暑休闲、康养度假、山地运动等具有六盘水特色的旅游项目，推动全市旅游景区和业态提质升级，不断提高全市旅游产业发展的质量和效益。三是围绕中国凉都气候优势升级旅游产品新业态，用好中国凉都“金字招牌”，做足“南国冰雪城”冰雪文章，用好“冷、凉”气候资源，不断提升避暑康养、冰雪运动等旅游产品的核心竞争力。四是围绕不同消费群体差异化打造旅游新业态，坚持“四季全时”理念，紧盯省内客源、火炉城市客源以及粤港澳大湾区客源，推出一批适宜本地人、本省人、避暑群体、康养群体的业态产品，积极培育新的旅游消费增长点。五是围绕市场经济规律打造新业态，分析六盘水客源市场，按照市场规律进行客源市场培育、专业团队引进、宣传营销推广、基金争取和招商引资等工作，以市场为导向推进六盘水市旅游产业化，全力推进旅游业高质量发展。

2022年铜仁市推进“四新”“四化”报告

安　平　黄廷安　罗川勇　周德全

2022年，在面临诸多困难和挑战的情况下，铜仁市坚决贯彻习近平总书记“疫情要防住、经济要稳住、发展要安全”的重要指示要求，深入落实党中央、国务院和省委、省政府决策部署，瞄准主定位、坚持主基调、实施主战略、聚力主攻点，高效统筹疫情防控和经济社会发展，高效统筹发展和安全，把国发〔2022〕2号文件及其他有关重大机遇转化为推动高质量发展的生动实践，不断厚植绿色铜仁现代化建设的根基。全年实现生产总值1477.19亿元，同比增长0.3%，主要经济指标处于合理区间，围绕“四新”主攻“四化”承压前行、迎难而上，成绩殊为不易、成之惟艰。

一、2022年铜仁市推进“四新”“四化”概述

这一年，铜仁始终坚持以习近平新时代中国特色社会主义思想为指引，深入学习贯彻党的二十大和省第十三次党代会精神，保持战略的坚定性和策略的灵活性，高质量发展的“四梁八柱”进一步得到壮实稳固。总体看，呈现出4个方面的阶段性特征：

一是机遇十分难得。铜仁全力抢抓政策机遇，围绕国发〔2022〕2号文件明确和支持重点领域谋划重点项目1822个、开工118个；开展“六大

作者简介：安平：中共铜仁市委党校党委书记、常务副校长；黄廷安：中共铜仁市委党校科研与校刊编辑处负责人、教授；罗川勇：中共铜仁市委党校科研与校刊编辑处工作人员、基础理论教研部讲师；周德全：中共铜仁市委党校办公室综合科科长。

招商”行动，引进项目463个。成功争取省委、省政府同意铜仁同等享受民族地区财政经济政策待遇，争取省政府同意下发支持铜仁打造国家级新型功能材料战略性新兴产业集群的11条政策措施，含金量非常高。多个“国字号”“省字号”招牌落地铜仁，获得“国家森林城市”称号，获建“梵净山国家公园”，获设“中国（铜仁）跨境电子商务综合试验区”。

二是举措更加成熟。市委三届四次及五次全会重心聚焦产业，审议通过《关于加快新型功能材料产业发展奋力打造千亿级国家战略性新兴产业集群的实施意见》《关于深入实施产业强市工程大力推进六大主导产业发展的意见》，明确大力发展新型功能材料、大数据、现代能源、生态食品饮品药品、林业、文化旅游“六大主导产业”的总体思路，明确把新型功能材料产业作为首位产业的目标、路径和措施，推动全市形成大抓产业的强大共识。同时，以“项目攻坚年行动”为牵引，每季度举行重大项目开工仪式，“风口”产业和一批重大项目迅速有力推进，取得了大突破大发展。

三是保障不断强化。全市累计争取到各类财政补助资金357.52亿元，同比增长15.28%；完成投资732.5亿元，其中产业投资增长15.9%；引进优强企业148家，新设立市场主体6.91万户。聚焦高质量发展重点难点堵点开展重大改革课题示范试点，铜仁19项改革举措纳入《贵州建设西部大开发综合改革示范区实施方案》。推动《铜仁市中心城区山体保护条例》《铜仁市锦江干流大江沿岸建设管理条例》出台，为铜仁绿色发展先行示范区建设提供法治保障。大力建设全省良好人才生态先行示范区，制定激励人才保障措施“二十条”，深入开展“改作风、提效率、优环境、办实事、抓落实”行动。

四是基础有力夯实。牢牢把握良好生态环境这个铜仁最大的发展优势和竞争优势，深入实施武陵山区山水林田湖草沙一体化保护和修复工程，把锰污染治理作为“第一政治要件”抓落实。全省首个“生态账户”落户铜仁，打通“两山”转换通道，生态红利加速释放。严格落实“四个不摘”要求，推动巩固拓展脱贫攻坚成果同乡村振兴有效衔接，莞铜协作全面深化，4.19万人易地扶贫搬迁风险及时消除。出台《铜仁市培育壮大市场主体行动方案（2022—2025年）》《铜仁市促进居民增收三年行动方案（2022—2024年）》，加快国有平台公司实体化、市场化转型，铜仁全年未发生较大以上事故，有力确保了社会大局和谐稳定。

2022 年 10 月，党的二十大胜利召开，擘画了以中国式现代化全面推进中华民族伟大复兴的宏伟蓝图，也为铜仁推进“四新”“四化”赋予了崭新命题、带来了重大机遇、提供了强大动能。在 12 月 11 日召开的市委三届五次全会上，市委把普遍性和特殊性结合起来，把上级精神和本地实际结合起来，明确了要以生态文明来引领铜仁现代化建设的总体思路，提出全力涵养山清水秀的自然生态、塑造高质高效的经济生态、建设舒适宜居的城镇生态、繁荣多姿多彩的文化生态、营造和谐稳定的社会生态、构建充满活力的人才生态、巩固风清气正的政治生态，迈向生态环境优美、生态经济发达、生态城镇宜居、生态文化繁荣、生态制度完善、生态社会和谐的现代化。建设生态文明、走人与自然和谐共生的现代化，是铜仁推进现代化最核心的理念、最鲜明的特色、最基本的路径、最重要的目标，并贯穿于铜仁围绕“四新”主攻“四化”的生动实践中，在铜仁发展史上具有重大而深远的意义。

回望过去一年，铜仁推进“四新”“四化”的成绩来之不易，经验弥足珍贵，启示尤为深刻。在继续用好“完善绿色法治是保障、坚持转型发展是导向、做大做强载体是关键、四安家园创建是重点、防范化解风险是底线”等既有经验和启示的基础上，铜仁又收获了不少新的认识。课题组认为，重点有以下 5 点：

第一，集中攻坚是关键的工作方法。铜仁发展底子薄、基础弱、欠账多，“发展不足、质量不高”是主要矛盾的主要方面，必须像脱贫攻坚那样集中优势力量办大事，加快打开“突破口”、啃下“硬骨头”。无论是防风险、保安全、护稳定，还是发展工业经济、推进首位产业发展，全市上下都心往一处想、劲往一处使，在成功快速处置多起新冠肺炎疫情，推动安全生产事故起数和死亡人数分别下降 22.6%、22.7%的同时，交出了 1—11 月新能源电池及材料产值增幅达到 49.7%、占全省比重 42%的铜仁答卷，让人刮目相看。

第二，产业强市是破题的当务之急。产业兴则铜仁兴，产业强则铜仁强。部署推进新型功能材料、大数据、现代能源、生态食品饮品药品、林业、文化旅游“六大主导产业”，充分体现了以生态文明引领产业发展的导向，体现了优势产业集群化、传统产业生态化、特色产业规模化、新兴产业高端化的要求，对构建铜仁现代化产业体系具有纲举目张的重大意义。在推进高质量发展的今天，我们应当一门心思抓产业、聚精会神抓产业、全力以赴抓产业，把产业发展摆在首要位置、作为头号工程，持续推动铜仁经济实现质的稳步提升和量的合理增长。

第三，政策支持是发展的源头活水。习近平总书记关心厚爱贵州，党中央、国务院重视支持贵州，国发〔2012〕2号文件实施以来的十年被誉为贵州发展的“黄金十年”，国发〔2022〕2号文件再次承载了贵州打造新“黄金十年”的美好愿景，铜仁必然得到诸多实惠。省委、省政府对铜仁的系列政策支持也十分及时、十分给力，既对标响应了国家大政方针，又精准把脉了铜仁的区位特点、资源禀赋、比较优势和特殊需求，针对性、实用性和可操作性都很强。只要我们及时抓住机遇、大力争取支持、用好用足政策，定会迎来更好的明天。

第四，聚智引才是转型的强大支撑。智库作为软实力的重要组成部分，在铜仁推进“四新”“四化”中有着不可或缺的作用；人才作为第一资源，能更好地引领推动转型发展。过去一年，铜仁大力推动智库建设，“新时代西部大开发闯新路”全国学术研讨会暨第十届中国·贵州“后发赶超”论坛、“困牛山红军集体跳崖千古壮举”专题研讨会等相继成功举办，取得了很好的政治效果、学术效果和咨政效果。铜仁还重点瞄准新型功能材料产业集群、文化旅游、大数据等重点产业，实施千名硕（博）市引育行动，全市人才总量达55万人，有力推动了锰渣无害化及资源化技术公关取得突破。

第五，畅通循环是稳定的前提保障。疫情多点散发、多地频发态势下，区域经济发展的韧劲和质效可谓泾渭分明，对铜仁有深刻警醒。世界日新月异、挑战层出不穷、机遇稍纵即逝，不主动融入国际国内双循环，不打通人流、物流、资金流、信息流、技术流等流通体系的瓶颈和堵点，发展难以为继，稳定就是空话。面对日趋激烈的区域竞争和难以预见的风险挑战，更好立足自身补齐短板、增强发展内生动力，促进市内循环与市外循环的良性互动，才能稳固“四新”“四化”的基本盘，为建设现代化的绿色铜仁奠定坚实基础。

二、2022年铜仁市推进新型工业化情况

（一）优化调整工作机制

2022年，铜仁市优化调整“四化”工作机制，进一步建立健全推动新型工业化高质量发展工作机制。一是优化调整工作专班。按照铜仁市委、市政府《关于成立“四化+国发〔2022〕2号文件+数字经济+林下经济+招商营商”工作专班的通知》，于2022年2月在原有“四化”工作专班新型工业化组基础上，成立铜仁市新型工业化与数字经济工作专班，并对专班职责进行了全面细致梳理，明确围绕重点政策深入开展分析研判、围绕重要事项深入开展调查研究、围绕重大项目开展督促指导、围绕重点产业深入开展招商营商、围绕重点工作部署抓好贯彻落实等五个方面的重点任务。二是优化专班运转机制。按照“小分工、大合作，条块结合、全员互补”的原则，对专班内部运转机制进行优化，成立三个工作小组，明确每个工作小组工作重点及联系区县。三是全力以赴抓落实。在市委、市政府的领导下，专班全力落实各项政策，大力推动铜仁新型工业化质量提升。据统计，到年底，全市培育新增规上入统企业72户，其中11户企业纳入省级“专精特新”名录，规模以上工业企业达到480户，全年全部工业增加值225.62亿元。

（二）着力狠抓争资争项

为加快推动新型工业化高质量发展，2022年，铜仁将帮助企业争取资金、基金、专项债等纳入工作重点。到2022年底，铜仁市新型工业化领域共计争取上级产业基金、项目资金、专项债等各类资金24亿元，涉及项目40个。一是在基金争取上，铜仁市共组织申报项目47个，通过省级基金主管部门审核并向基金管理公司推荐项目26个，全省共计投放新型工业化基金和新动能产业发展基金114.4亿元，其中工业类基金项目37个投放金额94.4亿元，铜仁市获批工业类项目9个，占全省投放工业类项目的21.62%，获批基金额度19.19亿元，占全省投放工业类基金总额的19.94%。获批基金皆用于企业发展，如中伟新材料6亿元、凯金新材料4

亿元、能矿锰业 3.3 亿元、倍易通 1.5 亿元、嘉尚新能源 2 亿元等。二是在专项债争取上，铜仁市共组织申报产业园区基础设施类专项债项目 29 个、资金需求 58.8 亿元，全部进入财政部 2022 年专项债需求库，其中进入发行储备库 13 个、资金需求 30.75 亿元。截至年底，共计获批发行项目 4 个，金额 3.3156 亿元，分别是德江经开区综合型生产性服务业集聚区项目（一期）1.38 亿元、铜仁苏州产业转移示范园标准化厂房建设项目 0.76 亿元、松桃经开区标准钢结构厂房（二期）项目 0.94 亿元、印江经开区基础设施及配套建设项目 0.24 亿元。三是在专项资金争取上，全市共组织申报项目 142 个，获批 27 个、资金 5742 万元。其中，新增规模以上工业企业奖励 77 户 1540 万元、小微企业融资担保降费奖补资金 1158 万元、开发区年度考核奖励 800 万元、工业龙头企业奖励 700 万元、国家专精特新“小巨人”企业奖励项目 6 个 580 万元、安全奖补资金 334 万元、技改资金 300 万元、绿色工厂补助资金 130 万元、企业服务平台奖励资金 50 万元。

（三）大力开展招商引资

2022 年，铜仁围绕“1+3+N”产业体系制作招商引资推荐材料，对招商引资储备项目进行完善，谋划更新招商引资项目 162 个，先后赴东莞、深圳、长沙、广州等地走访深圳正威集团、杭州梅清数码、长沙华自科技等 52 家企业。截至年底，全市新引进广东凯金新能源总投资 60 亿元年产 20 万吨的大龙开发区高性能锂离子电池负极材料一体化项目、中广核总投资 52 亿元玉屏县低温供热堆商业示范项目、浙江农夫山泉总投资 5 亿元江口无菌灌装饮料生产线建设项目、深圳融合新创集团总投资 1.8 亿元玉屏新型环保钙粉建设项目（二期）等产业项目 271 个（其中新型工业 250 个、数字经济 21 个），合同投资额 553.56 亿元，落地开工 226 个，开工率 90.4%，新增到位资金 208.19 亿元（其中新型工业化 205.78 亿元、数字经济 2.41 亿元，分别完成全年目标任务的 113.1%、120.5%）。当前，铜仁正加强与深圳正威集团、广东九八七集团等目标企业的跟踪联系。近年来，铜仁大力开展招商引资，重点瞄准新兴产业，取得了明显成效。通过加大新兴产业的招商引资、培育发展和传统产业的转型升级。2022 年，铜仁新兴产业占比达到 28%，较去年提升 5 个百分点，传统产业比重较去年下降4个百分点，高新技术产业产值增长10%。现代能源、生态特色食品、新型建材向百亿产业发展。

（四）全力谋划产业培育发展

一是在核心产业培育上，把加快新型功能材料产业发展作为火车头。2022年，市委三届四次全会审议通过了《中共铜仁市委 铜仁市人民政府关于加快新型功能材料产业发展奋力打造千亿级国家战略性新兴产业集群的实施意见》，市委三届五次全会审议通过了《中共铜仁市委铜仁市人民政府关于深入实施产业强市工程大力推进六大主导产业发展的意见》，明确大力发展新型功能材料、大数据、现代能源、生态食品饮品药品、林业、文化旅游六大主导产业。特别是围绕做大做强新型功能材料产业集群，全市将新型功能材料产业作为核心产业全力培育。2022年，绘制新型功能材料产业布局空间示意图，编制新型功能材料产业要素保障清单、生产企业清单、建设项目清单等三张清单，全力服务核心产业培育发展，铜仁新型功能材料产业集群成效进一步凸显。截至年底，高纯硫酸锰市场份额全国占比85%，锂离子动力电池负极用石墨市场份额全国占比15%，中伟镍钴锰三元前驱体全球市场占比25%，四氧化三钴全球市场占比26%，已形成50万吨锂电池正极材料及原辅料、5万吨负极材料生产能力。2022年全年，铜仁新型功能材料产业产值达280.9亿元、增长11%，其中新能源电池及材料完成工业产值222.4亿元、增长49%，占全省比重42.8%，中伟新材料公司成为中国制造业民营企业500强。二是在谋划首位产业上充分发挥开发区主阵地作用。为高效配置生产要素，充分利用资源禀赋，推进产业集群集聚高质量发展，铜仁强化开发区建设，发挥开发区产业培育为主阵地作用。各开发区制定了2022年首位产业培育提升行动计划，并按照行动计划加大产业招商、加强基础配套、加快产业发展。截至年底，全市园区建成标准厂房183.95万平方米，建成园区道路567千米，建成污水处理厂16个，铺设供水管网501千米，排水管网505千米，核心区基本实现“七通一平”，部分园区核心区达到“九通一平”，全市开发区工业总产值占全市比重达到90%以上，其中大龙开发区规模以上工业总产值占全市比重达到45%以上，增长的势头较为强劲。三是在谋划重点项目上，抢抓国发〔2022〕2号文件政策机遇，建立了拟争取项目库并实行动态管理。

截至年底，全市在库工业项目288个，其中产业投资项目237个，园区基础设施建设项目51个，1—11月完成工业投资128.48亿元。

三、2022年铜仁市推进新型城镇化情况

（一）聚焦资金项目抓要素保障

一是围绕公共服务、环境卫生、市政公用、产业培育四大领域谋划全市“十四五”新型城镇化项目，建立储备库并实行动态更新，目前入库项目达3906个，总投资13068.5亿元。二是率先在全省出台支持房地产业平稳健康发展若干政策措施，举办全市新型城镇化项目观摩会、铜仁市第十届房地产交易展示会，参与重大项目集中开工仪式等活动，为又好又快推进项目建设提振市场信心。三是大力实施项目带动战略，推动新型城镇化全面发展，实施项目355个，完成投资377.6亿元，其中重大项目135个，完成投资191.7亿元，占比52.77%。四是争取各类新型城镇化资金58.57亿元（其中，中央、省预算内资金18.69亿元、中央专项补助资金6.5亿元、政策性开发性金融工具基金1.44亿元、农业人口市民化奖励资金1.85亿元、地方政府专项债28.69亿元、省新型城镇化专项资金0.9亿元、新型城镇化投资基金0.5亿元）。五是扎实开展新型城镇化产业大招商，积极推介铜仁优质新型城镇化项目，引进新型城镇化产业招商签约项目86个、到位资金50.76亿元，同时，签约新型城镇化政金企融资对接项目33个，签约金额86.57亿元。

（二）持续增强城镇承载能力

一是持续实施“强中心城区”行动，深入推进“碧江—万山—铜仁高新区”深度融合发展。加快建成中南门历史文化旅游区消费聚集区、万山九宜城等核心商圈，及提升夜间经济消费场景建设，发挥示范带动作用，促进消费提升。2022年中心城区首位度23.5%，提升0.2个百分点。二是实施县域经济提升行动，通过实施新型城镇化补短板强弱项项目，围绕“三大区块”编制实施市、县（区）“十四五”新型城镇化发展规划、铜仁市国土空间总体规划方案，全力打造武陵山片区区域性中心城市，建设

山水园林特色城市。三是持续完善城镇基础设施。黔北（德江）机场、德余高速等项目加快建设，沿印松高速公路建成通车，沿河乌江三桥、沙沱大桥、思南大岩关隧道、中和大道延伸线等项目相继建成投用，新增城市道路里程 37.12 公里；加快铜仁环城高速、黔北（德江）机场至县城快速道路工程、锦江旅游航道等项目前期手续办理。铜仁货运东站一期 475 万吨货场已开通运营；新增城市公共停车位 4366 个、充电站 24 个、376 台（枪）；中心城区实施碧江区东太大道六完小天桥等 7 座。

（三）稳步发展增长城乡经济

一是大力推进产城融合，预计全年全市新型功能材料产业实现规模以上工业产值 280 亿元以上，平台经济累计规模达 301 亿元，培育融合标杆项目 17 个，融合示范项目 87 个，带动企业 248 户；新建 5G 基站已完成 2782 个，新增大数据企业 101 家。深入实施市场主体培育“四转”工程，全市各类市场主体达 36.04 万户（今年新增 6.64 万户），新增规上工业企业 76 户，培育限上批零住餐企业 78 户，培育规上服务业企业 10 家，引进优强企业 149 家；大力支持汇成、重力科技、贵州天弘矿业等企业加快上市，已争取 21 家企业列入全省上市后备企业资源库。二是持续深化城乡融合发展。全市集体经营性建设用地入市交易 3 宗、出让面积 154.85 亩。金融机构营业网点达 621 个。实施乡镇通三级以上公路项目 72 个 1170 公里，完成农村公路安全生命防护工程处治 304.27 公里。成功创建省级乡村旅游重点村镇 12 个，标准级以上乡村旅游村寨、客栈、农家乐共 178 家。全市 2000 余名农技人员深入一线服务 112474 天，开展技术指导服务达 86845 人次，组织开展技术培训 195027 人次，解决具体技术问题 19211 个，开展技术咨询 52228 次，组织农业新技术示范推广 3730 项，新品种示范推广 2889 个，帮扶企业、合作社或农户 35856 个，培养乡村振兴人才 8920 人。开展农民工补贴性培训 26871 人次，转移农村劳动力就业 9 万人。

（四）持续提升城镇生活品质

一是大力实施城市更新行动，全年建成棚户区 13412 户（套）、保租房 246 套、发放租赁补贴 4315 户（峰值）；开工建设城镇老旧小区改造 45 个 29092 户（完工 37 个 19232 户），完成城镇背街小巷改造 339 条，完成地下管网改造382.61公里，新建（改造）燃气管道铺设81.84公里。建成人防工程13.36万平方米；启动创建绿色社区55个（建成34个）、实施海绵城市建设项目18个，新增（改造）公园绿地59.58公顷。二是持续提升城市服务品质。全市新（改、扩）建各级各类学校435所，新增公办义务教育学位19560个，化解大班额309个，化解率47%；义务教育阶段随迁子女34874人就读公办学校34228人，比例达98.15%；职业技能学历双提升培训3.07万人次。加快推进省级区域医疗中心、7个县域医疗次中心、市二医二期建设项目建设，市妇幼保健院改扩建项目进入拆迁环节，市疾控中心、市中心血站成功迁建；购置核酸检测设备23台，完成方舱医院改建，新增床位1000张，疫情防控能力有效提升。中心城区托育机构达15家，其中公立4家。推进城镇公共养老服务设施建设，提质改造江口县老年养护院等12个养老机构，完成5个示范性农村互助幸福院改造。三是持续改善城镇生态环境。加强历史建筑、历史文化街区的风貌保护，完成历史建筑测绘建档375处，全市历史建筑挂牌保护完成率100%。全市县城及以上城市生活垃圾无害化处理率达97%以上、生活污水处理率达97%以上，全市10个县级城市环境空气质量平均优良天数比例达98.1%，全市新增绿道19.5公里，建成林荫路37.75公里，中心城区绿化覆盖率已达到38%，县城区绿化覆盖率已达到36%。

（五）持续提高城镇治理能力

2022年，铜仁大力开展文明城市创建。全市科学调整划分网格1.25万个，组建网格党小组8520个，建成智能安防小区320个。主城区拆除户外广告2500余幅，新增智慧停车项目1461个车位；向社会错时免费开放公共服务场所，市政单位厕所19个、停车场29个、体育场4个。加强食药品安全监管，全市食品安全省级评价性抽检合格率99.3%；持续推进“一网统管”，“一网通办”市县政务服务网上可办进程，“零跑腿”事项达643项，贵州政务服务网铜仁站点标准事项“全程网办”占比达80.2%，各区县均已达75%以上。“智慧住建”“大数据+综合行政执法云”“一码游贵州”平台持续提升服务智慧城市建设、管理能力，空间地理数据中台建设基本成型，基层数据治理综合服务平台进入研发阶段，数智交通中台建设方案进入最后论证环节。

四、2022年铜仁市推进农业现代化情况

2022年，铜仁市围绕企业服务、粮食生产、特色产业绿色发展、“八个现代化”等推进农业现代化。据统计，全年农业总产值569.37亿元，同比增长4.2%；农林牧渔业增加值348.47亿元，同比增长3.9%。

（一）全力做好企业服务工作

全力以赴做好企业服务工作，建立健全与企业之间的沟通机制，了解企业在疫情防控、金融需求、安全生产、员工服务等方面的诉求，帮助企业解决实际困难。2022年，先后12次协调省、市、县相关部门帮助企业完成项目贷款、厂房用地、环评审批等相关工作。完成2022年省级龙头企业递补申报工作，递补企业17家、新申报3家，龙头企业新增数量排名全省第一。2022年农产品加工科技补短板项目，山茶公司、贵茶公司、贵州黔山舞水公司3家企业共获得项目资金扶持。22家企业获得2022首届贵州农业龙头企业品牌展示推介大会“龙头企业·龙头品牌”荣誉。认定了100个首批铜仁市“梵净山珍·健康养生”绿色农产品品牌。在项目建设方面，财政衔接推进乡村振兴补助资金，共计安排农业产业配套设施项目52个，安排资金5068.8万元。

（二）全力保障粮食生产能力

2022年，铜仁持续在全力保障粮食生产能力上下功夫，推进撂荒耕地专项整治和高标准农田建设。克服60年不遇大旱，建立撂荒耕地整治“发现、整治、约束”机制，积极探索“保姆式托管”等新模式，充分挖掘土地保供潜力。建立健全到村、到户粮食生产台账，将生产责任压实到每块丘田。实行党政一把手领办高产示范田机制，大力推广优质高产良种、合理密植、科学施肥、绿色防控等单产提升技术，实现水稻、玉米等主要粮食作物单产提升3%以上，大豆单产提升10%以上。全年已下达耕地地力补贴、实际种粮农民一次性补贴、耕地地力保护补贴、大豆复合种植补贴等各类惠农补助资金超4.3亿元。2023年铜仁市政府工作报告显示，铜仁2022年全年建成高标准农田51.54万亩、排全省第二，完成粮食

播种面积 388. 22 万亩、产量 110. 03 万吨，实现面积产量“双增”。

（三）大力发展特色优势产业集群

一是持续打造生态茶产业集群。全市投产茶园达 133. 15 万亩，实现茶叶总产量 11. 67 万吨、总产值 128. 73 亿元。二是持续打造生猪产业集群。截至目前，出栏生猪 301. 77 万头，同比增长 20. 21%；猪肉产量 27. 3 万吨，同比增长 23. 19%。三是持续打造家禽产业集群。截至目前，家禽出栏 2786. 04 万羽，同比增长 14. 87%；肉禽产量 4. 51 万吨，同比增长 13. 19%；禽蛋产量 13. 51 万吨，同比增长 39. 39%。四是持续打造蔬果产业集群。截至目前，蔬果产业生产规模 347. 67 万亩，产量 477. 4 万吨，综合产值 172. 695 亿元。其中生产规模占年度任务的 102. 26%，产量占年度任务的 97. 4%，综合产值占年度任务的 123. 35%，成功建成蔬果百亿级产业集群。五是持续打造食用菌产业集群。截至目前，全市食用菌种植规模达 10. 4 亿棒（万亩）、产量 50 万吨、产值 50 亿元。其中种植规模占年度任务的 100. 4%，产量占年度任务的 100%，综合产值占年度任务的 100%。六是持续打造薯类产业集群。截至目前，全市完成薯类种植面积 182. 11 万亩，产量 208. 74 万吨，综合产值 38. 71 亿元。七是持续打造中药材产业集群。截至目前，中药材总面积 85. 73 万亩，产量 25. 12 万吨，综合产值 41. 5 亿元，分别占全年任务的 102. 06%、114. 19%、103. 75%。八是持续打造牛羊产业集群。截至目前，全市全年统计出栏肉牛 34. 69 万头、牛肉产量 4. 51 万吨，出栏肉羊 79. 61 万只，羊肉产量 1. 55 万吨。牛羊综合产值 84. 37 亿元。九是持续打造蜂蜜产业集群。截至目前，全市实现蜂蜜产量 5083. 42 吨，综合产值 19. 77 亿元。十是持续打造特色林业集群。目前全市特色林业产业累计新造 8. 9 万亩，占目标任务的 101%，改培 28. 28 万亩，占目标任务的 118. 7%，综合产值达 36. 61 亿元。

（四）稳步走好绿色发展道路

一是加强土壤保护利用。全市测土配方施肥技术推广面积达 557. 85 万亩，有机肥增施面积达 194. 72 万亩，秸秆还田技术推广面积达 175. 56 万亩，绿肥种植达 26. 73 万亩。二是加大农业面源污染治理力度。畜禽养殖粪污资源化综合利用率达 87. 99%、农膜回收率达 86. 22%、农作物秸秆综合利用率达87.9%。三是着力抓好动植物疫情防控。全年无重大区域性动物疫病发生。大力实施绿色防控与统防统治融合，绿色防控达241万亩、统防统治达135万亩。四是加大农产品质量安全监管力度。全市认证绿色食品达45个、有机农产品达109个、农产品地理标志保护产品达12个。

（五）稳步增强“八个现代化”

加快推动农业基础设施、农业组织方式、农业生产技术、农业经营管理方式、农业发展方式、农产品价值实现方式、农业合作、农业业态现代化。截至12月底，全市已完成高标准农田建设项25.52万亩，在建中小型骨干水源工程52座，引进省内外优强农业企业66家，认定省级科技特派员111人，统筹东西部协作资金700万元支持全市干部人才培训，助力提升干部人才能力素质。完成317人次农村经纪人培训，推广农业新技术120项，推广农业新品种132项。全市测土配方施肥技术推广面积558万亩，有机肥增施面积195万亩，秸秆还田技术推广面积176万亩，绿肥种植22.3万亩。培育大数据与商务服务业深度融合标杆项目1个，示范项目12个，带动企业25个，认定了100个首批铜仁市“梵净山珍·健康养生”绿色农产品品牌。有292家农产品供应商进驻832采购平台，上架商品1098种，完成农产品销售3110.22万元。联合东莞打造“莞铜消费协作馆”，在广东建立农产品展示展销馆20个，15家企业通过粤港澳大湾区“菜篮子”正式认定。

五、2022年铜仁市推进旅游产业化情况

2022年，全市旅游产业化工作深入推进“四大行动”，促进旅游产品提质、产业提质、服务提质，有力推动旅游业高质量发展。中南门历史文化旅游区被评为国家级夜间文化和旅游消费集聚区、入围2022年“全国非遗与旅游融合发展优选项目名单”；万山朱砂古镇被评为国家工业旅游示范基地，是贵州省唯一入选景区；铜仁马拉松智慧赛道入选全国6个典型智慧健身步道项目，被授予五星级健身步道；松桃花鼓入选中华体育文化优秀民族项目。争取省文旅基金投放4亿元，各类中央及省级文旅资金共计1.91亿元。全年旅游及相关产业增加值达100亿元、增长20%。

（一）抓市场主体培育，提升旅游产业化高质量发展活力

一是着力培育市场主体。截至2022年11月底，全市旅游市场主体新增2760家，其中新增入库限上规上旅游企业26家。梵净古邑集团入列全省上市挂牌后备企业资源库；万山吉阳公司申报省级龙头服务企业通过初审。制定了《铜仁市推进涉旅国有企业改革工作方案》，推进了梵净古邑集团、碧江常丰集团2家涉旅国有企业法人治理结构改革，梵净山景区、玉屏侗乡风情园景区2家国有景区“三权分置”改革。二是着力做好招商引资。编制文旅产业储备项目110个（其中精包装重点项目20个），通过贵州省招商引资项目信息管理平台发布文旅产业招商引资项目80个。全年招商引资项目118个，签约资金189.5亿元，到位资金43.76亿元（含续建项目），其中：2022年引进签约项目81个，签约资金58.07亿元，到位资金29.92亿元。其中：引进大型连锁酒店5家。三是着力服务助企纾困。全市暂退或缓交旅行社质量保证金186万元，为14家企业申报2022年财政专项贴息资金1236.5721万元；文旅企业享受税收优惠减免金额21.83亿元，较2021年增长58.41%。通过国家发改委初审文化和旅游领域设备更新改造贷款财政贴息企业7家，预计贷款4.7亿元；边城客栈建设项目获省文旅基金投资4亿元。

（二）抓旅游业态升级，完善旅游产业化高质量发展体系

一是加大品牌创建。全面完成了梵净山国家级生态旅游示范区和梵净山国家5A级旅游景区提升工作；德江五彩洋山河景区成功创建国家4A级旅游景区；中南门历史文化旅游区入列全省4A级旅游景区创建名单；启动了石阡温泉国家级旅游度假区和思南九天温泉省级旅游度假区申创工作；石阡温泉、思南九天温泉分别被评为贵州省金汤级、银汤级温泉度假地；印江大圣墩生态体育公园、大罗桃花里景区获贵州省城镇体育旅游示范基地，玉屏侗乡风情园旅游景区获景区体育旅游示范基地，铜仁梵净山赛道获贵州省体育旅游黄金线路；成功申创省级乡村旅游重点镇12个（其中村10个、镇2个）、市级乡村旅游重点镇66个（其中村50个、镇16个），标准级以上村寨、客栈、农家乐473家；江口县梵净山村入选全国乡村旅游重点村。二是推进业态融合。推进文旅融合，启动了万山朱

砂、松桃苗绣国家文化产业示范基地和文旅融合发展示范区申创工作，推进了文化事业进中南门活动，万山朱砂古镇被评为贵州省文旅融合创新示范项目，万山朱砂工艺产业园被评为贵州省首批文化旅游商品基地。推进体旅融合，培育体育特色小镇 1 家、体育旅游示范基地 5 家，成功举办了 2022 贵州铜仁·梵净山马拉松赛。推动康旅融合，对石阡夜郎古温泉、石阡佛顶山温泉小镇、思南九天温泉等 8 家温泉康养型业态产品进行了提质改造；石阡佛顶山温泉小镇荣获“贵州省理疗温泉（地热水）调查评价项目实践基地”称号；江口县成功创建成全国森林旅游示范县，江口净云、印江云上居、石阡百年楠木森林、石阡仙人街被列入省级森林康养试点基地。三是打造新兴业态。着力打造夜间产品，中南门历史文化旅游区入选贵州省第一批“流光溢彩夜贵州”示范创建项目名单，万山朱砂古镇入选第三批省级夜间文化和旅游消费集聚区名单；推出了夜游潜龙洞等 3 个夜间旅游体验项目。着力打造研学产品，铜仁棉花山·柑子冲研学示范基地荣获“贵州省首批十大研学旅行基地”，碧江区卓悦教育培训学校科普教育基地等 10 家单位被评为“铜仁市中小学研学旅行基地（营地）”。着力打造露营产品，全市共推出露营基地 16 家。

（三）抓服务质量提升，优化旅游产业化高质量发展环境

一是着力优化旅游市场环境。深入开展“黔锋行动”“不合理低价游”“满意旅游痛客”等专项行动。2022 年，全市各级文化市场综合执法队伍共出动行政执法人员 15437 人次，检查经营单位 4980 家次，办理行政处罚案件 103 件，罚款 16.54 万元，责令停业整顿 9 家次。稳妥处置旅游投诉，无因投诉处理不当上升为舆情的情况发生。积极开展文明旅游示范单位创建，梵净山景区获得省级文明旅游示范单位称号，被省文旅厅推荐参与全国文化旅游示范单位评选。二是着力提升旅游智慧化服务水平。有 27 个 3A 级以上景区实现 5G 网络覆盖，23 个 3A 级以上景区视频监控系统实现接入省智慧旅游平台。培育铜仁市乡村振兴产业带马拉松智慧赛道、江口县“梵游记”智慧旅游综合服务平台 2 个融合标杆项目，10 个融合示范项目带动旅游企业 35 家。“一码游贵州”铜仁专区访问量 6500 余万人次，入驻商家 1211 户，订单交易 1100 余万元。三是着力提升旅游基础设施建设。截至目前，全市 3A 级以上景区开通旅游直通车线路 20 条，旅游直通

车辆120辆。开通了锦江旅游公交、德江乌江秘境景区至思南九天温泉景区江上旅游航线。完成了2个游客服务中心、5个停车场、11个旅游厕所的改扩建。四是着力提升旅游从业人员服务技能。举办了全市星级饭店从业人员技能大赛和导游（讲解员）技能大赛，在参加全省星级饭店从业人员技能大赛中获团体三等奖；2名导游获省级“百佳导游”称号。

（四）抓闲置低效旅游项目盘活，旅游产业化投资更加有效

一是切实摸清底数。对全市旅游项目开展全面摸底核查，共核查旅游项目56个，对摸排的项目均按照“一项目一档案”建立了摸排档案。经研判，共认定10个项目为闲置低效旅游项目，其中停业项目1个，低效项目9个。二是健全工作机制。严格落实“一个项目、一个专班、一个攻坚方案、一名牵头领导”工作要求，建立了市旅游产业化专项组3名市领导分别联系10个闲置低效旅游项目制度，区县党委、政府主要领导包保责任制度。2022年以来，召开旅游产业化专项组会议研究盘活工作3次，市级包保领导分别到项目点指导督导7次，召开8次专题会议，研究盘活方案、调度工作、解决问题。区县政府主要领导及分管领导调度82次，协调解决问题36个。三是有序推进盘活。按照“续、转、提、关”分类处理的要求，逐一制定了盘活方案，按月调度、指导、督促。2022年，省专班要求铜仁市力保2个项目实现盘活，力争完成4个项目盘活。截至目前，有6个项目游客接待和综合收入实现了正增长。按照《盘活工作导则》盘活销号标准，玉屏茶花泉、万山朱砂古镇、碧江大明边城、松桃潜龙洞4个项目已经达到盘活销号条件，目前，4个项目盘活销号申请的支撑性材料已报省专班进行复核完毕，正在对接省专班专家组赴项目现场进行实地复核相关工作。

六、2023年铜仁市推进“四新”“四化”趋势分析和对策建议

2023年是贯彻党的二十大精神的开局之年，是实施“十四五”规划承上启下的关键一年，围绕“四新”主攻“四化”对推进绿色铜仁现代化建设和高质量发展进程意义重大。市委、市政府综合研判，提出了年度经济

社会发展主要预期目标：地区生产总值增长7%左右，农林牧渔业总产值增长6.5%左右，规模以上工业增加值增长12.5%左右，固定资产投资增长7%左右，城镇、农村居民人均可支配收入分别增长8%、10%左右。

（一）关于趋势分析

一是压力仍然较大。国际环境不确定、不稳定、难预料成为常态，国内经济需求收缩、供给冲击、预期转弱三重压力不小，直接关联和影响铜仁供应链、产业链、价值链的稳定性，2022年的一些发展阵痛尤需警惕。二是机遇大于挑战。疫情防控政策的调整优化必将全面提振市场信心，中央系列稳增长决策部署、省发改委等8部门支持铜仁11条政策措施是重大利好，新型功能材料、大数据产业仍然处于重要“风口”期，铜吉铁路等一批重大项目有望开工，经济最困难的时期已经过去，总体回升趋势乐观。三是短板不容忽视。铜仁三次产业中二产占比低，2022年二产增加值342.12亿元，比上年同期下降7.1%，处于全省靠后位次，与其他市州差距在拉大。拉动经济增长的“三驾马车”动力减弱，龙头企业较少，部分市场主体生产经营困难。四是竞争更趋激烈。国内很多地方正在抢抓“风口”机遇，发挥自身资源、区位、人才、技术、成本等优势，布局发展新能源、新基建、新材料，谋求占据制高点。周边的遵义、黔东南、怀化、湘西等市州均提出2023年较高的GDP增速目标，可预见各地已铆足干劲抓经济发展、抓招商引资、抓项目建设。在产业竞争和区域竞争格局中，一步错则步步错，一步慢则步步慢。五是安全重于泰山。低基数基础上的恢复性增长，同样容易伴生各类安全问题。铜仁风险隐患仍较多，财政收支矛盾突出，“三保”压力大，防范化解金融债务、房地产、生态环保、安全生产、洪涝干旱、粮食安全等领域风险任务较重，潜在的后续几波疫情高峰可能对生产发展产生较大迟滞作用。

（二）关于对策建议

1. 坚持以思想解放为先导

全力推动“党的二十大精神大学习大落实”活动走深走实，大兴调查研究之风、狠抓落实之风、担当尽责之风，采取调研式推进重点工作的方式研究问题、破解难题，把铜仁推进“四新”“四化”的新情况搞透、难问题摸准、硬办法想好，在全国全省大局中找准定位，进一步理清发展思路、完善发展路径、抓好落地落实，做到不动摇、不折腾、不懈怠。

2. 坚持以生态文明为引领

铜仁山好、水好、林好、养生气候好，习近平总书记对铜仁的4次重要指示批示都与生态文明直接有关，省委、省政府定位铜仁创建绿色发展先行示范区，广大干部群众过去是盼温饱、求生存，现在是盼环保、求生态。要千方百计挖掘铜仁的生态特色，竭尽全力呵护铜仁的生态环境，全力以赴发挥铜仁的生态优势，把生态文明理念贯彻到铜仁推进“四新”“四化”的方方面面和各个环节。

3. 坚持以产业强市为抓手

铜仁推进“四新”“四化”，要以高质量发展统揽全局，落脚点是产业发展，着力点是项目建设，这样才能激活“一池春水”。要保持战略定力，协同发展壮大六大主导产业，狠抓强链补链、龙头企业、项目建设、招商引资、东西协作、要素保障和人才储备，持续做强工业园区、农业园区、旅游景区、城市商圈“三区一圈”载体，不断凸显推进新型工业化、发展新型功能材料产业的首位度。

4. 坚持以改革创新为动力

融合推动理论创新、实践创新、制度创新相统一，继续加强地方立法探索，严格落实既有的地方性法规，强化绿色铜仁现代化建设的法治保障。要崇尚“巧妇无米也要能炊”理念，聚焦要素市场化配置、国资国企、财税金融、民营经济、政府债务化解等领域和关键，以改革的方式破除体制机制束缚。同时，全力抓好国家级开发区、高新区申创，加快创建梵净山国家公园、全国文明城市，厚植发展基础。

5. 坚持以集中攻坚为方法

集中攻坚是“十三五”时期贵州发展经验的深刻总结，也是2022年铜仁新型功能材料产业强势崛起的生动注脚。要继续用好用活这个法宝，系统谋划、突出重点、全面推进“四新”“四化”工作，确保具体化、清单化、项目化、责任化地抓好政策落实、工作落实，推动力量向重点领域和关键环节聚集、要素向重点领域和关键环节集合，全速攻克前进道路上的“娄山关”“腊子口”。

6. 坚持以安全稳定为底线

把保障全市粮食安全放在更加突出的位置，同步强化安全生产、疫情防控、防灾减灾、金融债务、生态环境等重点领域风险隐患排查整治，加快补齐城乡医疗救治体系短板，加强供应链、物流链、产业链、价值链的稳定性建设，畅通内外循环。深化易地扶贫搬迁后续扶持“五个体系”“四安家园”建设，持续巩固拓展脱贫攻坚成果，坚决守住不发生规模性返贫的底线。

7. 坚持以队伍建设为基石

全方位招才、引智、育人，以“能力提升”为主线构建全市干部大培训工作格局，把团结奋斗作为最显著的精神标识，让思想同心、行动同步、责任同担在干部队伍中蔚然成风。着力维护风清气正的政治生态，持续加大形式主义、官僚主义整治力度，建立健全《推进领导干部能上能下规定》的具体操作机制，精准实施容错纠错机制，不断激发全市干事创业活力，让干部敢为、地方敢闯、企业敢干、群众敢首创。

2022年毕节市推进“四新”“四化”报告

李　庄　林科军　彭雪莲　陈　芳　徐海艳

2022年是毕节发展历史上具有里程碑意义的一年，《推动毕节高质量发展规划》（国函〔2022〕65号文件）经国务院同意得以批复实施，开启了围绕“四新”主攻“四化”毕节高质量发展新篇章。

一、2022年毕节市推进“四新”“四化”概述

市委三届四次、五次全会将“四化”作为高质量发展的首要任务、“硬支撑”。坚持抢抓国发〔2022〕2号、国函〔2022〕65号文件重大机遇，全面落实中央、省一揽子政策措施，全力围绕“四新”主攻“四化”，聚力推动经济高质量发展。市委常委会认为，围绕“四新”主攻“四化”是习近平总书记对贵州进入新发展阶段提出的重要要求，是省委作出的重大战略部署，是推动毕节高质量发展的必由之路。2022年全市保持战略定力、坚持精准发力，顶住经济下行和疫情冲击双重压力，奋力在推动“四化”上探新路、走前列、作示范，初步核算，全市完成生产总值2206.52亿元，比上年同期增长0.2%。居全省第7位，经济运行总体平稳。党中央、国务院和省委、省政府及中央部委、省直单位给予更大倾斜支持，为毕节推动高质量发展、加快示范区建设注入强大动能，高位推动“四化”

作者简介：李庄：中共毕节市委党校副校长、博士；林科军：中共毕节市委党校试验区发展研究中心副主任、教授；彭雪莲：贵州工程应用技术学院马克思主义学院副教授；陈芳：七星关区委党校高级讲师；徐海艳：毕节市经济作物工作站。

取得新成效、新进步。

（一）奋力推动工业大突破

坚持高端化、绿色化、集约化发展方向，存量增量一起抓，奋力推进工业突破发展。传统支柱产业不断巩固提升，加快煤矿建设和资源整合，大力推进风电、光伏、储能等新能源项目建设，持续优化传统两烟产业机构，不断拓展白酒产业空间，中石化织金 PGA、威赫电厂等一批重点项目有序推进。新兴产业蓬勃发展，科学布局了一批劳动密集型产业项目，新能源、生态特色食品、健康医药、锂电池、大数据电子信息等产业持续发展壮大，数字经济增加值占地区生产总值比重达 34%，比重和总量分别排全省第 4 位、第 3 位。园区建设取得新突破，毕节高新区及金沙、纳雍、织金、赫章开发区体制机制改革有序推进，推动赫章产业园申创省级经济开发区，黔西经开区通过省级化工园区复核，织金经开区申报认定省级新建化工园区。

（二）奋力推动城镇大提升

研究出台提高中心城区首位度吸引力吸纳力建设区域性中心城市的实施方案，着力打造川滇黔接合部区域性中心城市，与贵阳、遵义共同打造贵州发展“金三角”。坚持七星关—大方同城化发展，中心城区建成区面积超过 100 平方公里，常住人口超过 100 万人。大力实施城市更新行动，全力推进城市“四改”工作，棚户区、老旧小区、背街小巷和地下管网改造全部完成年度计划数。

（三）奋力推动农业大发展

制定出台《关于加快推进农业高质量发展建设现代山地特色高效农业强市的实施方案》，狠抓产业体系建设，大力发展特色优势产业，生猪、肉牛、家禽、禽蛋产业规模排名全省第一。狠抓生产体系建设，大力推进土地整治和高标准农田建设，加快山地适用小型农机和技术推广，全市全力推进农产品精深加工，加快农作物新品种培育，完成粮食种植 1140.9 万亩，完成产量 251 万吨。狠抓经营体系建设，大力实施“树品牌、提品质、增品种”和线上消费市场拓展工程，新增省级以上农业龙头企业 12

家，累计认证农产品地理标志产品 12 个、绿色食品 35 个、有机食品 190 个、粤港澳大湾区“菜篮子”基地 104 个。坚决扛起粮食安全政治责任，全面落实党政同责，坚决遏制耕地“非农化”“基本农田”“非粮化”，超额完成省下达的粮食播种面积和粮食产量任务，提升粮食储备保障能力，牢牢守住粮食安全底线。

（四）奋力推动旅游大提质

大力实施市场主体培育、旅游业态升级、旅游服务质量提升、旅游项目盘活攻坚“四大行动”，着力完善织金洞、九洞天、化屋等景区服务设施，推进百里杜鹃、油杉河、阿西里西等景区提质扩容，不断丰富旅游业态，加快建设花海毕节旅游强市。织金洞成功创建国家 5A 级旅游景区，毕节成为贵州省第二个跻身“双 5A”的市州。克服疫情和经济下行压力影响，截至 10 月底，实现游客总量 5300 万人次，旅游综合收入 500 亿元，取得了旅游及相关产业增加值和游客人均花费“双提升”成效。

二、2022 年毕节市推进新型工业化情况

2022 年，抢抓国发〔2022〕2 号文件和《推动毕节高质量发展规划》获批重大机遇，立足政策、人力、资源三大优势，大力推进新型工业化、巩固发展特色优势产业、改造提升传统产业，培育壮大新兴产业，不断推动新型工业化高质量发展。

（一）工业经济承压前行

在宏观经济下行压力加大、新冠肺炎疫情蔓延影响等多重因素影响下，围绕稳增长的目标任务，千方百计遏制工业经济下滑态势，全年实现规模工业总产值 826 亿元。规模以上工业增加值同比增长-6.1%左右，排名全省第五位；规模以下工业增加值同比增长 2.8%左右，排名全省第四位。

（二）重点产业支撑有力

八大工业产业完成规模工业产值 815 亿元，其中现代能源产业产值

532 亿元。优质烟酒产业产值 117 亿元；新型建材产业产值 75 亿元，现代化工、装备制造、电子信息、生态食品、轻纺及健康医药等产业产值 90 亿元。2022 年，全市实现工业税收 121 亿元，同比增长 15%。

（三）项目建设持续加快

坚持树牢“项目为王”理念，强化机制建设、靠前服务等措施推动重大项目建设，推动威赫电厂、西南水泥日产 6000 吨水泥生产线项目等一批重大项目建设进度；推动贵州锦麟化工有限责任公司摩天冲 250 万吨/年采选工程建设项目、金沙窖酒 3 万吨基酒扩建项目一期等 76 个项目开工建设；纳雍晶煌制衣成衣生产项目、威宁荞老者厂房改扩建项目等 60 个项目建成投产。

（四）园区实力不断提升

坚持将开发区作为新型工业化发展的主战场，不断抓改革育动能、优环境聚产业，奋力推动全市开发区高质量发展。全市 8 个省级开发区中，毕节高新区为国家新型工业化产业示范基地，大方、黔西、金沙、纳雍、威宁等经开区为省级新型工业化产业示范基地，有省级绿色园区 2 个、省级化工园区 2 个。

（五）产业链条持续完善

白酒产业、新能源电池及材料产业链逐步完善，煤化工产业加快延链补链。白酒产业链条全市上游布局种植高粱 36 万亩，推动金沙酒业 3 万吨基酒扩建、毕节酒厂年产 5600 吨大曲酱酒技改、春秋酒业 3000 吨扩建等白酒生产项目建设，进一步扩大白酒产能。新能源电池及材料产业链条上游正在建设鹏博新材料磷酸铁锂、摩天冲磷矿采选、黔西碳酸酯类产品等原材料项目。煤化工产业链围绕黔希化工年产 30 万吨煤制乙二醇项目，逐步延伸下游产业链，已建成黔孚气体（贵州）有限公司食品级液体二氧化碳 10 万吨/年；在建蕙黔新材料 5 万吨/年碳酸二甲酯（DMC）项目、锂想时代新能源材料 6 万吨/年锂电材料碳酸甲乙酯项目。

（六）“两化”融合助力质效提升

建成市级工业互联网平台，全省首家纳入省级数字工信节点，培育联尚科技、永贵机修、永贵能源新田煤矿获省工业互联网融合标杆项目认定，推动乌蒙云大数据公司纳入省级工业互联网服务商，培育工业互联网融合示范项目 41 个，融合带动工业企业 75 户。信息化与工业化“两化”融合指数达 50.2，排全省第 4 位。毕节市所有工业园区均已实现 5G 网络覆盖，为打造“5G+工业互联网”奠定了网络基础。

（七）纾困解难促进企业发展

一是开展入企走访，明确 7 位市领导领衔推动 8 大重点工业产业，由 33 位市领导帮扶 114 户市级企业，32 位市领导领衔推进 85 个重大项目，解决企业急难盼愁问题 297 个，高位推动企业帮扶服务。二是强化助企纾困，印发《毕节市关于支持企业纾困解难促进工业经济平稳发展的政策措施》。三是主动靠前服务，疫情期间充分使用贵州省重点物资运输通行证系统办理通行证 6000 余张，有效保障物流通畅，紧盯重点行业及企业生产，帮助毕节卷烟厂闭环完成卷烟生产任务；帮助协调黔希化工办理出省通行证，畅通产品销售渠道，保障企业正常生产经营；帮助毕节明钧玻璃协调原材料运输，确保生产稳定；帮助金沙窖酒协调原材料、配套包装和产品运输，进一步释放产能。四是强化争资争项。省工信厅出台了《关于印发支持毕节市新型工业化高质量发展若干措施的通知》，省大数据局印发《支持毕节市数字经济高质量发展若干措施》的通知支持毕节新型工业化和数字经济高质量发展，积极争取上级各类资金基金支持工业企业发展和开发区建设。2022 年，共争取到上级各类资金基金支持 17.7 亿元，其中专项资金 1 亿元，基金 13 亿元，省中小信贷通 1.5 亿元，地方专项债 1.8 亿元。五是落实减免政策。工业企业累计减免税费额达 36 亿元，其中增值税留抵退税 15 亿元；税务部门为制造业中小微企业办理缓税 1.6 亿元。

三、2022 年毕节市推进新型城镇化情况

（一）制定工作方案明确目标任务

制定《毕节市提高中心城区首位度吸引力吸纳力加快建设区域性中心

城市实施方案》，进一步贯彻落实《推动毕节高质量发展规划》；《毕节市2022年新型城镇化工作推进方案》，明确年度工作目标和重点任务；《毕节市城区新增常住人口工作方案》，指导县（市、区）制定县城补短板强弱项实施方案，进一步贯彻落实全省“3个100万”工作和县城城镇化补短板强弱项工作。

（二）突出补齐短板积极争资争项

积极争取专项债支持28.14亿元。申报并获得2022年中央预算内资金5615万元支持七星关区中心城区燃气管道更新改造项目。申报新型城镇化专项资金8511万元。申报省级海绵城市建设示范城市，3年内将获2亿元资金支持，目前已到位0.7亿元。

（三）围绕城镇发展推进“五大提升”

一是城镇承载能力稳步提升。推动中心城区共建基础设施，共享公共服务，中心城区路网体系逐渐形成，七星关—大方同城化发展进一步加快，2022年中心城区城市建成区面积增加1平方公里以上，达108平方公里左右，中心城区常住人口增加3万人左右，达88.5万人左右；加快推进县城补短板强弱项，各县（市）城镇承载能力稳步提升。二是城镇品质逐步提高。全年完成棚户区改造1.5万户、老旧小区改造9500户、背街小巷改造120条，地下管网改造（新建）520公里。三是城镇经济稳定发展。七星关区同心路步行街、大方县九驿街道、织金平远古镇已创建成为省级旅游休闲街区；预计到年底，新设立市场主体9.4万户（总量达62万户以上），累计完成城镇新增就业6.8万人。四是城镇治理能力不断增强。市级政务服务事项全程网办率达70.84%；亿元生产总值生产安全事故死亡率为3.58人；消防、防疫等工作稳定有序开展。五是城乡融合发展基础进一步夯实。农村义务教育办学条件明显改善；乡镇卫生院、行政村卫生室全部达到基本医疗保障要求；城乡道路、通讯等基础设施不断完善。

（四）以人为核心，城市生态环境和公共服务水平持续提升

一是城镇生态环境不断改善。全市涉及农村垃圾治理的226个乡（镇、街道）全部建成垃圾转运设施，3429个行政村（社区）的收集设施

实现全覆盖；建制镇污水处理设施实现全覆盖；申报并获批省级海绵城市建设示范城市，累计建成海绵型道路、公园、小区等海绵城市项目63个，在建海绵城市建设项目16个，累计建成海绵城市面积占城市建成区面积比例达31%。二是公共服务水平不断提升。完成新（改、扩）建普通高中阶段学校10所、幼儿园20所、义务教育学校30所；建成6个儿童重症监护病房、7个县域医疗次中心；建成1个托位数100个以上的市级普惠幼儿托育机构示范点；全力开展就业创业服务，全年完成农村劳动力转移就业11万人以上，新增城镇就业6.8万人。

（五）以提升中心城区首位度为切入点，带动全市新型城镇化高质量发展

对我市新型城镇化制约因素、中心城区首位度等充分调研，出台《毕节市提高中心城区首位度吸引力吸纳力加快建设区域性中心城市实施方案》，确定了“五大目标”，明确了大力实施城市空间优化、城市更新推进、公共服务提质、城市商圈建设、城市交通畅通、城市环境提升、城市治理升级、城乡融合促进“八大行动”，制定《关于支持七星关区全面提升区域性中心城市首位度加快推动高质量发展的若干政策措施》，对提升中心城区首位度、建设区域性中心城市进行了全面、系统的部署。

（六）以“四改”为抓手推进城市更新，城市更加亮丽

全年改造背街小巷120条，增加了街巷公共空间，扩大了居民活动范围，有效改善了老旧街巷拥挤堵塞的问题；补充路灯照明设施，设置垃圾收集设备，规范背街小巷网线，美化了居住环境。七星关城区望城路至双狮路连接道路等一批“断头路”“瓶颈路”相继打通、拓宽，城市路网进一步联通，城市道路通达率不断提高，市民出行更加便捷。全市坚持“微改造，不搞大拆大建”原则，以系列“组合拳”全力推进“城市更新”行动，城市面貌日新月异。

四、2022年毕节市推进农业现代化情况

全市上下着力建强农业现代化“三大体系”，奋力推动农业大发展。

2022年，全市农林牧渔业总产值921.25亿元，同比增长4.1%；一产增加值551.35亿元，同比增长3.6%；农村常住居民人均可支配收入13245元，同比增长6.5%。

（一）优化产业布局，加快构建现代农业产业体系

一是全面落实粮食生产任务。东西部协作资金用于粮油生产，全年累计完成粮食种植1140.9万亩、大豆完成136.9万亩，全面完成省下达粮食生产任务。全力抓好粮油示范点建设，采取党政负责人领办粮油单产提升示范，辐射带动粮食产能提升，全市共创建粮油生产综合示范样板71万亩。二是特色产业持续优化。实施特色产业巩固提升行动，聚焦大宗优势和区域特色单品，着力提升产业链供应链水平。全市蔬菜完成种植326.29万亩，建成贵州夏秋喜凉蔬菜重要供应基地。辣椒完成种植91.21万亩，建成9个大型集约化育苗基地。水果面积达158.81亩，建成全省最大的苹果和樱桃生产基地。食用菌完成面积13.58亿棒（万亩），逐步形成食用菌“三带一区”优势产业带。初步形成了分别以纳雍县、金沙县、七星关区、威宁县为中心的“中国高山生态有机茶”生产基地、“中国贡茶”生产基地、“中国古树茶”生产基地、“乌撒烤茶”生产基地。建成国家级区域性良种（天麻）繁育基地、全国林下仿野生天麻重点产区。烤烟完成种植55.83万亩、收购烟叶120.04万担。三是生态养殖转型升级。聚焦保供、提质、环保、安全等重点任务，积极落实畜牧业稳健发展各项措施，全市生猪存栏356.92万头，出栏357.39万头，建成贵州重要优质生猪保供区；肉牛存栏113.3万头，出栏35.39万头；肉羊存栏79.54万头，出栏完成53.21万头，建成西南地区最大安格斯牛繁育基地；生态家禽存栏2729.9万羽，出栏3669万羽；禽蛋产量8.33万吨，建成全省最大禽蛋供应基地。建成一批鲟鱼、裂腹鱼等冷水性鱼类健康养殖基地。

（二）强化发展支撑，着力夯实现代农业生产体系

一是狠抓基础配套。着力推进高标准农田建设，抢抓秋冬季农田水利建设黄金期，打好高标准农田大会战。截至目前，全市2022年立项项目开工率100%、任务完成率71.46%、资金支付率13.15%。着力推进

农业机械化建设，出台《毕节市2022年山地农业机械化攻坚行动方案》《2022年度现代山地高效农机化项目建设补助方案》等系列文件，积极落实农机购置补贴政策，成立贵州省农机合作社协会毕节分会。开展带状复合种植全程机械化等试验示范。着力推进基地冷库建设，持续加大产地冷藏保鲜设施建设力度，不断提升农产品产地冷藏保鲜能力。累计建成134个农产品产地冷藏保鲜设施，容积达14.03万立方米，储存量2.92万吨。市级冷链物流枢纽中心粤港澳大湾区菜篮子毕节配送中心建成运营，目前有10个基地备案入驻。二是狠抓科技支撑。抓好农技服务，坚持“市县联动、整合资源、团队服务、示范引领”的原则，市级落实农业现代化资金400万元用于试验示范，支持农技人员参与畜牧水产、经济作物等基础性示范服务，全市农技人员2821人（市327名、县2494名）服务粮食生产和特色产业发展，累计服务示范点2019个、经营主体2834个。抓好揭榜挂帅，抽调35名副高级以上农技人员与毕节市职业技术学院联合成立粮油、畜禽水产、经济作物3个专家团，专抓“揭榜挂帅”，推动创新创业，全市累计组团或个人开展“揭榜挂帅”服务榜单242个。抓好领办创办，全市有58名事业单位人员领办创办农业发展项目54个，涉及种植业、养殖业、农产品加工、品牌建设等。共投入资金2.19亿元，解决就业3378人，带动脱贫人口1779人。三是狠抓种业提升。开展种质资源保护，完成农作物种质资源收集2429余份，申报进入国家库342份，超额完成进入国家库任务，贵州省芸豆种质资源圃50亩建设及重点科研项目有序推进。加快地方品种培育，通过省级初审（认）定农作物新品种15个（水稻3个、玉米11个、大豆1个），育成的“贵乾半细毛羊”新品种成功入选国家畜禽新品种名录，实现了贵州畜禽品种国家审定“零突破”。四是狠抓绿色发展。推进农业废弃物资源化利用，今年全市畜禽粪污资源化利用率、规模养殖场粪污处理设施装备配套率、农作物秸秆资源化利用率分别稳定在80%、95%、85%以上。推进农业清洁生产示范，推广测土配方施肥面积1428万亩，开展主要粮食作物重大病虫害统防统治面积481.45万亩，统防统治覆盖率达44.84%；开展主要农作物重大病虫害绿色防控面积达830.32万亩，绿色防控覆盖率53.15%，已经超额完成40%、50%的省级目标。

（三）延伸产业链条，创新完善现代农业经营体系

一是实施新型农业经营主体引进培育行动。龙头企业方面，坚持引育并重发展思路，推动龙头企业结构优化、制度创新、层次提升，不断提升产业链现代化水平，今年市级落实东西部协作资金 500 万元用于支持龙头企业培育，全市培育龙头企业 469 家，其中国级 4 家、省级 127 家、市级 321 家。合作社方面，坚持合作社发展方向，市级落实东西部协作资金 300 万元用于支持农民合作社及家庭农场培育，培育合作社 18370 个，其中省级示范合作社达 508 家。家庭农场方面，鼓励有长期稳定务农意愿的农户开展多种形式合作与联合，全市共培育家庭农场 2848 个，其中省级 166 个，市级 926 个。农民培训方面。紧扣主导产业发展，培育一批生产型、经营型、技能服务型的农村实用技术人才，累计开展农民实用技术培训约 38 万人、培育高素质农民 2. 25 万人。二是实施农产品质量品牌提升行动。推进“二品一标”认证，市级调整 200 万元东西部协作资金推动品牌创建，目前累计认证农产品地理标志产品 12 个、绿色食品 35 个、有机食品 190 个。推进粤港澳大湾区“菜篮子”申报，2022 年已认证粤港澳大湾区“菜篮子”基地 19 个，累计 72 个，正在审核中的 28 个，认证数量排全省第 1。打造优势区域公用品牌，进一步修订完善产品标准，改善生产设施条件，加强品牌建设，提升品牌核心竞争力。全市共培育威宁苹果、织金竹荪等区域公用品牌产品 60 个。三是实施农产品加工业提质增效行动。立足产业基础，今年市级落实东西部协作资金 2000 万元用于支持农业产业加工体系建设，重点推动打造以大方县为主的皱椒、天麻、食用菌等生态特色食品产业集聚区，以纳雍县为主的红托竹荪、糯谷猪、高山生态茶等农特产品深加工产业集聚区，以威宁县为主的食用菌、果蔬、土豆、苦荞、火腿等农特产品深加工产业集聚区，以七星关区为主的鸡蛋、刺梨、休闲食品等生态特色食品产业集聚区。同时，推动每个县（市、区）根据实际培育 1—2 个具有较强竞争力的优势特色农产品加工产业集群。四是实施产销对接助力“黔货出山”行动。紧盯市内、市外（省内）、省外“三个市场”，积极采取推进“七进”行动、入驻省级骨干农批市场、借力“五大农产品流通营销联盟”等措施，推动农产品与消费市场有效对接。全年累计销售农产品 126. 27 万吨，金额达 127. 64 亿元。

五、2022 年毕节市推进旅游产业化情况

立足毕节市旅游资源优势，实施“市场换产业、资源换投资”战略，持续打造旅游产业核心竞争力，加快建设花海毕节旅游强市、打造“国际知名山地康养度假旅游目的地”；制定出台了《关于加快推进旅游产业化奋力实现旅游大提质》《推动旅游高质量发展加快旅游产业化建设花海毕节旅游强市的工作方案》《关于印发四大行动方案》等文件，构架了全市推动旅游产业化的“四梁八柱”，形成了全市合力推进旅游产业化的良好格局，文化旅游产业规模、质量和效益得到提升。2022 年，由于新冠肺炎疫情对文化旅游业的冲击，全市旅游经济相对下滑。

（一）旅游经济韧性提升

2021 年，全市旅游及相关产业增加值 110.5 亿元，总量全省排名第 3 位，占全市 GDP 总量的 5.1%，成为国民经济重要支柱产业。2022 年受疫情影响冲击，全市接待游客、旅游综合收入均大幅下滑。虽然疫情影响前三季度，但总体来看全市旅游业强势复苏。“两大提升”受疫情影响大但优于全省平均水平。2022 年，接待旅游人次为 5300 万人次，旅游综合收入 518 亿元，同比恢复到 65%左右。

（二）景区建设实现大提质

百里杜鹃、织金洞等品牌景区不断提质升级，织金平远古镇、九洞天等重量级新景区陆续投入市场；建成了市级文化旅游咨询服务中心，百里杜鹃等 20 余个游客服务中心；建成化屋旅游公路、织金洞旅游公路等 100 余公里景区景点交通路网，申报评定一批星级酒店、一批精品客栈、精品民宿、农家乐（农家客栈）。初步构建了全域发展的供给格局。2022 年文化旅游产业基金共放款 6.13 亿元，文旅基金的投放助力全市景区建设取得新成效。

（三）品牌创建取得大突破

百里杜鹃成功创建成为国家全域旅游示范区，织金洞创建为国家 5A

级景区；百里杜鹃彝山花谷度假区、百里杜鹃花都度假区成功创建省级旅游度假区。全市有国家5A级景区2家（百里杜鹃、织金洞），世界地质公园1个（织金洞），国家4A级旅游景区10家、国家3A级旅游景区43家。百里杜鹃被认定为省级文化旅游服务产业集聚区，七星关区同心文化旅游景区评定为省级文旅消费集聚区；大方县、织金县进入“2022中国县域旅游综合竞争力百强县市”，创建全国首个露营业态区域公共品牌“花海毕节·露营管家”，百里杜鹃温泉荣获全省第一批温泉度假地品牌、入选贵州省银汤级温泉度假地。旅游品牌数量规模全方位扩大。

（四）文化旅游推进大融合

文旅产业规模持续扩大。文化和旅游业态融合、产品融合方兴未艾，文旅消费潜力逐步显现。织金平远古镇—市井织金、百里杜鹃管理区杜鹃花都入选第二批省级夜间文旅消费集聚区培育名单，织金洞景区和百里杜鹃景区被列入省首批十大研学旅行基地。织金杨晓珍鸿达苗族蜡染文化公司、蔡群蜡染刺绣有限公司等企业生产制作的蜡染、刺绣等手工艺品远销北京、上海以及马来西亚、新加坡等国内外市场，文创产品年综合产值达400余万元。

（五）市场主体培育大提升

百里杜鹃景运旅游公司进入上市企业后备库，百里杜鹃旅游集团年营业收入突破亿元，培育毕节市恒泰旅游文化传媒有限公司、大方县高光彝风漆器工艺制品厂等一批文旅商品龙头企业。全市现有各类旅游市场主体2.93万家，规上涉旅企业350余家，旅游市场主体逐步壮大。推进文旅企业金融服务。依托贵州文化和旅游金融服务中心加快推动《关于加强金融支持文化和旅游产业高质量发展的若干措施》落地落实组织不少于4场线下金企对接活动。实现全年文化和旅游及相关产业投资100亿元。全力帮助企业申请贷款贴息。毕节两个批次23个项目共获得贴息资金1136万元。

（六）乡村旅游迎来大机遇

毕节高新区青山村、大方县木寨村、黔西市化屋村、织金县屯上村、百里杜鹃鹏程社区等5个村被文化和旅游部创评为全国乡村旅游重点村，织金县官寨乡创评为全国乡村旅游重点镇；目前，全市有全国乡村旅游重点镇1家，全国乡村旅游重点村5家，标准级以上乡村旅游村寨、客栈及三星级以上乡村旅游经营户747家，甲级旅游村寨21个、精品级乡村旅游客栈7家、五星级乡村旅游经营户7家。全市乡村旅游迎来重大机遇。

（七）宣传营销构建新格局

全市明确了“洞天福地·花海毕节”的旅游宣传形象定位。做响做实“炎炎夏日哪里去·花海毕节好避暑”避暑宣传品牌，更新发布“洞天福地·花海毕节”旅游新标识，旅游核心IP不断塑造。通过搭建全媒体宣传，打造化屋旅游、二台坡波浪路等一批网红旅游景点，花海毕节旅游目的地吸引力持续增强；深耕国际国内客源市场，在广州地铁、贵阳地铁投放全包车广告和“花海毕节避暑”专列，实施成贵高铁列车冠名，与广东、川渝等重点客源地城市签订旅游联盟战略合作框架协议广泛开展合作，进一步拓展一级客源地市场。常态化开展杜鹃花季、避暑季、韭菜花季等系列营销活动。精心培育推出“黄金洞”“黄金花”“九百金”等一批文化旅游精品线路。在美团上线“洞天福地·花海毕节”品牌馆，运营“花海毕节·露营管家”微信公众号及预定小程序，形成了全产业链营销的格局。

六、2023年毕节市推进“四新”“四化”趋势分析和对策建议

（一）2023年毕节市推进“四新”“四化”趋势分析

贯彻新发展理念、落实新战略定位、实现建设示范区目标，是新时代新征程上毕节现代化建设的重大使命任务。新征程上高质量发展是全面建设社会主义现代化国家的首要任务。2023年，毕节市将持续抢抓国发〔2022〕2号文件、国函〔2022〕65号和省委省政府支持毕节高质量发展等文件的重大机遇，坚持以高质量发展作为最首要的任务、全部工作的主题，围绕党的二十大确定中心任务，贯彻落实“市场换产业、资源换投

资”发展战略，研究、谋划和推进“四新”“四化”，充分发挥政策、资源、人口“三大优势”，着力推动“新三大主题”“四化”分目标，做强贯彻新发展理念示范区建设“硬支撑”，努力建设百姓富、生态美、活力强的示范区，奋力谱写中国式现代化建设毕节新篇章。

以“四化”为主攻方向，构建现代化产业体系，推动高质量发展。坚持推动资源要素向实体经济和“四化”聚焦、政策措施向实体经济和“四化”倾斜、工作力量向实体经济和“四化”加强。全力推动“工业大突破”。既要“巩固优势产业领先地位”，又要“构建新一代信息技术、人工智能、生物技术、新能源、新材料、高端装备、绿色环保等一批新的增长引擎”。坚持巩固传统产业、壮大新兴产业“两条腿”走路，做大做强工业。在巩固传统产业上，要按照市委三届四次全会、市委三届五次全会的部署，发挥比较优势，依托煤、做足煤、不唯煤，做好“煤、电、烟、酒”四篇大文章，稳住工业经济增长基本盘。在发展壮大新兴产业上，聚焦二十大部署，抢抓新能源、新材料等产业发展“风口期”，大力发展新型建材、生态食品、新能源电池、铸造和电子信息等产业，推动工业实现大突破。全力推动“城镇大提升”。在促进区域协调发展部分重点部署推进以人为核心的新型城镇化，推进以县城为重要载体的城镇化建设。城镇化是当前毕节最突出的短板，但未来发展的潜力也是最大的。要坚持把新型城镇化作为高质量发展的重要引擎，着力推进以县城为重要载体的城镇化建设，优化城镇空间布局、补齐城镇短板、做强城镇经济、强化城镇管理、提升城镇品质，提升城市承载力、吸引力、吸纳力。要重点在以城聚产、以产兴城、产城融合上下功夫，培育发展一批高品质城市核心商圈，规划建设一批商贸、物流综合体，促进城镇消费扩容提质，推动城镇现代服务业精细化、品质化发展。特别要以七星关—大方同城化发展为牵引，集中力量建设好中心城区，提升中心城区首位度、吸纳力，努力建设黔滇川接合部区域性中心城市。全力推动“农业大发展”。报告强调，要“坚持农业农村优先发展”“加快建设农业强国”。要始终紧盯建设农业强市目标，聚焦蔬菜、肉牛等八大特色产业，加快构建现代农业产业、生产、经营三大体系。要大力实施“八项行动”，进一步提升农业产业规模化、标准化、市场化、品牌化水平，加快建设全国重要的高山冷凉蔬菜生产基地、高山生态茶产业基地、南方马铃薯生产基地，推动毕节从农业大市向现代山地高效农业强市转变。全力推动“旅游大提质”。报告强调，要坚持以文塑旅、以旅彰文，推进文化和旅游深度融合发展。要充分用好文化旅游资源，以百里杜鹃、织金洞“双5A”景区为引领，做精旅游规划、做强旅游主体、做旺旅游业态、做优旅游服务，推动康旅、交旅、农旅、商旅、文旅、体旅融合发展，擦亮“洞天福地、花海毕节”品牌，创建国家全域旅游示范区。

（二）2023年毕节市推进“四新”“四化”对策建议

抢抓机遇、追赶进位，以“四化”为主攻方向，高位、系统、加快推进构建现代化产业体系。

1. 在新型工业化方面

聚焦工业大突破，依托煤、做足煤、不唯煤，巩固发展特色优势产业、改造提升传统产业，培育壮大新兴产业，加快做大做强工业经济。一是加快推进现代产业体系建设。立足资源能源优势，加快推进资源精深加工基地建设，发展现代能源产业，持续加快煤矿建设和煤炭产能释放，构建风光水火储协同发展的能源发展格局，做强资源能源优势产业。争取卷烟计划分配倾斜，加快建设毕节复烤厂技改项目；按照全省酱香白酒“四区多点”布局，持续培育壮大金沙窖酒，形成“头雁”效应，推进盛宇酒业等成长型企业培育力度，做大优质烟酒产业。立足现有产业基础，加快光伏玻璃、新型墙体材料等新型材料产业发展，加快西南水泥日产6000吨熟料水泥生产线等项目进度，巩固提升新型建材产业。支持毕节立足本地特色，发展绿色生态食品产业，加快发展菌菇、火腿、刺梨汁、核桃乳等特色食品、绿色生态食品产业，打造产业集群和绿色食品加工基地，做强本地特色产业。重点围绕煤制乙二醇引进建设一批高端精细化学品、化工新材料项目；加快培育精细磷化工产业。着力推动磷煤化工耦合发展，加快发展现代化工产业。引导国内优强企业到毕节发展矿山机械、电力装备关键部件，发展智能煤机、节能环保装备。培育农业机械及数控磨床、新能源汽车零部件等装备制造产业，大力发展先进装备制造业。二是加快推进企业培育促进增长。加大上规入统力度，建立企业数据库，及时跟踪、分类推进，确保应入尽入。强化龙头企业培育。打造骨干龙头企业，推动明钧玻璃、黔希化工等优强企业发展，逐步壮大成为在省内外具有较强竞争力的示范带动企业。三是加快推进项目建设稳定投资。聚焦八大工业产业，完善重大工业项目库，以强龙头、补链条、聚集群为方向，不断提升重大工业项目谋划储备能力。充分利用市领导主推重大项目建设专班、市新型工业化领域重大项目推进工作机制、市领导联系服务新型工业化重点项目等工作机制，及时梳理项目建设面临的土地、资金、手续办理等要素保障困难问题，强化部门联动和对接协调，全面保障项目建设要素。四是加快推进开发区提质升级。改革创新上，全力推行“管委会+公司”运行模式，将开发区内的土地、厂房等资产全部注入开发区运营公司，推动运营公司主责主业回归到开发区建设发展、管理运营和服务企业上来。抓平台建设上，优化开发区空间布局、基础设施项目，积极申报争取地方专项债券支持，补齐开发区基础设施短板，提升开发区产业吸引力和承载能力。抓产业集群上，按照“引上游、带下游，引龙头、带配套”的思路，围绕主导产业开展招商引资，全力打造优势特色产业集群，为开发区发展注入新动能。五是加快推进绿色发展促提质。引导燃煤发电行业优化工艺流程，推进现役燃煤机组超低排放和节能改造，促进采用节能工艺的燃煤发电项目加快建设，鼓励全行业开展绿色化升级，全面降低固废产生强度，实现全市粉煤灰源头减量。培育引导符合条件的小型建材企业整合，支持企业强化固废利用，做大产能规模，促进产业转型升级，提升粉煤灰消纳能力。围绕“碳达峰、碳中和”要求，大力推进产业绿色发展，推动绿色园区、绿色工厂和绿色产品建设，加快构建绿色制造体系。

2. 新型城镇化方面

持续推进“以人为核心”的新型城镇化，奋力在城镇“五大提升”上取得新的突破。到 2023 年底，全市城镇常住人口城镇化率达 46%左右，全市城区新增常住人口 6.5 万人左右。一是深挖人口潜力，全力提升常住人口城镇化率。深入落实全面放开的户籍制度，保障长期居住在城镇的农民工及其家庭成员同等享受城市居民社会保障福利，并确保其在农村的宅基地、土地承包经营权等合法权益，促进这一类人群逐步落户城镇，巩固城镇化成果。强化对农村适龄劳动力的技能培训，使其与产业发展和市场用工需求相匹配，提升其就业稳定性，促进这一类人群城镇化。加大对返乡农民工创业、就业的指导和帮扶，推动外出务工就业群体异地城镇化向本地城镇化转移。强化生态移民搬迁和地质灾害避险搬迁政策落实，做好搬迁人群的教育、医疗、居住、就业等社会保障，引导这一群体就地城镇化。二是持续推进新型城镇化“五大提升”。提升城镇承载力：加快七星关—大方同城化进程，2023年新增中心城区常住人口3万人；强化县城的载体作用，加大力度推进县城补短板强弱项，除七星关、大方之外的县（市、区）城区共新增常住人口3.5万人左右，力争全市城镇化率提升至46%左右。提升城镇品质：争取建成存量棚改23519户以上，实施共涉及12075户的城镇老旧小区改造，完成161条背街小巷改造，完成地下管网建设改造280公里，建成社会公共停车位3000个以上；9年义务教育巩固率达95%以上，每千常住人口执业（助理）医师数达到省下达标准，持续推进新（改、扩）建普通高中、幼儿园和义务教育学校；争取国家区域医疗中心开工建设；推进宜居环境建设。提升城镇经济：加快推进市内高品质步行街、大型商场商圈、一站式购物体验中心等建设，积极培育发展“夜间经济”“步行街经济”，加快培育在线教育、远程医疗、直播带货等新业态新模式，新增城镇就业5.8万人左右，按政府年度目标推进城镇和农村常住居民人均可支配收入、社会消费品零售总额稳步增长。提升城镇治理能力：全力持续推进法治毕节建设，持续推进“一中心一张网十联户”建设，加强矛盾纠纷源头预防、前端化解、综合处置；加强食品药品安全监管，抓好常态化疫情防控，稳步推进城市数字化管理体系建设，持续整治提升市容市貌。提升城乡融合发展：持续优化城乡教育资源布局结构，健全市县乡三级远程医疗服务体系，统筹城乡基础设施建设，强化城乡产业协同。城乡垃圾无害化处理率、县级以上城市环境空气优良率达到省下达标准，国、省控断面水质优良比例达到国家和省级要求等。三是抢抓政策机遇，积极争资争项。抢抓国发〔2022〕2号和国函〔2022〕65号文件重大机遇，抓实项目谋划储备，争取中央、省预算内资金、专项债和新型城镇化基金，盘活国有存量资产，撬动金融和社会资本参与新型城镇化项目建设，积极争取央企参与县城建设。

3. *农业现代化方面*

聚焦农业大发展，推进农业产业规模化、市场化、品牌化，推动农业“接二连三”，加快建设现代山地特色高效农业强市。一是坚决守牢粮食安全底线。严格落实粮食安全党政同责，层层压实粮食生产责任，围绕水稻、马铃薯、玉米、高粱等主要粮食作物和油菜、大豆等油料作物，抓好粮油生产示范样板创建，强化农技服务，全面完成省级下达的粮油生产任务，全力以赴实现粮食丰产丰收。坚决遏制耕地“非农化”、防止“非粮化”。二是巩固提升特色优势产业。全力推动蔬菜、茶叶、食用菌、中药材、马铃薯、核桃、肉牛、家禽等“八大特色产业”高质量发展，统筹推进生猪、烤烟、高粱、水果、刺梨等产业发展。强力推进“一县一业”“多镇一特”“数村一品”。三是强化农业基础设施建设。实施山地农机化攻坚行动，扎实推进高标准农田建设，争取实施新建和改造提升高标准农田。着力推广应用农机装备，实现主要农作物耕种收综合机械化率提高。实施仓储物流筑基行动，新建农产品产地冷藏保鲜设施。四是培育壮大农业经营主体。实施新型经营主体培育行动，引进培育一批优强农业龙头企业，新增市级以上农业龙头企业20家以上，持续开展示范合作社、示范家庭农场培育。五是加快发展农产品加工业。实施农产品加工转化提升行动，大力发展农产品加工和屠宰分割、食品加工等产业，强化规模以上农产品加工企业的引进培育，力争实现农产品加工转化率达60%。六是加大农产品品牌创建力度。实施农产品品牌创建行动，建立市、县、乡三级农产品质量监测网络，实现重点基地质量安全追溯体系全覆盖，加快认证“两品一标”农产品、粤港澳大湾区“菜篮子”基地。开展茶产业博览会、天麻博览会等农产品品牌推介、展销活动。七是大力推进农业科技创新。实施种业振兴行动，推进农作物新品种选育，建设马铃薯原种扩繁基地。实施科技创新引领行动，持续开展农技人员创新创业，实施高素质农民培育。实施智慧农业突破行动，申报实施一批国家数字农业创新应用基地项目。八是全力扩大农业有效投资。用好用足国家和省政策红利，争取项目资金支持。谋划一批成熟度高、带动能力强的农业项目。围绕八大特色产业，大力开展建链补链延链强链招商引资。

4. 旅游产业化方面

以文旅深度融合为核心，围绕两大提升目标，聚焦资源、客源、服务三大要素，按照全市一盘棋统筹、区域集群化联动、县区差异化布局、工作项目化推进的主线，抓实业态升级、市场主体培育、服务质量提升、闲置低效项目盘活攻坚等四项行动。力争2023年全市旅游及相关产业增加值增长15%以上，游客人均花费突破1000元，全面推进旅游产业大振兴。一是着力实现市场主体发展新突破。继续培育涉旅规上企业、支持中小微文旅企业发展、推进国有旅游景区和涉旅国有企业等旅游市场主体“企转规”“规转股”“股转上”，广泛运用“上网”服务。二是着力实现业态升级新突破。紧扣省提出的以“9+2+2”（9个5A级景区，2个国家级旅游度假区、2个创5A景区）“特意性”资源为重点推进业态升级，以“双5A”百里杜鹃、织金洞高品质旅游景区建设打造为引领，以游客需求为导向，强化“百里杜鹃、织金洞”一带和核心圈业态布局，协同其他“随意性”资源集聚联动，包装策划组合型旅游产品和规划设计精品线路，形成“集群化”发展，打造旅游目的地。三是着力实现服务质量新突破。持续优化景区服务质量，提升旅游住宿品质，优化旅游交通环境，规范涉旅标识系统，健全旅游服务信息化支撑体系，深入推进旅游厕所达标建设。强化市场监管、强化服务提升，进一步完善旅游公共交通体系，提升全域通达能力。四是着力实现闲置低效旅游项目盘活新突破。对闲置低效旅游项目实行常态化调度，加强跟踪问效。通过多方筹措资金、招商引资、完善手续、丰富产品业态、积极争取上级政策、资金支持等方式。重点推进鸡鸣三省景区项目、大方慕俄格景区项目等6个项目盘活，力保3个项目盘活销号。按调整思路后的加强运营管理、强化招商引资等方案全力推进。五是着力实现宣传营销新突破。实施主题营销、地域营销、平台营销、四季营销等营销活动。做好重点客源地城市推广，开展精准营销，持续深耕以广州、深圳为代表的珠三角市场，重点拓展以南京为代表的长三角市场，聚焦“吃、住、行、游、购、娱”六要素，紧扣“去哪游”“吃什么”“住哪儿”“怎么来”“玩什么”“购什么”，紧密结合重要旅游资源与周边酒店民宿、特色美食、本地旅游商品等，推出攻略性组合旅游产品，并策划宣传推广。

2022年黔东南州推进“四新”“四化”报告

张健翎　汤昌霖　罗岚洪　罗龙菊　何选高

2022年是党和国家历史上极为重要的一年，也是贵州省、黔东南州发展进程中极不寻常的一年。在省委、省政府和州委的坚强领导下，全州上下认真学习贯彻党的二十大精神、习近平总书记视察贵州重要讲话精神，抢抓“三个文件”① 政策机遇，围绕“四新”主攻“四化”，奋力推进“桥头堡”建设，经济社会发展呈现出稳中向好的态势。

一、2022年黔东南州推进“四新”“四化”概述

2022年，黔东南州围绕“四新”主目标，扭住“四化”主抓手，发展动能实现新提升。用好新型工业化“六个抓手”，夯实工业支撑。加快补齐工业短板，新增镇远青酒等亿元以上工业企业8户，新增规上工业企业80户、总数达到400户，规上工业总产值突破400亿元，规模以上工业增加值增长3%。坚持把项目作为扩大有效投资的主抓手，全力挖存量、找增量，紧盯国家重点投向谋项目，全年争取到中央预算内资金19.8亿元，排全省第1位。深入推进城镇“四改”，聚焦“五大提升”，积极推进

作者简介：张健翎：黔东南州社科院院长、副研究员；汤昌霖：黔东南州社科院工作人员；罗岚洪：黔东南州社科院研究实习员；罗龙菊：黔东南州委党校政法教研部负责人、副教授；何选高：黔东南州社科院教授、社科联副主席（兼）。

① “三个文件”：《国务院关于支持贵州在新时代西部大开发上闯新路的意见》《关于支持民族地区高质量发展若干政策措施的意见》《省人民政府关于支持黔东南自治州“黎从榕”打造对接融入粤港澳大湾区“桥头堡”的实施意见》。

“强州府”战略，完成老旧小区改造2.09万户、棚户区2.43万套、背街小巷346条，新建改造地下管网748公里。[①] 黔东南州获批成为第二批国家级“国家一刻钟便民生活圈”试点城市。建立新型城镇化“十四五”项目库，储备项目2633个，总投资5677.39亿元。推进城镇提质增效，通过瘦身缩减、功能转换、基金债券支持等方式推动侗乡大健康产业示范区从江县中医医院（一期）、87栋木屋、鼓楼酒店等8个项目复工建设，洛贯经济开发区物流园、侗乡大健康产业孵化基地建成投用。促进农业增效，强化高质量发展，12个农业特色优势产业持续巩固提升。与佛山共建现代农业产业园15个。林下经济利用林地面积突破700万亩，规模全省第一。“苗侗山珍”品牌入选首批全国知识产权信息服务优秀案例。推动旅游产业加快复苏，大力实施“四大行动”，着力完善景区软硬件基础设施，建成标准级以上乡村旅游客栈201家，新增4A级景区3个，盘活闲置低效旅游项目6个。开展“佛黔文化旅游周”等主题活动，面向大湾区推出9条旅游精品线路，开通大湾区游客打卡黔东南州“桥头堡专列”。开展文旅促消费活动，积极推进省内游、周边游，接待游客6100万人次，旅游总收入625亿元，增速均排全省第3位。镇远古城文化步行街入选国家级旅游休闲街区，西江苗寨入选国家级夜间文化和旅游消费集聚区，下司古镇入选省级夜间文化和旅游消费集聚区，剑河温泉被评为金汤级温泉度假地，施秉杉木河夜漂带火“夜经济”。全力巩固拓展脱贫攻坚成果，加强对监测对象的动态监测和帮扶10.36万人，完成11个省级、43个州级乡村振兴集成示范试点项目906个。[②] 施秉苗绣助力就业、锦屏生态鹅产业减贫、黄平构建数字化增收微生态入选第三届全球减贫最佳案例。雷山县列入2022年国家乡村振兴示范县创建名单。黔东南“村BA”火爆出圈，被赞誉为“观察中国式现代化的一个窗口”和贵州文明乡风的新名片。生态文明建设成效明显，县级以上城市空气质量优良天数比率为98.9%，县城及以上集中式饮用水源地水质达标率为100%。雷山省级生态产品价值实现机制试点县建设扎实推进，剑河县获得全省首笔林业碳票单独质押融资贷款。[③] 在国控断面水环境质量考核中，黔东南州继续保持全国地级及

① 数据来源于黔东南州发展和改革委员会。

② 数据来源于黔东南州农业农村局。

③ 刘蓝缨．黔东南：锦绣前程 未来可期［N］．贵州日报，2023-01-13.

以上城市排名第 2 位；水环境治理经验做法获生态环境部通报表扬，“长江禁渔”获公安部回信表彰。着力打造对接融入粤港澳“桥头堡”建设，积极争资争项争配套政策，14 家中直单位持续帮扶黔东南州，广东省和佛山市将“桥头堡”建设纳入东西部协作重要工作清单，41 家省直厅局出台了支持“桥头堡”建设配套政策，与 10 家单位签订战略合作协议,[①] 为全州赶超突围创造了有利条件，为黔东南州高质量发展注入强大动力。

二、2022 年黔东南州推进新型工业化情况[②]

（一）抓三年倍增，在规模总量上取得突破

深入实施三年倍增计划，全年预计规上工业增加值增长 3%左右、增速排全省第 3 位，工业投资预计完成 105 亿元，同比增长 3. 9%、增速排全省第 6 位，新增上规入统工业企业 81 户。2022 年规上工业总产值突破 400 亿元，规上工业企业突破 400 户。狠抓龙头企业培育，新增 20 亿元企业 1 户，新增 10 亿—20 亿元企业 1 户，新增亿元企业 14 户。

（二）抓转型升级，在结构优化上取得突破

优化调整全州十大工业产业，将酱香白酒、新能源电池及材料、现代能源等“风口”产业纳入十大工业产业。大力推动铁合金等传统产业提质增效、白酒等新兴产业加快发展、有色金属冶炼等支柱产业技改扩能。2022 年，工业增加值占 GDP 比重达到 13%，较 2021 年提升 0. 4 个百分点。其中制造业占 GDP 比重达到 9. 5%，较 2021 年提升 0. 3 个百分点。

（三）抓主导产业，在产业链条上取得突破

制定印发园区主导产业培育实施意见，围绕矿产资源、再生资源、农产品资源、林木资源和药材资源，重点推动矿产资源精深加工、再生资源循环材料、特色食品、木材加工及家具制造和健康医药 5 大主导产业加快发展，着力构建黔东南“5+N”现代工业产业体系。2022 年，5 大主导产

① 钱仕豪．“百舸争流”聚力打造“桥头堡”［N］．贵州日报，2023-01-13.

② 本节数据来源于黔东南州工业和信息化局。

业现有规上企业 125 户，规上工业总产值占全州规上工业总产值比重约 40%。

（四）抓招商引资，在项目建设上取得突破

坚持“项目为王”理念，围绕优势资源和主导产业抓招商抓项目主旋律，以招商引资为突破口，积极推动项目建设。推动镇远青酒技改、岑巩长宇高纯特种石墨、剑河京诚药业等一批重点产业项目投产，凯里海生玻璃、台江鲁控环保等一批重大产业项目开工建设，凯里康佳玻璃、镇远锂电池回收利用等一批重大产业项目签约，为工业可持续发展奠定了坚实基础。2022 年，工业招商到位资金 230 亿元，占全部招商到位资金比重的 60.5%，超省下达的 52%目标任务 8.5 个百分点；争取到省级各类工业资金 13.4 亿元。

（五）抓园区建设，在平台支撑上取得突破

围绕园区主战场、主阵地，不断夯实园区平台建设。深入开展“六个专项行动”，2022 年，清理闲置土地面积 1278 亩，清理僵尸企业 21 户，新建标准厂房 26 万平方米，园区标准厂房总体利用率达 84%。依托“桥头堡”政策，推动佛黔协作产业园加快建设，力争 2023 年 7 月建成投入使用。有序推进炉碧经开区、台江经开区管理体制机制改革试点。天柱化工园区成功创建省级化工园区，炉碧经开区纳入国家级经开区培育对象。

（六）抓生态环保，在绿色发展上取得突破

以开展工业节能监察、绿色制造三年行动为抓手，推动宏泰钡盐、从江明达、黎平华新等 12 户企业开展节能技改。推进工业绿色发展，三穗经开区被授予“贵州绿色园区”，凯里飞云岭药业、国药集团贵州血液制品和凯缘春酒业被授予“贵州省绿色工厂”。推动其亚铝业年处理赤泥 26 万吨的母液净化及赤泥资源化综合利用项目，赤泥综合利用在市场化推广应用上取得突破性进展，磷石膏综合利用超 2.5 万吨。2022 年，全州大宗工业固废资源综合利用率达到 65%以上。

三、2022年黔东南州推进新型城镇化情况[①]

（一）公共基础设施得以完善，实现新突破

稳步推进以“四改”为主的城市更新行动。全州完成棚户区改造20961套；开工改造老旧小区24308户，背街小巷开工改造346条，建设改造城镇地下管网748公里。完善市政路网，打通“断头路”拓宽“瓶颈路”；完善城市公交线路，开通凯里至都匀城际公交，进一步推进凯都一体化发展；建成公交专用车道2条，实现公交专用道的新突破。增加水电功能设施，2022年新建改造城镇供水管网137公里，年度任务完成率为275%，新增供水能力2万立方米/日。超标完成城市用能保障，加强用电保障，建成220千伏锦屏、台江革一、雷山、剑河输变电工程，提升城镇供气保障水平，全州建设改造城镇燃气管网92.55公里，占省住建厅下达目标任务60公里的154.25%。

（二）城市治理现代化水平得以提高，实现新发展

加快提升县城数字化水平，推进示范智慧社区建设和政府服务“一网通办”项目建设，积极开展县城智慧化改造。推进社区智慧化改造和网格化管理，全州建成城市社区公共服务综合信息平台117个、使用智慧社区信息系统进行管理的社区71个，市社区网格4336个。健全城市志愿者服务机制，扎实开展食品药品安全监督抽检，形成发动群众力量、保障群众利益的新格局。改造提质老旧公园，构建美丽宜居新城镇，加强城镇绿道、绿廊、林荫路等建设，推进城镇垃圾转运和无害化处理，预测全州城市生活垃圾无害化处理率达98.72%。

（三）城镇经济得以推进，实现新提升

全力推进产城融合，2022年全州园区新增就业岗位4088个，新增就业人数6273人，园区直接就业46383人，带动就业63800余人。创新主体培育，推进“千企面对面”科技服务行动，强化培育高企和科技型企业，

① 本节数据来源于黔东南州发展和改革委员会。

全面落实研发费用加计扣除等惠企政策，组织41家企业申报国家高新技术企业。培育壮大市场主体，激发市场经济发展活力。2022年，全州新设立市场主体6.18万户，其中企业1.18万户，引进城镇化优强企业57家，引进城镇化项目216个，到位资金104.32亿元。

（四）城镇人口住、学、医、养、劳得以保障，实现新作为

推进保障性租赁住房供给，完成保障性租赁住房计划改造100套，建成存量棚户区改造17432套，城镇常住人口住房保障覆盖率超过18%。扩容建设医疗、教育配套设施，城镇育、养功能得以完善，建成公办幼儿园26所，建成新小、中学15所，大大缓解人口城镇化教育问题。推动县级重点专科医院，落实“组团式”帮扶，提升县级医疗服务水平，开通远程会诊平台及时诊断疑难杂症，积极推动儿童重症监护室、专科医院（科室）和疾控中心项目的验收。完善养老和婴幼儿托育体系建设，完成养老机构实施提升改造4所，积极引进优强企业运营公办养老机构。加快托育服务设施建设，鼓励和支持社会力量举办专业化、多层次的婴幼儿照护服务机构，全州共有托育机构273个，托育服务从业人员数1747人；全州共有托位数9653个，每千人拥有3岁以下婴幼儿托位数达2.58个。抓实职业技能培训，提升城镇人口就业技能，统筹完成职业技能培训3.98万人次，完成全年目标任务3.49万人次的114.04%。鼓励就业创业载体建设，深入推进“雁归兴贵”行动，累计建成创业孵化基地18个，建成农民工创业园（点）25个。大力开展专场招聘活动，积极助力群众就业，促进农村劳动力转移就业7.67万人，实现城镇新增就业6.03万人。①

（五）市民生活圈得以便捷化，收获新幸福

2022年7月，黔东南州成功入列第二批国家级“城市一刻钟便民生活圈”示点城市。加快建设县域商业体系，实施县域商业体系项目和相关供应链项目。改造建成镇远县青溪镇、雷山县朗德镇等乡镇商贸中心20余个，村级电商站点、农村夫妻店、小商店等小型商业设施改造提升为乡村新型便利店569个。推进易地扶贫搬迁后续扶持“五个体系”建设。培训

① 数据来源于2022年黔东南州政府工作报告。

和就业服务质量全面提升，2022年开展就业服务12.85万人次，开展易地扶贫搬迁劳动力培训0.77万人次，有组织劳务输出就业2.26万人、公益性岗位兜底安置就业0.91万人。社区治理精准有效，各安置点社区天网工程、雪亮工程、群团组织、社区治理力量已实现全覆盖，全面解决搬迁群众安全、就业、矛盾纠纷、社会需求等问题。

四、2022年黔东南州推进农业现代化情况[①]

（一）抓好粮油生产安全和重要农产品供给，确保农业稳步发展

全力完成粮食生产总目标，加快提高食用植物油产能，增加种植面积，提升亩产数量。30亩以上重点蔬菜生产种植保供基地253个，种植规模6.18万亩；果园面积142.69万亩、采收鲜果119.93万吨；水产、畜禽类有充足稳定的保供基地，能满足本区域供给和对外输出。州农产品质检中心列入大湾区“菜篮子”产品质量安全承检机构名单，初审通过供大湾区“菜篮子”生产基地60个。农业经济稳步发展，农民收入不断提升。2022年黔东南州农村常住居民人均可支配收入8705元，增长7.0%，高于城镇常住居民人均可支配收入增速2.0个百分点，城乡居民收入比从2021年的3.05∶1下降到2022年的2.99∶1，城乡居民收入差距不断缩小。[②]

（二）做强特色优势产业，助推区域单品快速发展

农产品特色优势凸显，农业产业发展稳步向前。2022年，全州蔬菜、茶叶、生猪、牛羊、家禽、禽蛋、水产等产量产值均超过省下达目标。区域特色产品优势突出，发展迅速，百香果、蓝莓、太子参、钩藤、淫羊藿、天麻、黄精、铁皮石斛、茶叶、酸系原料（辣椒、西红柿、生姜）、食用菌等特色食品原料产出和加工增长迅速。区域品牌“苗侗山珍”建设推广初显雏形，品牌授权门店、示范基地、公司以及小程序电子商务不断增多，“苗侗山珍”商标创建专项服务入选2022年首批全国知识产权信息服务优秀案例。黎平县连续五年入选“中国茶叶百强县”，岑巩县被授予

① 本节数据来源于黔东南州农业农村局。

② 数据来源于2023年贵州全省农业农村局长会议。

“国家农作物品种展示基地”，麻江县成功创建国家现代农业产业园，从江县入选国家农业现代化示范区创建名单。

（三）构建现代经营体系，促进农业提质增效

培育新型经营主体，大力发展农业产业化龙头企业，建立农民专业合作社，引导开发家庭农场。2022年，州级以上农业产业化龙头企业发展到560家，市场监督管理部门注册登记的农民专业合作社8881家，录入名录的家庭农场2630家，共培育州级以上示范家庭农场319家。为农业高质量发展搭建平台，深化东西部协作现代农业产业园区共建，组织申报创建粤黔协作乡村振兴现代农业示范园和农业产业强镇项目，指导农业产业强镇项目实施。积极推进农产品加工业提质增效行动，发展特色食品加工企业，加强农产品加工指标测算培训，组织申报贵州省特色食品加工示范基地，提升农产品加工转化率。全州规上特色食品企业45户，完成产值17.12亿元，同比增长61.7%。农产品加工指标测算培训38人，获得加工科技资金扶持143万元，2022年农产品加工转化率达55%以上。积极开展农产品绿色认证、保质认证和特优新农产品认证。加快推进“苗侗山珍”品牌建设，开展农产品线上销售和线下实体经营。

（四）夯实现代农业发展基础，推动农业高质量发展

坚持密集调度、跟踪推进，加快推进高标准农田建设，保障农业发展种植面积。着力提升山地农机化水平，增加农业机械化生产，配套相应型号生产设备，如拖拉机、收割机、播种机和农田灌溉水泵等。积极推进农产品产地冷藏保鲜设施项目建设，确保农产品从田间到市场再到家庭的质量。全力实施制种保种项目，开展种质资源的调查与收集，收集鉴定各类农业种质资源，保护纯种，如贵州下司犬和黔东花猪。建立州农科院种质资源库、种质资源圃、种子展示基地和标本室等，助推农业农村现代化、优质化发展。提升科技支撑能力，培育农业科技型企业。实施智慧农业建设工程，积极推动“万企融合”、5G+智慧农业、农产品数字化质量安全追溯等项目。推广基层农技体系改革与有序推进建设补助项目，增强农业现代化发展要素配置。农业科研经费逐步得以充实，2022年，全州获得省级科技项目立项8项，立项资金215万元，州级科技项目立项10项，立项资

金48.29万元。

五、2022年黔东南州推进旅游产业化情况[①]

（一）实施主体培育行动，旅游经济逐步复苏

一是加大主体培育。出台实施方案，每年安排不少于4000万支持市场主体培育，深入推进“四转一上”工程。2022年，全州新增旅游市场主体6871家，新增上规入统旅游市场主体45家。二是加大纾困扶持。通过实施惠企政策“面对面”宣传，安排文化旅游发展专项资金助力景区业态升级、旅游产业化高质量发展、文旅企业纾困，开展涉旅服务企业融资对接活动等扶持措施，让政策红利真正惠及市场主体。2022年，申请获退质保金旅行社49家356万元，向上争取文旅基金及专项债支持企业纾困资金5.67亿元。三是加大旅游促销。通过发放文旅消费券实施“锦绣黔东南·惠民促消费”活动，核销消费券金额1209.66万元，核销率72.22%，拉动文旅市场消费金额8516万元。通过举办“佛黔文化旅游周”“大美非遗·5动丹寨”周年庆、剑河“六月六”民族节庆，积极开展佛山、广州、贵阳旅游推介，全力推动黔东南州“村BA”超10亿人次浏览品牌影响力等活动，引流入黔，进一步稳市场主体，提振消费信心，促进旅游复苏。7月1日至3日，丹寨万达小镇五周年庆三天总客流达17.5万人次，同比增长62%，销售同比增长172%，均创开业以来新高。四是推动改革试点。通过完善法人治理结构、推行三权分置改革等方式推进西江文化旅游发展有限责任公司等3家涉旅国有平台公司实体化、市场化转型，推动施秉云台山、镇远古城景区等2家A级景区“三权分置”试点改革。

（二）持续推动旅游业态升级，品牌打造成效显著

一是推动“拳头”产品转型升级。2022年启动提质扩容景区11个，其中有4个重要影响力景区获省级补贴资金400万元。积极推动西江千户苗寨运营管理有限公司上市进程。二是开展国家全域旅游示范区建设。深入开展镇远古城5A级景区巩固提升，持续抓好雷山西江千户苗寨景区5A

① 本节数据来源于黔东南州文体广电旅游局。

级景区创建工作。三是加快体育旅游示范区建设。施秉杉木河、云台山、黎平肇兴景区被命名为贵州省景区体育旅游示范基地和乡村振兴体旅示范点。凯里下司古镇、榕江七十二寨斗牛特色小镇等5个村镇被列为贵州省体育旅游基地创建点，成功举办2022年全国皮划艇激流回旋锦标赛。2022年7月2日至5日，贵州省十大IP赛事“水韵贵州”永久落户黔东南州、“佛黔文化旅游周暨中国施秉独木龙舟节”成功举办，为黔东南州迎来一波夏季旅游新热潮。四是加强“国字号”品牌创建。做好黔东南州国家级民族文化保护实验区的验收筹备工作，确保顺利通过国家评估验收；扎实推动西江创建国家5A级景区、肇兴侗寨创建国家级旅游度假区。五是推动省级“流光溢彩夜贵州”示范项目建设工作。西江千户苗寨入选国家级夜间文化和旅游消费集聚区，凯里市下司古镇入选省级夜间文化和旅游消费集聚区，镇远古城文化步行街入选国家级旅游休闲街区。施秉县杉木河景区大力发展“流光溢彩夜经济”，打造全省首个夜漂新业态，暑期期间接待游客52万人次，实现旅游综合收入约1120万元。

（三）不断提升旅游服务质量，旅游基础逐步夯实

一是积极维护旅游市场良好秩序。深入推进“文明在行动·满意在贵州”活动，持续开展“痛客行动”“黔锋行动”“六心行动”“打非治违”专项行动。整改各类安全隐患、查处无证、证照不全、证照过期等商户。二是加强品牌酒店建设。提升住宿接待能力，推动西江悦榕庄酒店申报五星级酒店，推动西江千云山房、贵旅酒店、仰阿莎国际酒店、丹秀希悦、中信滨江苑酒店等酒店申报四星级酒店。三是加强旅游人才队伍建设。深入与中国旅游集团“港中旅旅游学院”开展合作，搭建旅游职业教育多元联合体，促进民族地区旅游人才培养和旅游产业发展，培养文化和旅游人才1200余人。四是深入推进“生态山居”精品民宿建设。起草编制《黔东南州民宿高质量发展实施方案》《黔东南州民宿产业发展总体规划》《黔东南州民宿管理暂行办法》，积极推进“三山”民宿产业带建设，目前，全州有民宿客栈457家（其中标准级以上乡村旅游客栈319家），民宿运营团队20家。2022年完成主体建设民宿202栋，举办民宿管家培训19期459人次。

（四）高位推动闲置低效项目盘活，项目效益不断提升

一是多措并举，推动闲置低效项目盘活。成立盘活闲置低效旅游项目攻坚行动工作专班，同时成立检查督导组，对全州闲置低效旅游项目进行全覆盖摸底核查督导。对历届省、州旅发大会观摩的旅游项目，近 10 年州县发改部门完成立项审批手续的旅游项目以及 3A 级以上旅游景区进行重点核查。创新建立“一台账”“两清单”“三专班”“四见效”“分级联系督导包保”的工作机制，督促县（市）结合实际，制定盘活方案，确定盘活计划，对盘活情况进行周调度，2022 年共盘活闲置低效旅游项目 6 个。二是抢抓机遇，招商引资。积极落实《省文化和旅游厅关于支持黔东南州“黎从榕”打造对接融入粤港大湾区“桥头堡”的若干措施》，开展“请进来、走出去”招商引资活动 22 次，先后与中国旅游集团、中国华侨城集团、携程集团、北京寒舍文旅集团、广东大可私募基金、北京字节跳动、中交集团、贵州酒店集团等进行洽谈招商。2022 年全州共谋划编制文化旅游招商引资项目 158 个，项目总投资 386.56 亿元，拟招商引资 339.89 亿元，新增签约文化旅游项目 78 个，新增签约投资 78.96 亿元，新增到位资金 47 亿元，新增引进全国涉旅百强企业 2 家。

六、2023 年黔东南州推进“四新”“四化”的趋势分析和对策建议

（一）2023 年黔东南州推进“四新”“四化”的趋势分析

2023 年黔东南州推进“四新”“四化”的发展形势是：机遇与差距并存，但机遇大于差距。

1. 现实差距

黔东南州推进“四新”“四化”取得积极成效，但发展仍存在起点低、底子薄、短板多，要在 2035 年基本实现社会主义现代化，确保“一个民族都不能少”，还有许多差距。推进新型工业化方面：一是总量不足。全州规上企业数仅占全省的 6%左右，规上工业总产值仅占全省的 3%左右。10 亿元以上企业仅 5 户，全州无 50 亿级以上企业。二是投资乏力。签约

工业项目251个，投资金额278.27亿元，实际到位资金仅129.38亿元，占比46.49%。新开工产业项目101个，亿元项目仅28个。部分存量项目入库入统不及时，不能有效支撑投资增长。四是结构不优。全州产业层次低、产品附加值低，重工业太重、轻工业太轻的结构性问题突出。五是园区不强。主导产业规模普遍偏小，仍未实现百亿级园区突破。推进新型城镇化方面：一是要素供给短缺。人才短缺、金融不活、土地紧张是各县（市）发展面临的难题。二是功能配套不完善。全州城镇建设发展过程中，普遍存在重地上、轻地下，重建筑主体、轻功能配套等问题。三是县域融合不充分。县域主导产业不突出、产业协作配套能力不强、产业链低端等问题严重。推进农业现代化方面：一是农民收入增长形势严峻，主要依赖于工资性收入，受经济市场影响严重。二是农业产业生产规模偏小，不易形成强势龙头产业。三是基层专业农业人才缺乏，有知识、有文化、有能力的青年流失严重，难以满足现代农业农村发展的需求。推进旅游产业化方面：一是市场主体培育不足。全州旅游市场主体还存在“散弱小”现象，旅游市场化水平还不高，经济实力较弱。二是产品业态不够丰富。景区景点业态单一、体验感不强，客源结构、消费结构不合理，游客逗留时间短、业态增值项目少，人均消费不高，对地方经济发展带动作用发挥不够，加上疫情影响，抗风险能力弱。三是旅游基础设施薄弱。全州旅游业“吃、住、行、游、购、娱”产业基础薄弱，全州高星级酒店少，且景区及周边餐饮服务水平低，标准化、体系化程度低，旅游沿线配套服务市场有待提升。四是闲置低效项目盘活任务重。全州闲置低效项目（景区）数量较多，待盘活项目多存在设计不合理、市场定位不清晰、业态不丰富、运营不专业等问题，部分项目还需要新增投资才能完成收尾工程，盘活攻坚任务重压力大。

2. 发展机遇

2023年推进“四新”“四化”工作，黔东南州具备诸多有利条件。一是发展环境更加优化。2023年1月8日，国家对新冠病毒感染实施“乙类乙管”措施，有利于进一步畅通经济循环，激发市场主体活力，大力提振市场信心，促进市场需求加快恢复，也将有效带动全州旅游、康养、房地产、餐饮等行业复苏。二是发展政策更加充足。中央出台的《扩大内需战略规划纲要（2022—2035年）》，加上“三个文件”和“桥头堡”系列配套政策、战略合作协议充分释放红利，存量政策、增量政策同时发力，将有力促进全州经济复苏。三是发展基础更加坚实。通过这些年的努力，州内产业基础不断夯实，园区配套不断完备，环保设施不断完善，要素保障不断加强，“三区三线”科学划定，能耗指标有效增加，扩大了发展空间。

(二) 2023年黔东南州推进“四新”“四化”的对策建议

通过对2023年黔东南州推进“四新”“四化”的趋势分析，机遇与挑战并存，但机遇大于挑战。黔东南州要抓住机遇，充分发挥优势，找准结合点、着力点、突破点，全力打好“桥头堡”建设的攻坚战、高质量发展的突围战、现代化建设的持久战，推动经济运行整体好转，实现质的有效提升和量的合理增长。

1. 扬长补短，推进新型工业化

对黔东南州来说，工业既是最大的短板，又是最大的潜力。要始终把新型工业化作为高质量发展的首要任务，坚持产业为先，项目为王，效益为本，加快构建富有竞争力的现代化产业体系。

一是要着力做大主导产业。围绕“5+N”产业体系建链延链补链强链，加快推进工业发展。要加快发展矿产资源精深加工、资源循环材料、特色食品、木材加工及家具制造产业、大健康等主导产业集群发展，医药产业。大力支持新能源电池材料、白酒、轻纺工业、运动装备制造等特色产业做大做强。

二是要着力做优园区平台。要完善园区配套。围绕供水供电、能源保障、环境保护、运输物流等做好配套，提高保障服务能力。要提升园区效益，深入开展“六个专项行动”，突出抓好园区闲置低效土地、厂房清理，实现“腾笼换鸟”。

三要着力做强市场主体。做大做强龙头企业，做优做多中小企业、加快形成大企业顶天立地、中小企业铺天盖地的良好局面。实施头部企业培育计划，围绕主导产业打造领军型企业，引导上下游及关联企业聚集，新增培育30亿元企业2户、20亿元企业1户、亿元企业10户，新增规模以上工业企业80户以上。

2. 激发潜能，推进新型城镇化

城镇化是黔东南州最大的内需潜力，目前城镇化率仅46.8%，分别比全省低 7.5 个百分点、比全国低近 18 个百分点，城镇化发展的空间还很大。要融入全省“一群三带”城镇空间格局，按照“五个大提升”要求，大力推进以人为核心的新型城镇化。

一是优化两个规划。优化新型城镇化空间布局规划，加快完善功能分区、路网、公共服务等城镇要素，做好以凯里、镇远、黎平为主体，辐射到周围城镇的特色旅游康养小镇的城镇化组团空间布局规划。优化产城融合发展规划，依托各乡镇的特色资源和比较优势，加快优化乡镇的产城融合发展规划，统筹优化商贸流通、林业、生态农业、食品加工业、康养旅游等专项规划，着力打造西南特色城镇。

二是补齐三块短板。补齐城镇化水平低的短板。推进社会保障体系和劳动就业保障体系建设，促进有能力在城镇稳定就业和生活的农业转移人口举家进城落户。补齐基本公共服务不足的短板。大力做好进城镇务工的农民工随迁子女接受义务教育工作；做好城镇失业人员、农民工、新成长劳动力免费接受基本职业技能培训工作；做好城镇常住人口基本医疗保险、城镇常住人口保障性住房等工作。补齐基础设施较薄弱的短板。统筹人、财、物、地等资料，高标准、高质量实施“8+X”项目建设。

三是实施四项举措。深化户籍制度改革。破除二元结构体制，保障新转移城镇人口在基本公共服务方面与本地居民享有同等的市民待遇，提升农业人口向城镇非农化转移的积极性和主动性。着力降低生活成本。坚持住房不炒，切实稳定或降低房价，减轻进城人口的住房压力。平抑物价，以较低的生活消费水平，提升人口吸引力和人口聚集的竞争力。增强人才吸纳能力。以事业留人、以感情留人、以适当的条件和待遇留人，吸引更多有技术、善经营、懂管理的产业工人、技能人才回流。营造良好发展环境。深入实施城市更新行动，抓好城镇“四改”，着力打造宜居宜业宜游的城市。

3. 稳中提升，推进农业现代化

着力构建“三大体系”，保障粮食和重要农产品供给安全，大力发展乡村特色产业，加快农业现代化进程，实现乡村振兴。

一是打造农业产业“集群”工程。做大做强特色种植业。聚焦“一县一业”“多县一带”优化产业结构和区域布局，重点围绕茶叶、油茶、中药材、蓝莓等，建设一批相对集中连片的特色产业基地，打造一批在全国具有影响力的优势产业集群。积极打造“药食同源”品种示范区。大力发展生态畜牧渔业。稳定生猪产能，扩大肉牛、山羊养殖加工规模，优化发展家禽，加快构建现代养殖体系，提升规模化标准化水平。重点服务现有的猪、牛、羊和禽规模养殖场，落实好惠企纾困政策的扶持，积极培育新增规模养殖场。

二是狠抓农业发展“强基”工程。扎实推进高标准农田建设，推动逐步把永久基本农田建成高标准农田，争取新建和提质改造高标准农田20万亩以上。深入推进“桥头堡”建设。大力推进“黎从榕”打造对接融入粤港澳大湾区“桥头堡”特色农产品基地建设工程，深入推进粤港澳大湾区“菜篮子基地”建设，大力推进现代种业发展。切实提高岑巩县国家级水稻制种大县基地建设水平，发挥好国家制种大县奖励资金的撬杠作用。

三是强化农业发展“提质”工程。提升山地农机化水平，创建高标准农田建设“宜机化”改造示范区。实施现代山地特色高效农业支撑战略科技行动，提升主要农作物耕种收机械化率。推进农业绿色发展。严格实施食用农产品合格证制度。严格农业投入品使用，依法实施农业投入品登记许可，加大农产品质量安全的检测力度。推进农产品品牌建设。持续推进“苗侗山珍”农产品区域公用品牌建设，提升品牌唱响力。积极开展农业实用人才培训。

四是做好农业发展“延链”工程。推进新型农业经营主体引进培育。以延链补链为目标，按照引进和培育一批、新增认定一批、扶持一批的原则，发展壮大龙头企业。推进农产品加工业提质增效。加快发展农产品加工业。聚焦蓝莓、三穗鸭、酸汤、优质米等优势加工品种，引导龙头企业建设农产品初加工技术集成基地和精深加工示范基地。积极推进农产品加工产业园建设。推进农业高质量发展平台创建。支持黎从榕申报实施省级现代农业产业园。大力推进粤黔协作农业产业园区共建工作。大力开展招商引资。对招商引资项目进行择优筛选，提高精准度和可行性，完善项目入库管理。

4. 凸显优势，推进旅游产业化

旅游是黔东南州的优势产业。黔东南州要充分发挥“生态+文化+区位”的优势，以打造粤港澳大湾区康养旅游“后花园”为目标，实施“四大工程”，奋力推动旅游产业“井喷跃升”，争做重振贵州旅游经济的排头兵。

一是持续加大主体培育。通过招商引进一批文旅领域优强企业、龙头企业，充分发挥优强企业引领带动作用。催生更多经营主体进入旅游市场，支持本地涉旅小微企业做精、做特、做优、做新，持续培育本土旅游市场主体上规入统，扩规模、强实力、创品牌。

二是持续丰富旅游业态。适应后疫情时代的需要，围绕“特意性”旅游功能开发，打造“随意性”旅游目的地，加快建设传统村落精品旅游环线、“生态山居”精品民宿产业带，积极开发露营类、微度假类、体验类、研学类、养老类旅游业态，适应个性化出游需求，积极发展智慧旅游。打造“流光溢彩夜贵州”品牌，发展夜间文旅经济和“沉浸式”文旅消费，培育推出一批夜间文旅消费集聚区。推动体旅融合发展，打造“穿越苗岭·畅游侗乡”系列户外品牌赛事、持续办好黔东南州“村 BA”篮球联赛、环雷公山超百公里马拉松、巴拉河自行车赛、越野跑、“跑乡村·助振兴”等系列体旅品牌赛事。

三是持续提升旅游服务。加快西江苗寨创建国家 5A 级旅游景区、肇兴景区创建国家级旅游度假区，推动镇远古城 5A 级景区提质发展，支持丹寨万达小镇、从江岜沙等 4A 级景区提升建设。严格市场监管，维护文旅市场良好秩序，提升游客及群众满意度。指导行业协会及旅行社等积极开发旅游产品，打造精品线路，提升整体服务品质，特别要对接好粤港澳大湾区消费需求，提供高端个性化的旅游服务。开展旅游从业人员大培训，加强旅游人员素质提升。持续推进旅游行业安全生产和打非治违工作，严守旅游安全生产底线。

四是持续推动闲置低效项目盘活。持续用好“一台账、两清单、双清零、双问责”工作机制，进一步明确分工、压实责任，结合实际，进一步优化细化盘活方案，通过“七个一批”的路径，积极做好项目盘活要素保障工作，确保旅游闲置低效资产盘活工作取得实效。

5. 抢抓机遇，打造好“桥头堡”

持续把打造“桥头堡”作为黔东南州扩大开放合作和推动高质量发展的重大战略引擎，深入落实“对接融入、服务保障、全面提升”要求，坚持以“十大工程”为抓手，做好“人、物、产”三篇文章，在打造“桥头堡”上再创新绩。

一是做好“人”的文章。聚焦大湾区人群旅游需求，进一步优化旅游环境，打造苗侗文化、传统村落、医药康养、生态休闲、运动健康等主题精品线路，积极开发观光类、研学类、旅居类、疗养类旅游体验产品，深耕大湾区客源市场，全年接待大湾区游客1000万人次以上。实施更加积极、更加开放、更加有效的人才政策，重点面向大湾区引才、育才、用才、留才，增派专业技术人才到大湾区挂职锻炼，从大湾区引进一批“四化”产业、教育、医疗、金融、科技等领域专业技术人才。

二是做好“物”的文章。着眼提升互联互通水平，加快构建现代物流体系，大力推动与大湾区双向开放。构建交通体系，加快推进沪昆客专和贵广、贵南高铁凯里至都匀联络线前期工作。建成雷山至榕江高速公路，加快剑河至黎平高速公路建设，积极推动黎平机场改扩建，力争开工建设清水江白市至分水溪航道工程。搭建物流平台，加快制定黔东南州融入大湾区物流体系规划，推动黔东南州电商智能物流园、银田一级农产品批发市场、贵州洛贯经济开发区物流园二期等项目建设，打造黔东南州物流大数据平台。引导运输、仓储、快递等中小物流企业整合功能，培育一批A级物流企业。加快对接融入，主动落实粤黔两省协调机制，用好佛黔协作双月对接会商机制，加强到大湾区城市推介项目、招商引资。推动黔东南州陆港与沿海港口合作，实现保税仓储和进口直营有效衔接。加快电子商务发展，争取设立跨境电商示范区，支持榕江县争创国家级电商示范基地。

三是做好“产”的文章。围绕产业转移示范区定位，完善园区“筑巢引凤”，通过佛黔共建、引进市场主体等多元投资方式，着力提升15个工业园区污水处理、物流配送、园区供气、公共服务等功能配套，提升园区产业承接能力。依托资源禀赋和“桥头堡”政策优势，积极推进“大湾区企业+黔东南资源、大湾区研发+黔东南制造、大湾区总部+黔东南基地、大湾区市场+黔东南产品”合作模式，大力开展园区主导产业招商，以园区为载体推进优势产业集群发展，全州园区主导产业产值占比提升到40%以上，亩均工业产值达到300万元以上，园区工业固定资产投资增长12%以上，力争建成炉碧、台江两个100亿级园区。

2022 年黔南州推进“四新”“四化”报告

雷　翔　张国乾　杨国胜　杨进进　王　伟

一、黔南州推进“四新”“四化”工作概述

2022 年，在省委省政府的坚强领导下，黔南州以习近平新时代中国特色社会主义思想为指导，深入学习贯彻党的二十大精神和习近平总书记视察贵州重要讲话精神，认真贯彻落实国发〔2022〕2 号文件和省“四区一高地”主定位部署要求，以建设更高水平民族地区创新发展先行示范区为目标，以高质量发展统揽全局，牢牢守好发展和生态两条底线，围绕“四新”主攻“四化”，着力推进“五个新黔南”建设，同向发力、同频共振，驱动新型工业化、新型城镇化、旅游产业化和农业现代化“四个轮子一起转”，全州推进“四化”发展取得新成效。

新型工业化实现新成效。全州工业投资完成 412.3 亿元，同比增长 31.9%，全省排名第二，工业增加值 455.24 亿元，新增规模工业企业 123 户，超额完成全年目标任务，在全省排第二位；产业投资、工业投资、高技术产业投资占比分别达 50%、30%、6%，均居全省前列。

新型城镇化实现新提升。聚焦“产业聚人、就业留人、政策引人”发力，城镇化率达 54.3%，与全省平均差距缩小到 1.5 个百分点。改造老旧小区 134 个 18734 户、背街小巷 100 条、地下管网 466 公里，改造棚户区

作者简介：雷翔：黔南州社科联党组成员、副主席；张国乾：黔南州政府经济发展研究中心主任；杨国胜：黔南州政府经济发展研究中心副主任；杨进进：黔南州政府经济发展研究中心工作人员；王伟：黔南州社科联研究所副所长。

13059套（户）、新开工1600套（户）。22个城市社区达到绿色社区创建标准。

农业现代化实现新发展。农业总产值完成497.59亿元，同比增长4.4%；粮食单产增幅高于全省平均水平，超额完成“双保”任务。蔬菜、水果、中药材等主导产业单产增幅均排名全省第一方阵。全州农产品加工转化率为58%，农产品加工总产值达803.52亿元。培育国家级、省级、州级农业产业化龙头企业1家、19家、22家。

旅游产业化实现新成绩。按照省州旅游产业化工作安排部署，围绕“两大提升”，抓实“四大行动”，系统推进旅游产业化工作。全州接待过夜游客1041.83万人次，游客人均花费达1017.97元，旅游产业化综合评价指数居于全省第一方阵，全面完成年初确定的目标任务。

二、黔南州“四新”“四化”呈现新成色，有力有序推动高质量发展

（一）抓风口、稳大盘，新型工业化实现新突破

坚持把大力推进新型工业化作为推动高质量发展的首要任务，围绕“六大突破”“六大抓手”，实施“双培育双服务”专项行动，全力推进新型工业化。

一是重点打造“风口”产业。把发展经济着力点放在实体经济上，坚持产业为先、项目为王、效益为本，加快构建有黔南特色、在全省产业发展格局中具有重要地位的现代化产业体系。举全州之力发展新能源电池材料产业，成立黔南州新能源电池及材料产业发展工作专班，建立黔南州新能源电池及材料产业联席会议制度，紧紧扭住“风口”产业集中发力，集中资源要素发展新能源电池材料产业，推动裕能、磷化、川恒等重点项目快建快投；创新产业“链长制”，推动金正大、川恒等11个重大项目建设；打造世界级磷化工产业基地。初步形成以正极电池材料及电解液为引领的产业链条。完成新能源材料产业已投产项目6个，实现产值73亿元。

二是做强做大“产业集群”。全力主攻三大主导产业、发展四大潜力产业。全州七大产业完成规模工业总产值占全州达90%以上。打造瓮安福

泉一体化、龙里经济开发区2个“千亿级”产业园区，带动形成5个百亿级产业集群。出台支持匀酒发展十条措施，推动贵州匀酒扩能升级，引进中国民营500强企业达利集团，打造全国重要绿色食品工业基地。现代化工、新型建材、生态特色食品三大主导产业产值达到850亿元，占全州规上工业产值的65%，其中现代化工在全州工业占比和全省化工行业占比均超过30%。

三是培育扶持市场主体。针对龙头企业，制定“双培育·双服务”和“一企一策”个性化培育方案，助力企业破题发展、成长壮大。2022年新增规模工业企业123户，8户企业入选贵州省工业龙头企业培育名单，排名全省第二。培育和认定“专精特新”企业45户，27户企业通过省级认定，占全省228户企业的12%，位列全省第三。加强中小微企业扶持力度，规下工业增加值增长4.6%，排全省第一。推动大数据与实体经济深度融合，率先在全省探索建设数字经济运营中台，被列入2022年《中国数字政府建设技术蓝皮书》典型案例，新增省级工业互联网融合标杆项目11个。

四是保障重点项目建设。全年实施亿元以上重大项目171个，完成投资307.8亿元，占工业产业投资比重达78.3%，成为稳投资的“定海神针”。建成投产项目310个，完成投资173.8亿元，其中亿元以上项目61个。继续推动技术改造，全州167个项目实施千企改造，累计完成工业投资17.92亿元，占产业投资的26.1%，为全州工业投资提供了支撑。

五是提速发展数字经济。围绕工业产业领域，在智能化生产、网络化协同、个性化定制、服务化延伸、工业互联网等单一或多个方面，培育一批工业互联网建设应用项目。11个项目获省工业互联网融合标杆称号，排名全省第二位。依托贵州工业云、黔南工业云推动企业上云用云，推动超过983户企业上平台，完成独山标准电机和险峰机床厂等企业共计1208台（套）设备上云，工业企业大数据画像工作进一步加快推进。

（二）补短板、强弱项，新型城镇化实现新提升

坚持把大力推进新型城镇化作为推动高质量发展的强大引擎，抢抓“强省会”战略机遇，实施“六个专项行动”，打造“贵惠长龙”环贵阳城镇带，重点建设都匀区域性中心城市，构建新型城镇体系，推进城市更

新，提升人居环境。一是做实做活“聚人生财”文章。抢抓“强省会”行动战略机遇，以实施“六个专项行动”为抓手，推动构建“一带一中心一体化一支点四支撑”的黔南新型城镇体系，聚焦“产业聚人、就业留人、政策引人”发力，做好“聚人生财”文章。新增园区就业0.9万人以上、城镇学位2万个，带动城镇转移就业6.2万人左右。全州县城以上新增人口10万人，常住人口城镇化率提升3个百分点、达到54.9%。二是有序推进城市“四改”工程。着力于群众住房保障水平的提高，加强城镇基础设施建设，改善城乡人居环境，建立共商共建机制，加快推进以棚户区改造、老旧小区改造、背街小巷改造和以燃气、给排水管网为主的城市地下管网改造等“四改”为载体的城市更新行动，持续优化城镇格局，完善城镇基础设施。整合各类资金48.36亿元，实施新型城镇化“六大专项行动”，实施棚改项目开工1600套（户），开工率达100%，改造老旧小区134个、实施背街小巷改造100条，地下管网466公里。三是不断提升城市品质风貌。紧盯群众关切的水、电、停车场等基础设施，狠抓城乡生活垃圾治理，加强城市道路、生活垃圾收运设施等市政设施建设。新增城市道路、园林绿化、社会停车位等市政基础设施项目完成投资165.97亿元，占任务150亿元的110.65%。加强城市道路、生活垃圾收运设施、窨井盖等市政设施排查。统筹地下管网、易涝点整治等谋划城市排水防涝项目，城市品质风貌得到进一步提升。四是规范完善城市治理措施。狠抓城乡生活垃圾治理，城乡生活垃圾无害化处理率达82.68%。开展“打非治违”专项行动，抓好自建房安全专项整治，完成隐患整改3600条，完成重大隐患整改316条。积极落实行政执法各项制度，办理完成行政许可22816件，开展行政检查1472批次，“双随机一公开“行政检查429次，行政处罚案件共立案957件。制定印发《黔南州综合行政执法局重大行政执法决定法制审核实施办法》等31项规章制度，全面细化与三项制度配套的办法、清单、流程、规范、告知等，有效规范了执法行为。

（三）夯基础、攻主业，农业现代化实现新发展

坚持把大力推进农业现代化作为推动高质量发展的基础支撑，聚焦省委省政府“三大体系”“七化”建设和“十大专项”要求，以“六大产业、五大工程、五大行动”为载体，大力实施粮食、茶叶、生猪、蔬菜

“3个100工程”。一是大力推进粮食单产提升行动。严格落实粮食安全责任，完成粮食种植面积402.62万亩，同比增长0.06%，总产量125.73万吨，同比增长2.18%，单产增幅高于全省平均水平，超额完成“双保”任务。全国大豆玉米复合带状种植现场会在黔南召开。长顺县获批国家第一批区域性良种繁育基地。水稻全程机械化面积全省第一。高金、富之源等生猪屠宰加工项目相继投产，精深分割产能跃居全省第一。二是全力推动主导产业发展。聚焦茶叶、蔬菜、生猪、水果、刺梨、中药材“六大产业”，全力推动主导产业发展。新增提质茶园23万亩，茶叶产量5.96万吨，增长14%，综合产值突破100亿元。都匀毛尖品牌纳入国家精品培育计划，都匀市获批创建国家（茶叶）现代农业产业园。刺梨提质增效面积10.6万亩，产量排全省第一。蔬菜、水果单产增幅分别为12%、18%，均在全省第一方阵。三是提升农产品质量效益。严格落实“四个最严”要求，坚持产管结合、标本兼治的原则，以“强监管保安全，提品质增效益”为工作主线，紧盯重点领域，统筹开展长江流域重点水域禁捕执法行动、农产品质量安全执法行动等专项行动，不断加大执法力度，扎实推进农产品质量安全监管执法各项工作，产品质量不断提升。全州农产品质量安全合格率达99.9%。绿色食品达40个，有机产品认证达93个，地理标志农产品达16个。四是优化健全农业经营体系。突出抓好农民合作社和家庭农场两类农业经营主体发展，着力完善基础制度、健全指导体系，加快构建现代农业经营体系，推动新型农业经营主体由数量增长向量质并举转变。引导各类经营服务主体联合合作，实现土地、资金、技术、劳动力等生产要素的有效配置，提高市场竞争能力。加强涉农龙头企业培育，新增省级以上农业龙头企业19家，居全省第二。农产品加工转化率为58%，居全省第一方阵。

（四）优服务、扶主体，旅游产业化实现新提质

坚持把大力推进旅游产业化作为推动高质量发展的重要支柱，依托“世遗风光”“中国天眼”两个世界级金字招牌，深入实施旅游产业化“四大行动”，全力打造综合旅游目的地。一是市场主体复苏发展。用好金融政策支持企业发展，帮助22家企业争取文旅项目贷款贴息1253.7万元，推进市场主体“四转一上”和“双培育双服务”工作。出台旅游产业化“1+9”政策措施，新增规上旅游企业51家，旅游产业化综合评价指数居

全省第一方阵。举办文体旅系列活动150余场次，推动“贵州人游黔南”，过夜游客和人均花费分别突破1000万人次、1000元大关。二是业态升级稳步推进。加快“拳头”产品提质升级，小七孔景区构建“三区八站”业态布局，景区业态升级及网格化管理经验在全省推广；建成都匀绿博园推出房车营地、生龙主题乐园等一批新业态，主题产品成为园区经济新的增长点。推出了“流光溢彩荔波夜”“清凉一夏·夜游涟江”“水韵咕噜”《怪诞奇遇夜》等夜游项目，有效拉动了文旅消费。举办黔南美食季系列活动，推出“黔南盛筵”品牌名店16家，评选旅游商品专卖示范店10家、研发基地5家。荔波古镇获评国家级夜间文化和旅游消费集聚区，中国天眼景区获评国家旅游科技示范园区，都匀毛尖茶制作技艺入选联合国教科文组织人类非物质文化遗产代表作名录，填补贵州茶类世界级非遗空白，增添体旅、文旅、茶旅融合新动力。三是服务质量提升提质。加强高星级饭店培育，成功创建五星级旅游饭店1家、四星级1家。荔波瑶山古寨、龙里水乡旅游生态城景区获评2022年省级文明旅游示范单位。在全州范围内开展黔南州多彩贵州满意旅游痛客行活动，累计发放痛客行宣传资料3000余份，整改39个“痛客问题”，整改率100%。狠抓安全生产和市场秩序整治。积极推广运用“一码游贵州”文化和旅游市场技术监管服务平台，加强市场整顿和监管，重点打击不合理低价游、非法旅游购物、旅游客运等行为。四是闲置低效项目盘活工作有序有效。通过“七个一批”盘活路径，明晰盘活目标、内容、步骤和要求，层层压实盘活责任，强化重点攻坚。通过州县两级复核销号材料和实地核查，完成盘活销号任务8个，12个项目初步达到盘活标准，已通过省级初审。强化重点攻坚。社会关注度较高的独山净心谷酒店（水司楼）已引进宜辰集团建设运营，正在进行酒店内部装修，同步组建运营团队，完善酒店运营方案，积极争取文旅基金支持，确保2023年5月全面实现试运营。三都龙门游客接待中心项目已引进贵州龙源新能源有限公司投资开发，三都龙形山体游览步道、三合街道苗龙广场项目已完成整改。

三、2023年推进“四新”“四化”趋势分析和对策建议

2023年，黔南州经济发展稳定向好的基本面没有改变，改革发展面临

崭新的战略机遇和发展趋势。政策机遇提供利好。国发〔2022〕2号文件站在全国大局高度，明确支持贵州打造新型综合能源基地、全国重要的资源精深加工基地、新能源动力电池及材料研发生产基地，黔南州作为贵州举足轻重的磷化工产业重地，对发展新能源电池产业和磷化式产业提供政策利好，让其在新型工业化的道路上大有可为。市场主体活力充足。新冠肺炎疫情乙类乙管后，市场主体经过三年疫情洗礼，发展信心稳步增强。特别是随着持续优化营商环境，各类市场主体发展动力十足。截至2022年底，黔南州新设立各类市场主体7.59万户，超额完成4万户年度目标，同比增速达64.74%。发展基础坚实向好。经过近年来的艰苦奋斗，全州各地围绕“四新”主攻“四化”夯实了发展根基，积蓄了发展动能，强化了发展决心。特别是当前全州干部群众正在推动一系列补链强链工作举措，一个个补短板扬优势专项行动，一场场项目建设观摩比拼，全州推动高质量发展形势正好、氛围正浓、动力正足。黔南州具备了推动“四化”建设实现新跃升的良好条件和坚实基础。但从客观实际看，黔南州在围绕“四新”主攻“四化”工作中也存在许多困难和问题：比如，产业发展抗风险能力弱，企业增长压力大；招商引资成效不明显，投资支撑不足；县市发展不平衡，平台载体服务能力弱；政策执行不够有力，“组合拳”效应发挥不充分等。这些问题，都需要采取有力措施加以解决。

2023年，黔南州要坚持以习近平新时代中国特色社会主义思想为指导，全面贯彻落实党的二十大精神和习近平总书记视察贵州重要讲话精神，深刻领悟“两个确立”的决定性意义，增强“四个意识”、坚定“四个自信”、做到“两个维护”，扎实开展“贯彻二十大、实现新跃升”大比拼，做好“企稳、补短、求进、跃升”四篇文章，围绕“四新”主攻“四化”，确保经济社会高质量发展取得新的重大成效。

（一）大力推动工业稳中快进、聚锋发力，确保工业经济实现新跃升

坚持新型工业化主战略，扎实推进工业项目建设提速提质提效，夯实工业大突破基础和支撑，实现工业经济稳步跃升。一是推动新能源电池及材料产业发展。围绕打造福泉—瓮安千亿级磷化工产业园区，实施大型骨干企业培育行动，重点培育瓮福（集团）、贵州裕能新能源电池材料有限

公司等企业，全年培育百亿级规模工业企业1户以上。加快产业布局和项目谋划，推动产业协作配套、做大做强，力争现代化工占全州工业产值达到40%左右，其中新能源电池材料产值占现代化工的40%左右。二是实施大型骨干企业培育行动。进一步完善龙头企业配套项目协调机制，开展全产业链招商行动，做大做强龙头企业，力争全年培育百亿级规模工业企业1户以上。全年新增新型中小企业认定13户，规模工业企业30户以上，新增规模工业企业新增产值150亿元以上。推动“四上”企业稳步增长，力争新增200户以上，其中规上工业、服务业和限上批零住餐、资质以上建筑企业、房地产企业分别新增100户、50户、38户、20户、10户以上。三是实施开发区（园区）产业提质行动。立足主导产业和龙头企业，整合优势资源，发挥“链长”企业带动能力和对产业链的整合能力，集中精力开展产业链核心环节招商引资，引领和带动上下游中小企业集聚发展，大力培育壮大园区经济。推动产业园区梯次发展，形成工业倍增聚能高地。推动福泉—瓮安千亿级产业园区加快形成“资源配置—高效利用—壮大产业—带动发展”的产业路径，实现百亿级大型骨干企业“零”突破。龙里千亿级园区重点提升首位产业聚集度，围绕生态特色食品、商贸物流招引项目50个以上，构建“生产+交易+物流”全新运营模式，打造全省商贸物流重要聚集地。独山贵州南部产业转移示范区重点破解能耗、土地等要素瓶颈，加大“僵尸”企业清理力度，加快基础材料产业项目落地建设，扩大锑产品、航空耳机等产品出口，外贸进出口达2亿美元。四是深入实施“双培育双服务”行动。持续推进市场主体培育“八大重点任务”，优化升级“贵人家园”服务平台，推广“智慧企服”应用，确保“贵人家园”平台活跃市场主体注册全覆盖，激励奖补政策兑现到位。持续落实领导包保、企业特派员、派工单机制，推行网格化服务企业，做大州级工业融资担保规模，强化生产经营困难企业纾困，减轻企业发展负担，确保包保覆盖率和服务率100%。梯度抓好优质中小企业培育工作，力争新增创新型中小企业认定13户，累计获得创新型中小企业认定数达60户以上，创新型中小企业总数量保持全省前列，创新型中小企业培育库数量达420户以上，占全州规模以上企业总数的40%以上。

（二）大力推动城镇品质提升、治理有效，确保城镇发展实现新跃升

坚持以城聚产、以产兴城、产城融合，提升城镇产业发展能级。一是持续做活城镇经济。发挥产业园区吸纳、聚集作用，做好产城融合配套文章，促进园区与城镇建设协调发展。全州工业园区新吸纳就业 0.7 万人以上。做强城镇服务经济，实施规上企业培育行动，力争消除三都规模以上租赁和商务服务企业空白，填补罗甸科学研究和技术服务行业企业空白，实现规模以上租赁和商务服务企业“县县全覆盖”，库内规上服务业企业达到 320 户以上，进入全省第一方阵。二是持续加快城镇改造。大力推进棚户区改造攻坚，确保完成改造 1.4 万户，实现 2020 年及以前年度未建成棚改三年建成目标。改造完成存量城镇老旧小区 66 个 9398 户，提前两年完成五年改造任务。新建（改造）地下管网 270 公里。全面完成都匀、长顺、瓮安剩余 7 个城市易涝点整治。完善城市慢行系统，新增城市绿道 10 公里。三是持续完善城镇功能。大力推进“15 分钟城市生活圈”建设，实现 12 县（市）试点建设全覆盖。新增（改造）市政道路 30 公里，城市建成区路网密度达到 8 公里/平方公里以上。新增社会公共停车位 2000 个。加快推进天然气“县县通”工程，实施罗甸天然气主管网建设，力争其他 11 县（市）县城管网入户全覆盖。加快提升城镇教育、医疗、养老等重点领域服务保障能力，提高公共服务的可及性、便利性。四是持续强化城市治理。着力推进城市内涝治理，全面完成在册 83 个城市易涝点整治，实现城市易涝点治理率达 100%。进一步强化开展韧性城市建设，扎实开展自建房巩固安全整治。盯紧巩固提升“回头看”专项行动，加强政策宣传工作，完善相关安全技术服务指导，严厉打击各种非法违法行为，持续有序推进自建房安全监管，确保稳定可控。

（三）大力推动农业稳中提质、加速提升，确保农业产业实现新跃升

全力推动农业稳中提质、加速提升。力争增速稳在全省第一方阵，农业现代化水平加快提升。一是守牢守好粮食安全生产底线。压紧压实粮食安全党政同责，实施粮油“六大提升”行动，播种面积稳定在 400 万亩以

上、产量达123万吨以上。推进水稻设施化集中育苗，移栽面积突破10万亩。支持龙头企业建设100个优质稻标准化生产基地，水稻、油菜订单种植150万亩以上。二是加快优势特色产业全链条发展。实施生猪良种繁育、扩能增产、精深加工攻坚，加快贵定光华15万头繁育一体化等重点项目建设。实施茶叶单产提升攻坚，引导扶持企业提升加工产能，培育亿元茶企2家，精深加工茶企20家以上，茶叶产量达6.5万吨、产值超117亿元。提升刺梨订单化水平，带动提升种植端规模化水平，提质增效面积8万亩以上，鲜果产量力争突破10万吨，技改扩能企业3家，综合产值达35亿元。三是加快重点支撑产业提质增效。实施种苗一体化提升工程，加快推进平塘者密、三都牛场、罗甸沫阳等育苗基地建设，建成标准化基地100个，推广种植高效蔬菜新品种100万亩以上，亩均单产突破2000公斤。实施果园、中药材提质增效行动，提质改造精品水果5万亩、中药材基地3万亩以上，水果亩均产量产值均提高10%。四是加快提升农业支撑保障能力。新建和提质改造高标准农田21万亩。加快构建“12+N”农机社会化服务体系，推进代耕代种、代管代收等社会化托管服务。大力培育各类经营主体，聚力做强龙头企业、做优专业合作社、做精家庭农场，提升产业规模化、订单化水平。

（四）全力推动旅游业加快复苏、整体崛起，确保旅游产业实现新跃升

全力推动旅游业加快复苏、整体回暖，力争全州旅游发展水平恢复到疫情前水平，综合评价指数稳居全省第一方阵。一是提升游客旅游体验品质。围绕互动体验植入新业态，持续提升荔波大小七孔、中国天眼等“拳头”产品吸引力。聚焦露营、研学、夜游、体旅等新兴热点，推出节日游、周末游、品牌游、城市游，让四季都有旅游小高峰。新增民宿100家以上，建成户外运动营地（基地）100个以上，研学游突破100万人次，打造夜间文化旅游消费集聚区5个以上。二是提升市场主体服务品质。支持重点景区联动发展，推出一批“小七孔+天眼+绿博园+N”黔南精品旅游线路。推广都匀荔波联动发展经验，促进州内县（市）景区、酒店、餐饮等行业抱团发展。依托黔南数字中台，推动供应链金融支持文旅产业发展。推出10个国有旅游景区经营权招商，提升荔波金鑫等10家国有涉旅

企业实体化运营水平，盘活低效闲置旅游项目 18 个以上。三是提升要素保障服务质量。进一步优化土地、资金、能源等要素分配机制，动态调配要素供给。大力盘活存量土地，科学安排土地供应，推行项目拿地阶段“全流程预审”，把有限土地指标用在“刀刃”上。建立健全工作协调专班联合联络机制，强化重点产业、重大项目保障。全力做好“旅游产业化”人才保障工作，激活人才储备库，建立适应“旅游产业化”工作的人才考核激励机制。四是着力打造荔波世界级旅游目的地。紧盯打造世界级旅游目的地目标任务不放松，立足当前，围绕贵南高铁开通，全力打响荔波高铁旅游“当头炮”；立足长远，做好“资源、客源、服务”三篇文章，坚持规划引领，完善产品体系，强化宣传营销，不断提高荔波旅游国际知名度和影响力。围绕大小七孔景区 20 个重要节点，着力挖掘景点潜力，丰富旅游产品，不断满足游客个性化需求。推进传统经营性项目提质升级，对传统优势项目进行升级改造，实现容量增加 20%以上。提升游客舒适度，开展大七孔桥、鸳鸯湖、卧龙潭生态修复及周边环境整治，通过改善环境，升级硬件，优化服务，显著提升游客舒适度。到 2023 年底，力争荔波县旅游品质、品位、品牌实现质的飞跃，带动全州旅游产业化高质量发展，旅游产业化综合评价指数持续保持全省第一方阵。

2022年黔西南州推进“四新”“四化”报告

骆雪娇　岑大明　王林玉

2022年是党的二十大开局之年，是“十四五”承上启下的关键一年。一年来，黔西南州坚持以习近平新时代中国特色社会主义思想为指导，深入贯彻习近平总书记视察贵州重要讲话精神和《国务院关于进一步促进贵州经济社会又好又快发展的若干意见》（以下简称国发〔2022〕2号文件）精神，聚焦省委“一二三四”工作思路和围绕“四新”主攻“四化”主战略，落实“四区一高地”主定位，紧扣高质量发展主题和“六个再上新台阶”奋斗目标，充分发挥比较优势，整合资源、强力攻坚，大力促进“煤电网产”深度融合，抓好“强中心城区”和“黔边城市带”建设，做大农业特色品牌，打造全域旅游示范区和山地旅游目的地，奋力推进工业大突破、城镇大提升、农业大发展、旅游大提质。① 通过对黔西南州2022年推进“四新”“四化”取得的成绩和做法进行系统、全面、准确地梳理，对2023年黔西南州推进“四新”“四化”的趋势进行研判，探索提出推动“四新”“四化”的对策建议，为黔西南州推进“四新”“四化”提供有益参考。

作者简介：骆雪娇：中共黔西南州委党校习近平新时代中国特色社会主义思想研究室编辑室副主任、副教授；岑大明：黔西南州社会科学界联合会党组书记、主席；王林玉：中共黔西南州委党校宣讲教研处宣教科副科长。

① 陈昌旭．把握主战略主定位　奋进新目标新征程　全力推动高质量发展创造高品质生活[J]．当代贵州，2022（19）．

一、2022年黔西南州推进“四新”“四化”概述

2022年，黔西南州充分发挥地区资源优势，抓住用好国发〔2022〕2号文件、巩固脱贫成果五年过渡期和省委、省政府支持民族地区高质量发展等关键机遇，以高质量发展统揽全局，紧紧围绕“四新”“四化”目标任务和主战略，持续推进新型工业化、新型城镇化、农业现代化、旅游产业化，全力提升综合经济实力，进一步完善现代化产业体系，进一步发展生态文明建设，进一步提高国民素质和社会文明程度，文化软实力得到显著增强，努力实现“六个新提升”。

2022年，“全州地区生产总值完成1508.68亿元，在全省排名第五，其中一、二、三产业增加值分别为279.18亿元、501.24亿元、728.26亿元”[①]（详情见表1、图1）。全州640个重大项目累计完成投资1330亿元，其中“四化”项目完成投资1166亿元。[②]新型工业化推进方面，振华义龙新材料年产值突破100亿元，金州电力和兴仁登高新材料年产值均超过50亿元。新型城镇化推进方面，完成全州国土空间总体规划审批，实现省级“四好农村路”示范县全覆盖。农业现代化推进方面，持续推进十大农业特色产业提质增效，加快推进县级现代农业产业园区建设，安龙县国家农村产业融合发展示范园得到成功创建，兴仁薏仁米荣获“2022年中国农产品百强标志性品牌”，贞丰县入选国家农业绿色发展先行区。旅游产业化推进方面，引进优强企业13家，60个文旅重点建设项目有序推进；新增4A级旅游景区1个、3A级旅游景区5个、省级旅游度假区1个；发放消费券激发消费潜力，促进服务业恢复发展。

表1　2022年黔西南州生产总值

指标名称	绝对数（亿元）	比上年增长（%）	占地区生产总值比重（%）
地区生产总值	1508.68	-1.6	100.0
第一产业	279.18	3.9	18.5
第二产业	501.24	-5.8	33.2
第三产业	728.26	-0.6	48.3

注：上表数据来源于黔西南州统计局。

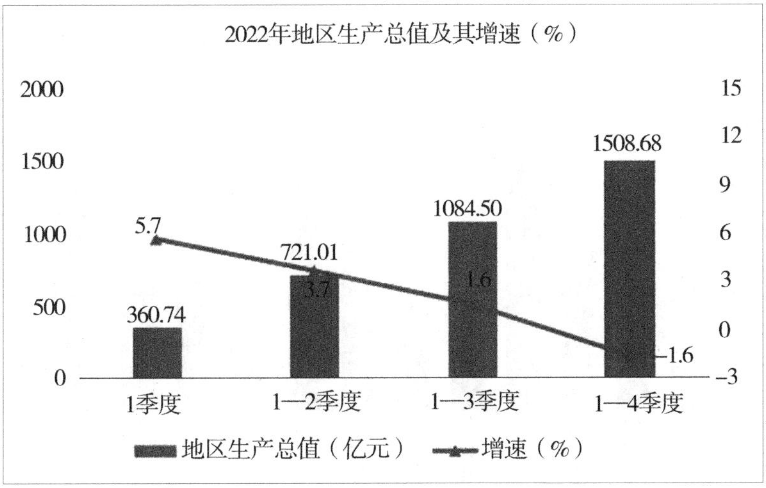

图 1　2022 年地区生产总值及其增速（%）

注：上图来源于黔西南州统计局。

二、2022 年黔西南州推进新型工业化情况

2022 年，黔西南州紧紧围绕“工业大突破”，深入实施工业倍增行动，建立州领导和州直部门包保联系指导县（市、新区）工作机制，建立了中小工业企业生产运营问题调度台账，推广“贵商易”平台提升政策兑现服务水平，加快了全州新型工业化进程，2022 年二产实现增加值 501.24 亿元（黔西南州近 3 年第二产业数据详情见图 2），在疫情冲击、经济下行压力持续加剧的大环境下，保持平稳增长，为稳住经济发展基本盘发挥了巨大作用。

（一）现代能源加快发展

充分发挥能矿资源优势，深入推进煤矿产能提升、“两化”建设和瓦斯规模化抽采利用，启动了大型煤炭储配基地建设，推动煤矿安全绿色智能化发展，晴隆三宝、全伦煤矿等 4 个煤矿建成投产新开工建设能源项目 15 个，有序推进清水河、兴仁、郑屯煤炭储备项目建设，全年新增煤矿产能 315 万吨/年，完成煤炭过站量 1078 万吨。大力发展清洁能源，义龙元豪自备电厂、安龙自备电厂加快建设，巩固提升电力优势；深化“两网融

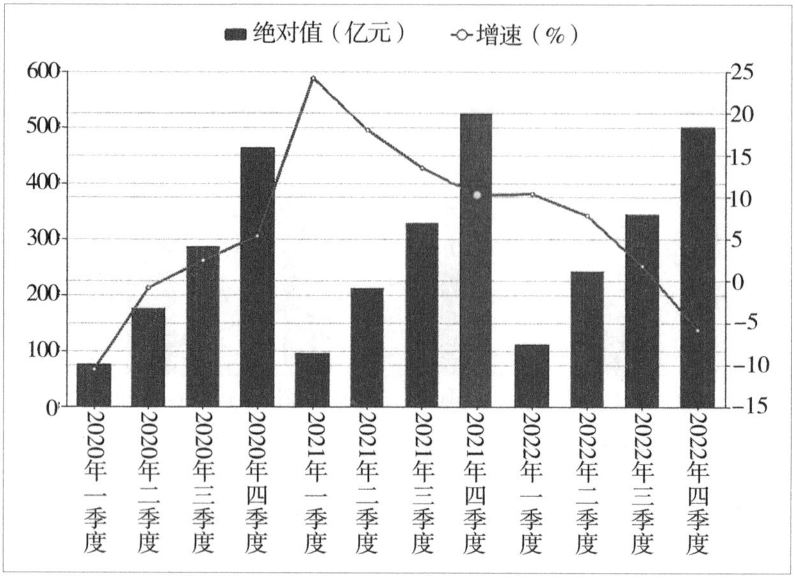

图 2　2020—2022 年黔西南州第二产业

注：上图来源于 http：//www. qxn. gov. cn.

合”，册亨高洛、望谟坝算 220 千伏输变电工程建设投用，实施 220 千伏电网县域全覆盖工程，加快册亨高洛、望谟坝算输变电工程建设。扎实推进天然气“县县通”工程，黔西南州天然气支线管网二期工程复工建设。

（二）工业集群加速推进

着力推进重大产业项目向开发区聚集，以兴仁工业园区为主平台，以登高铝业为龙头，推进基础能源、铝液生产、铝材加工、装备制造等铝产业全产业链向园区聚集，登高“煤电铝”一体化项目建成年产 25 万吨铝液生产线及 50 万吨配套工程，产能指标达到 35. 28 万吨，2022 年生产电解铝液突破了 30 万吨，实现产值突破了 50 亿元，成为贵州省第一大电解铝生产企业。以义龙新区新材料产业园为载体，以振华新材料为龙头，加快推进上下游产业聚集发展，全力打造新能源电池新材料产业链，羚光一期、古德孚一期等项目建成投产，贵州东岛新能源年产 15 万吨高端动力电池材料一期项目第一条生产线、黑翼新能源材料有限公司年产 1. 5 万吨锂电池负极材料等项目已点火，新增负极材料产业 11

万吨/年，2022年振华新材料产值突破百万元大关，成为黔西南州首家产值超100亿元级企业。

（三）传统产业加快转型

深入实施“千企改造”，推动义龙羚光新材料二期、兴仁年产1.5万吨石墨烯精深加工等一批重点项目加快建设，铝及铝深加工行业增加值增长20%以上。深入推进特色食品、中药材等特色轻工业发展，加快特色中医药产业、特色建材产业发展，促进工业加快转型。贞丰县北盘江酱香型白酒实验基地建设项目、贵州醇酒业有限公司1.25万吨/年提质扩能技改工程（老厂区）项目、贵州鹏昇（集团）纸业有限责任公司年产60万吨包装纸项目配套5万吨纱管纸生产线工程等特色轻工项目建成投产。

（四）新兴产业加快培育

坚持“一个园区、一个导产业、一个领军企业、一项科技创新”，建设一批主导产业突出、创新能力强、服务功能完善、承载能力强的产业园区，促进同类企业向园区集聚。支持高等院校、龙头企业、高新企业等市场主体，创建一批众创空间、大学科技园和科技企业等创新创业孵化平台。探索建设众创、众包、众扶、众筹“四众”平台，发展创客空间、创新工厂、创业新媒体等新兴孵化器，使之成为支撑新兴企业发展的重要平台。2022年全州培育创新创业孵化载体2家、新增高新技术企业13家，获国家科技型中小企业评价入库认定企业44家，完成技术合同认定登记交易额22.4亿元。

（五）工业信息化再提速

抢抓国发〔2022〕2号文件政策机遇，积极融入全省数字经济创新区建设，推进大数据与实体经济融合发展，加快全州工业信息化进程。加快推动信息基础设施建设，建成5G（逻辑）基站1829个，出口带宽达到3010Gbps；光缆总长度累计达到14.1万公里。深入推进“万企融合”，建设融合标杆项目6个，融合示范项目60个，带动123户实体经济与大数据深度融合。不断完善“一云一网一平台”建设，全州通过贵州政务服务网、部门自建业务系统共计办理476万业务（州级199万）。推进政务服务“掌上办”，梳理的“掌上办”事项共计1079个，实现相关事项云上贵州多彩宝App办理，企业上云加快推进，不断提升全州工业经济数字化整体水平。

三、2022年黔西南州推进新型城镇化情况

2022年，黔西南州持续推进以人为核心的新型城镇化，大力实施“强中心城区”行动，出台《关于支持兴义市率先实现高质量发展的意见》支持兴义市做优做特中心城市，安排州市共建资金5000万元，其中兴义市2000万元、义龙新区3000万元。全州城市基础设施建设有序推进，2022年完成城市基础设施建设投资131.60亿元，开工建设海绵型项目21个，建成6个。实施县城补短板强弱项重点项目80个、新型城镇化专项补助资金项目14个；开工老旧小区改造187个8786户，完成2020年及以前存量棚改7289户，开工2020年新增棚改500户，完成背街小巷改造46条（见表2），建设改造地下管网558.78公里；新增城市道路45公里、城市人防工程面积13.26万平方米、城市公共停车位3497个。① 新型城镇化建设得到明显提升。

表2 “三改”情况对比表

年度	完成存量棚改	新增棚改	老旧小区改造	背街小巷改造
2021	8380户	2268户	65个2936户	95条
2022	7289户	500户	187个8786户	466条

（一）城镇功能不断完善

强化城镇基础设施建设，出台《黔西南州新型基础设施建设三年行动方案（2022—2024年）》，加大城市基础设施建设，基础设施“六网会战”完成投资171.63亿元，兴义市北环线、金州大桥、文化中心路网等一批重大城市基础设施项目开工建设。城市道路得到新增，燃气管网新增259.04公里，城市公共停车位新增3497个，其中安龙县大力实施老城区生态停车

① 黄兴文．政府工作报告［M］．黔西南日报，2023-02-09.

场项目建设1400多个标准停车位。认真践行绿色发展理念，森林覆盖率高，环境空气优良天数比例高。全州共有35座大中小型水库，各县（市）均覆盖，中心城市和县级城镇集中式生活饮用水水源地水质均达到或优于Ⅲ类标准限值要求，达标率100%。行政村通光纤和4G网络覆盖率达100%。新（改）建农村户厕1.65万个，30户以上自然村组生活垃圾收运体系覆盖率达90%，乡镇污水处理率达75%。充分利用易地扶贫搬迁机遇，大力推进城镇化安置，将全州易地扶贫搬迁33.85万名群众集中安置城镇，城镇建设面积进一步扩展。不断推进智慧安防小区建设，城乡社区网格化实现全覆盖，全州社区服务中心（站）覆盖率实现100%。2022年全州常住人口城镇化率为51%，比上一年增长3.66%，城镇承载能力不断提升。

（二）城镇品质不断提升

公共服务设施不断完善，居民生活品质不断提高，全州累计建成省级城市综合体10个，城市公园40个，人均公园绿地面积达到14.83平方米/人。优化教育资源，全州投入6.4亿元建设教育项目300余个，创建3所省级示范幼儿园、101所公办强校，兴义民族师范学院实现“一校一址”集中办学。医疗条件不断改善，州人民医院扩建、州中医院改扩建、4个县域医疗次中心等项目建设，建成8个县（市）危重孕产妇救治中心、3家省级示范中医馆，将义龙新区区域性敬老院作为标准化养老院进行改造提升，分别在兴义市、兴仁市、普安县、贞丰县和册亨县实施护理型床位建设，共建成800张床位，养老条件得到改善。

（三）城镇经济持续做强

持续做强城镇经济，加大招商引资力度，出台《黔西南州培育壮大市场主体行动方案（2022—2025年）》，实施大市场主体行动，开展领导干部入企走访，落实“政策找企业、企业找政策”机制，持续改善营商环境，新增市场主体6.46万户、高新技术企业13家。引进深圳能源环保集团、福建旺城置业、安徽海螺新能源等省外优强企业120家，招商引资累计到位资金350亿元。强化产业发展，结合本地气候、地理、生态等各方面资源优势，持续推进产业发展。工业方面：发展能源、制药、化工等产业；

农业方面：发展茶叶、水果、蔬菜等特色农业，并出台《黔西南州2022年特色优势产业巩固提升行动方案》，为推动现代山地特色高效农业高质量发展提供坚强保障；旅游业方面：利用黔西南州喀斯特山地资源，结合民族文化、康养和户外运动等发展山地旅游产业。2022年城乡居民人均可支配收入分别增长4.5%和6.5%（2021年城镇、农村居民人均可支配收入分别达到38251元、12623元）。

（四）示范小城镇建设典型

注重培育典型，全州共有19个示范小城镇，黔西南州望谟县郊纳镇就是全州小城镇建设的一个缩影。该镇依托紫茶产业及自然人文资源打造山、树、草、花、水交相辉映，集民族、生态、旅游为一体的生态旅游——郊纳紫茶小镇，2021年11月，郊纳紫茶小镇景区被确定为国家3A级旅游景区。郊纳镇之所以能成为示范小镇，有其独特的做法，主要体现在以下几方面：一是党建引领聚力量。郊纳镇用事业凝聚干部，用阵地凝聚党员，用感情凝聚群众，村党支部带领合作社、群众广泛参与，党员充分发挥示范带头作用，村民在感恩党的同时，建设家乡的热情十分高涨，迅速凝聚了巨大力量，为新型城镇化建设奠定了深厚基础。近年来，该镇共有108人次被省州县表彰，34人被组织提拔使用，锤炼了一支懂农业、爱农村、爱农业的“三农”干部队伍。二是基础设施强保障。道路网络全面疏通，扩建35千伏变电站，完成117个自然寨68个变台区建设，供电可靠率达99.83%。完成电信基站建设15座，智能终端和Wi-Fi网络已广泛普及。实施串户路等基础设施建设，实施集镇绿化景观、特色民居等建设，村寨实施建伙房、庭院硬化、污水处理、厕所、路灯安装等。三是产业发展助增收。结合郊纳镇得天独厚的气候、水体等资源优势，逐步形成“山上种茶、水里养鱼、林下生金、泉水出山”的产业发展格局。依托“中国紫茶之乡”和国家地理标识及8万多株百年以上古茶树等资源优势，将“八步紫茶”作为“一镇一特”聚力发展，采取“公司+合作社+农户+基地”的产业发展模式，成立了望谟县郊纳八步农业综合投资开发有限公司，整合资金1800万元修建八步紫茶加工总厂，现如今八步紫茶现已成为望谟县主打产业之一，2022年收获茶青75000斤，生产成品茶15000斤，产值约1500万元。借助郊纳得天独厚的气候水体资源优势，大力发展冷水养鱼，养殖特色鱼品种有 8 个，每年产鱼 10 余万斤。四是产业带动稳就业。群众将土地流转发展八步茶产业，公司每年集中兑现土地流转费 450 余万元，带动农户 2157 户 9706 人。农户在基地从事茶园种植、管护、茶青采摘等工作，按工时领取劳务费，截至 2022 年 12 月底，共发放种植费 1336. 59 万元，茶园管护费 1354. 03 万元，发放涉茶惠农生态补助 486. 6 万元，支付茶青购买费用 89. 2 万元。并且公司每年从收益资金中拿出 175 万元用于 10 村 1 社区聘用公益性岗位，目前已经发放公益性岗位工资 645 万元。八步紫茶产业直接带动群众增收 5143. 81 万元。五是社会治理强服务。按照“一中心一张网十联户”社会治理框架体系，对现有网格员 84 人、联户长 375 人，按照每人一件制式服（红马甲）、一个笔记本、一支工作笔，并结合人员变动实际，按照 10%的比例留足备用装备。用分红收益资金每年将投入 45 万元对联户长按照 100 元/月通讯补助进行激励补助，切实调动网格员、联户长积极性，对全镇 93 个网格开展矛盾纠纷调处、疫情防控宣传排查、群防群治等工作，确保工作成效。村级综治中心统筹协调，网格组团联动合作，强化信息沟通，不断加强平战结合治理、全周期治理和智慧治理，形成切实可行的治理服务体系。郊纳镇和全州其他小城镇建设一样，都具有少数民族特色，有产业支撑，概括起来，就是加强党建引领，提供组织保障；结合民族风情，建强基础设施；找准特色产业，强化经济支持；增强服务意识，强化社会治理；联合各方力量，共同打造特色小镇。

四、2022 年黔西南州推进农业现代化情况

2022 年，黔西南州着力推进农业现代化，加快发展乡村产业，全州农林牧渔业总产值 466. 96 亿元，增速 4. 3%，增速排全省第 3 位；农村居民人均可支配收入 13423 元，增速 6. 3%，总量排第 6 位，增速排第 9 位；行业统计显示，全年粮食播种面积 354. 9 万亩（大豆种植面积 11. 1 万亩），产量 109. 8 万吨；水稻最高亩产达 1154. 68 公斤（2021—2022 年度各项指标对比见表 3），连续四年创全省水稻单产最高纪录；7 个县级现代农业产业园区建设加快推进，兴仁薏仁米荣获“2022 年中国农产品百强标志性品牌”，贞丰县入选国家农业绿色发展先行区，安龙县入选国家农业现代化示范区。

表 3　2021—2022 年度各项指标对比

年份	农林牧渔业总产值（亿元）	农村居民人均可支配收入（元）	全年粮食播种面积（万亩）	水稻最高亩产达（公斤）
2021 年	444.63	12623	345.9	1123.87
2022 年	466.96	13423	354.9	1154.68

（一）推进特色产业提质增效

强化农业产业发展，特色农业产业规模不断壮大。2022 年，全州茶产业规模 60.1 万亩，累计种植精品水果 108.7 万亩、蔬菜 181.3 万亩、中药材 154 万亩、食用菌 13.2 万亩，发展薏仁米 56 万亩、油茶 50.25 万亩、花椒 25.82 万亩，完成烟叶收购 67.31 万担（见表 4）。注重农产品品牌打造，新增农产品地理标志登记产品 2 个、绿色食品标识产品 4 个、中绿华夏有机产品认证 1 个；认定粤港澳大湾区‘菜篮子’生产基地 24 个；晴隆脐橙、晴隆糯薏仁等 5 个农产品进入全国名特优新农产品名录，实现零的突破；兴仁薏仁米荣获“2022 中国农产品百强标志性品牌”。大力发展农产品加工业，农产品加工转化率全年达 56%以上。截止 2022 年底，全州共有 27 家企业（基地）获省农业农村厅推介为贵州省特色食品加工示范基地。

表 4　2021—2022 年特色产业规模对比

年份	茶产业（万亩）	精品水果种植（万亩）	蔬菜种植（万亩）	中药材种植（万亩）	食用菌（万亩）	薏仁米（万亩）
2021 年	59.2	108.25	182.7	147.69	12.79	65
2022 年	60.1	108.7	181.3	154	13.2	56

（二）农产品保供能力不断增强

提升农产品保供能力，建立“州、县、乡”三级党政主要负责人领办高产示范机制，推进“81688”粮食生产示范，2022 年水稻超高产示范连续四年屡创全省新高。强化“粮豆复合”种植示范，实施大豆玉米带状复合种植 2 万亩，完成大豆种植 11.14 万亩、花生种植 9.03 万亩，利用冬闲田土种植油菜 66.54 万亩，植物油产能不断提高。实施“菜篮子”市长负责制，累计种植蔬菜 181.3 万亩、产量 328.4 万吨，出栏生猪 209 万头、牛 22.5 万头、羊 36.3 万只、家禽 1373 万羽，禽蛋产量 3.2 万吨，“菜篮子”供应充足。

(三) 农业生产能力不断提高

加强基础设施建设，提高农业生产能力，持续加快高标准农田建设，2022 年全面完成上级下达的 19 万亩高标准农田建设任务，建成高标准农田 26.21 万亩，并按照“建管并重”“谁使用、谁管护”“谁受益、谁负责”等原则，健全高标准农田建后管护机制。实施万亩水稻全程机械化，引进和开发了一批适宜喀斯特高山梯田、坡地以及零碎地块的山地农机，加速推进农业产业现代化，提升粮食综合生产能力。以兴义市、兴仁市、安龙县为重点，推进 1 万亩水稻、1 万亩薏仁米、1 千亩高粱全程机械化示范。

(四) 农业产业资金保障充足

保障农业产业发展资金，农业现代化领域争取上级资金 8 亿元，争取地方政府专项债券资金 1.61 亿元，争取农业农村现代化发展基金项目 3 个，获投基金 1.65 亿元；争取农发行政策性开发性金融项目 2 个，获批基金 0.29 亿元。撬动银行及社会资本 4.35 亿元；贞丰县小屯镇成功申报农业产业强镇项目。引进农产品精深加工及产业下游延伸企业、产业链优强企业和产业项目 94 个，产业招商引资到位资金 42.69 亿元。落实中央政策性农业保险，聚焦粮油作物，优化调整“兴农险”，新增大豆保险及水稻试点收入保险，累计承保农作物、牲畜 365.85 万亩（头、只、羽），总保费共计 1.32 亿元，共计赔付 1.24 亿元（种植业赔付 5254.54 万元、养殖业赔付 7212.75 万元）。实施新型农业经营主体提升行动，3 家农产品加工企业获贵州省 2022 年“专精特新”中小企业认定，累计培育农民合作社 4142 个（国家示范社 12 个，省级示范社 121 个，州级示范社 273 个），家庭农场 3619 个（省级示范家庭农场 152 家，州级示范家庭农场 169 家）。

五、2022 年黔西南州推进旅游产业化情况

2022 年，黔西南州紧紧围绕“1+3+N”发展思路，持续推进“两大提升”、深化“四大行动”，着力推进旅游产业化，加快旅游业恢复发展、旅游产业发展竞争力不断提升，引进了 13 家优强企业，有序推进 60 个文旅重点建设项目，义龙栖梦泽温泉酒店等康养旅游项目投入运营；新增 4A 级旅游景区 1 个、3A 级旅游景区 5 个、省级旅游度假区 1 个。

（一）旅游发展动力增强

全力培育市场主体，2022 年全州新增入库住宿企业 2 家、总数达 92 家，贵州省利多旅游开发有限公司获评省级文明旅游示范单位；组织 11 家公司申报省级服务业龙头企业，其中 2 家公司已通过省文化和旅游厅初选。为了推进涉旅国有企业改革，出台了《黔西南州推进涉旅国有企业改革实施方案》，兴义市万峰林旅游集团有限公司、贞丰县双峰旅游文化开发（集团）有限公司被纳入省级改革试点；引进惠州市世纪投资控股有限公司运营管理安龙山地户外运动示范公园景区，安龙山地户外运动示范公园景区实现所有权、经营权和管理权“三权分置”改革。大力开展招商引资，签约文化旅游项目 84 个，累计签约资金 164. 52 亿元，引进优强企业 14 家。盘活闲置低效旅游项目，全州现有闲置低效旅游项目 10 个，纳入国家闲置低效旅游项目库 3 个。自 2022 年 5 月以来，黔西南州明确了 10 个闲置低效旅游项目的盘活路径，取得了一定成效，也积累了宝贵经验，其中“招商引资与三权改革结合推进的盘活经验”入选贵州改革案例。

（二）旅游业态持续升级

持续升级旅游业态，2022 年，对全州 16 个旅游景区进行提质扩容，推出 10 条生态康养游、户外运动游等精品旅游线路，黔西南州春花烂漫休闲游获评贵州省 10 条赏花精品线路，“万峰林立 · 布依人家”获评贵州省非遗主题旅游线路；兴义万峰林油菜花海获评 2022 年度贵州“最美油菜花海”，兴义市阅筑 · 田景宜色客栈、兴义市榕宿民宿和兴义市云栖壹号民宿获评 2022 年度“十大花海民宿”。创建 5A 级景区 1 个（待国家文旅

部进行景观质量评审）、4A 级景区 1 个、3A 级旅游景区 5 个；义龙云屯森林康养旅游度假区获评省级旅游度假区，兴义阳光谷旅游度假区被列为省级旅游度假区创建单位。全州 3 个村被列入 2022 年省级乡村旅游与传统村落和少数民族特色村寨深度融合发展示范点，新增 9 个省级乡村旅游重点村，1 个重点镇（普安县茶源街道）；兴义市万峰林街道双生村获评第四批全国乡村旅游重点村。创新乡村民宿业态，以万峰林民宿集群为核心，打造兴义市“1 城 5 景 30 家精品民宿的旅游产业空间集聚模式”。探索旅游融合发展，兴义纳具康养小镇、义龙新区栖梦泽温泉酒店等康养旅游项目投入运营，贵州省黔西南云屯国家森林康养基地建设项目加快推进，逐渐形成康养、旅游和城镇融合发展格局。推进大数据与旅游经济融合发展，培育了“生活 PLUS”城市电商平台、“黔程出行”网约车平台、万峰林智慧旅游大数据平台等本土优强大数据产品，建设了“小桔子”数字文旅生态系统。推进桥旅融合发展，六枝至安龙高速公路花江峡谷大桥桥旅融合项目被列为贵州省交通强国试点项目，该项目兼具服务区和观景、观光旅游、北盘江流域桥梁展示（桥梁科技馆）等功能。

（三）服务质量不断提升

提升旅游服务质量，大力培育旅游服务人才，2022 年全州 5 名导游获得“多彩贵州·百佳优秀导游”称号。在“2022 年贵州技能大赛——旅游星级饭店行业从业人员竞赛”中，黔西南州参赛的 4 人荣获二等奖 1 人、三等奖 2 人、优胜奖 1 人，团体荣获二等奖。在 2022 年贵州省 A 级旅游景区技能服务大赛中，黔西南州推荐的 8 名选手有 5 名选手获评全省十佳优秀选手，黔西南州文化体育广电旅游局荣获优秀组织奖。不断改善旅游基础设施，在全州旅游景区、旅游集散中心、乡村旅游点等场所新建或改造提升示范旅游厕所 12 座，累计完成投资 411.56 万元。不断推进长征国家文化公园项目建设，全州 9 个长征国家文化公园保护传承项目，总投资 6952 万元。现已完工项目 3 个（贞丰花江铁索桥红军长征阻击战遗址公园建设项目、贞丰白层渡口长征文化园建设项目、贞丰白岩关红军战斗遗址公园建设项目），在建项目 6 个。不断提升住宿品质，全州新增四星级酒店 1 家（兴义市峰林悦山酒店）、三星级酒店 1 家（册亨县柏丽花园酒店），全州住宿单位达 1800 余家、5.17 万余间房、8.2 万张床位，挂牌五星级酒店 2 家、四星级酒店 3 家、三星级酒店 5 家。

六、2023 年黔西南州推进“四新”“四化”趋势分析和对策建议

2022 年，黔西南州取得的成效可谓成之惟艰！纵观 2023 年推进“四新”“四化”形势，可谓困难与希望同在、挑战与机遇并存。进入后疫情时代，企业投资信心不足、预期不稳，居民增收困难加大、消费能力减弱，旅游、商贸恢复疲软，房地产、基础设施、重点产业等投资受经济下行的影响，投资缺乏信心，投资增速大幅放缓，投资拉动力不足；产业结构不够优化，产业发展质量不高，市场竞争力较弱，新旧动能接续不畅，部分市场主体生产经营困难较多，实体经济困难多，重点行业发展不及预期，铁合金、钢材价格持续下行，煤炭产业断崖式下滑，产业链供应链运行不畅，要素资源稀缺，经济循环总体不畅，连锁影响“四化”增长；固定资产面临转型转变，投资面临着政府投资向市场投资转变、基础设施投资向发展产业投资转变、政府举债投资向算效益算收益转变，增加有效投资形成产业发展还需要时间档期；经济社会风险点呈上升趋势，税源培育成效不大，财政增长缓慢，防范化解债务风险的财力不足，完成“双碳”达标任务与推进产业发展矛盾越加突出，安全生产领域仍有不少风险隐患，这些都将给推进“四新”“四化”带来严峻考验。基于上述经济形势，特提出 2023 年黔西南州推进“四新”“四化”对策建议。

（一）坚持“双管齐下”，加快推进新型工业化

坚持一手抓传统产业升级盘活存量，一手抓新兴产业发展培育增量，持续实施工业倍增行动，全力推进工业总量扩大、结构优化。在巩固提升传统优势产业方面，深入实施煤炭产业结构战略性调整，推动大丫口、长兴等 7 处大中型煤矿技改扩能项目建设，抢抓国发〔2022〕2 号文件政策机遇，加快推进一批煤炭储配项目建设，加快推进煤矿机械化、智能化改造，全力扩大煤矿产能，努力实现区域煤炭产销平衡，助力煤炭产业高质量发展。持续培育地方电力产业，加快推进在建自备电厂建设进度，力争投产发电，全面优化电力结构，增强电力保障能力，巩固拓展风电、光伏

等新能源，做大做强地方电力。加快推进白酒、饮用水、健康医药、特色食品、民族服饰等特色传统产业扩容提质发展壮大。加快推进新兴产业发展，加快推进贵州新创硅基二期、振华正极电池材料三期、鑫茂动力锂电池正负极材料回收再利用等项目建设，加快构建新能源全产业链，巩固提升百亿级产业。聚焦铝及铝加工全产业链发展，加快推进路兴碳素预焙阳极等一批在建产业项目建成投产，谋划引进一批建链补链产业项目，全力将铝产业培育成为新型工业化龙头产业。

（二）坚持“产城融合”，加快推进新型城镇化

聚焦“康养胜地、人文兴义”的城市定位，深入实施城市更新行动，大力实施老旧小区改造、造背街小巷改造、地下管网改造等城镇“四改”工程，持续抓好城镇生态修复和污染防治，全面提升城镇品质。加快完善城市道路、智能停车、公交系统、生态系统、市政设施等公共服务基础设施建设，不断优化人居环境。聚焦“康养胜地、人文兴义”建设，围绕康养、旅游产业发展需求，开拓个性需求地产，推进城市房地产差异化发展。围绕发展和繁荣城镇经济，创新闲置资产盘活方式，加快推进老城更新改造，让老城区释放新的活力。深入挖掘城市消费潜能，改善消费条件，创新消费场景，谋划一批主题特色商圈，促进消费复苏，加快产城融合进程，助推新型城镇化健康发展。

（三）坚持“以特取胜”，加快推进农业现代化

聚焦保障粮食和重要农产品供应安全双重目标任务，针对山地农业耕作条件劣势，坚持以特色提效益的发展之路，加快推进山地特色高效农业发展。找准粮食安全与高效农业发展结合点，大力发展薏仁米、糯米、高粱等特色粮食，稳定粮食播种面积320万亩以上，加强农田水利设施建设，加快推进高标准农田建设，全力提升农作物耕种收综合机械化率，全面提高粮食产量和质量，加快建设特色粮食供应基地。加快推进茶叶、油茶、蔬菜、食用菌、精品水果等十大山地特色优势产业规模化、标准化、品牌化发展，加快建设五百万亩特色产业种植基地，推进种植业高质量发展。全力打造两百万头大牲畜、两千万羽家禽养殖基地。聚焦种植、养殖基地，着力培育农业产业化重点龙头企业、农民专业合作社等市场主体，加

快推进农产品加工业发展，推进一二三产业融合发展，促进乡村产业升级。

（四）坚持“多业融合”，加快推进旅游产业化

聚焦“康养胜地，人文兴义”的城市定位，努力把黔西南州打造成“黔滇桂三省（区）结合部康养产品供给区”“粤港澳大湾区生态康养后花园”“国际一流山地旅游、度假康养目的地”目标，加快推进“康养胜地、人文兴义”建设。精心包装一批康养、文产招商引资项目，瞄准国内旅游200强和头部企业，着力引进一批文化、康养优强企业，引领旅游产业化。着力推进一批低效闲置景区盘活、在建景区建成营业、现有3A级以上景区业态升级，精心策划组织一批重大体旅赛事、旅游营销活动，有效盘活存量。瞄准后疫情时代旅游消费特点，全域整合旅游资源，深挖旅游消费热点，精心打造一批休闲养生、户外运动、文化体验、乡村旅游精品旅游线路，全力扩大旅游增量。围绕康养产业特色业态，加快打造南北盘江文化旅游康养产业带及一批休闲度假区、夜间经济消费集聚区、养老休闲度假基地。充分发挥康养特色资源优势，构建具有黔西南州特色的现代康养产业体系，推动康旅产业融合发展。

附录

2022年贵州“四新”“四化”大事记

一月

1月7日，贵州发布国内首个易地扶贫搬迁基本公共服务标准。

1月12日，中共贵州省委、贵州省人民政府印发《关于推动旅游业高质量发展加快旅游产业化建设多彩贵州旅游强省的意见》。

1月20日，省委农村工作会议暨全省巩固拓展脱贫攻坚成果同乡村振兴有效衔接工作会议在贵阳召开。

二月

2月8日，2022年全省义务植树活动在省市县乡村五级同步举行。

2月8日，省委农村工作会议在贵阳召开，部署今年“三农”及乡村振兴工作。

2月9日，省委副书记、省长李炳军主持召开会议审议我省《关于贯彻落实〈国务院关于支持贵州在新时代西部大开发上闯新路的意见〉的实施意见》。

2月20日，省发展改革委向社会公布2022年贵州省2500个重点民间投资项目。

2月25日，民革定点帮扶纳雍县助力乡村振兴工作推进会在毕节召开，全国政协副主席、民革中央常务副主席郑建邦出席会议并讲话。

2月28日，省委书记、省人大常委会主任谌贻琴会见中国中铁股份有限公司党委书记、董事长陈云一行。

2月28日，全省粮食安全暨春季农业生产工作会议在贵阳召开。

三月

3月2日，全省深化农村改革推进会召开，研究推进农村改革重点工作。

3月19日，省委书记、省人大常委会主任谌贻琴主持召开会议，审议通过《贵州省种业振兴行动实施方案》。

3月19日，全省巩固拓展脱贫攻坚成果暨乡村振兴推进会在贵阳召开。

3月22日，国务院安委会专项督导帮扶组进驻贵州动员会在贵阳召开。

3月24日，北京证券交易所、全国股转系统贵州服务基地揭牌。

3月25日，省委书记、省人大常委会主任谌贻琴在贵阳会见中国铁建党委书记、董事长汪建平一行。

四月

4月1日，贵州省人民政府与中国农业银行股份有限公司贯彻落实国发〔2022〕2号文件服务乡村振兴和“四化”建设战略合作协议》签约。

4月14日，全省促进居民增收工作电视电话会议在贵阳召开。

4月15日，编号为“0000001”的贵州首张林业碳票在黔西市发行，由该市毕绿生态绿色产业发展有限公司获得。

4月19日，省委副书记、省长李炳军专题研究部署全省“碳达峰碳中和”和“十四五”节能减排工作。

4月26—29日，中国共产党贵州省第十三次代表大会召开，大会的主题是：高举习近平新时代中国特色社会主义思想伟大旗帜，牢记习近平总书记殷切嘱托，坚持以高质量发展统揽全局，围绕“四新”主攻“四化”，奋力谱写多彩贵州现代化建设新篇章。

本月，省委、省政府印发《关于做好2022年全面推进乡村振兴重点工作的实施意见》。

五月

5 月 6 日，省委副书记、省长李炳军主持会议，研究部署全省交通物流保通保畅、“三区三线”划定、建立健全生态产品价值实现机制等工作。

5 月 7 日，2022 年“贵州人才日”系列活动暨第十届线上线下贵州人才博览会在贵阳开幕。

5 月 7 日，全省文艺工作会议暨第八届贵州省文艺奖、首届贵州省文学奖表彰大会在贵阳召开。

5 月 12 日，省委副书记、省长李炳军主持召开会议研究中央生态环境保护督察反馈问题整改、促进消费恢复增长等工作。

5 月 13 日，省委书记、省人大常委会主任谌贻琴主持会议，学习贯彻全国 2021 年度巩固拓展脱贫攻坚成果同乡村振兴有效衔接考核评估发现问题整改工作电视电话会议精神，部署中央生态环境保护督察反馈问题整改、全省科技创新等工作。

5 月 13 日，省委副书记、省长李炳军在贵阳会见中国旅游集团董事长陈寅一行。

5 月 16 日，贵州银行制定出台《加大资源配置优化绩效考核支持“四化”转型及高质量发展的实施方案》。

5 月 17 日，省委副书记、省长李炳军在贵阳会见新兴际华集团董事长贾世瑞。

5 月 19 日，全省激发市场活力稳住经济增长电视电话会议在贵阳召开。

5 月 20 日，全省乡村振兴重点帮扶县暨国家考核评估反馈问题整改工作推进电视电话会议召开。

5 月 20 日，省委副书记、省长李炳军主持召开座谈会，研究推动我省白酒产业高质量发展工作。

5 月 24 日，省委副书记、省长李炳军主持召开会议，部署能源产业高质量发展工作，研究推动全省科技创新工作。

5 月 25 日，省委副书记、省长李炳军主持召开会议研究生态环境保护工作。

5月26日，2022中国国际大数据产业博览会在贵州省贵阳市开幕。中共中央政治局委员、中宣部部长黄坤明以视频方式出席开幕式并讲话。省委书记、省人大常委会主任谌贻琴，工业和信息化部部长肖亚庆视频致辞。

5月27日，贵州省科技创新暨科技奖励大会在贵阳召开。

5月31日，省委副书记、省长李炳军召开会议研究部署稳住经济增长、盘活存量资产等工作。

本月，省委、省政府印发《贵州省新能源和可再生能源发展“十四五”规划》，出台《贵州省工业企业纾困解难实施方案》和《贵州省促进服务业领域困难行业恢复发展的实施方案》。

六月

6月1日，省委书记、省人大常委会主任谌贻琴，省委副书记、省长李炳军在贵阳会见平安贵州建设表彰大会代表。

6月1日，省委副书记、省长李炳军会见中企会企业家俱乐部主席马蔚华率领的企业家考察团一行。

6月2日，省委召开会议研究部署粤黔东西部协作和中央单位定点帮扶我省等工作。

6月2日，广东省与贵州省就推进贵阳国际陆港建设、推动贵州开放型经济发展举行座谈交流会，贵州铁路投资集团有限责任公司分别与广州港集团有限公司、盐田国际集装箱码头有限公司签署战略合作协议。

6月9日，贵州发布任务清单落实国务院关于扎实稳住经济一揽子政策措施，142项具体政策措施惠企利民。

6月12日，省委书记、省人大常委会主任谌贻琴主持召开会议审议通过《关于新时代推进国有经济布局优化和结构调整的实施意见》《贵州省建立健全生态产品价值实现机制行动方案》。

6月13日，省委书记、省人大常委会主任谌贻琴会见中国林业集团有限公司党委书记、董事长余红辉一行。

6月15日，省政府与中国林业集团在贵阳签署战略合作协议。

6 月 15 日，以“干净黔茶 · 全球共享”为主题的第 14 届贵州茶产业博览会在遵义市湄潭县开幕。在当日举行的开幕式暨贵州茶产业招商引资大会上，集中签约项目共 18 个，签约总金额达 21.61 亿元。其中，投资类项目 10 个，金额 11.03 亿元，销售订单类项目 8 个，金额 10.58 亿元。

6 月 16 日，省委书记、省人大常委会主任谌贻琴，省委副书记、省长李炳军在贵阳会见华润集团董事长王祥明、总经理王崔军一行。

6 月 17 日，省委书记、省人大常委会主任谌贻琴主持召开会议，研究部署全面加强基础设施建设工作。

6 月 19 日，省委书记、省人大常委会主任谌贻琴在贵阳会见万科集团董事会主席郁亮一行。

6 月 20 日，以“统筹推进绿色低碳高质量发展”为主题的全国政协十三届常委会第二十二次会议，在贵州等 3 个省设分会场。

6 月 22 日，全省特色田园乡村 · 乡村振兴集成示范试点建设暨东西部协作现场推进会在遵义市召开。

6 月 23 日，各民主党派省委参与毕节建设贯彻新发展理念示范区推动会在七星关区召开。

6 月 24 日，国务院批复同意《推动毕节高质量发展规划》。

6 月 26 日，全国政协调研组在贵阳召开“聚焦农村改厕问题，改善人居环境”专题调研座谈会。

6 月 28 日，广东 · 贵州东西部协作粤企入黔共建产业园区“双百”行动正式启动。启动仪式上，32 家企业与贵州 28 个县区签订 33 份《投资意向协议书》，意向投资额 160 亿元。

6 月 28 日至 7 月 3 日，全国政协副主席、民进中央常务副主席刘新成率全国政协调研组到我省开展加强传统村落的保护和利用专题调研及民进中央定点帮扶调研。

本月，省委、省政府印发《贵州省进一步加快重大项目建设扩大有效投资的若干措施》。

七月

7 月 2 日，省委书记、省人大常委会主任谌贻琴，省委副书记、省长李炳军，省政协主席刘晓凯在贵阳拜会全国政协副主席、民进中央常务副主席刘新成。

7月4日，贵州首单碳汇指数保险项目落地，19.99万亩林地获得1787万元保障。

7月4日至7日，全国政协副主席汪永清率全国政协调研组到我省开展“应对人口老龄化与推动养老保险制度实施”专题调研。

7月6日，省委副书记、省长李炳军主持召开专题会议听取“四化”推进情况。

7月8日，省委副书记、省长李炳军主持会议，研究支持毕节推动高质量发展的政策措施；部署推进水利基础设施建设、林长制等工作。

7月8日至9日，以“面向水生态健康，谋划水科技未来”为主题的2022（第四届）中国城市水环境与水生态发展大会在贵阳举行。

7月9日至12日，全国政协副主席、民盟中央常务副主席陈晓光率民盟中央调研组到贵州，就民盟支持贵州贯彻落实国发〔2022〕2号文件精神开展调研。

7月12日，省委副书记、省长李炳军主持召开省政府专题会议，研究部署全省城镇生活污水、城乡生活垃圾治理工作。

7月17日，省委书记、省人大常委会主任谌贻琴，省政协主席刘晓凯在贵阳会见全国政协农业和农村委员会主任、中国经济社会理事会副主席罗志军率领的中国经济社会理事会专题调研组一行。

7月18日，省委、省政府推动毕节高质量发展大会在毕节市隆重召开。

7月18日，全国人大常委会长江保护法执法检查座谈会在贵阳召开。

7月13日至17日，全国政协农业和农村委员会主任、中国经济社会理事会副主席罗志军率队到我省开展“推动脱贫地区特色产业可持续发展”专题调研。

7月18日至20日，全国人大常委会副委员长郝明金率全国人大常委会执法检查组，就贵州省贯彻实施《中华人民共和国长江保护法》情况开展执法检查。

7月22日，省委、省政府在贵阳召开全省半年经济工作会议。

7月23日，省委副书记、省长李炳军在贵阳会见文化和旅游部副部长饶权。

7月28日，《贵州省人民政府 清华大学战略合作协议》签约。

7月28日，省委副书记、省长李炳军召开会议，研究我省建设西部大开发综合改革示范区实施方案。

7月30日，省政府与生态环境部在贵阳签署打造生态文明建设先行区合作协议。省委书记、省人大常委会主任谌贻琴，省委副书记、省长李炳军会见生态环境部部长黄润秋，并共同出席签约仪式。

本月，国家体育总局与贵州省人民政府签署《关于加快推进贵州山地户外特色体育高质量发展合作协议》。

本月，省委、省政府印发《关于支持铜仁市打造国家级新型功能材料战略性新兴产业集群的若干政策措施》《省政府办公厅关于加快推进"东数西算"工程建设全国一体化算力网络国家（贵州）枢纽节点的实施意见》。

本月，民盟中央印发《支持贵州省贯彻落实〈国务院关于支持贵州在新时代西部大开发上闯新路的意见〉的实施意见》，从"助推贵州文旅大提质""助力乡村振兴提质增效""推动产业协作优势互补"等八个方面助力贵州在新时代西部大开发上闯新路。

八月

8月1日，"困牛山红军集体跳崖千古壮举"专题研讨会在铜仁市石阡县举行。

8月3日，省委书记、省人大常委会主任谌贻琴在贵阳会见中国科学院院士、浙江大学校长吴朝晖一行，聚焦重点产业转型升级和重大科技成果转化应用，加强教育、人才、科研等领域合作。

8月10日，省委副书记、省长李炳军主持召开会议，研究建设数字经济发展创新区工作。

8月10日，省政府与中国航天科工集团签署深化战略合作协议。

8月11日，省委副书记、省长李炳军主持召开会议，研究建设内陆开放型经济新高地工作。

8月13日，2022中国贵州国际能源产业博览交易会在贵阳开幕。

8月16日，省委副书记、省长李炳军主持召开专题会议，研究建设巩固拓展脱贫攻坚成果样板区工作。

8月17日，省委副书记、省长李炳军主持召开市（州）重大项目建设调度推进会。

8月17日，省委副书记、省长李炳军主持召开会议，部署稳增长、碳达峰碳中和、生活垃圾和城镇生活污水治理等工作。

8月18日，2022亚洲山地旅游推广大会在贵阳开幕。

8月19日，省委书记、省人大常委会主任谌贻琴在贵阳会见交通银行党委副书记、行长刘珺。

8月19日，省委副书记、省长李炳军主持召开专题会议，研究打造生态文明建设先行区工作。

8月22日，省委书记、省人大常委会主任谌贻琴会见上海交通大学党委书记杨振斌一行，并共同出席《贵州省人民政府 上海交通大学战略合作协议》签约仪式。

8月22日，省委书记、省人大常委会主任谌贻琴会见四川大学校长李言荣一行。

8月22日，省委副书记、省长李炳军会见老挝驻华大使坎葆·恩塔万一行。

8月22日，省委副书记、省长李炳军在贵阳会见天津大学党委书记杨贤金一行，共同见证《天津大学 贵阳学院对口支援框架协议》签约仪式。

8月23日，2022中国—东盟教育交流周在贵安新区开幕。中共中央政治局委员、国务院副总理孙春兰视频致辞。省委书记、省人大常委会主任谌贻琴出席活动并宣布开幕，教育部部长怀进鹏在北京分会场出席，东盟国家教育部长在各分会场出席。

8月23日，省委副书记、省长李炳军在贵阳会见武汉大学党委书记韩进一行，并共同出席《贵州省人民政府 武汉大学战略合作协议》签约仪式。

8月25日，省委书记、省人大常委会主任谌贻琴率领贵州省党政代表团第一组，在广东省深圳市开展学习考察，围绕大数据、构建现代产业体系、改革开放创新和人才等重点领域深化交流合作。

8月26日，由中国经济社会理事会支持、贵州省政协主办的"锚定'一个统揽四个新'，奋力建设'四区一高地'——深入贯彻国发〔2022〕

2号文件精神”专题研讨会在贵阳开幕，并举行“建设巩固拓展脱贫攻坚成果样板区”“建设内陆开放型经济新高地”专题研讨。

8月24日至27日，贵州省党政代表团赴广东学习考察。8月27日下午，两省在广州举行粤黔东西部协作联席会议，围绕国家乡村振兴重点帮扶县开展好重点帮扶，深化产业、劳务、消费、人才协作。

8月26日至28日，由中国经济社会理事会支持、贵州省政协主办的“锚定‘一个统揽四个新’，奋力建设‘四区一高地’——深入贯彻国发〔2022〕2号文件精神”专题研讨会举行“建设西部大开发综合改革示范区”专题研讨及闭幕会。省委书记、省人大常委会主任谌贻琴出席并讲话。

8月27日，省委书记、省人大常委会主任谌贻琴，省委副书记、省长李炳军在广州市会见广东省知名企业家，共同出席粤黔“东西协作·产业合作”签约仪式。

8月27日，由中国经济社会理事会支持、贵州省政协主办的“锚定‘一个统揽四个新’，奋力建设‘四区一高地’——深入贯彻国发〔2022〕2号文件精神”专题研讨会，举行“建设数字经济发展创新区”“建设生态文明建设先行区”专题研讨。中国经济社会理事会副主席朱小丹主持。国家发展改革委原副主任杜鹰出席。

8月28日，贵州省人民政府与广东省人民政府《关于建立粤黔两省更加紧密的结对帮扶关系的实施意见》印发。

8月28日，以“生态贵椒·香辣天下”为主题的第7届贵州·遵义国际辣椒博览会在遵义市新蒲新区中国辣椒城开幕。原农业部党组成员、中国农产品市场协会会长张玉香出席会议。

8月29日，2022年中国赤水河流域生态文明建设协作推进会在毕节市金沙县召开，达成《2022年中国赤水河流域生态文明建设协作推进会“毕节行动”》共识。

8月29日，省委副书记、省长李炳军主持召开专题会议，研究部署“十四五”全省铁路规划建设工作。

8月30日，贵州省工商业联合会（总商会）第十三次代表大会在贵阳开幕。

8月30日，省委副书记、省长李炳军主持召开会议，研究全省安全生产、新型基础设施建设、新一轮找矿突破战略行动等工作。

8 月 31 日，省委常委会召开会议，专题审议《关于支持贵州建设西部大开发综合改革示范区的实施方案》《贵州省建设巩固拓展脱贫攻坚成果样板区实施方案》《贵州内陆开放型经济新高地建设实施方案》《贵州省建设数字经济发展创新区实施方案》《贵州省生态文明建设先行区实施方案》，研究部署加快实现“四区一高地”主定位工作。

8 月 31 日至 9 月 2 日，中国经济社会理事会调研组到贵州调研乡村振兴工作。全国政协人口资源环境委员会主任、中国经济社会理事会副主席李伟率队。全国政协教科卫体委员会副主任、中国经济社会理事会副主席常荣军，全国政协农业和农村委员会副主任、原国务院扶贫办主任刘永富参加调研。

九月

9 月 18 日，“东数西算”贵安项目获 13.85 亿元政策性开发性金融工具资金支持。

9 月 29 日，深圳蛇口、妈湾、赤湾贵阳内陆港挂牌仪式在贵阳国际陆港举行，标志着贵阳国际陆港正式成为招商港口深西港区的内陆港。

本月，我省首个分布式智能电网示范区落户盘州。

十月

10 月 7 日，国家市场监管总局等部门印发《关于支持贵州在新时代西部大开发上闯新路的实施方案》支持贵州在新时代西部大开发上闯新路。

10 月 9 日，中国气象局近日印发《关于支持气象服务贵州在新时代西部大开发上闯新路的实施意见》，加快推进贵州气象高质量发展。

10 月 11 日，贵阳国家骨干冷链物流基地成功入选 2022 年国家骨干冷链物流基地。

10 月 30 日，交通运输部印发《支持贵州在新时代西部大开发上闯新路 实现交通运输高质量发展实施方案》，支持贵州实现交通高质量发展，加快建设交通强国。

本月，省人民政府办公厅印发《贵州省推动复工复产复市促进经济恢复提振行动方案》。

十一月

11 月 1 日，清华大学计算机系高性能计算研究所和东数西算（贵州）产业有限公司通过线上签约，共同致力于“东数西算”各大枢纽节点间的算力网络与算力调度平台建设。

11 月 2 日，省委副书记、省长李炳军主持召开会议，部署做好全省能源保供、粮食安全、在城乡建设中保护传承历史文化等工作。

11 月 4 日，省委召开会议，研究部署全省巩固拓展脱贫攻坚成果、疫情防控等工作。

11 月 3 日至 4 日，全省抓党建促乡村振兴工作推进会在遵义市召开。

11 月 9 日，第十一届中国（贵州）国际酒类博览会在贵阳开幕。

11 月 10 日至 11 日，中国共产党贵州省第十三届委员会第二次全体会议在贵阳举行，审议通过了《中共贵州省委关于认真学习宣传贯彻党的二十大精神 衷心拥护“两个确立”忠诚践行“两个维护”奋力谱写多彩贵州现代化建设新篇章的决定》。

11 月 14 日，省委书记、省人大常委会主任谌贻琴，省委副书记、省长李炳军在贵阳会见来黔开展西部陆海新通道重大工程项目建设专题调研的全国人大常委会委员、财经委主任委员徐绍史一行。

11 月 15 日，省委书记、省人大常委会主任谌贻琴，省委副书记、省长李炳军在贵阳会见中央农办副主任、国家乡村振兴局局长刘焕鑫一行，并共同出席《国家乡村振兴局 贵州省人民政府关于推进贵州巩固拓展脱贫攻坚成果样板区建设合作协议》签约仪式。

11 月 15 日，省委副书记、省长李炳军主持召开专题会议，研究部署全省推进旅游产业化和闲置低效旅游项目盘活工作。

11 月 15 日，以“贯彻二十大 奋进新征程”为主题的 2022 多彩贵州文化艺术节在贵阳开幕。

11 月 21 日，2022 多彩贵州・第十五届中国原生态国际摄影大展在贵州美术馆开展。

11 月 23 日，全省领导干部学习贯彻党的二十大精神专题轮训班在省委党校开班。省委书记、省人大常委会主任谌贻琴强调要深刻领悟“两个确立”的决定性意义，为谱写多彩贵州现代化建设新篇章而团结奋斗。

11 月 25 日，省委书记、省人大常委会主任谌贻琴，省委副书记、省长李炳军在贵阳会见中国气象局党组书记、局长庄国泰一行，并共同出席《贵州省人民政府 中国气象局共同推进气象高质量发展合作协议》签约仪式。

11 月 26 日，省委书记、省人大常委会主任谌贻琴，省政协主席刘晓凯在贵阳会见全国政协经济委员会主任尚福林率领的坚持和完善对口支援机制党外委员专题视察团一行。

11 月 29 日，省委副书记、省长李炳军召开专题会议，研究部署全省新能源产业发展工作。

11 月 30 日，省委副书记、省长李炳军主持召开会议，研究部署数据要素市场化改革、国有企业改革发展等工作。

本月，省委、省政府印发《贵州省碳达峰实施方案》，省发展改革委等六部门联合印发《贵州省促进绿色消费实施方案》。

十二月

12 月 20 日，省委书记、省委财经委员会主任徐麟主持召开省委财经委员会会议，研究谋划明年经济发展目标任务。

12 月 26 日，省委经济工作会议在贵阳举行。

12 月 27 日，2022 年度巩固拓展脱贫攻坚成果同乡村振兴有效衔接考核评估省级工作对接会在贵阳召开。

12 月 28 日，第十八届中国（深圳）国际文化产业博览交易会开幕，贵州主题展馆 6 大特色文化亮相鹏城，贵州省文化旅游产业招商（深圳）推介会暨贵州冬季旅游宣传推广活动在深圳举行。

12 月 29 日，省委常委会召开会议，研究我省贯彻落实中央农村工作会议精神的意见。

本月，民进中央办公厅印发《民进中央关于助力贵州在新时代西部大开发上闯新路的意见》，助力贵州深入贯彻落实国发〔2022〕2 号文件精神。

2022年贵阳贵安“四新”“四化”大事记

一月

1月4日，省委常委、市委书记、贵安新区党工委书记胡忠雄主持召开贵阳贵安“强省会”行动工作领导小组第二次会议，听取工作汇报，研究部署“强省会”行动有关工作。

1月13日至14日，市政府主要领导率队赴北京，前往中国航空工业集团有限公司、华彬集团、小米科技有限责任公司、京东方科技集团等考察招商。

1月17日，贵阳市2022年农业现代化重点项目集中开工仪式在花溪区举行。

1月23日，省委常委、市委书记、贵安新区党工委书记胡忠雄，市政府主要领导在贵阳会见奇瑞控股集团董事长尹同跃一行。

1月24日，省委常委、市委书记、贵安新区党工委书记胡忠雄主持召开项目建设专题会，听取贵阳大数据科创城、恒力贵阳产业园、宁德时代贵州制造基地、部分在筑高校建设情况汇报，研究部署有关工作。

二月

2月9日至10日，市政府主要领导率队赴深圳市、上海市，前往比亚迪股份有限公司、深业集团有限公司、深圳市腾讯计算机系统有限公司、国药控股股份有限公司考察招商。

2月15日，贵阳市人民政府、贵安新区管委会与北京联东投资（集团）有限公司签约仪式举行。

三月

3月11日，贵安新区管委会与美的集团股份有限公司贵安美的云项目投资合作协议签约仪式举行。

3月18日，市政府主要领导会见中伟控股集团董事、贵州中伟集团董事长、总裁邓正明一行。

3月19日，市政府主要领导会见中禾恒瑞集团有限公司董事长师向明一行。

3月26日，省委常委、市委书记、贵安新区党工委书记胡忠雄主持召开党政领导领办示范责任田工作专题会。

四月

4月19日，发布《贵阳贵安促进农民增收工作方案（2022—2025年）》。

4月27日，发布《关于推动开放型经济高质量发展实施方案》。

4月28日，发布《市人民政府印发关于推动开放型经济高质量发展实施方案》。

五月

5月13日，发布《贵阳贵安市场主体培育提升实施方案（2022—2025年）》。

5月16日至18日，市政府主要领导率队赴深圳市考察招商。

六月

6月9日，省委常委、市委书记、贵安新区党工委书记胡忠雄参加省直部门支持参与贵阳市全国文明城市巩固提升工作座谈会。

6 月 10 日，贵阳贵安稳市场主体座谈会召开，省委常委、市委书记、贵安新区党工委书记胡忠雄出席并讲话。

6 月 12 日，花溪区达沃斯光电产业基地投产仪式在花溪燕楼创新产业孵化基地举行。省委常委、市委书记、贵安新区党工委书记胡忠雄宣布投产。

6 月 28 日至 29 日，市政府主要领导率队赴浙江省、江苏省考察招商。

七月

7 月 4 日，省委常委、市委书记、贵安新区党工委书记胡忠雄，市政府主要领导在筑会见宁德时代副总经理、董事会秘书、贵州公司总经理蒋理一行。

7 月 5 日，贵阳贵安科技创新大会召开，省委常委、市委书记、贵安新区党工委书记胡忠雄出席会议并讲话。

7 月 5 日，市政府主要领导主持召开贵阳贵安贯彻落实国发〔2022〕2 号文件推进情况调度会。

7 月 8 日，贵阳贵安生活垃圾分类工作推进大会召开。

7 月 13 日，贵阳市人民政府、贵安新区管委会与贵州电网有限责任公司签约仪式举行。

7 月 28 日，发布《贵阳市城市综合治理百日攻坚工作方案》。

八月

8 月 29 日，省委常委、市委书记、贵安新区党工委书记胡忠雄，市政府主要领导会见中国投资有限责任公司党委委员、副总经理郭向军一行。

十月

10 月 9 日，市政府主要领导主持召开贵阳贵安新型工业化指挥部重点工业项目推进情况调度会。

10 月 23 日，市政府主要领导赴花溪区调研“青岩・寻坊”项目盘活提升情况，并召开 2022 旅游“两会”筹备工作调度会。

10 月 24 日，市政府主要领导主持召开贵阳贵安“强省会”工作专题调度会。

10 月 26 日，省委常委、市委书记、贵安新区党工委书记胡忠雄主持召开贵阳贵安数字经济发展工作专题会。

十一月

11 月 6 日至 7 日，省委常委、市委书记、贵安新区党工委书记胡忠雄主持召开贵阳贵安“一圈两场三改”和农村“五治”工作推进会。

11 月 6 日至 7 日，市政府主要领导率队赴苏州市考察招商，出席 2022 贵安新区纺织产业发展恳谈会。

十二月

12 月 7 日，省委常委、市委书记、贵安新区党工委书记胡忠雄主持召开贵阳贵安标准厂房建设和招商工作专题会。

12 月 14 日，省委常委、市委书记、贵安新区党工委书记胡忠雄在筑会见海信集团控股股份有限公司高级副总裁、青岛海信网络科技股份有限公司董事长陈维强一行。

12 月 15 日，省委常委、市委书记、贵安新区党工委书记胡忠雄主持召开贵阳贵安与省属国有企业深化合作专题会。

2022年遵义市“四新”“四化”大事记

一月

1月10日，副省长谭炯在播州区调研乌江古村落保护与旅游扶贫开发项目盘活工作。

1月13日，市政府主要领导等同志参加省委围绕“四新”主攻“四化”和招商引资专项巡视集中反馈会议。

1月25日，市政府主要领导主持召开长征国家文化公园伟大转折演艺综合体项目工作部署会议。

二月

2月9日至10日，省委副书记、省长李炳军在道真自治县、务川自治县调研“四化”工作，市政府主要领导等同志陪同。

2月16日，市政府主要领导主持召开“四化”和招商引资工作推进会。

三月

3月3日，全市红粱产业发展座谈会议召开。

3月6日至7日，全市粮食安全暨春季农业生产工作现场会议召开。

四月

4月10日，省委副书记蓝绍敏在凤冈县调研乡村振兴示范点建设。

4月11日至12日，副省长吴胜华在遵义调研督导春耕生产及森林防火等工作。

4月13日，遵义市与贵州茅台集团深化合作交流座谈会召开。

4月13日，副省长谭炯在遵义调研低效闲置旅游项目盘活工作。

五月

5月11日，省政协副主席陈坚在道真自治县调研“中国傩城”文化旅游项目。

5月11日，省委副书记、省委政法委书记时光辉在凤冈县进化镇调研“三农”工作。

六月

6月8日至9日，副省长郭锡文在仁怀市、习水县、桐梓县调研赤水河流域生态环境保护、棚户区改造、自建房安全专项整治、地灾搬迁集中安置点建设等工作。

6月16日，副省长蔡朝林在汇川区调研文化旅游工作。

6月23日，副省长蔡朝林在桐梓县、习水县调研文化旅游产业发展、现代化工企业发展等。

6月23日，副省长陶长海在正安县调研工业能源工作。

6月24日，副省长蔡朝林在播州区调研文化旅游产业发展等工作。

七月

7月6日，市政府主要领导参加省政府“四化”推进情况专题会议。

7月12日至13日，省委常委、常务副省长吴强同志在仁怀市、习水县调研白酒产业发展工作，市政府主要领导等陪同。

7 月 25 日至 26 日，文化和旅游部党组成员、副部长饶权在播州区调研文化旅游工作，市政府主要领导等陪同。

7 月 28 日，中央纪委驻住建部纪检监察组组长、部党组成员宋寒松同志在遵义调研住建有关工作。

八月

8 月 8 日，市政府主要领导主持召开遵义市白酒包材配套产业发展专题会议。

8 月 8 日，全国自建房安全专项整治“百日行动”督导评估组组长曲琦来遵义调研自建房工作。

8 月 10 日，市政府主要领导参加省人民政府与中国航天科工集团有限公司签署战略合作协议仪式。

8 月 12 日，中国航天科工集团有限公司党组书记、董事长袁洁一行在绥阳县、汇川区调研。

8 月 15 日，市政府主要领导主持召开中心城区武汉路和凤新快线建设专题会议。

九月

9 月 2 日，市政府主要领导主持召开全市航空航天及装备制造业高质量发展专题会。

9 月 9 日，省委常委、遵义市委书记李睿到中心城区调研重点棚户区改造和市政道路项目工作。

十月

10 月 9 日，市政府主要领导主持召开推动商品房去库存加快棚改项目安置工作专题会议。

10 月 27 日，省委常委、遵义市委书记李睿在仁怀市调研白酒产业高质量发展等工作。

十一月

11 月 13 日至 14 日，市政府主要领导在北京市中石化集团公司对接管道天然气增供、页岩气开发等工作。

11 月 14 日，中央农办副主任、国家乡村振兴局党组书记、局长刘焕鑫一行在播州区、正安县调研巩固拓展脱贫攻坚成果同乡村振兴有效衔接工作。

11 月 20 日，第十五届遵义文化旅游产业发展大会暨精品线路推介会召开。

十二月

12 月 2 日，省委副书记、省委政法委书记时光辉在余庆县调研高标准农田建设工作。

12 月 10 日，省委书记徐麟在遵义瞻仰红军山烈士纪念碑、遵义会议会址，到红花岗区纪念馆社区、播州区花茂村调研基层党建和“四在农家·美丽乡村”建设工作。

2022年安顺市“四新”“四化”大事记

一月

1月5日，安顺市委、市政府召开“四化”专题推进会，市委、市政府主要领导出席会议。

1月12日至14日，市委、市政府主要领导率队到省住房城乡建设厅、省财政厅、省水利厅、省农业农村厅、国开行贵州省分行、农发行贵州省分行、贵州银行、工商银行贵州省分行、省金控集团等部门汇报对接工作。

1月23日，“黄果树三碗粉”首次出口澳大利亚启运仪式在经开区川渝产业园举行，安顺生态特色食品开始走向世界。

1月26日，贵州翰凯斯智能技术有限公司与贵州氢能效率能源科技有限公司达成战略合作协议，双方将通过“PIX 超级底盘+”和“燃料电池热电联产供能站”计划，共同开发模块化的燃料电池移动供能机器人。

二月

2月3日，安顺市牛肉产业发展观摩会在关岭召开。

2月9日，百灵亚东胰岛素项目交通基础设施配套工程开工仪式在经开区举行。

2月10日至11日，市委主要领导率领安顺考察团到四川省成都市和广汉市开展招商引资考察工作。

2月14日，安顺市政府与贵州盘江煤电集团举行战略合作框架协议签约仪式，双方将在煤电等能源产业项目上共同开发、共谋发展，着力推动新型工业化和传统产业提质升级。

三月

3月11日，市委、市政府主要领导会见贵州乌江水电公司党委书记、董事长何光宏一行，双方围绕新能源项目投资合作事宜进行深入交流。

3月16日，市委主要领导会见贵州金元股份有限公司董事长朱绍纯一行，双方围绕新能源项目投资合作，加快推动地方国有企业转型升级良性发展等进行深入交流。

3月22日，副省长吴胜华率队到安顺市调研农业产业发展、巩固拓展脱贫攻坚成果同乡村振兴有效衔接工作，市政府主要领导陪同。

3月23日，全市特色田园乡村·乡村振兴集成示范试点现场观摩推进会召开。

3月29日，市委主要领导会见来安顺考察的贵州恒屹集团董事长胡青一行，双方围绕深化合作事宜进行座谈交流。

四月

4月1日，市人社局与安顺大数据发展有限公司举行安顺市劳动力供应链大数据生态服务平台建设签约仪式，标志着我市正式启动劳动力信息化建设工作。

4月30日，“畅游安顺·贵州人趣游季”暨黄果树景区南大门开门仪式在安顺关岭自治县木城丽水景区举行。

五月

5月11日，省委书记、省人大常委会主任谌贻琴深入安顺市调研并宣讲省第十三次党代会精神。

5月12日，市委、市政府主要领导会见农发行贵州省分行党委书记、行长张孝成一行。

5 月 13 日，市委全面深化改革委员会召开第十七次会议暨全市农业现代化推进现场会举行。

5 月 18 日，由贵州省教育厅主办，安顺学院、贵州省高校乡村振兴研究中心承办的 2022 年“文化旅游赋能乡村振兴”全国高端学术论坛在安顺学院举行。

5 月 20 日，贵州省 2022 年二季度重大工业项目集中开工仪式举行，我市在镇宁自治县轻工产业园设置分会场同步举行开工仪式，集中开工 28 个项目，总投资 141.28 亿元。

5 月 26 日，市委主要领导为 2022 中国国际大数据产业博览会场景大数据高端对话致辞，市政府主要领导在 2022 中国国际大数据产业博览会场景大数据高端对话发布《场景大数据白皮书 3.0》。

5 月 30 日至 31 日，省委副书记、省长李炳军到安顺市开发区、关岭自治县、镇宁自治县调研。

六月

6 月 2 日，市政府主要领导开展线上招商活动，与企业家视频连线，向企业家介绍我市的投资环境，对接洽谈投资合作项目。

6 月 7 日，安顺市农业现代化暨东西部协作线上招商推介会召开。

6 月 14 日，市委、市政府主要领导出席全市重点工业产业工作推进会并讲话。

6 月 20 日至 24 日，市委主要领导率队到广东省广州市、深圳市、中山市开展招商引资考察工作。

七月

7 月 12 日，市委主要领导主持召开市委全面深化改革委员会第十八次会议，审议通过《关于实施工业突破工程打造高质量发展核心引擎的意见》《关于创新新能源项目股份合作开发的指导意见》《关于创新财政资金投入推动新型工业化高质量发展的实施方案（试行）》。

7月21日，市政府主要领导会见来安顺考察的四川仟坤集团有限公司总裁谢泽波一行，双方就深化拓展合作展开深入交流。

7月26日上午，贵州黄果树中央厨房有限公司欧盟标准产品出口启运仪式暨项目签约仪式在安顺经开区举行。

7月27日至28日，市政府主要领导率队到福建省开展考察招商活动，立足安顺优质资源，围绕纺织服装产业全力招引优强项目，以产业大招商的新成效助力安顺高质量发展。

八月

8月2日，副省长王世杰率调研考察组到安顺调研中药材产业发展情况。

8月4日，市委主要领导到省大数据发展管理局，围绕推进大数据产业和数字经济加快发展进行座谈交流。

8月10日，广州·安顺融办东西部协作交流座谈会在安顺召开。

8月12日至13日，省委副书记、省长李炳军到安顺市黄果树旅游区、镇宁自治县、紫云自治县调研。

8月16日，安顺市荣获全国第二批城市一刻钟便民生活圈试点地区。

8月20日，全市新型工业化暨园区高质量发展工作推进会召开。

8月22日，安顺市党政代表团到贵阳市考察，重点学习贵阳市在产业规划建设、招商引资、项目融资等经济社会发展方面的好经验好做法，并就贯彻落实省委省政府“强省会”战略部署，建立常态化工作机制，加快推进基础设施共建共享、协同推进产业发展等方面与贵阳市进行深入交流。

8月29日至30日，市委、市政府主要领导到湖南省长沙市开展招商引资考察工作。

九月

9月19日，紫云自治县易地扶贫搬迁后续扶持物流园建设项目开工仪式举行，该项目是安顺市首个国家政策性开发性金融工具项目。

十月

10 月 12 日，副省长蔡朝林带队到安顺调研民宿产业发展工作。

10 月 18 日，安顺市召开涉农创新工作重点农头企业座谈会。

十一月

11 月 8 日，市政府主要领导会见国家能源集团贵州电力有限公司一行，双方围绕电力能源项目合作事宜进行深入交流。

11 月 14 日，安顺市 2022 年旅游产业化高质量暨冬季旅游营销推广新闻发布会召开。

十二月

12 月 16 日，市委主要领导会见贵州现代物流产业集团党委书记、董事长任仁一行，双方就进一步深化战略合作，推动肉牛产业发展等事宜进行洽谈交流。

12 月 29 日，市委经济工作会议召开。

2022年六盘水市“四新”“四化”大事记

一月

1月7日，全市产业转型升级暨“四化”项目建设第二次观摩会举行。

1月8日，市政府主要领导与宁德时代新能源科技股份有限公司董事长助理、时代永福科技有限公司总经理蒋安奕一行座谈，双方围绕六盘水矿产资源综合开发利用和新能源产业发展进行深入交流。

1月12日，贵州省第十一届运动会冬季项目开赛暨2022年贵州省冬季旅游滑雪季系列活动开幕式在六盘水玉舍雪山滑雪场拉开帷幕，全省9个市州176名运动健儿同台竞技。

1月12日至13日，省委常委、省委宣传部部长卢雍政到盘州市调研乡村振兴、农村精神文明建设、生态食品产业发展等工作。

1月13日至14日，副省长陶长海赴六枝特区、盘州市、水城区、六盘水高新区调研工业及能源产业发展工作。

1月14日，市政府主要领导与中国电力工程顾问集团有限公司总经理陈继平座谈，共同出席市人民政府与中国电力工程顾问集团有限公司战略合作签约仪式。

1月15日，工业和信息化部公示2021年度绿色制造名单，六盘水贵州六矿瑞安水泥有限公司、贵州誉创机械有限公司入选国家级绿色工厂名单；贵州瑞泰实业有限公司入选国家级绿色设计产品名单。

1月15日，首届“水城烙锅全民挑战赛”决赛在水城区玉舍滑雪场举行。

二月

2 月 20 日，“刺力王”首届电商直播大赛线下培训班在六盘水三线文化园开班。大赛共有 1108 人报名参赛，海选赛抖音话题“刺力王电商直播大赛”浏览量达 506 万次，300 名选手入围初赛。

2 月 24 日，我市首宗萤石矿（六枝特区大坝萤石矿）采矿权成功挂牌出让。

2 月 25 日，六盘水市举行 2022 年一季度重大工程项目集中开工仪式。一季度重大项目包括新型工业化项目 32 个，总投资 245.18 亿元；新型城镇化项目 21 个，总投资 74.75 亿元；农业现代化项目 9 个，总投资 34.02 亿元；旅游产业化项目 2 个，总投资 2.1 亿元。

三月

3 月 1 日，贵州宏财集团所属的贵州宏财聚农公司通过 BRC 国际标准认证，成为贵州省刺梨行业首家完成出口 BRC 认证的企业。

3 月 8 日，市委农村工作暨全市粮食安全和春季农业生产现场推进会召开。

3 月 8 日，全市煤矿瓦斯治理利用现场会在盘州市召开。

3 月 9 日至 10 日，省委常委、省委政法委书记时光辉到盘州市调研安全生产、基层治理、先进装备制造业发展等工作。

3 月 11 日，贵州省农业厅公布 2022 年度贵州“最美油菜花海”“十条精品赏花线路”。其中，六盘水盘州新民万亩梯田油菜花海入选 2022 年度贵州“最美油菜花海”，六盘水山地健康观光农业之旅入选 2022 年度贵州“十条精品赏花线路”。

3 月 16 日，六盘水市“规划先行　多模共建　打造城市居家和社区养老服务新模式”入选民政部和财政部组织的“居家和社区养老服务改革试点工作经验和典型案例”优秀案例。

3 月 18 日，六盘水市会展行业协会成立。

3 月 22 日，市政府主要领导与中国电力建设集团有限公司总经济师刘明江一行座谈，双方就能源产业发展、综合能源基地建设等方面进行深入交流。

3 月 24 日，市政府主要领导带队赴成都市考察招商，先后考察了成都华神科技集团股份有限公司、四川厚全生态食品有限公司，并与企业负责人座谈。

3 月 31 日，贵州省 2020 年“十件民生实事”之一、2020 年省级“3+6”升级改造批发市场——六盘水市农产品综合物流园开业运营。

四月

4 月 1 日，国家发改委下达民航基础设施 2022 年中央预算内投资 8.2 亿元，盘州机场获得 4 亿元。

4 月 14 日，全市能源发展暨安全工作电视电话会议召开。

4 月 20 日，市委、市政府举行 2021 年度全市新型工业化发展表扬激励大会，表扬激励去年以来在全市新型工业化发展中作出突出贡献的工业企业和企业管理人员。

4 月 22 日，赫章至六盘水高速公路正式建成通车，六盘水至赫章的车程从 2 小时缩短至 45 分钟。

五月

5 月 10 日至 11 日，省委常委、省委宣传部部长卢雍政率队到我市宣讲省第十三次党代会精神，并调研闲置低效旅游项目盘活及旅游业发展等情况。

5 月 12 日，市委主要领导以视频形式与上海卓阳能源集团有限公司董事长黄俊开展线上招商引资洽谈，就推进前期合作项目实施和新能源产业项目合作等进行深入交流。

5 月 16 日，“多彩创新意·黔礼进万家”2022 多彩贵州旅游商品大赛评审结果出炉，宏财刺力王 2L 原汁产品荣获 2022 年多彩贵州旅游商品大赛金奖。

5 月 20 日，市委、市政府主要领导与中铁工程装备集团有限公司党委书记、董事长赵华一行座谈，就加快项目建设、深化产业合作等事宜进行深入交流。

六月

6月2日，市委主要领导率队到陕西省西安市考察招商，与陕西太合智能钻探有限公司、陕西同人应用材料有限公司负责人座谈并达成合作共识。

6月5日，盘州市贵州志浩刺梨产业开发有限公司提供的刺梨种子贵农5号搭载神舟十四号载人飞船，进入“太空育种”科研阶段。

6月6日，端午小长假期间全市纳入统计监测的18家A级旅游景区，接待总人数34.37万人次，实现旅游综合收入2.79亿元。

6月9日，出台《六盘水市市场主体纾困解难扶持培育工作方案(2022—2025年)》。

6月11日，2022年贵州省春季斗茶赛颁奖仪式在安顺市举行。六盘水市水城区腾鹏合作社获规下绿茶组银奖、贵州凉都水城春茶叶股份有限公司获规上红茶组银奖、贵州鸿森茶业发展有限公司获规下绿茶组铜奖。

6月13日至14日，省政协副主席陈坚率调研组一行赴六盘水市，就加强民族传统手工艺保护传承、打造民族文化创意产品和旅游商品品牌工作开展专题调研。

6月13日至14日，省委副书记、省长李炳军到六盘水市盘州市、钟山区、六枝特区调研。

6月13日至14日，贵州省体育旅游示范区创建工作推进会暨现场观摩会在六盘水市召开。

6月15日，省政协副主席孙诚谊率队赴六盘水市就“发展休闲度假、山地康养、文化体验等整合业态研究”进行调研。

6月21日，副省长王世杰率队到我市玉舍国家森林公园开展巡林活动。

6月22日至23日，六盘水市党政代表团赴中山市考察并举行中山市·六盘水市东西部协作联席会议。

6月23日，市委主要领导率队到广州市开展招商引资活动。

6月28日，市委主要领导与香港铜锣湾集团董事局主席陈智一行座谈，双方就加强信息沟通、推进务实合作等进行深入交流。

七月

7月12日至13日，市政府主要领导率队到太原市、济南市考察招商，先后考察了山西美锦能源股份有限公司、山东章丘鼓风机股份有限公司等企业。

7月14日，由中国刺梨产业研究院、贵州省刺梨行业协会、贵州宏财投资集团有限责任公司、贵州盛农生物科技联合主办，以“刺力王邂逅‘中国火锅之都’”为主题的中国刺梨产业发展营销论坛暨刺力王战略合作签约发布会在重庆举行。

7月26日，市政府主要领导主持召开全市“四化”工作推进会，听取新型工业化、新型城镇化、农业现代化、旅游产业化工作推进情况汇报，研究部署下步工作。

7月28日，市委主要领导与农发行贵州省分行党委书记、行长张孝成一行座谈，就进一步加强金融支持、深化金融服务、拓宽合作领域等进行深入交流。

7月29日至30日，中山市党政代表团赴六盘水市考察并举行中山市·六盘水市东西部协作工作座谈会。

八月

8月4日，市委、市政府主要领导与贵州中伟集团董事长邓正明一行座谈，就新能源电池及材料产业领域投资合作进行深入交流。

8月6日至7日，全国政协人口资源环境委员会副主任、中国气象局原局长刘雅鸣率调研组一行赴六盘水市，围绕“生态气候变化对生态安全、粮食安全的影响及对策建议”开展调研。

8月8日，贵州省第十一届运动会在六盘水凉都体育中心隆重开幕。省委书记、省人大常委会主任谌贻琴出席开幕式并宣布开幕。

8月21日，2022“贵州老字号”嘉年华暨六盘水第五届生态美食汇活动在六盘水市人民广场正式启动。

8月22日，中国凉都·六盘水第五届生态美食汇暨2022中国文旅特色美食水城黑山羊烹饪技能专项赛在六盘水市人民广场隆重举行。

8月26日，市政府主要领导率队到中国电力建设集团有限公司、中国能源建设集团投资有限公司考察招商，与企业就加快推动合作项目落地建设等进行交流座谈。

8月28日，全市旅游产业化项目观摩暨旅游产业发展推进会在六枝特区召开。

8月28日，六盘水市旅游推介暨2022年中国凉都·六盘水消夏文化避暑旅游季开幕式在六枝特区云上中心3D广场举行。

8月29日至30日，2022年六盘水工业产品产销对接会在六盘水会展中心相继举行贵州省基础材料专场推介会、新型能源化工产业推介会、首钢水钢产业推介会、物联网产业推介会、农产品加工产业推介会、轻工业产业推介会。

十月

10月20日至21日，副省长王世杰率队赴六盘水市开展促进经济恢复提振督导帮扶。

10月18日至19日，省人大常委会副主任蓝绍敏率执法检查组赴六盘水市围绕《中华人民共和国乡村振兴促进法》贯彻实施情况开展执法检查。

10月25日，六盘水市2022年度建设光伏项目中第一个建成并网发电的新能源项目六枝特区梭戛农业光伏电站项目建成并网发电。

10月27日，全市国资国企高质量发展工作会议召开。

十一月

11月3日，国家林业和草原局公布新一批26个国家森林城市名单，六盘水市上榜。

11月29日，市委主要领导通过视频形式，分别与成都合众新能源科技有限公司、中林油科技有限公司负责人开展线上招商引资洽谈，就推进落地项目技改升级和扩大投资、加强山桐子产业发展等进行深入交流。

十二月

12 月 7 日，副省长陶长海到盘州市调研煤电保供和焦化产业发展情况。

12 月 8 日，市政府与中国联通贵州省分公司签订战略合作框架协议。

12 月 16 日，市委主要领导率队到山东省青岛市考察招商，与青岛联合加乐啤酒有限公司、青岛美锦新能源汽车制造有限公司负责人座谈，就推动项目加快落地建设、进一步拓宽投资领域等达成合作共识。

12 月 13 日，市委主要领导与山西美锦能源集团有限公司董事、山西美锦能源股份有限公司总经理姚俊卿一行座谈，就加快推进项目建设、深化产业合作等进行深入交流。

12 月 20 日，计划总投资 50 亿元、年发电量达 58.1 亿千瓦时的贵州六盘水市多能互补能源基地大湾 2×660MW 低热值（CFB）煤电项目启动仪式在钟山区大湾镇举行。

12 月 8 日，六盘水市首家乡村振兴金融工作室在水城区玉舍镇邮政营业所正式挂牌。

12 月 26 日，全国铁路实行新的列车运行图，六盘水开通直达深圳北高铁直通车，进一步强化与广州方向的沟通联络。

12 月 28 日，省委书记徐麟深入六盘水市钟山区、水城区调研。

12 月 29 日，全市“问题楼盘”专项整治工作总结暨政府性拆迁（棚户区改造）遗留问题攻坚战动员大会召开。

12 月 29 日至 30 日，全市产业转型升级暨“四化”项目建设第四次观摩会举行。

12 月 30 日，市委经济工作会议暨产业转型升级、“四化”项目建设第四次观摩总结会召开。

12 月 31 日，纳晴高速公路控制性工程牂牁江特大桥主塔顺利封顶。

2022 年铜仁市“四新”“四化”大事记

一月

1 月 15 日，工业和信息化部办公厅公布 2021 年度绿色制造名单，碧江高新区入选。

1 月 29 日，国家林业和草原局公布第二批国家林业产业示范园区名单，玉屏油茶产业示范园在列。

二月

2 月 12 日，由贵州梵游记智旅科技有限公司开发的“梵游记”智慧旅游服务综合平台发布会在江口县举行。

2 月 23 日，全市 2022 年生态茶产业发展会议召开。

2 月 28 日，铜仁马拉松智慧赛道入选全国 6 个典型智慧健身步道项目之一。

本月，省农业农村厅公布 2021 年省级示范家庭农场和家庭农场示范县认定名单，印江县获评示范县，铜仁市省级示范家庭农场总数、新增数均位居全省第一。

三月

3 月 2 日，副省长谭炯率队到铜仁调研，督导旅游产业化工作特别是盘活闲置低效旅游项目工作，并主持召开座谈会。

3月2日至3日，省委常委、省委宣传部部长卢雍政到铜仁督导学习宣传贯彻落实国发〔2022〕2号文件精神，指导长征国家文化公园贵州重点建设区铜仁片区建设，调研高等教育、春季旅游、农业产业高质量发展等工作。

3月12日，铜仁开展第5个“我为家乡捐棵树·同心共建春晖林”植树节活动。

3月16日，全市粮食安全暨春季农业生产工作会议召开。

四月

4月12日，全市开放型经济发展大会召开。

4月15日，市委全面深化改革委员会第十四次会议审议通过《中共铜仁市委 铜仁市人民政府关于新时代加快完善社会主义市场经济体制的实施方案》。

五月

5月11日，铜仁东货运站改扩开通运营，年运输能力提升到475万吨。

5月12日，铜仁市党政代表团赴东莞市考察学习，并召开东莞·铜仁东西部协作联席会议。

5月18日，凯金负极材料生产线点火仪式举行。

5月21日，以“干净黔茶·全球共享”“梵净山茶·香溢天下”为主题的“铜仁网上茶博会”正式启幕。

5月22日，铜仁市首届“场景大数据·电信杯”网络（数据）安全技能竞赛圆满结束。

5月23日，市委主要领导会见深圳檀悦文旅控股有限公司董事长方沅一行，双方就鱼粮溪国际生态旅游休闲度假区开发合作项目进行深入交流。

5月26日，安顺、铜仁联合发布《场景大数据白皮书3.0》。

5月31日至6月2日，东莞市考察团来铜仁考察。

本月，国家公园管理局正式批复同意贵州省开展梵净山国家公园创建工作。

本月，2022年贵州省工业龙头企业公示名单公布。其中，铜仁市中伟新材料股份有限公司成功入选“营业收入首次突破百亿元”工业龙头企业，贵州倍易通科技有限公司、贵州武陵锰业有限公司成功入选“营业收入首次突破十亿元”工业龙头企业。

六月

6月1日，全省首个国家湿地公园检察联络站在石阡挂牌。

6月7日，全市促进居民增收工作专题会议召开。

6月8日，副省长陶长海深入玉屏县、大龙开发区调研新型工业化发展情况，并主持召开座谈会。

6月11日，贵州省2022年“文化和自然遗产日”暨非遗购物节活动在铜仁中南门历史文化旅游区正式启动。

6月21日，2022年铜仁市政金企融资对接会召开。

6月22日，以“传承制茶技艺 弘扬工匠精神 助力乡村振兴”为主题的2022年贵州技能大赛——“石阡苔茶杯”第十一届手工制茶技能大赛在石阡县启动。

6月22日至23日，副省长董家禄在铜仁调研企业生产经营、市场主体培育和省级特色田园乡村·乡村振兴集成示范试点建设工作情况。

6月24日，省发展改革委等8部门联合印发《关于支持铜仁市打造国家级新型功能材料战略性新兴产业集群的若干政策措施》。

6月27日至29日，省委书记、省人大常委会主任谌贻琴深入大龙开发区、玉屏县、江口县、印江县、松桃县、碧江区调研。

6月29日，思南港邵家桥港区正式开港。

七月

7月24日，“新时代西部大开发闯新路”全国学术研讨会暨第十届中国·贵州“后发赶超”论坛开幕式在铜仁举行，本届论坛以“新时代西部大开发闯新路，东中西部携手谱新篇”为主题。

7月26日，市委三届四次全会暨半年经济工作会议审议通过了《中共铜仁市委关于深入学习宣传贯彻中国共产党贵州省第十三次代表大会精神的决定》《中共铜仁市委 铜仁市人民政府关于加快新型功能材料产业发展奋力打造千亿级国家战略性新兴产业集群的实施意见》。

7月30日，市委主要领导会见三峡集团副总经济师兼贵州分公司总经理杨骏一行，双方就新能源产业合作等在铜仁投资事宜进行了座谈交流。

本月，在中国信息协会举办的2022数字政府论坛上，“铜仁市公共数据综合服务平台”成功入选“2022数字政府创新成果与实践案例”。

八月

8月1日，副省长郭锡文深入石阡县开展巡林活动，调研生态环境保护、茶产业发展、社区共建经济等情况。

8月2日，市委主要领导会见鼎科新材料集团董事长张连斌一行，双方就数字喷印、纳米材料等在铜仁投资事宜进行了座谈交流。

8月3日，市委主要领导会见国药集团中药控股总裁、国药同济堂董事长程学仁一行，双方就加快推进中药材产业合作进行了座谈交流。

8月3日，副省长郭瑞民深入大龙经济开发区开展入企走访调研，并主持召开座谈会。

8月8日，《铜仁市市长质量奖管理办法（试行）》公开发布。

8月8日至9日，新华社社长、党组书记傅华到石阡县调研并召开新华社定点帮扶石阡工作座谈会。

8月10日，《铜仁市促进居民增收三年行动方案（2022—2024年）》公开发布。

8月15日，《铜仁市培育壮大市场主体行动方案（2022—2025年）》公开发布。

8月15日，2022中国（铜仁）三元正极材料及锰产业高质量发展大会暨中国无机盐工业协会三元正极材料专委会成立大会在碧江召开，铜仁市新能源电池及材料招商引资推介会暨签约仪式举行。

8月16日，铜仁市人民政府与中国广核集团有限公司深化战略合作签署仪式举行。

8月18日，铜仁站首次开行直达上海虹桥站始发高铁列车。

8月22日，东莞·铜仁东西部协作工作座谈会在铜仁召开。

8月30日至31日，华侨城集团旅游研究院院长、旅游管理中心总经理、华侨城旅投集团总裁张树民一行来铜考察，双方就文旅融合、产业发展、景区运营等进行座谈交流。

九月

9月7日，全国工商联发布2022中国制造业民营企业500强榜单，中伟新材料股份有限公司首次上榜。

9月28日，贵州大龙25万吨锂离子电池正极材料产业园项目开工仪式举行。

1月至9月，铜仁市完成货物贸易进出口额24.4亿元，排名全省第三；增速141%，排名第一。

十月

10月1日，《铜仁市招商引资优惠政策暂行办法》施行，执行时间暂定5年。

10月10日至11日，省生态环境保护督察组来铜仁督察锰污染治理工作并召开座谈会。

10月20日，全市深化“放管服”改革持续优化营商环境电视电话会议召开。

10月25日，工业和信息化部公布2022年国家技术创新示范企业名单，中伟新材料股份有限公司成为贵州省三家入选企业之一。

十一月

11月6日，以“梵山净水·智慧领跑”为主题，由中国田径协会认证，贵州省体育局、铜仁市人民政府主办的2022贵州铜仁·梵净山马拉松开幕式，在梵净山智慧马拉松赛道起点八官溪举行。

11月14日，文化和旅游部公开发布2022年国家工业旅游示范基地名单，铜仁市朱砂古镇入选。

11月14日，贵州省锰系新型功能材料协同创新中心、为方能源钠离子电池材料生产基地投产仪式在碧江区举行。

11月14日，国务院批准铜仁设立国家级跨境电子商务综合试验区。

11月17日，金融服务铜仁高质量发展恳谈会暨政金企融资对接会召开，共促成金融机构与企业签约合作项目44个，签约金额近100亿元。

11月18日，全市项目谋划和建设工作推进会议召开。

本月，国家林业和草原局授予26个城市“国家森林城市”称号，铜仁市榜上有名。贵州铜仁贵茶茶业股份有限公司、贵州中科星城石墨有限公司等8家企业入围铜仁市首届市长质量奖。

十二月

12月1日，省十三届人大常委会第三十六次会议批准《铜仁市中心城区山体保护条例》《铜仁市锦江干流大江沿岸建设管理条例》。

12月11日，市委三届五次全会审议通过《中共铜仁市委关于认真学习宣传贯彻党的二十大精神衷心拥护“两个确立”忠诚践行“两个维护”奋力开创绿色铜仁现代化建设新未来的决定》《中共铜仁市委 铜仁市人民政府关于深入实施产业强市工程大力推进六大主导产业发展的意见》。

12月11日，湖南建湘高科新技术开发有限公司与松桃三和锰业集团有限责任公司签订铜仁市年处置100万吨电解锰渣资源化综合利用项目合作经营协议。

12月12日，铜仁市科技创新大会召开。

12月13日，联合国《生物多样性公约》第15次缔约方大会（COP15）在高级别会议期间正式发布首批十大“世界生态恢复十年旗舰项目”，“中国山水工程”项目获评，贵州武陵山区山水林田湖草沙一体化保护和修复工程在列。

12月15日，铜仁市生态系统生产总值（GEP）核算报告新闻发布会召开。经测算，铜仁市 2020 年生态系统生产总值（GEP）为 3445.60 亿元，GEP 向 GDP 转化率约为 38%，单位面积 GEP 为 1914 万元/平方公里，人均 GEP 达 10.45 万元/人。

12 月 27 日，铜仁市首届“场景大数据”创新应用大赛落下帷幕。

12 月 30 日，市委经济工作会议召开。

2022年毕节市“四新”“四化”大事记

一月

1月5日，市委全面深化改革委员会第二十八次会议强调要突出问题导向，聚焦“四新”主攻“四化”和“示范区”建设重点任务，找准改革着力点，推出一批具有针对性和可操作性的改革举措。

1月12日消息，近日，毕节海关首单跨境电商B2B直接出口（9710模式）报关单通过H2018系统成功申报，标志着毕节9710模式业务正式开通，外贸出口新通道实现新突破。

1月27日，省委书记、省人大常委会主任谌贻琴到黔西市化屋村，与大家一起重温习近平总书记视察贵州重要讲话精神；省委常委、毕节市委书记吴强主持召开市委专题会议，与大家一起重温习近平总书记视察贵州重要讲话精神，研究部署化屋村更好更快发展有关工作。

1月28日，省委第八巡视组向毕节市委反馈围绕“四新”主攻“四化”和招商引资专项巡视情况。

1月29日，市委常委会召开会议，传达学习《国务院关于支持贵州在新时代西部大开发上闯新路的意见》（国发〔2022〕2号）精神，安排部署毕节市贯彻落实工作。

二月

2月15日，贵州省首张林业碳票颁发仪式在黔西市举行。仪式上，毕节市林业局给黔西市毕绿生态绿色产业发展有限公司颁发全省第一张林业碳票。

2月18日，毕节市2022年第一批次“人才强市”引才计划公告发布，聚焦“新型工业化、新型城镇化、农业现代化、旅游产业化”，面向全国公开引进第一批次高层次、急需紧缺人才。

2月23日，市委常委会召开会议，听取全市贯彻落实国发〔2022〕2号文件关于项目、资金、政策、试点示范“4张清单”相关情况汇报，审议市委、市政府关于建立有关工作机制推进国发〔2022〕2号文件精神贯彻落实的通知，研究部署有关工作。

2月25日，毕节高新技术产业开发区体制机制改革启动大会召开。

2月25日，按照省委、省政府统一部署，毕节市2022年一季度重大工程项目集中开工仪式举行。

三月

3月6日至8日，省委常委、毕节市委书记吴强带队到国家有关部门和央企汇报对接工作，开展产业招商活动。

3月24日，毕节市粮食安全暨春季农业生产工作推进会召开。

3月28日，市政府常务会议听取中国石化50万吨/年聚乙醇酸（PGA）项目推进情况汇报，研究存在的困难和问题，提出解决问题的措施和办法。

3月30日，市委召开常委会会议暨市推进“四化”工作领导小组会议，听取全市“四化”工作情况汇报，研究部署相关工作。

3月30日，贵州第一张碳票交易成功。毕节市积极开展林业碳汇研究，测算了市域内森林、草原、湿地的碳储量和碳汇量，出台了《林业碳票管理办法（试行）》和《林业碳票碳减排量计量方法（试行）》，进一步推动绿水青山向金山银山转化。

四月

4月6日至7日，省委常委、省委统战部部长赵德明在金沙县调研，强调要深入学习贯彻习近平总书记对毕节试验区工作作出的重要指示精神和国发〔2022〕2号文件精神，发挥白酒产业优势，把毕节试验区建设成为贯彻新发展理念的示范区。

4月12日至13日，省委书记、省人大常委会主任谌贻琴到乡村振兴联系点毕节市威宁自治县调研。她强调，要深入学习贯彻习近平总书记视察贵州重要讲话精神，牢牢抓住国发〔2022〕2号文件机遇，全面推动各项工作高质量发展。

4月22日，赫章至六盘水高速公路通车。

4月27日，毕节市第三届人大常委会第三次会议召开。会议听取和审议了《毕节市旅游产业化工作情况报告》。

4月29日，连接贵州、云南两省的重要省际通道镇赫高速正式建成通车，赫章至镇雄的车程从1.5小时缩短至35分钟。

五月

5月12日，市政府主要领导主持召开毕节市东西部协作工作座谈会，听取东西部协作有关情况汇报，研究部署下步工作。

5月20日，二季度集中开工重大项目39个，总投资206.73亿元。

5月30日，毕节市召开“全国农村改革试验区拓展试验任务”启动会。

5月31日，毕节市制定出台《毕节市激发市场活力稳住经济增长“1+N”工作方案》《开展2022年惠企纾困“五送”活动切实优化营商环境实施方案》。

六月

6月15日，在第十四届贵州茶产业博览会毕节分会场，贵州乌蒙利民农业开发有限公司，获得了由毕节市林业局颁发的贵州省首张茶园林业碳票。

6月13日至16日，省委常委、毕节市委书记吴强率毕节市代表团赴广州市和深圳市开展招商考察活动。

6月16日，广州市·毕节市2022年东西部协作党政联席会议在广州召开。

6月15日至17日，市政府主要领导带队赴广东省广州、清远、东莞、深圳等地开展招商引资工作。

七月

7月5日，近日，被誉为“中国茶界奥斯卡”的“中茶杯”国际鼎承茶王赛圆满结束，纳雍县山外山有机茶业开发有限责任公司的彝岭苗山牌雪芽、贵州纳雍金蟾山茶业发展有限公司的“高山福”福禄茶均摘得绿茶类茶王桂冠。

7月9日至12日，全国政协副主席、民盟中央常务副主席陈晓光率民盟中央调研组到贵州，就民盟支持贵州贯彻落实国发〔2022〕2号文件精神开展调研。

7月15日晚，文化和旅游部发布公告，毕节市织金洞景区正式升级为国家5A级旅游景区。

7月15日，国家发展改革委印发《推动毕节高质量发展规划》。

7月18日，省委、省政府推动毕节高质量发展大会在毕节市召开，中央统战部副部长、国家宗教事务局局长崔茂虎出席会议并讲话。

7月19日，2022年省专家服务团助力毕节建设贯彻新发展理念示范区活动正式启动。

7月25日，省委常委、毕节市委书记吴胜华在黔西市与广东省委常委、广州市委书记林克庆带领的广州市党政代表团座谈交流，深入推进两地东西部协作工作。

7月29日，中共毕节市委三届四次全会暨全市半年经济工作会议举行。全会审议通过了《中共毕节市委关于充分发挥优势推动高质量发展努力建设百姓富生态美活力强的示范区的意见》《中共毕节市委关于实施铸魂固本塑形聚力健体“党建五项行动”为推动高质量发展提供坚强保障的实施意见》。

八月

8月2日，全国政协副秘书长、农工党中央专职副主席曲凤宏率队到大方县凤山乡调研，并组织召开座谈会。农工党继续为大方县经济社会发展贡献力量，兑现农工党“大方脱了贫，农工党不断线”的庄重承诺。

8月3日至4日，全国工商联副主席黄荣一行到织金县，就巩固拓展脱贫攻坚成果同乡村振兴有效衔接、新型城镇化、农业现代化、旅游产业化等方面情况进行调研。

8月4日，全国工商联定点帮扶暨创建“万企兴万村”典型县座谈会召开。

8月18日，毕节市人民政府与中国联通贵州省分公司举行战略合作协议签约仪式，并就“十四五”期间深化务实合作进行深入交流。

8月22日，“全国绿化先进集体、劳动模范和先进工作者表彰名单”公布，毕节市七星关区林业局荣获全国绿化先进集体，赫章县河镇彝族苗族乡海雀村党支部书记文正友（彝族）荣获全国绿化劳动模范。

8月26日至27日，以“贯彻新发展理念 助推黔西高质量发展”为主题，由民建中央社会服务部、民建贵州省委、中共毕节市委、毕节市人民政府主办的“2022中国（黔西）非公经济前沿圆桌会议”在黔西召开。会上，项目总签约金额65.5亿元。

8月29日，由民革中央和云贵川三省政协联合主办、全国政协人口资源环境委员会支持的2022年中国赤水河流域生态文明建设协作推进会在毕节市金沙县召开。推进会上通过了《2022年中国赤水河流域生态文明建设协作推进会“毕节行动”》。

8月30日，省委常委、市委书记吴胜华主持召开市《推动毕节高质量发展规划》贯彻落实工作领导小组会议。

九月

9月1日，全市巩固拓展脱贫攻坚成果同乡村振兴有效衔接暨建设现代农业强市现场推进会召开。

9 月 7 日至 8 日，市政府主要领导带队赴北京开展招商引资工作。

十月

10 月 23 日，全市深化“放管服”改革持续优化营商环境电视电话会议召开。

本月，省商务厅、省投资促进局联合印发《关于支持毕节市开放型经济高质量发展的意见》。

十一月

11 月 2 日，毕节 AI 数字会客厅启用仪式举行。

11 月 17 日，中国共产党毕节市第三届委员会第五次全体会议在七星关召开。全会强调，要全力推动高质量发展，做强示范区建设的发展“硬支撑”。坚持以“四化”为主攻方向，全力推动工业大突破、城镇大提升、农业大发展、旅游大提质，构建现代化产业体系。

11 月 21 日，文化和旅游部官网发布关于“中国民间文化艺术之乡”建设典型案例名单的公示，毕节市黔西市新仁苗族乡“鼓韵笙歌展非遗魅力，传承歌舞变文化财富”入选。

11 月 23 日，大方县举行集中式电化学储能项目签约仪式。仪式上，大方县人民政府和中国华电集团贵州乌江水电开发有限责任公司签署了集中式电化学储能项目投资协议书。

11 月 28 日，中国茶叶流通协会发布《关于公布“中国茶叶流通协会 2022 年度茶业百强县域”调查工作结果的通知》，贵州 10 个县域上榜“中国茶业百强县域”，其中金沙县上榜。

本月，中国非物质文化遗产保护协会公布 2022 年“全国非遗与旅游融合发展优选项目”名录名单。其中，黔西化屋村入选非遗旅游村寨。

本月，农业农村部公布 2022 年中国美丽休闲乡村，黔西市大关镇丘林村上榜。

十二月

12 月 18 日，省委书记徐麟深入毕节市黔西市、大方县调研。

12 月 27 日，2022 年贵州省重大工程和重点项目——赫章县猪拱塘铅锌矿采选工程举行开工仪式。

12 月 31 日，市委经济工作会议在七星关举行。

2022年黔东南州“四新”“四化”大事记

一月

1月14日，黔东南州前置仓在佛山市高明区荷城镇建立。

1月25日，麻江县现代农业产业园被认定为第四批国家现代农业产业园。

二月

2月15日，2022全国“村晚”示范展示活动暨贵州云匠村晚“非遗过大年·元宵喜乐会”在凯里下司古镇精彩演出。

2月24日，从江县人民政府与广东省佛山市南海区国有资产管理局签订《南海—从江共建东西部产业园区框架协议》。

2月24日至25日，省委书记、省人大常委会主任谌贻琴深入黔东南州镇远县、施秉县、黄平县、凯里市调研。

三月

3月24日，黔东南州面向广东优强企业开展产业大招商暨线上集中签约活动。

四月

4月13日，省政协主席刘晓凯率队到黔东南州榕江县调研，强调要聚焦粮食增产、农民增收主目标，守住保障国家粮食安全、不发生规模性返贫的底线，用好粤黔东西部协作新机遇，努力打造面向粤港澳大湾区的桥头堡、先行区。

4月14日，黔东南州人民政府与中国移动通信集团贵州有限公司签订合作协议，围绕数据中心建设、提升黔东南州大数据应用展示中心服务、区域信息服务中心等领域开展全面战略合作。

4月21日，贵州省人民政府印发《关于支持黔东南自治州“黎从榕”打造对接融入粤港澳大湾区“桥头堡”的实施意见》（黔府发〔2022〕7号）。《实施意见》从指导思想、战略定位、发展目标三个方面，明确了支持黔东南州“黎从榕”打造对接融入粤港澳大湾区“桥头堡”的总体要求。其中紧密结合黔东南州和大湾区互补优势，明确提出要打造产业转移示范区、生态旅游康养区、双向开放先导区、共同富裕试验区。

五月

5月5日，州政府主要领导在凯里会见海生集团董事长王利军一行。双方就海生集团进一步加大在黔东南的战略布局和投资力度进行交谈。

5月13日，黔东南州人民政府与规划编制方中国国际经济交流中心举行视频会议，双方就打造“桥头堡”规划编制等事宜进行会商。

5月17日，州政府主要领导在凯里会见贵州酒店集团有限公司党委书记、董事长、总经理祝胜修一行。双方深入交谈关于支持黔东南州打造对接融入粤港澳大湾区“桥头堡”相关问题。

5月26日，州政府主要领导在凯里会见华西希望集团副总裁、希望花舞集团董事长、雅拉德荣联席董事长张兵一行。研究了国家级龙头企业示范带动作用，助力黔东南州乡村振兴的相关情况。

5月31日，州政府主要领导在凯里会见中石化新星湖北新能源公司执行董事、党委书记、法人代表王永军一行。双方在“地热+”“氢、风、光”基地项目建设等合作方面进行交流。

5 月 31 日，黔东南州与粤港澳大湾区优强企业线上招商暨集中签约活动在凯里举行。

六月

6 月 1 日，贵州省首个生态环境司法绿碳实践基地——黔东南州生态环境司法绿碳实践基地在雷山县雷公山国家级自然保护区腹地揭牌成立。

6 月 2 日，州政府主要领导在凯里会见中国农业发展银行贵州省分行党委书记、行长张孝成一行并座谈交流，并就产业发展、绿色金融、债务风险防范化解等方面开展座谈交流。

6 月 10 日至 11 日，州政府主要领导率队到深圳市开展产业招商活动。

6 月 11 日至 12 日，州政府主要领导率队到广州开展产业招商活动。

6 月 12 日至 13 日，州政府主要领导率黔东南州党政代表团赴佛山市，就深入学习贯彻习近平总书记对深化东西部协作的重要指示精神，贯彻落实粤黔两省协作联席会议精神，推进东西部协作工作进行考察对接。

6 月 13 日，佛山市政协到黔东南州考察座谈会暨捐赠仪式在凯里举行。

6 月 14 日，州政府主要领导在凯里会见来黔东南州考察的正威集团董事局副主席巫冠逸一行。

6 月 17 日，华润集团党委书记、董事长王祥明一行到黔东南州剑河县考察调研，并在剑河华润希望小镇举行国家 3A 级旅游景区暨红色管家入驻揭牌仪式。

6 月 20 日，州政府主要领导在凯里会见中石化新星石油有限责任公司执行董事、党委书记党力强一行，共同见证州人民政府与中国石化集团新星石油有限责任公司签订战略协议。

6 月 24 日至 26 日，佛山市副市长黄少文率东西部协作考察团到黔东南州考察对接东西部协作工作。

6 月 28 日，州政府主要领导在凯里会见来黔东南州考察的广东省物流行业协会执行会长马仁洪一行，共同见证双方签订战略合作协议。

七月

7月1日，州政府主要领导在凯里会见中国发明协会党委副书记、副理事长、佛山中国发明成果转化研究院院长钱为强一行，并在共建黔东南州特色产业发展研究院等方面达成共识。

7月4日，州政府主要领导在凯里会见广东耀东华装饰材料有限公司董事长曾敏华一行，深入洽谈木材深加工合作事宜。

7月12日，州委、州政府主要领导在凯里会见五凌电力有限公司董事长夏刚、总经理刘兴义一行，共同见证剑河县与五凌电力有限公司签订有关投资开发协议。

7月22日至24日，广东省物流行业协会秘书长梁玉霞带队到黎平县、从江县、榕江县考察调研，就加快落实双方战略合作协议与黔东南州交换意见。

7月26日，在佛山召开的以“佛山‘趣’黔东南·百万大湾区游客打卡黔东南”为主题的黔东南州2022年夏季旅游推介会上，主办方向佛山市和粤港澳大湾区人民发出真诚邀请。

7月28日，州政府主要领导在凯里会见中国民族贸易促进会副会长、中民康旅文化科技集团有限公司董事长兼总裁、中民贸民族医药产业有限公司董事长刘秉军一行。

7月31日至8月1日，佛山市委书记郑轲率佛山市党政代表团来黔东南州考察并出席东西部协作党政联席会议。

八月

8月8日，州政府主要领导在凯里会见中国农业发展银行广东省分行党委书记、行长吴飚，贵州省分行党委书记、行长张孝成，就深化政银企合作提供优质服务方面进行深入交谈。

8月10日，州政府主要领导在凯里会见贵州高速集团党委书记、董事长龙平江一行并座谈，就共同关切的问题双方组建专班，推动实现互利共赢方面进行座谈交流。

8 月 12 日，州政府主要领导在凯里会见由杭州老板电器股份有限公司董事长助理、杭州诺邦无纺布股份有限公司副董事长、杭州国光旅游用品有限公司总经理傅启才率领的浙商考察团一行。

8 月 13 日至 14 日，州政府主要领导率队到广东省深圳市、佛山市开展产业招商活动。

8 月 16 日，全省水果产业重点项目建设现场会暨招商推介会在从江县举行。

8 月 16 日，2022 年“贵果百香 · 领鲜味来”中国（从江）百香果产业发展主题论坛在从江县举行。

8 月 17 日至 18 日，黔东南州党政代表团赴杭州对接友好城市协作并开展招商引资。

8 月 25 日，凯里市与贵州康佳新能源材料科技有限公司签署光伏玻璃新能源项目投资合作协议。

8 月 28 日，州委主要领导到广州市开展招商引资，与广东省能源集团有限公司党委书记、董事长李灼贤座谈交流，共同见证双方合作项目签约。

8 月 28 日，州政府主要领导在凯里会见前来考察的北京金必德城市规划设计院院长沈青、深圳国信弘盛投资公司投资业务五部负责人李信民一行并座谈，深入洽谈支持黔东南州打造对接融入粤港澳大湾区“桥头堡”相关事宜。

九月

9 月 15 日，贵州省首个水稻“无人农场”在剑河县南明大坝迎来丰收，标志着水稻在丘陵山区耕、种、管、收四个环节成功实现了全流程无人化作业。

十月

10 月 13 日，中国医疗养老家居产业示范基地招商发布会暨居之谷（榕江）家居产业园第一批项目集中签约仪式在榕江举行。

十一月

11 月 4 日，州政府主要领导在凯里会见中国联通贵州省分公司党委书记、总经理姜永富一行，并共同出席《黔东南州人民政府与中国联通贵州省分公司战略合作协议》签约仪式。

11 月 8 日至 10 日，农业农村部党组成员、副部长马有祥率调研组到黔东南州调研生态渔业产业发展工作。

11 月 15 日至 16 日，省人大常委会副主任李飞跃一行到黔东南州开展《贵州省农作物种子条例（修订草案）》立法调研。

11 月 21 日，州委、州政府主要领导在凯里会见中国振华电子集团有限公司董事长付贤民、总经理肖立书，双方密切沟通对接，希望在电子元器件及其配套材料等领域寻求合作契点、深挖合作潜力。

11 月 30 日，州政府主要领导在凯里会见深圳市瑞华制药技术有限公司总裁田佳蕾、德鑫通联（北京）文化科技有限公司董事黄倧菲一行，并共同见证黔东南州人民政府与深圳市瑞华制药技术有限公司签订战略合作协议。

十二月

12 月 7 日，贵州现代物流产业（集团）有限责任公司党委书记、董事长任仁一行到黔东南州黎平、从江、榕江考察调研，助力“桥头堡”建设。

12 月 13 日，2022 年贵州省冬季政金企融资对接活动周暨金融助推黔东南州“桥头堡”高质量发展大会在凯里召开。

12 月 15 日至 17 日，州政府主要领导率队到广东省广州市、佛山市开展产业招商活动。

2022年黔南州“四新”“四化”大事记

一月

1月11日，副省长吴胜华到福泉市调研高标准农田建设有关工作。

1月11日，州委、州政府召开会议研究瓮福千亿级产业园区、独山经济开发区、龙里经济开发区千亿级产业园区工作推进情况。

1月12日，副省长郭锡文到福泉市、瓮安县调研新能源电池材料项目。

1月15日，黔南州高新区、贵州龙里经济开发区获批国家级绿色园区、国家级知识产权强国建设试点园区。

二月

2月11日，黔南州平塘玉水伯爵酒店获评四星级旅游饭店。

三月

3月3日，广东省农业厅党组书记、厅长顾幸伟一行到平塘县、荔波县调研粤黔农业产业园建设工作。

3月10日，国家文化旅游部产业发展司一级巡视员马峰一行到都匀市、独山县调研旅游产业化工作。

3月11日，2022年多彩贵州春季赏花行暨“多彩贵州美如画”首届布依族山歌大赛在贵定县昌明镇金海雪山举行。

3月25日，黔南州人民政府组织研究福泉—瓮安千亿级世界磷化工产业园区总体规划。

3月30日，副省长吴胜华到惠水县、贵定县调研农业现代化生产工作。

四月

4月5日，省委副书记蓝绍敏、省纪委书记李元平到荔波县、独山县调研闲置低效旅游项目、债务化解及疫情防控工作。

4月6日，省委书记、省人大常委会主任谌贻琴到独山县调研闲置低效旅游项目、债务化解工作。

4月17日，副省长谭炯到三都水族自治县调研文旅工作。

五月

5月10日至11日，省委副书记、省长李炳军到瓮安县、福泉市、龙里县调研“四化”工作。

5月14日，副省长蔡朝林到三都水族自治县调研盘活闲置低效旅游项目。

5月18日，黔南州瓮安县与战马新能源科技有限公司新能源电池材料项目集中签约。

5月20日，贵州省2022年第二季度重大项目集中开工仪式黔南州分会场在福泉市举行（贵州磷化新材料科技有限责任公司20万吨/年磷酸铁及配套基础设施建设项目）。

六月

6月5日，省委副书记、省委政法委书记时光辉到黔南州贵定县、福泉市调研“三夏”生产工作。

6月7日至9日，省委常委、省委统战部部长谭炯到龙里县、都匀市、福泉市、瓮安县调研“四化”工作。

6 月 10 日，“绿博黔南 · 康养之洲”2022 中国黔南体育旅游欢乐系列赛（夏篇）——第七届贵州 · 平塘民间水龙文化节活动在平塘县开展。

6 月 24 日，黔南州荔波县瑶山乡瑶山村、三都县普安镇高硐村、平塘县掌布镇掌布村获评 2022 年贵州省乡村旅游与传统村落和少数民族特色村寨深度融合发展示范点。

6 月 24 日，全州农业高质量发展现场观摩推进会在长顺县召开。

6 月 29 日，黔南州龙里县双龙镇 · 巫山峡谷旅游景区获评第三批省级夜间文化和旅游消费集聚区。

6 月 29 日，农业农村部种植业司副司长吕修涛一行到福泉市、贵定县、长顺县调研农业现代化粮油生产等有关工作。

七月

7 月 14 日，全州农业现代化暨农业农村重点工作专题会在都匀召开。

7 月 14 日，省委书记、省人大常委会主任谌贻琴深入黔南州福泉市、瓮安县调研农业现代化重大项目建设。

7 月 24 日，国家文化旅游部副部长饶权一行到独山县、三都县、都匀市调研旅游产业化工作。

八月

8 月 1 日，全国政协农业和农村委员会副主任王晓东一行在平塘县考察调研农业现代化。

8 月 2 日，黔南州龙里县卢浮宫金熙酒店获评五星级旅游饭店。

8 月 16 日，黔南州荔波古镇获批文化和旅游部第二批国家级夜间文化和旅游消费集聚区。

8 月 19 日，第七届“创客中国”在黔南州福泉举办新材料中小企业创新创业大赛。

8 月 27 日，2022 中西部地区青少年足球邀请赛在黔南州都匀市开幕。

十月

10 月 8 日，江山股份与黔南州瓮安县人民政府、瓮福（集团）有限责任公司在黔南州瓮安县签订《磷化工循环一体化产业链项目投资合作意向协议书》合作协议。

10 月 12 日，黔南州三都县咕噜景区获评贵州省乡村振兴体育旅游示范点、惠水县北纬 25 度露营基地获评贵州省林下经济体育旅游示范点。

10 月 13 日至 14 日，副省长蔡朝林到荔波县、独山县、平塘县调研旅游产业化工作。

10 月 20 日至 22 日，农业农村部种植业管理司副司长曹桂玲一行到荔波县、长顺县和贵定县调研油菜扩种暨秋冬种生产、油菜制种、菜籽油加工和农业机械化工作。

10 月 31 日，省委常委、常务副省长吴强到福泉市、瓮安县调研“四化”工作。

十一月

11 月 9 日，都匀毛尖入选 2022 年农业品牌创新发展典型案例。

11 月 14 日，黔南州罗甸县红水河景区获评国家 4A 级景区。

11 月 15 日，黔南州荔波县瑶山瑶族乡高桥村获评全国乡村旅游重点村。

11 月 29 日，“都匀毛尖茶制作技艺”入选联合国教科文组织“人类非物质文化遗产代表作名录”。

十二月

12 月 8 日，黔南州福泉市、罗甸县获评贵州省体育旅游示范县。

12 月 13 日，黔南州“中国天眼”景区获评 2022 年国家旅游科技示范园区。

12 月 13 日，黔南州龙里县中铁双龙镇·巫山峡谷 4A 级旅游景区——

5G+智慧旅游项目获评“2022 年贵州省智慧旅游典型案例”。

12 月 24 日，省委书记徐麟到惠水县、长顺县调研“四化”旅游产业、农业现代化工作。

12 月 26 日，黔南州巫山峡谷旅游景区双龙镇旅游休闲街区获评第二批省级旅游休闲街区。

12 月 30 日，黔南州影视文旅产业乡村振兴孵化基地获省委、省政府第一批文化旅游商品基地。

12 月 30 日，黔南州举办贵州雅友新材料有限公司 10 万吨磷酸铁项目投产开工仪式。

2022年黔西南州“四新”“四化”大事记

一月

1月20日，州工业和信息化局（州大数据局）组织召开黔西南州特色轻工业领域数字化转型、工业互联网建设座谈会。

1月21日，黔西南州2022年度工业和信息化（大数据）暨县域经济工作座谈会在兴义市召开。

二月

2月8日，黔西南州召开领导干部会议，深入学习贯彻习近平总书记视察贵州重要讲话精神，按照全省领导干部会议部署要求，对全州贯彻落实《国务院关于支持贵州在新时代西部大开发上闯新路的意见》进行安排。

2月23日，全州开放型经济发展大会召开。

2月26日，州委常委会扩大会议强调：牢牢把握紧紧抓住国发〔2022〕2号文件重大机遇　确保围绕“四新”主攻“四化”不断取得新成效。

三月

3月15日至16日，贵州省开发区高质量发展专项检查组赴黔西南州检查开发区高质量发展相关工作。

3月24日，全州2022年粮食安全暨春季农业生产工作电视电话会议举行。

3月27日，黔西南州与深圳市廷创企业管理集团有限公司、惠州仲恺城市发展集团有限公司、惠州市世纪投资控股有限公司、深圳鑫茂新能源技术有限公司开展产业招商“线上谈、云上签”活动。

3月28日，黔西南州印发城市更新行动实施方案，正式启动城市更新行动。

四月

4月13日，黔西南州“水墨金州”饮用水商标授权签约仪式成功举办。

4月上旬，中央财政下达黔西南州种粮农民一次性补贴3000万元。

五月

5月16日，副省长郭锡文率队到黔西南州调研并召开新能源电池及材料产业发展座谈会。

5月19日至20日，省委书记、省人大常委会主任谌贻琴来到黔西南州，深入望谟县、册亨县、安龙县、义龙新区、兴义市调研。

5月21日至22日，铜仁市党政代表团到黔西南州考察交流。

5月28日，黔西南州召开经济运行工作会议，研判经济发展形势，部署有关工作。

5月31日，黔西南州2022年科技工作者座谈会在兴义召开。

六月

6月10日，州委、州政府主要领导与来黔西南州考察的北京浙江商会常务委员会会长、师董会董事长胡海平，贵州省浙江总商会会长许国青，云南省浙江商会会长张金炉，绿城集团西南区负责人肖续孝，辰宇建筑董事长杨大平，晖阳（贵州）新能源材料有限公司副总经理王俐，山东联创股份副总经理刘萱熠一行座谈，就深化务实合作进行交流。

6月18日，黔西南布依族苗族自治州成立40周年庆祝大会在兴义市隆重举行。全国人大常委会、国务院发来贺电。省祝贺团团长、省委书记、省人大常委会主任谌贻琴出席大会，省祝贺团团长、省委副书记、省长李炳军讲话。省领导谭炯、陈少波、蓝绍敏、桑维亮、董家禄、陈坚，省军区政委李辉，老同志王思齐、许正维、吴嘉甫、班程农等出席大会。

6月18日至19日，省委副书记、省长李炳军到黔西南州兴义市、册亨县、望谟县和黔南州罗甸县调研并开展巡林巡河活动。

6月20日，北京金必德产业品牌规划集团考察组一行赴黔西南州考察交流座谈会举行。

6月20日，盘兴铁路全线首座连续梁在北环线特大桥顺利合龙。

6月21日至22日，省委常委、常务副省长吴强带队赴黔西南州开展稳增长稳市场主体保就业专项督查。

七月

7月，粤港澳大湾区“菜篮子”产品黔西南州配送中心试运营。

7月8日，兴仁市年产25万吨再生铝生产线建设项目在博罗县正式签约。

7月22日，黔西南州举办“畅游黔西南·引领新消费”群众文化旅游系列活动。

7月26日，全州半年经济工作会议在兴义召开。

7月30日，黔西南州农业农村半年工作总结暨农业现代化推进会召开。

八月

8月，黔西南州出台2022年特色优势产业巩固提升行动方案。

8月6日，晖阳（贵州）新能源材料有限公司一期项目点火仪式在义龙新区举办。

8月9日，全州2022年预算内投资项目推进会在兴义市召开。

8月19日至21日，黔西南州党政代表团到铜仁市考察交流。

8月20日，“黔西南·中国四季康养之都”文化旅游宣传招商推介会在湖南省长沙市举行。

8月22日，黔西南州与贵州黄牛产业集团座谈会在安龙县举行，双方就推动养牛产业发展进行交流。

8月30日，仲恺·安龙共建工业产业园动工仪式举行。

九月

9月1日，黔西南州“一起益企”服务中小企业座谈会在兴义召开。

十月

10月26日，2022年黔西南州水果产业发展推进会召开。

10月27日，文化和旅游部公布《关于第四批全国乡村旅游重点村名单和第二批全国乡村旅游重点镇（乡）名单的公示》，黔西南州兴义市万峰林街道双生村入选第四批全国乡村旅游重点村。

十一月

11月3日，2022年全省健康医药产业金融服务推进会举办。

11月4日，省委副书记、省委政法委书记时光辉在黔西南州贞丰县调研时强调，系统谋划扎实推进高标准农田建设，努力促进农业增效助推农民增收。

11月7日，首次推广即耕即栽技术2022年贵州省油菜毯壮苗机械化移栽现场会在安龙县举行。

11月8日，黔西南州农业农村工作推进会议召开。

11月17日，黔西南州召开2022年奋力推动产业大招商和优化营商环境新闻发布会。

11月19日，2022年黔西南州首届康养旅游博览会暨“乐购兴义·助商惠民”活动在兴义市桔山广场开幕。

11 月 23 日，黔西南州在兴义召开在新时代西部大开发上闯新路新闻发布会，发布会就国发〔2022〕2 号文件及相关政策举措等作介绍，并回答记者提问。

11 月 23 日，黔西南州召开推进以人为核心的新型城镇化主题新闻发布会。

11 月 25 日，全州政金企融资对接座谈会在兴义召开。

11 月 25 日，黔西南州召开奋力推进新型工业化新闻发布会。

本月，黔西南州高新技术产业开发区入选 2022 年度国家小型微型企业创业创新示范基地公示名单。

本月，黔西南州高新技术产业开发区及贵州鹏昇（集团）纸业等 11 家单位、企业或产品入选 2022 年度贵州省绿色制造单位公示名单。

十二月

12 月 6 日，全州闲置低效资产盘活工作推进会召开。

12 月 22 日，黔西南州召开文化和旅游产业金融服务工作专题会议。

12 月 28 日，盘兴铁路全线箱梁架设启动仪式在兴义举行，首孔箱梁成功架设。

12 月 28 日，州委经济工作会议在兴义举行。

后　　记

在习近平总书记视察贵州一周年之际，在国发〔2022〕2号文件公布之时，2022年1月，贵州省社会科学院党委决定开展《贵州围绕“四新”主攻“四化”年度报告》编辑和出版工作，目的是就贵州省第十三次党代会确定的全省主战略——围绕“四新”主攻“四化”，进行连续5年的跟踪研究，对各地各部门每年贯彻落实主战略的情况进行客观总结，提出相关工作建议。这是地方社科院围绕中心、服务大局的体现。

2021年度报告出版发行后，引起社会各界的广泛关注和好评，许多党政机关领导干部纷纷来电、来信、来函表示肯定和感谢。这坚定了我们继续编制好2022年度报告的信心。经过数月的努力，2022年度报告即将与广大读者见面。在付梓之际，一些情况有必要在这里作个交代：

本书由贵州省社会科学院联合各市州党校（社科院）等共同开展编制工作。由贵州省社会科学院党委书记吴大华研究员、院长张学立教授担任本书主编，副院长黄勇研究员担任副主编，并共同撰写总报告，审定了编写思路和编写大纲，组织召开启动会、推进会，并在出版前对书稿作了最终审定。中共贵阳市委党校、中共遵义市委党校、六盘水市社科院、安顺市社科联（院）、中共毕节市委党校、中共铜仁市委党校、黔东南州社科联（院）、黔南州社科联（院）、中共黔西南州委党校等单位及其主要领导、分管领导、相关人员对本书的编写工作给予了大力支持，承担了下篇的撰写工作。为更加直观反映各地推进“四新”“四化”的工作举措，特增加了各市（州）的“四新”“四化”大事记，也由上述单位负责收集整理。贵州省社会科学院区域经济研究所、城市经济研究所、农村发展研究所、工业经济研究所、对外经济研究所、文化研究所、民族研究所等部门承担了上篇的撰写工作。贵州省社会科学院科研处、智库工作处具体负责本书的编务工作，智库工作处处长许峰，科研处处长谢忠文、副处长戈弋以及陈其荣、余希、秦治遥等同志做了大量的日常事务和编辑工作。中央民族大学出版社对本书的出版给予了大力支持，特别是责任编辑舒松同志付出了辛勤劳动。借此机会，一并表示感谢！

虽然有了一些编制经验，但是由于时间仓促，疏漏之处在所难免，敬请读者批评指正。

本书编委会

2023 年 5 月